**Manhood
and
Politics**

메두사의 시선 02

# 남성됨과
# 정치

서구 정치 이론에 대한 페미니즘적 독해

웬디 브라운 지음

정희진 기획·감수·해제

황미요조 옮김

나무연필

†
어머니를 그리워하며

이 책은 페미니즘 관점으로 정치 이론을 다룬 책이지, 여성에
대한 책은 아니다. 『과학과 젠더*Reflections on Gender and Science*』에서 이
블린 폭스 켈러Evelyn Fox Keller는 이렇게 말한다. "내가 젠더와 과
학에 대해 연구한다고 했을 때, 대개 이를 여성에 대한 연구로 여
기는 걸 보고 상당히 놀랐다. 여성이 태어나는 게 아니라 만들어
진다면, 남성도 당연히 그러하다. 과학도 그러하다."[1] 정치와 정
치 이론 역시 마찬가지다. 오늘날의 인문학 연구자라면 인간세
계의 모든 게 구성된 것이라는 데 대부분 동의할 것이다. 페미니
즘 연구자들은 지난 10여 년간 인간세계의 모든 것이 젠더화를
통해 구성되었다고 주장해 왔으며, 이 책도 그런 주장을 담고 있
다. 정치 이론은 서양사에서도 특히 남성의 관점이 강한 분야로,

갖가지 양상으로 남성성이 깊게 스며들어 있다. 정치 이론의 고전에는 여성이 정치에서 어떻게 역사적으로 배제되고 종속적 지위로 떨어졌는지 기술되어 있으며, 남성적 공권력, 질서, 자유, 정의에 대한 표현이 매우 풍부하게 담겨 있다.

 지난 10여 년간 페미니즘 비평이 여러 분야의 모든 틈새로 확장된 과정을 꼼꼼히 따라온 이라면, 여성과 직접 연관되지 않은 페미니즘적 탐구가 무엇을 뜻하는지 어렵지 않게 알 수 있을 것이다. 하지만 동시대 페미니즘의 고민이 상대적으로 익숙지 않은 이라면, 이런 탐구가 모순처럼 보일지 모르겠다. 내가 페미니즘을 기반으로 남성됨manhood [2]과 정치를 연구한다고 동료들에게 말했을 때, 그들은 **오로지** '페미니즘'이라는 말만 듣고 내 연구가 정치 또는 정치 이론에서의 여성이나 여성 정치사상가 같은 '여성 문제'를 다루리라고 짐작했다. 혹자는 수전 오킨Susan Okin의 『서구 정치사상의 여성Women in Western Political Thought』이 내 연구와 "가장 유사한 경쟁 연구"라고 평하기도 했다. 물론 오킨의 연구는 크나큰 존경을 받을 만하지만, 제목에 드러나듯 그 책은 서구 정치사상에서 남성이나 남성성이 아니라 여성에 대해 다루고 있다. 많은 이들은 페미니즘 연구이면서 여성을 최우선 관심사로 두지 않는 사실을 인정하지 못한다. 페미니즘은 여성에 대한 것이고, 페미니즘을 제외한 이 세상 모든 것이 인간, 즉 남성에 관한 것이라는 세계관에서는 내 연구가 들어설 자리가 없었다.

 이 책은 이런 몰이해에 깃들어 있는 칼날, 바로 그 정치적인 지점에 관심을 둔다. 과학의 구성 과정에 젠더적으로 접근하는 것을 받아들이지 못한 이들을 목도하고서 켈러가 놀랐던 것을 다시 생각해 보자. 이런 몰이해가 정말 놀랄 만한 일일까? 인종 차별 반대 운동에서 나오는 몇몇 밀들은 소수자를 시민권 안에 가둬 버리곤 한다. 이와 마찬가지로 여성 문학이든 여성 권리든 여성 문제에 한정된 페미니즘은 그 문제 밖에 있는 이들에게 도전이나 위협으로 보이지 않고, 따라서 쉽게 받아들여진다. 여성과 관련된 것으로만 구성된 페미니즘은 페미니스트가 아닌 남성도 별다른 고충이나 상처 없이 다양하게 지지, 협력, 감내 또는 주변화할 수 있는 대상이 된다. 이 모든 것이 전혀 남성의 문제가 아니기 때문이다. 그런 페미니즘이라면 교육과정에 '끼워 넣을' 수 있고, 강연 자리에서 고개를 끄덕여 가며 들을 수 있고, 학술회의의 한 대목으로 엮을 수도 있으며, 전문가 조직의 자리를 하나 따내거나 구직 면접의 기회도 얻게 할 수 있고, 교육법 수정안 9조[3]의 통계치로 변환할 수도 있다. 그런 페미니즘은 부족한 일자리를 두고 어쩌다 여성 우대 정책에 대한 갈등이 빚어질 때나 가족 모두가 피곤한데 누가 설거지를 하면 좋을지 옥신각신할 때 정도를 빼고는 남성과 무관해 보인다.

여성이 완전히 배제된 영역에 페미니즘의 척도를 도입하는 것은 페미니즘을 주변화하거나 들러리 서지 않게 하는 것 이상으로 중요하다. '제2의 물결' 페미니즘 연구자들은 20여 년 전 첫발을 내디딘 이래로 기나긴 여행을 해 왔는데, 이 여정에는 주목할 만한 두 번의 전환이 있었다. 첫 번째는 전통적 학문에서 여성을 지우거나 터무니없게 묘사하던 것들을 기록하고 보여 주는 데서 그 삭제와 묘사를 바로잡는 기반 공사 작업으로 이동한 것이다. 페미니즘 연구자들은 이미 승인된 역사 가운데서 여성 혐오$^{misogyny}$와 근거 없는 믿음을 공들여 찾아내는 한편 우리 자신의 역사와 문헌을 복원해 냈다. 또한 이 과정에서 '여성'은 여성들이 되었다. 다시 말해 '영구 불멸의 여성성'이라는 상상이 아니라, 그 상상에다가 근대·백인·중간계급 등과 같은 속성을 결합시켜 변주한 형태가 아니라, 저마다 특정 인종·계급·시대·문화에 걸맞게 구성된 복수의 창조물이 된 것이다. 두 번째는 우리 자신을 복원하는 것에서 그 회복된 관점으로 세계를 비판적으로 따져 보는 것으로의 전환, 즉 기존 담론·규율·제도·실천의 젠더화된 특질에 대한 비평을 발전시키는 것이었다. 이는 주변부 여성의 경험에 초점을 맞추는 것에서 그 경험을 만들어 낸 세계에 대한 분석으로 나아가는, 주변부에서 중심으로 파고들어 가는 이동이었다(이 전환은 오직 이 순서대로만 일어날 수 있었을 것이다). 이 덕분에 페미니즘 연구는 이익집단을 변호한다는 오명에서 벗어나, 가장 심오하고 충만한 시민을 상정하는 방향으로 나아갈 수 있었다. 우리는 영장류 동물학에서 관료제에 이르기까지, 생물학에서 재현에 이르기까지, 성과학에서 도덕론에 이르기까지, 모든 학문의 틈새에 영향을 미치는 방법론과 인식론에 대해 이야기할 무언가를 조금씩 만들어 가고 있다. 물론 많은 이들이 우리를 다시 게토로 보내 버리고 싶어 하지만 말이다. 『미국 정신의 종말*The Closing of the American Mind*』이라는 베스트셀러를 쓴 앨런 블룸 Allan Bloom을 비롯한 몇몇 이들은 이를 절실히 바라고 있다.[4] 켈러를 놀라게 한, 여성 문제가 아니고서는 도저히 젠더를 '상상할 수 없는' 이들 또한 그러하다.

동시대 페미니즘은 주변부에서 중심으로 이동하면서 사회가 남성적으로 구축한 다양한 담론·규율·제도 등에 주목하고 있다. 이는 "단순히 세계를 해석하기 위해서가 아니라 변혁하기 위해서" 이론에 던지는 유용한 경고다.[5] 남성적 담론·규율·제도 등을 공격하면서 이를 바꾸는 길을 찾아 지도를 그리는 사이, 우리가 남성 지배의 급소를 타격하기 때문이다. 또한 페미니즘은 기존 지식과 권력의 질서에 대한 대안을 상상하고 그려 보는 어려운 임무를 수행하고 있다. 이는 우리가 미래에 대한 책임을 짊어진, 역사에 필요한 일원임을 자각하고 있다는 징후이기도 하다.

———————— ◆ ————————

이 책은 서로 다른 여러 가지 목소리로 쓰였다. 일부는 참고한 텍스트의 영향을 받은 것이고, 일부는 내가 정치적·학문적으로 텍스트에 다중적으로 몰입하며 나타난 현상이다. 텍스트의 영향에 대해 말하자면, 나는 타인의 기분과 스타일에 잘 휩쓸리는 편이라서 막스 베버 Max Weber에 대한 장은 진지하고 직설적이면서

남성됨과 정치

도 우울한 반면 니콜로 마키아벨리$^{Niccoló\ Machiavelli}$에 대한 장은 암시적이고 쾌활하다. 의도적으로 그리한 것은 아니지만, 내가 텍스트와 이렇게 '합체'된다는 것은 분명 미심쩍은 데가 있다. 이는 분명 젠더화된 무언가와 관련되는데, 체득된 의식구조는 변혁적 마음가짐과 항상 일치하지는 않는 법이다. 여기에서 내가 말할 수 있는 사실은, 정치에 뜨거운 관심을 품은 학자라면 누구든 틀림없이 이런 다중적 몰입을 경험해 보았으리라는 점 정도다. 나는 이따금 고전 정치 이론가들의 기교 넘치는 천재성에 얼어붙는다. 애초에 나는 지적인 미학 때문에 정치철학에 끌렸다. 다시 말해 애초에 나를 끌어당긴 것은 플라톤$^{Platon}$의 정치학이 아니라 장엄함이었다. 그러나 다른 한편으로는 남성적 지배의 피해자를 비롯해 고난과 부정이 만연한 세계에 대한 긴급한 요구들이 내 마음을 움직인다. 이런 순간에는 텍스트의 뉘앙스와 해석의 미묘함에 집중하는 데서 벗어나 정치 이론의 정전들이 권위를 부여하고 정당화한 현실에 대한 분노와 조바심이 앞선다. 물론 여기에는 내 모순된 자아들이 있다. 각기 팽팽한 긴장 상태로 묶여 있는 생명의 가닥들이, 플라톤이 '무질서한 영혼'의 증상이라고 또는 (내 생각에는 다소 가혹한 판단인) 민주주의의 무정부주의적 단계라고 규정했던 방식으로 서로 싸움을 벌인다.

이런 나의 모순된 모습에는 열정 가득한 정치철학 추종자와 조바심 내는 시민만 있는 게 아니다. 남성들의 잘난 척이 우스꽝스러워 보이고 그들이 만든 제도가 너무나 터무니없어 보일 때,

나는 그 고매하신 이론적 지껄임과 자아도취적 묘사를 패러디하고 싶어진다. 또 다른 때에는 남성성의 구성 과정 그리고 남성성 내부의 긴장과 모순에 흠뻑 사로잡혀, 그 복잡한 지점들을 콕 집어내고는 상당히 흡족해하기도 한다. 하지만 남성적 지배가 부조리나 내적 긴장이 아닌 파괴적 결론으로 내 눈앞에 나타날 때, 그리고 여성의 정신 건강과 생존과 세계가 위기에 놓이는 순간에는, 격렬하고 분노에 찬 목소리가 등장하게 된다. 이런 목소리들의 다중성은 페미니즘에 들어 있는 두 가지 목소리의 대립, 즉 (비록 저평가되었지만) 힘 있는 사회적 행위자로서의 여성이라는 특징과 종속적이며 희생된 여성이라는 특징 간 대립으로 나타난다. 사실 둘 다 우리 자신이다. 남성적 지배에 말도 못하게 하찮은 순간과 너무나도 무시무시한 순간이 모두 있는 것과 마찬가지로 말이다. 이 가운데 어느 하나를 포기하는 페미니즘은, 여성과 여성 경험의 범주를 포착하는 분석에 실패할 것이다.

그렇다면 이 책에서 드러나는 각기 다른 목소리들은 일종의 문학적 장치가 아니라 정치 이론과 세계를 다루는 페미니스트 연구자에게는 피할 수 없이 내재된 것이어서 드러날 수밖에 없는 것이다. 다행히 일부 여성운동은 적어도 이 다양한 목소리들의 크기를 줄이거나 위계질서를 정하거나 심지어 분류하고 유형화하는 식으로 간섭하지 않고, 윤리적 상대주의에도 굴복하지 않으면서 저마다 목소리를 내고 있다. 때로는 무척이나 어색하지만, 우리는 차이에 대해 그리고 분절적이고 유동적이며 복수인 정체성에 대해 단순히 관용적인 데 그치지 않고 진정 민주주의적**이면서** 분석적으로 접근하는 법을 배우고 있다. 정치 이론도 언젠가는 이 길을 따르게 될 것이다.

———————— ◈ ————————

이 기획에 동참해 준 고마운 이들이 많다. 이 책의 바탕이 된 학위논문을 쓰면서 셸던 월린Sheldon Wolin에게 배울 수 있었던 것은 내게 크나큰 영광이었다. 그의 엄격하고 지적이며 절묘한 텍스트 독해와 다층적인 정치관 덕분에 나는 내가 가야 할 길을 알게 되었다. 논문의 일부 또는 전부를 읽고 격려와 가르침과 비판적 의견을 준 마이클 브린트Michael Brint, 린다 피츠제럴드Linda Fitzgerald, 에이미 거트먼Amy Gutmann, 신디 핼펀Cindy Halpern, 맨프레드 핼펀Manfred Halpern, 티머시 코프먼오즈번Timothy Kaufman-Osborn, 매리언 스마일리Marion Smiley, 버나드 야크Bernard Yack 등에게도 고맙다. 미국대학여성협회와 우드로윌슨재단의 여성학 연구 기금 프로그램은 적절한 시기에 재정적 지원을 해 주었다.

학위논문을 책으로 만드는 작업은 강의를 비롯해 의무적으로 해야만 하는 여러 가지 일 때문에 드문드문 진행되었다. 그 시절 나에게 힘을 보태준 이들이 여럿 있다. 내 상태를 살피면서 함께 작업하고 자기 작업으로 나를 자극해 준 동료들, 특히 라일라 아부루고드Lila Abu-Lughod, 팀 쿡Tim Cook, 피터 유번Peter Euben, 게일 허

새터Gail Hershatter, 마이클 맥도널드Michael MacDonald, 폴리 마셜Polly Marshall, 조슈아 밀러Joshua Miller, 캐럴 오크먼Carol Ockman, 웬디 스트림링Wendy Strimling, 로즈마리 통Rosemarie Tong, 엘리자베스 보걸Elisabeth Vogel에게 큰 빚을 졌다. 또한 윌리엄스칼리지에서 내 연구 조교였던 프랜신 데이비스Francine Davis는 지루한 세부 작업을 기꺼이 도와주었다. 윌리엄스칼리지의 지원 덕분에 나는 시간적으로, 재정적으로 여유롭게 원고를 완성할 수 있었다. 언제나 유쾌한 유머로 나를 지지해 준 가족 엘리자베스 페널리Elizabeth Fennelley, 도널드 페널리Donald Fennelley, 프랜시스 케일네Francis Kalnay 그리고 브라운Brown 가의 세실Cecil, 딕Dick, 그레그Greg, 로저Roger 에게도 고맙다.

마지막으로 이 작업을 더 나은 방향으로 나아가게 한 세 사람을 언급해야겠다. 커스티 매클루어Kirstie McClure는 내 작업을 북돋우면서 내 존재에 온기와 지혜를 아낌없이 쏟아 주었다. 밸러리 하투니Valerie Hartouni는 내가 더는 작업을 진척할 수 없는 상황에서 원고를 꼼꼼히 읽고 수정이 필요한 부분에 대해 훌륭한 제안을 해 주었으며 나를 세심히 돌봐 주었다. 아니 피시먼Arnie Fischman은 작업 공간과 프린터부터 웃음과 위안까지 내게 필요한 모든 것을 항시 마련해 주었고, 이 작업의 초고를 읽은 뒤 감탄할 만한 분석을 내놓았으며, 정치적 사고 또한 탁월한 이였다. 이처럼 정신과 육체와 영혼의 풍요를 베풀어 준 데 대해 깊은 고마움을 전한다.

남성됨과 정치

내가 프린스턴 대학교 대학원에 들어갔던 1979년 당시 정치학과에는 나를 포함해 여자 동기가 셋뿐이었다. 당시 학과장은 "여자들은 박사 학위를 받아도 쓸 데가 없어. 결혼하고 아이 낳으면 그만이야"라고 말하며 내가 장학금을 못 받을 거라고 알려주었다. 프린스턴 대학교는 개교 이래 상당 기간 동안 백인 남성 프로테스탄트가 큰 비중을 차지하는 곳이었다. 내가 입학할 무렵에는 그 지배적인 문화를 들쑤시거나 뭔가를 요구하지 않는다면, 오래도록 배척해 온 우리 같은 존재에게 입학을 허용하는 정도의 관용을 베풀고 있었다. 그때까지 나는 나한테 그렇게나 까칠하게 구는 곳을 접해 본 적이 없었다.

이 경험은 확실히 내 연구의 방법론에 영향을 주었다. 나는 유럽과 대서양 정치 이론의 정전을 사랑했다. 그 이론들이 보여 주는 시야, 관심사, 미학과 함께 문장 자체를 사랑했다. 나는 그 이론들의 질문, 그 이론들이 꺼내는 도발, 그 이론들이 출현한 곳의 역사를 다시금 들려주는 방식을 사랑했다. 나는 위대한 작품들이 다다른 장엄한 영역과 복잡성을 사랑했다. 그러나 한편으로는 이 정전들이 극심하게 젠더화된 세계에서 백인 유럽인과 주로 자산을 가진 이들의 손으로 그 자신들을 위해 쓰였다는 사실을 알게 되었다. 그 이론들이 이런 배경을 반영하고 있지는 않은지 의심하게 되었다.

나는 정치학과 정치 이론이 남성에게 독점되고 있을 뿐 아니라, 시대를 가로지르며 연속적이면서도 다양하게 남자다움이라는 사회적으로 고안된 속성 및 자만과 동일시되고 있음을 감지했다. 정치적 삶에 여성을 받아들인다고 해도 이런 것들이 변치 않으리라는 점을 감지했다. 서구 정치학은 남성주의적이며 그 형식·정신·내용에서, 범주에서, 특징에서, 가치를 판단하고 혐오의 대상을 정하는 데서, 그 호감과 반감에서 여성 혐오일 수 있다는 점을 감지했다. 정치학과 정치 이론에서 여성에 대한 질문을 꺼낸 뒤 진지한 어떤 지점에 다다르려면, '남성에 대한 질문'을 해야만 한다는 것을 깨달았다. 생산양식과 관계를 통한 계급화, 착취, 지배 등을 이해할 때 내가 한껏 기댔던 마르크스주의는 이때 별반 도움이 되지 않으리라는 점도 알게 되었다. 이는 마르크스주의와 내 관심의 대상이 달라서가 아니라, 마르크스주

남성됨과 정치

의가 그 언어·양식·정서·불평등 등에 대해 제한적으로만 관심을 보였기 때문이다. 그리고 나는 이 모든 것을 젠더화된 질서의 핵심적 쐐기라고 보았다.

이때 나는 정치 이론의 정전들에 맞서는 방식을 상정하고, 그 정전들이 남성성을 정식화하는 방식을 읽어 내고, 그 남성성이 어떻게 정치의 정식화로 나타나는지 발견하면서 내가 감지한 것을 추적해 갔다. 내 주제로 나아가기 위한 이상하면서도 우회적인 방법이었지만, 누구든 자기가 서 있는 자리에서 자기 손에 들고 있는 것을 가지고 일을 시작하기 마련 아닌가. 사실 20세기 후반 미국의 페미니즘 연구는 바로 이런 식으로 진척되었다. 생물학부터 철학에 이르기까지, 경제학부터 문학에 이르기까지, 학자들은 자기가 몸담은 학문의 토양을 뒤엎고 젠더가 그들 각자의 토양에 어떻게 자리 잡았는지를 밝혀내려고 했다.

이는 내가 후기구조주의, 문화 연구, 정신분석을 접하기 전의 일이다. 내가 이 기획을 시작한 1980년에 페미니즘 이론은 수십 권의 책과 논문이 전부였으며, 퀴어 이론은 아직 태동하지도 않았고, 인종·계급·카스트·젠더·섹슈얼리티를 솜씨 좋게 가로지르며 사유하는 작업은 원시적인 수준이었다. 수전 오킨과 진 엘시테인Jean Elshtain이 쓴 페미니즘 책이 두 권 있었지만, 이 책들은 남성, 남성성, 정치의 본성 등이 아닌 여성을 다루고 있었다.

그러하기에 나는 내 문제를 안고서 어둠 속에서 헤맬 수밖에 없었다. 아리스토텔레스Aristoteles, 마키아벨리, 베버를 택한 뒤, 서양사의 각기 다른 세 시대에 그들이 어떤 위치에 있었는지 뿐만 아니라 정치와 남성됨에 대해 그들이 어떻게 견고한 관념들을 만들어 냈는지를 고려하면서 그들의 저작을 읽었다. 그들이 정치의 본성과 의미에 대해 그리고 정치적 활동, 질서, 이유, 목적, 권력의 본성과 의미에 대해 규정하는 지점들을 파고들었다. 그렇게 해서 표면 아래 묻혀 있는 젠더화된 가정과 배제를 밝혀내고 싶었다. 나는 그들이 드러내 말하진 않은, 젠더화된 가정과 속성의 베일을 벗기려고 했다. 나는 그들이 혐오하거나 정복 대상으로 삼는 것, 즉 본성·욕구·필요에 대해, 그리고 종속과 의존적 존재·정서성·취약성·필멸성·육체에 대해서도 탐구했다. 그리고 그들이 물구나무서듯 전복한 것들에 대해 숙고했다. 즉 공적 영역에 해당하는 폴리스polis가 존재론적으로 사적 영역에 해당하는 오이코스oikos(집)에 선행한다는 아리스토텔레스의 주장, 약삭빠르고 야수 같은 비르투virtù의 힘으로 포르투나fortuna를 들어 메치려 한 마키아벨리의 시도,[1] 남성적인 면을 더욱 강화해 남성주의적 합리성으로 지어진 강철 우리[2]를 벗어나려고 한 베버의 시도 등에 대해 심사숙고했다.

이 책의 바탕이 되는 박사 논문을 마칠 무렵, 페미니즘 이론은 말 그대로 폭발했다. 1980~90년대에 이 분야는 역사적·사회적으로 구성된 세계의 젠더화 작용을 그리고 이 젠더화 작용을 다시 상상하고 전복할 수 있는 사회 구성적 방식을 알려 주었다. 페미니즘 이론은 언어, 육체, 이미지, 사회적 공간, 문화적 실천,

그리고 모든 분과에서 젠더를 감지하고 해체하는 방법을 가르쳐 주었다. 젠더를 차이로서 탐구하면서 시대·장소·계급·인종 등을 가로질러 나타나는 여러 종류의 젠더화 작용을 따져 물었다. 계급, 카스트, 인종의 층위를 만들어 내는 데 있어서 젠더화 작용을 반드시 참조해야 한다는 점을 밝혀냈으며, 젠더를 상부와 하부에서 도출된 다양한 힘을 통해 생산된 것으로 이해하게 했다. 마르크스주의, 정신분석, 후기구조주의를 비롯한 여러 접근법들이 화려하게 뒤섞여 발전했으며, 이런 요소들이 함께 젠더 형성의 정치적·경제적·사회적·주관적 차원을 이해하기 위한 사상이 되어 갔다. 그러므로 10년쯤 뒤에 쓰였다면, 이 책은 전혀 다른 책이 되었을 것이다.

하지만 페미니즘 비평이 주류 정치 이론에 얼마나 작은 균열만을 일으켰는지에 대해서는 지적하고 넘어가야겠다. 분석적 자유주의 이론가라면 자신의 예시에서 '그'를 '그녀'로 바꾸고, 몇몇 강의계획서에 젠더 불평등에 대한 내용을 넣을 수 있을 것이다. 정치 이론의 정전을 가르치는 강사라면 존 스튜어트 밀John Stuart Mill의 『여성의 종속The Subjection of Women』이나 메리 울스턴크래프트Mary Wollstonecraft의 『여성의 권리 옹호A Vindication of the Rights of Woman』 같은 책을 끼워 넣을 수 있을 것이다. 토머스 홉스Thomas Hobbes, 존 로크John Locke, 장 자크 루소Jean Jacques Rousseau 등이 여성의 정치적·사회적 종속을 강화하는 개념에 대해 얼버무리고 넘어가기보다는 그 지점에 더 머무르고 싶어 할 수도 있다. 그러나 여전히 현재 페미니즘 이론은 정치 이론에서 분리된 채 분과 학문으로 남아 있으며, 페미니즘에 기반을 둔 정치 이론가들은 보편 범주와 보편 문제보다 (여성의 평등, 돌봄 노동 등) 특수한 데만 관심이 있는 것으로 여겨진다. 자유, 평등, 정의, 주권, 권력, 통치, 시민권, 민주주의, 국가 등은 모두 형식과 내용 면에서, 심지어 평등처럼 페미니즘의 관심사와 관련한 문제조차 젠더화되지 않은 것으로 이론화되고 있다. 이 책이 이런 가정과 실천에 대한 일종의 도전이자 비판으로 자리 잡길 바란다.

# 서구 정치사상에 대한 페미니즘적 재구성

정희진

선생: 자네가 그간 여성에 관해 배운 것을 설명해 보게.

이블린 폭스 켈러: 제가 공부한 것은 여성에 관한 것도, 남성에 관한 것도 아닙니다. 단지 과학일 뿐입니다.

위 이야기는 이 책의 서문에도 등장하는 페미니즘 철학자이자 분자생물학자 이블린 폭스 켈러의 유명한 일화다. 하버드 대학 물리학과 시절, 여성학에 관심을 갖는 그녀에게 지도교수가 비난조로 질문했고 그녀가 답한 내용이다. 켈러의 대표작 『과학과 젠더』가 출간된 1985년경의 일이다.

'노동자=계급(마르크스주의)', '흑인=인종'이라고 주장하는 사람은 드물다. 반면에 많은 사람들은 '여성=젠더'라고 생각한다. 내가 만난 '똑똑한' 한 여학생은 "여성학 수업에서 왜 젠더를 가르쳐요? 여성에 대해 강의해 주세요"라고 현재 한국 페미니즘의 상황을 요약해 준다. 30~40년 전 미국 사회의 젠더에 대한 통념이 당대 한국에서도 반복되고 있으니, 페미니즘은 여전히 '급진적' 사유인 듯하다.

계급, 인종, 젠더는 사회구조의 피해를 받는 이들을 '대상으로' 하는 연구가 아니다. 이는 사회적 모순이자 인간, 사회, 자연을 연구하는 관점이다. 방법론이며 가치관이다. 계급, 인종, 젠더는 서로 얽혀 있어서 노동자, 흑인, 여성 등만을 따로 떼어 사유할 수 없다(노동자 중에는 여성이 없는가? 흑인 중에는 경영자가 없는가? 여성 중에는 백인이 없는가?). '여성=젠더'라는 인식은 일반 대중은 물론 스스로를 여성학자 혹은 페미니스트로 정체화하는 이들에게도 뿌리가 깊다. 남성성 연구나 젠더를 사회의 주된 작동 원리로 분석한 연구가 적은 이유이고, 한국 사회에서는 특히 그렇다. 심지어 남성(성) 연구는 여성학의 주제가 아니라고 생각하는 여성학자도 있으며, 젠더를 여성 피해의 가시화로 한정 짓는 오류를 '전략적 관점'이라고 주장하는 일도 흔하다.

한국 사회에서 젠더는 여전히 잔여적 · 부가적 · 부차적 도구로 여겨진다. 나는 최근 북한학 관련 연구 모임에 참여한 적이 있는데, 많은 남성들이 반가워하면서(?) "탈북자의 80퍼센트 이상이 여성이므로, 이제야말로 북한학 연구에도 젠더가 도입되어야 할 시점"이라고 말했다. 나는 "북한학이나 국제정치야말로 이미 가

남성됨과 정치

장 젠더화된 영역이니 '젠더 부재'는 걱정하지 않아도 될 것"이라고 응수했는데, 이 말이 소통되지는 않은 것 같다.

서구 페미니즘 이론의 전개 과정을 살펴보면, 정치학, 정치철학, 국제정치학은 페미니즘의 개입이 가장 늦은 남성들만의 영역으로 악명이 높다. 1960년대에 이미 자연과학에 대한 페미니즘의 도전이 시작된 것을 생각하면, '정치학'에서 젠더는 가장 미개척 분야이다. 이 분야에서는 대체로 V. 스파이크 피터슨 V. Spike Peterson이 편집한 『젠더화된 국가Gendered States: Feminist revisions of International Relations Theory』(1992)를 본격적 접근으로 본다. 이 책은 제목 그대로 국가 형성에서 젠더의 역할을 밝혔다.

그런 점에서 1988년에 출간된 웬디 브라운의 『남성됨과 정치: 서구 정치 이론의 페미니즘적 독해』의 문제의식에 놀라지 않을 수 없다. 브라운은 페미니즘 연구가 여성에 대한 배제와 거부, 비하를 비판하고 여성의 비가시화를 드러내는 '그 이상'이어야 한다고 주장한다. 즉 사유의 분석 도구로서 젠더가 특정 시대와 로컬(지역)에서 어떤 식으로 작용하는지의 역사성을 밝혀야 한다고 본다. 이는 남성의 사고방식이 어떻게 성차별 구조를 통해 과학과 철학의 기준이 되었는가에 대한 정확한 질문이자 이 책을 읽기 위한 전제, 즉 일상적 통념인 "남성성과 여성성은 대립한다"라는 자유주의 사고방식을 버리지 않으면 곤란하다는 의미이다.

이 책은 대개의 페미니즘 '이론' 책이 "어렵다"라는 오해를 받는 이유를 보여 준다. 예를 들어 주디스 버틀러Judith Butler의 『젠더 트러블Gender Trouble』(1990)은 어떤 독자에게 익숙하지만, 다른 독자에겐 그렇지 않다. 텍스트 자체의 어려움도 있겠지만, 그보다는 기존 가부장적·이성애주의적 관점으로 텍스트를 바라볼 때 도무지 독해할 수 없는 지점이 있는 것이다. 독자의 위치성에 따라 '난이도'는 달라진다.

남성성과 여성성은 반대 개념이 아니다. 생물학적 남성과 사회적 남성성 사이에 필연적 인과관계가 있는 건 더욱 아니다. 남성성과 여성성은 특정 사회의 규범으로 시대와 지역에 따라 다르게 변주된다. 어떤 사회에서 남성성으로 간주되는 특성이 다른 사회에서는 여성성이 될 수 있고, 그 역도 마찬가지다. 식민 지배를 받는 국가의 하층계급 여성은 대부분 생계 부양자다. 남성이 '보호자 역할'을 못하기 때문이다(물론, 원래 보호자 담론은 신화다). 국제정치처럼 성별 은유gender metaphor가 난무하는 분과 학문도 드물 것이다. 국가가 주권(영혼)을 의미할 때는 '남성'으로 재현되지만, 영토(육체)를 의미할 때는 '여성'에 비유된다.

이 책의 원제는 'Manhood and Politics'이다. 'masculinity'가 아니라 'manhood'인데, 남성성을 의미하는 'masculinity'에는 종속적·패권적·식민적 등의 뜻을 내포하는 다양한 복수형(masculinities)이 있다. 반면에 영어의 접미사 '~hood'는 특정 집단을 언급할 때 전형적 상태state나 성질quality을 표현한다.

'manhood'의 우리말 번역을 '남성성'이 아니라 '남성됨'으로 정한 이유이다.

일반적으로 서양사에서는 시대마다 지배적 남성 모델을 다음의 네 가지로 분류한다. 그리스 시민/전사, 가부장적 유대 기독교인, 영주/후원자honor/patronage, 프로테스탄트 부르주아 이성理性주의자가 그것이다.[1] 이 네 가지 유형의 이상적 남성성은 각기 다른 시대의 유산이며 서양 문명사를 이해하는 핵심 키워드다. 그러나 이 유형들은 패권적 남성성을 분석한 것으로, 그에 따른 주변적 혹은 종속적 남성성과의 대비 속에서 이해할 수 있다.

웬디 브라운의 접근 방식은 이와 구분된다. 그는 남성성의 의미를 정의하기보다는, 이 책에 등장하는 남성들 자신이 스스로 어떤 존재가 되고 싶었는지를 중심으로 접근한다. 브라운이 선택한 사상가들은 스스로 남성성의 규범을 만들고, 그럼으로써 초월적 자아로 자신을 구성해 낸다. 남성됨이란 이런 노력의 산물인 셈이다. 이 책은 '누가 더 남성적이었던가'를 가늠하거나 남성 문화를 연구하는 것이 아니라 남성 사상가들이 세계를 만들어 가려는making the world 의지와 그 방식에 초점을 맞춘다.

이 책의 성취는 내용 자체에도 있지만, 이는 가능케 한 것은 브라운만의 방법론과 사고방식이다. 그는 '남성'을 둘러싼 기존 개념(폭력, 용감함, 이성 등)을 미리 전제하지 않는다. 이 지점은 대단히 중요하다. 기존 정치 사상가들이 자신의 구상을 어디에서 구했는지, 그 목적과 의미는 무엇인지, 구상을 어떤 방식으로 구축하고 평가했는지를 추적한다. 따라서 '의외로' 이 책에는 토머스 홉스, 게오르크 헤겔Georg Hegel, 카를 마르크스Karl Marx, 이마누엘 칸트Immanuel Kant, 지그문트 프로이트Sigmund Freud 등이 언급되지 않는다. 내 입장에서 보면, 이 책의 '비판 대상'에서 제외된 이러한 남성들의 사상에는 상대적으로 페미니즘 혹은 해체주의의 가능성이 있다. 이 사상가들은 물론 대단히 남성 중심적이지만 젠더를 본질적인 인간사로 사유하지 않았다.

이러한 관점에서 브라운은 아리스토텔레스(고대 그리스), 마키아벨리(르네상스 이탈리아), 베버(근대성)를 선택하고 이들에 집중한다. 이 사상가들이 저마다 생각하는 세계에 대한 관심의 중심에 정치를 놓은 것은 이들의 개인적 가치관에서 비롯한 것이 아니다. 다시 말해, 이 책은 특정 시대와 로컬에서 남성이 만든 정치 개념을 해부하고 있으며, 남성성과 정치 이론의 관계를 일반화하지 않는다. '내재적'·질적 방법의 모델이라고 할 수 있다. 남성들이 스스로 '그들 자신을 위해 만들어 온 정치학'은 불확실하고 불안정할 수밖에 없다. 정치 이론의 특성을 이렇게 이해할 때, 정치학과 남성됨을 동일시하던 역사와 결별하고 새로운 정치학을 구성할 수 있을 것이다.

이 책에서 주장하는 남성됨의 핵심은 삶(일상, 노동, 육체 등)과의 대립을 통해 형성되어 온 정치의 초월성transcendence, 정신의 우월성이다. 초월성을 추구하는 남성됨은 인류사의 근본적인 문제다. 특히 근대 이전의 서구 사상에서 초월성은 대단히 중요한 개념이었다. 존재하지 않는 초월성을 만들어 내기 위해 젠더는 물론 공간, 자연, 생명 등 수많은 개념들을 식민화해야 했다.

초월성은 자유 개념처럼 '~로부터의' 초월을 전제한다. 초월성을 얻으려면 '인간(남성)'의 바로 옆에 있는 여성과 노예 등 '비非인간'이 극복, 정복해야 할 대상이 되어야만 했다. 이것이 문명사가 그토록 성별 은유로 점철된 이유다. 존재하지 않는 것, 불가능한 것을 가능한 관념으로 만들기 위해서는 은유가 필수적이고, 은유가 반복되면 결국 물질성을 갖게 된다. 영웅도 없고 폴리스도 사라진 시대, 현대에도 초월성과 비슷한 개념들이 있다. 베버의 '영웅적 정치가', 아렌트의 '용감한 정치 행위자', 프리드리히 니체Friedrich Nietzsche의 '초인Übermensch',[2] 대중문화에서 넘쳐 나는 '진짜 사나이', 한국 사회운동의 수많은 '민족의 지도자'와 '민중의 아들' 등이 그것이다.

브라운이 선택한 고대, 근대 초기, 현대를 대표하는 세 명의 사상가들은 공히 지금 우리가 정치라고 간주하는 것, 그렇게 간주된 정치에서 배제되는 것, 정치와 위협의 관계성을 만든 이들이다.

아리스토텔레스(기원전 384~322)에게 가장 중요한 관심사는 자연과 육체를 초월, 지배하는 것이었다. 그는 구분과 위계 설정을 통해 자신의 사상을 전개했는데, 그 유명한 형상과 질료 구분 역시 그의 위계적 세계관에서 비롯된다. 순수 잠재태(순수 질료)→비유기적 사물(암석, 흙)→식물→동물→인간→순수 현실태가 그것이다. 이때 '순수'는 최종·최고의 가치가 된다.

아리스토텔레스의 위계적 우주에서, 모든 개별 사물은 각각 최상의 방식으로 자신의 잠재력을 실현하고자 한다. 이러한 세계관은 그의 정치 이론의 바탕이 되는데, 인간의 탄생 이후 기본적인 욕구를 가정에서 충족하다가 마을과 도시국가를 거치면서 정치는 좀 더 복잡하고 심오해진다. 여기서 여성은 주로 가족과 의미 없는 장소에 머물러 있는데, 이 '의미 없는 장소'는 여성이 자기 능력을 가장 잘 발휘할 수 있는 곳이다. 아리스토텔레스는 남성도 구분했다. 자유롭고 자율적인 인격체를 가진 최상의 남자와 노예근성을 타고난 남자.

아리스토텔레스는 이성적 정치 공동체는 그 자체로 목적인 반면, 육체노동은 어떤 의미도 갖지 못한다고 보았다. 알려졌다시피 그는 플라톤보다 훨씬 보수적이었다. 당시에도 그는 남성이 여성보다 우월하다는 것을 증명하기 위해 생물학적 논증을 사용했다. 아이의 형상을 제공하는 것은 남자의 정자이고 여성은 단지 질료라는 것이다. 정자와 난자가 모두 질료지만, 아리스토텔레스의 통념은 오늘날까지 강고하다.

그는 실천적 학문 분야인 프락시스praxis와 의식적 제작 활동인 포이에시스poiesis를 구분하고 위계를 나눈 것으로도 유명하다. 윤리학과 정치학(국가 이론)이 대표적인 프락시스인데, 문제는 프

남성됨과 정치

락시스는 그 자체가 목적인 행위지만 포이에시스는 행위에 의해 창조되는 새로운 것이라는 사고이다. 그냥 놀고 있는 아이들은 프락시스 개념을 구현하지만, 유권자의 표를 얻기 위해 거리를 활보하는 후보는 포이에시스를 구현하고 있다는 식이다. 즉, 포이에시스는 목적의식적인 것으로 프락시스보다 우월하다.

니콜로 마키아벨리(1469~1527)는 목적의식적 행위를 현실 정치에 극적으로 적용한 인물이다. 알려졌다시피 그는 소심하고 겁 많은 사람이었다. 흔히 권모술수와 배신에 능한 현실 정치인을 마키아벨리스트라고 하는데, 그의 이론은 그의 실제 성격과 거리가 멀다. 마키아벨리는 정치 세계가 힘과 인식이 그물처럼 복잡하게 얽힌 구조물이라는 점을 정확히 알았다. 하지만 정치 행위자들이 그 다양성을 부정, 극복하고 대담하게 앞으로 나아가기를 바랐다.

마키아벨리가 산 시대는 중세에서 근세 초기로의 이행기였고, 이탈리아 사람인 그에게 조국은 스페인, 프랑스, 잉글랜드처럼 '안정'되지 못한 채 갈등 관계에 놓여 있었다. 밀라노, 피렌체, 베네치아, 바티칸은 서로 온갖 음모를 꾸미고 있었다. 여기서 그는 안정된 국가를 만드는 것이 최대의 목적이라고 보았다. 이러한 현실에 필요한 것은 백성에게 사랑받는 군주보다, 백성을 두려움에 떨게 하는 군주라고 생각했고, 이를 절절히 간언한 책이 『군주론 *The Prince*』이다.

복잡하고 위태로운 사회에서 강력한 군주(오늘날의 리더)가 마키아벨리의 정치적 대안이었다. 통치자가 국가를, 인민의 생명 및 재산을 보호하기 위해서는 냉정하고 냉소적이어야 했다. 그는 통치자가 직접 만들어 가는 절대적 군주 국가를 소망했다. 정치가가 국가를 창출하는 것, 여기서 그의 입장은 고대 그리스의 남성됨과 구분되기 시작한다.

근대에 이르러 국가nation state, normal state는 정치 제도의 최고 형태로 구체화되기 시작한다. 국가는 남성됨의 본격적인 꿈이다. 물론 지구상에서 단 한번도 정상 국가('제대로 된 국가')가 실현된 적은 없지만, 이에 대한 추구는 오늘날까지도 여전하다. 마키아벨리는 그 방법론 중 핵심인 군주론을 제공한다. 마키아벨리는 국가의 정교함, 안정성, 내·외부를 장악하는 강력함의 첫 번째 조건을 군주의 통치 스타일이라고 절감한 인물이며, 이를 통해 인류 역사상 새로운 남성됨이 탄생한다. 이는 오늘날 일상생활 전반의 인간관계를 규율하는 리더십 개념으로 발전하였다.

마키아벨리의 작업이 남성 우월주의 정치 이론이 보여 주는 자기 전복(모순)의 극단적 형태라면, 막스 베버(1864~1920)는 확실히 가장 위대한 파토스(열정)를 보여 준다. 주지하다시피 베버는 이성, 가치중립성, 합리성, 목적성, 관료화, 노동의 윤리 등 유럽 근대화의 핵심 개념을 제공했다. 이성 중심의 근대사회가 그토록 많은 '베버리언Weberian'을 배출한 이유이기도 하다. 마키아벨리가 아리스토텔레스를 넘어섰듯이, 베버는 마키아벨리의 '일상의 거친 투쟁'에서 생겨난 주정주의主情主義를 경멸했다.

즉각성이 정치를 감염할 것이라는 베버의 두려움은 인구의 다수에게서 정치적 시민권을 박탈해야 한다고 말한 아리스토텔레스의 정식화와 공명한다. 이러한 베버의 두려움에는 인간의 욕구와 감정을 자유, 합리성과 대립 관계로 보는 남성됨의 특성, 분업적 사고가 반복된다. 정치가 적절하게 운용되려면 자신을 오염시키는 생존 행위와 충분한 거리를 두어야만 한다. 아리스토텔레스와 마찬가지로 베버는 권력, 명망, 국가의 영광, 영웅적 리더십 같은 정치적 미학을 추구했다. 아렌트, 아리스토텔레스, 마키아벨리와 마찬가지로 베버에게도 정치가 차지하는 공간은 고상하고 소중하다. 그곳에서는 평범한 관심사가 환영받지 못하고, 평범한 사람도 어울리지 않는다.

그렇다면 '우리는(여성들은)' 폴리스에서 추방되고 폴리스를 위협하는 것을 모두 조사한 뒤, 아리스토텔레스에게 한 질문을 베버에게도 똑같이 할 수 있다. 만일 정치가 인간의 삶과 집단의 안녕·정의·참여 등에 관한 것이 아니라면, 정치는 무엇에 대한 것인가? 이렇게 정치를 초월적으로 개념화하면 정치 조직의 적절한 배치나 안전 같은 실질적 사안은 정치와 결부되지 않는다. 사회주의든 단순히 사회정책이든 정치의 자율성과 권력의 목적을 희석하거나 부식, 위협하는 것이라면 그 어떤 것에도 베버는 반대한다.

정치의 본질은 폭력이고, 정치 공동체의 본질은 진공상태와 같은 순고한 가치이다. 집단·인종·부족 등이 조직된 명망 높은 정치권력에 속할 때까지 그들은 민족이 아니며 어떤 존재 이유도 없다는 베버의 주장은 이러한 사고에서 나왔다. 예컨대 베버의 표현을 따르면, '문화 없는' 존재였던 아프리카인들을 식민화하는 것은 적법하지만, 폴란드 같은 민족국가들의 문화적·정치적 자율성을 향한 투쟁은 지원해야 한다.

아리스토텔레스, 마키아벨리, 베버가 살았던 시대와 그들의 문제의식은 각각 다르다. 그 가운데서 웬디 브라운이 주목한 서구 정치사를 관통하는 특성은 아르키메데스Archimedes의 원리와 비슷하다. "지구에 외접하는 원기둥의 부피는 그 구 부피의 1.5배이다"라며 스스로 지구 바깥에서 지구를 들어 올리는 자신을 형상화한 지렛대의 반비례 법칙. 아르키메데스의 원리는 이론적으로 가능하고 응용할 수 있지만, 실제로 증명할 수는 없다. 아르키메데스는 자신의 위치를 밝히지 않는다. 자신은 어디에도 속하지 않고, 구체적으로 그 어떤 누구도 아니며, 우주를 관장하는 조물주의 시각에서 초월성을 추구한다. 어떠한 흠stain도 없는 완전하고 무구한 상태, 신이다. 이러한 상태를 위해 '여성' 외에도 얼마나 많은 존재와 가치가 희생되고 제거되어야 할까.

현대에 이르러 마르크스와 프로이트는 이러한 남성성에 틈새를 낸 대표적인 사상가이다. 이후 후기구조주의자들은 말할 것도 없다. 페미니즘이 이들의 사상과 친연성을 가지면서 결합·경합하고 적극적 재해석을 시도하는 이유도 이 때문이다. 마르크스는 기존의 서구 철학이 관념임을 밝혔고, 구체적인 물질로부터 사유할 것唯物을 주장했다. 프로이트는 '생각'이 아니라 인간의 육체와 섹슈얼리티 활동을 통해 인류 문명의 구성을 밝히고자 했다. 이들의 사상이 단지 백인 남성을 기준으로 했다는 점과 남성됨을 추구했다는 점은 구별되어야 한다(정확히 말하면, 마르크스는 자신의 남성됨을 몰랐고 프로이트는 자각했다).

초월성은 개념을 구분할 수 있다고 믿는 이들의 방법이다. 규정하고 분리하고 각각 역할을 '자신'이 정한다. 초월성, 목적의식, 자유의지will는 공명한다. 자신의 의지를 타인, 사회, 자연에 관철시키고자 하는 이 거대한 저거너트juggernaut(무자비하고 파괴적이며 막을 수 없는 것으로 간주되는 힘)에의 추구는, 오늘날 남성 문화를 이해하는 데도 도움이 된다. 전 지구를 사정거리로 삼는 시속 1만 2천 킬로미터의 대륙간 미사일, 자신의 힘으로 무엇이든 할 수 있다는 굴기屈起의 정신, 여성의 몸을 통제할 수 있다는 일상적 남성 문화는 모두 남성에게 허락된 의지의 산물이다.

서구 철학에서 시몬 드 보부아르Simone de Beauvoir의 업적은 그의 '여성 정체성 부재'에도 불구하고 초월성과 내재성이 성별화된 가치라는 사실을 증명한 데 있다. 그는 초월성이 대상화와 타자화를 동반할 수밖에 없으며, 백인 남성이 자연, 여성, 유색인종을 타자other로, 즉 인간이 아니라고 본 점을 규명했다. 그의 실존주의는 이후 수많은 포스트모던 사상가들의 타자성과 차이에 대한 사유에 영향을 주었는데, 한마디로 주체는 타자의 인질이라는 사실이다. 타자(일상, 여성, 노동 등) 없이 초월성은 존재할 수 없다. 물론 이 역시 근대성의 쓴맛을 본 서구와 일본의 이야기이고, 한국 사회 같은 후기 식민지는 여전히 자유민주주의, 자율성, 자주를 주장한다. 서구가 실현한 것을 "우리도 한번 해봐야" 하기 때문이다. 탈식민이 필요한 이유다.

'남성됨'의 결말은 그들이 추구하는 자유를 얻는 데 있다. 앞서 말했듯이 초월성과 자유는 '~로부터 자유free from what'을 전제하는데, 인류가 질문해야 할 것은 이 'what'이다. 이들은 무엇으로부터 자유롭고 싶은가. 여성? 노동? 일상? 현실? 위험? 공포? 성찰? 섹스? 조르조 아감벤Giorgio Agamben은 당대의 신자유주의를 '무엇'의 독자성singularity이 사라진 시대라고 보았다. 모두가 자유를 누리지만, 그것은 글자 그대로 '그물망 사이', 인터넷에서일 뿐이다.

신자유주의 시대의 초월성은 국가나 이성이 아니라 '돈'이 되었다. 역설적으로(?) 아리스토텔레스, 마키아벨리, 베버가 그토록 경멸했던 물질이 이 시대의 초월성이자 자유의지의 전제다. 서구 남성 철학은 그렇게 자신에게 부메랑으로 돌아감과 동시에 팬데믹 시대라는 '부수적 피해'를 전 인류에게 안겨 주었다.

사족을 달자면, 나는 근대 이후 세 가지 역사적 이정표가 있었다고 생각한다. 홀로코스트, 사회주의 블록의 붕괴 그리고 기후

위기가 그것이다. 이 세 가지 사건의 '공통점'은 인간의 의지로 타자, 다른 사회, 자연을 정복하려는 것이었고, 이는 문명과 발전주의의 이름으로 정당화되었다. 세계를 이원론의 관점으로 파악하고 나의 외부(대상)를 극복해야 한다는 초월성에의 추구는 인류의 역사를 남성의 역사로 만들었다.

　모든 인간이 자연의 일부임은 말할 것도 없고, 그 사회의 일원이라는 사실을 깨달아야 한다. 그러나 우리는 여전히 자연과 적대하고 있다. 생태주의자조차 기후 위기를 "자연의 역습"이라고 표현한다. 우리가 자연에 포함되어 있다면, 나올 수 없는 사유다. 남성됨에 관한 연구는 전쟁, 기아, 근본주의, 인종주의를 넘어 지구 자체의 생존 문제가 되었다. 남성됨 연구가 절실한 이유이다.

**일러두기**

1. 지은이의 주석은 따로 표시하지 않았고, 옮긴이의 주석은 '[옮긴이]'라고 밝혔다.
   본문에 언급된 책 중 한국어판이 있는 경우, '[한국어판]'이라고 밝힌 뒤 옮긴이가
   참고한 책의 서지 정보를 적어 두었다.
2. 단행본은 겹낫표(『 』), 논문을 비롯한 개별 글은 홑낫표(「 」)로 표시했다.

# 서론: 정치, 남성됨 그리고 정치 이론

I

서양사 전반에 걸쳐 인간에게 으레 기대하는 것들과 감성·생명 활동은 일반적으로 '남성과 여성'이라는 두 가지 대립된 질서로 나뉜다. 인간의 생리적 차이라는 자연현상과 연관된 이 구분은 관습적인 것이며 인간이 구성한 것이다. 역사적·문화적 조합이 지극히 다양하다는 점으로 미루어 볼 때, 이를 두고 자연적이라거나 불가피하다거나 생물학적으로 결정된다고 말할 순 없다. 젠더는 인간사 가운데 하나이며 인간의 정신과 노력을 통해 생성된 의미, 가치, 활동의 변화무쌍한 조합이다. 하지만 시간이 흐르면서 완전히 '자연화'되었기에 많은 이들은 서양사에서 이 조합이 구성되었다는 점을 잊고 지냈다.

눈에 띄는 예외가 있긴 하지만, 앞선 시대의 가장 급진적인 사상가들조차 여성의 상황과 남녀 간의 이데올로기적 대립에 대해 따져 묻거나 의문시하지 않았다. 그러나 20여 년 전부터 이 문제가 인간의 정신사에서 가장 주목할 만한 변혁적 주제가 되었다. 이 세계에서의 위치와 행위뿐만 아니라 사고와 태도 차원에서 '여성이란 무엇인가'를 묻게 된 것이다. 이제 여성에게 특정한 미덕, 악습, 정신적·육체적 한계 등이 있다는 가정은 이제 어디에서든 불가능해졌다. 보편적 차원에서 우리 여성만이 자녀 양육과 가족 구성이라는 특정 노동을 담당하는 필수적이고 유일한 존재라고 보지 않게 된 것이다.[1] 과거의 그 어떤 순간보다도 많은 여성이 (전에는 남성의 세계였던) 공적 세계에 개입하고 있다. 전에는 결코 우리에게 또 우리 능력에 걸맞다고 생각해 보지 않은 직업과 활동에 뛰어들고 있다.

보수적이거나 반동적인 역사·사회 연구자들은 이런 발전을 도덕, 사회적 경계, 가족 체계, 권위와 같은 사회 각 분야의 전반적 붕괴 징후이자 서구 문명 와해의 필연적 결과라고 본다. 좀 더 온건하거나 수용적인 연구자들은 이런 발전을 알렉시 드 토크빌Alexis de Tocqueville의 자유주의 관점으로 설명한다. 즉 자유주의적 평등주의가 사회 구성원들의 의미 있는 차이를 모두 점차 희석하고 지우는 과정이라고 보는 것이다. 낙관주의라는 완장을 찬 자유주의자들은 이런 발전이 자유주의가 만들어 낸 최고의

남성됨과 정치

본보기이며, 개인의 잠재력과 열망을 실현할 기회는 계속 늘어날 것이라고 본다.

최근 들어 여성의 지위가 극적으로 변한 것은, 대중적으로 회자되는 어떤 해명보다 그 기원이 훨씬 더 '유물론적'이다. 지금껏 서구 세계가 켜켜이 굳혀 온 여성의 자리를 무너뜨리는 데 결정적 기여를 한 것은, 자본주의 발전이 가져온 가족 영역의 변형이다. 공산품이 늘어나면서 가족과 가족경제의 형식적·물질적 기반이 혁명적으로 바뀐 것이다. 기초적 생산 단위로서의 가정은 사라지기 시작했고, 비농업 분야일수록 노동이 대규모로 상품화되면서 가족이나 가구보다는 개인이 가장 중요해지고 점점 더 원자화된 노동 구조가 구축되었으며, 토지는 다른 자산에 비해 그 소유나 활용 면에서 중요성이 줄어들었다. 중산층과 상류층이 결혼할 때 배경이 되어 주던 자원과 유산의 역할도 약해지기 시작했다. 다시 말해 자본주의가 차츰 성장하면서 가족에 기반을 둔 가정이라는 물질적 토대와 그 가정에 여성을 속박하던 관습이 상당 부분 뒤집어진 것이다. 18세기 이래로 가정의 기능은 점점 더 상업화하고, 자본(그리고 노동)이 점차 이동성을 얻으면서 이런 현상의 속도가 엄청나게 빨라졌다. 이런 발전의 물질적 측면 때문에 여성의 전통적 역할·활동·정체성은 점차 불필요해졌고, 그러면서 사회적·심리적으로 더욱 공허하고 숨 막힐 만큼 답답한 상황이 되었다.

두 번째 발전은 보편적 평등, 자유, 참정권, 기회와 같은 자유주의의 원칙이 등장하고 확산한 것이다. 이 흐름은 3세기 전에 시작되어 지금까지 이어지고 있다. 여성의 이데올로기적·구조적 상황에 지대한 충격을 준 이 발전은 앞서 말한 '유물론적' 발전과 연관된 것이기도 하다. 초기 자유주의자들의 서술에서 '보편적'이라는 표현은 여성뿐만 아니라 재산이 없는 이들까지 제외한 개념이었다. 그런데 이 원칙은 추상적인 데다 사람들이 저마다 처한 삶의 상황이나 고군분투 같은 구체적 내용보다는 개인이라는 **개념**에 기반하고 있다. 그 덕분에 여성을 비롯한 사람들의 기본적인 시민권과 참정권을 박탈하는 것은 논리적이지 않았고, 이를 두둔할 수도 없었다. 메리 울스턴크래프트, 해리엇 테일러 밀, 존 스튜어트 밀 같은 초기 페미니스트들은 자유주의 사상과 실천에서 이런 '모순'을 공격했다. 시민권을 비롯해 그에 따른 권리와 기회가 이제 더는 사회의 특정 계층에게만 부여되고 특정한 이들에게만 뿌리내리는 것이 아니라 사회적·경제적 지위에 관계없이 각 개인에게 돌아가야 한다면, 이런 개인에 당연히 여성도 들어 있어야 한다고 주장한 것이다. 즉 '남성의 권리'를 재산이 없는 이들에게까지 넓히려고 한 18~19세기의 투쟁이 은연중에 여성의 권리 문제까지 제기한 것이다.[2] 우리가 오늘날 '자유주의 페미니즘'이라고 부르는 것의 기원과 관점은 이런 해방, 권리, 특권의 이야기 속에 놓여 있다. 이런 '해방'의 한계는 매우 명확하다. 시민사회의 권리와 자유와 기회를 추구하고 옹호하려고 할 때, 그래서 권리를 박탈당한 집단이 시민권과 기회를 넓히려고 할 때, 그보다 먼저 벌인 투쟁이 문제가 되기도 한다. 경제기구, 가족, 정치권력 등이 진정한 자유를 가로막으면서 세워 둔 구조적 장벽을 무시하거나, 실질적으로 그 장벽을 지지하고 정당화하기도 하는 것이다.[3]

1960년대 미국에서는 바로 이런 권력 기구와 구조가 대중 정치에서 공격의 대상이 되었다. 시민권 및 반전 운동과 이런 운동에서 분화한 다수의 정치적·이론적 주체들이 자유주의의 원칙 내부와 아래에 숨어 있으며 진정한 자유와 양립할 수 없는 제도와 이데올로기를 공격한 것이다. 이런 상황이 벌어진 초기에 인종적 소수자, 가난한 이, 제3세계에서 식민 지배를 당한 사람 들의 자유와 존엄을 가로막는 장벽을 공격해 들어갔지만, 여성 문제는 무시되었다. 하지만 이 투쟁에는 수많은 여성들이 가담하고 있었다. 여성은 모든 주변부 집단 가운데 최대 집단인데도 서구 사회는 그 사실을 애써 외면하며 이들을 주변적 존재로 만들어 왔다. 자유와 존엄을 위해 싸우는 여성들에게는 이처럼 너무나도 선명한 아이러니가 있었다. 결국 수세기에 걸쳐 흩뿌려진 페미니스트들의 절규가 한데 모여 귀가 먹먹해질 정도로 큰 포효가 되었다. 젠더화된 관습 전반의 자유화, 무의미한 사회생활과 영혼 없는 가족에 대한 중간계급 청년들의 거부, 제2차 세계 대전에 노동력으로 **대거** 동원되었다가 겨우 10여 년이 지난 뒤 다시 가정으로 밀쳐진 여성들의 경험 등이 '성 혁명'과 결합했다. 그러면서 관계자들마저 놀랄 만한 규모의 여성운동이 태동한다.

'제2의 물결' 페미니즘에서 비롯한 변화의 폭과 속도는 거의 따라잡기 힘들 정도였다. 이 운동은 여성과 남성의 삶에 대한 사회적·존재론적 가정들을 걷어 냈고, 역사상 그 어떤 정치·사회 운동이 해낸 것보다 더 크게 이들의 삶을 바꿔 놓았다. 그러나 젠더와 관련한 영역, 활동, 특징, 가치 등을 의심 없이 받아들이던 분할의 역사는 동시대의 정치적·경제적·사회적·문화적 삶에 고스란히 남아 있었다. 여성의 종속화와 마찬가지로 남녀의 분할 역시 정치적·사회적 사상과 배치와 제도의 역사에 새겨져 있었다. 우리는 '남성적'이고 '여성적'이라는 제도화된 개념과 실천으로 갈라진 세계를 상속받았다. 지금은 많은 이들이 남녀에 대한 전통적 개념과 관행을 거부하거나 이에 의문이라도 품고 있지만, 우리가 사는 세계의 정치적·경제적·사적 영역은 전통적 배치와 관행에서 형성되었으며 그것에 깊이 뿌리박고 있다.[4] 마르크스가 상기시켰듯이 "모든 죽은 세대의 전통은 살아 있는 세대의 머리를 짓누르고 있다."[5] 또는 프로이트의 좀 더 간결한 표현처럼 "죽은 자들은 힘센 지배자들"이다.[6] 죽은 세대의 힘, 그 역사의 힘은 개별적인 각각의 남녀보다도 '남성적'·'여성적' 영역인 전통과 제도 속에 더욱 강력하게 존재한다. 무척 어렵긴 하지만, 개인적 차원의 변화는 활동, 담론, 교류 같은 사회적·정치적 전통의 변화에 비하면 그나마 시도해 볼 만한 일이다. 인간이 만들었지만 이제 그 정의상 인간의 손과 정신에서 분

남성됨과 정치

리된 전통과 제도에는 자기 변화의 능력이 없다. 그 전통과 제도를 완전히 파악한 뒤 바꿔 보려고 할 수도 있겠지만, 거기에 기반해 살아가면서 이를 완전히 파악하기는 매우 어렵다.

역사적으로 볼 때, **정치**는 인간의 그 어떤 활동보다 특히 남성적 정체성에 기반해 있다.[7] 인간의 노력이 미치는 그 어떤 곳보다 배타적인 남성만의 영역이었고, 다른 사회적 관행보다 훨씬 강렬하게 남성적 자의식을 품고 있었다. 양상은 다양하지만, 정치의 이론과 실천은 모두 끊임없이 이어지는 남성됨이라는 관념 및 그 실천과 밀접하게 관련되었다. 이러한 점은 '전사단戰士團'에서 비롯한 정치의 기원, 정치적 삶을 통한 남성됨의 실현을 이야기한 고대의 믿음, 정치 영웅과 지도자 들의 '남자다움'에 대한 근대의 선언에만 나타난 것이 아니다. 남성됨의 형성과 정치의 형성이 역사적으로 맺는 관계는 정치 기반, 정치 질서, 시민권, 행동, 합리성, 자유, 정의 같은 개념의 형성을 거치면서 등장했으며, 이를 통해 그 기원을 추적할 수 있다. 정치로 상정되는 것, 정치에서 배제되는 것, 정치에 치명적이거나 위협적이거나 부적합하다고 여겨지는 것 들도 이 관계의 영향을 받았다. 이 책이 발가벗겨 비판적으로 분석하고 최종적으로는 형태의 변화까지 밀어붙이고 싶은 것은 고전 정치 이론에 새겨져 있는 남성됨과 정치의 바로 이런 관계다.

Ⅱ

이 책의 논의는 아리스토텔레스, 마키아벨리, 베버의 저작을 중심으로 펼쳐지며, 이 순서대로 각각에 대한 설명을 할 것이다. 이 사상가들을 살펴보는 것은 우선 서구 문명의 고대, 근대 초기, 현대 등 각 시대에 내 연구를 맥락적으로 배치하기 위해서이며, 그럼으로써 남성됨과 정치의 오랜 관계, 연속성, 변화를 탐구할 수 있을 것이다. 사실 나는 서양사의 흐름 속 남성됨과 정치의 관계에서 가늘고 불규칙적인 발전의 연속선을 발견할 수 있다고 주장하려 한다. 이 선은 플라톤이 자신보다 더 '신비주의적'이던 선배들을 뒤엎은 뒤 서구 정치학과 사상의 전통을 분명히 만들어낸 데서 출발한다. 그러나 가장 간결하면서도 명백하게 정치학을 뚜렷한 남성 영역의 남성적 행위로 만든 이는 아리스토텔레스다. 그의 정치 및 윤리 이론에서 우리는 남성이 자연의 필요와 육체에 **맞서** 일종의 자유를 추구하는 과정, 자연의 필요와 육체를 지배하는 데 대한 관심, 그 지배를 수월하게 하는 정치적 합리성의 발달 과정을 만나게 될 것이다.

이런 사상과 실천은 마키아벨리의 시대에 이르면 그 형식과 윤리적 기반이 분리된다. 그리하여 권력은 그 자신을 위해 오롯이 권력을 추구하는 세계를 펼쳐 나간다. 정치적 합리성은 단도직입적으로 도구화되고, 정치의 목적은 고대 그리스인들이 추구한 '좋은 삶'이라는 풍요로운 개념에 비해 상대적으로 좁은 정치적

남성됨과 정치

영광이라는 개념과 연결된다. 마키아벨리는 여성·자연·'통제할 수 없는 존재'들을 포르투나 아래 한데 묶어 버리며, 포르투나는 정치적 남성들이 정치적 영광·자유·권력을 추구하는 것을 방해하는 명백한 적수가 된다.

19세기 말 자본주의와 정치적·사회적 삶의 관료 조직이 견고하게 자리 잡는 베버의 시대에 이르면, 남성됨-정치의 관계는 사실상 위기인 교착상태에 이른다. 남성됨-정치의 관계는 이 시기 문화적·정치적 위기의 핵심에 자리하는데, 이 위기는 이중적이다. 한편으로는 속박에서의 자유, 인간과 환경에 대한 지배, 감각과 감성이 해방된 존재의 사유와 활동을 통해 남성됨을 찾아 헤매지만, 그러한 노력은 결국 관료주의적이고 자본주의적인 거대 기계라는 결과로 이어진다. 그리하여 인간은 속박되고 자유가 없는 상태, 베버의 표현에 따르면 비인간적인 상태에 놓이게 된다. 특정한 (남성적) 자유를 찾아 헤매는 사이, 인간은 자신의 세계를 만들 능력, 정치적·지적 '영웅'으로 활약할 능력, 자신이 꿈꾸던 자유를 행사할 능력을 잃어버린다. 그러고는 자신을 지배하면서 영혼 없는 자동 기계 인형으로 전락시키는 '강철 우리'를 건설했다. 다른 한편으로 이 위기는 자기 자신을 정치적인 방식으로 드러낸다. 남성됨-정치의 변증법은 정치경제적 질서를 제어해야 하는 권력을 가진 사람들마저 통제하기 어려운 정치경제적 질서를 만들어 냈다. 인간 해방을 위해 설계된 질서 자체가 인간을 철저히 지배하게 된 것이다. 오늘날 우리가 어떻게 경제적·지정학적·생태적 재난 직전의 상황에 처하게 되었는지, 이러한 사안에 대해 어떻게 권력자들조차 무력해졌는지를 다시금 복기한다는 것은 진부하고, 심지어 따분할 지경이다.

나는 남성됨-정치의 관계가 발전해 온 과정에 마르크스의 경제 발전 법칙이나 헤겔이 말한 역사의 이성 같은 철칙들이 있다고 주장할 생각은 없다. 나는 마르크스주의나 헤겔주의에 기초해 정치철학을 논하려는 게 아니다. 도리어 이 두 철학의 역사관에 대한 포스트모더니즘의 비판에 크게 공감한다. 나는 남성됨-정치의 관계에 분명한 역사 발전의 과정, 즉 비록 비선형적이고 불특정한 방식으로 결정되었지만 추적할 수 있는 계보학이 존재한다는 것을 논하려고 한다. 지금까지 이뤄진 발전이 위기에 봉착했거나 위기를 만들어 냈기 때문에 바로 지금 이런 탐구를 할 수 있고 당면한 정치와도 연관될 수 있다. 정치적 위기는 현존하는 양식과 실천이 허물어지며 고갈되어 가고 있음을 알리는 신호이며, 집단적 존재에 대한 대안적 접근이 필요하다는 점을 환기한다. 현재의 정치체제를 바탕으로 생각하고, 조직하고, 행동하는 전반에 대안이 필요하다는 데 많은 서구 지식인들은 쉽게 동의할 것이다. 인간 사회의 이런 기본 원칙들에 페미니즘적 접근법이 매우 유효하다는 주장의 근거는 이 책의 비판적이고 서술적인 장들에 기술되어 있다.

아리스토텔레스, 마키아벨리, 베버에 대한 해석 작업은 역사에서 그들이 차지하는 위치의 일면만을 드러낼 뿐이다. 그럼에도 특별히 이 사상가들을 선택한 또 다른 이유가 있다. 첫째, 이들이 정치 이론의 전통에서 중요한 '주류' 사상가이기 때문이다. 다시 말해 이 세 사상가들은 모두 당대에 널리 퍼져 있는 생각과 실천에 도전했지만, 그중 누구도 소크라테스$^{Socrates}$ · 루소 · 마르크스 같은 사상가가 대표하는 각각의 정치적 · 지적 배경에 대해 근본적으로 비판하는 태도를 보이지는 않았다. 아리스토텔레스를 비롯한 이 세 이론가들은 열렬한 '사실주의자'들이었다. 그들은 기존 사물의 질서에 이론적 일관성을 부여하려 했고, 가능한 범위 안에서 작업하는 데 온갖 노력을 기울였다. 결국 아리스토텔레스 · 마키아벨리 · 베버라는 특정 사상가의 사고방식에 주목한다기보다는 그들의 사상이 정치의 실제 실천 양상을 재현한다는 점, 그 역사적 사실성$^{historical\ reality}$에 주목함으로써 내 작업의 타당성을 확보하려고 했다.[8]

둘째, 서구 사상과 실천에서 정치의 본질에 대해 새로운 무언가를 끌어내는 연구를 하려면, 정치에 대해 튼튼하고 꽉 찬 구상을 한 이론가를 찾아야 한다. 즉 자신의 구상이 어디에서 비롯했고, 그 목적과 의미는 무엇이며, 그 구상에 대한 구축과 평가는 왜 해야 하고 어떤 방식으로 할지 등의 문제에 명확하게 접근한 이론가를 찾아야 하는 것이다(역설적이게도 이 기준을 들이대면 꽤 많은 기존의 '위대한' 정치 이론가들이 제외된다). 이런 관점에서 아리스토텔레스, 마키아벨리, 베버를 선택한 것은, 그들 각자의 사상만큼이나 그들이 활동한 시대의 정치성을 고려할 때 적절한 것이었다. 이 사상가들이 저마다 생각하는 세계에 대한 관심의 중심에 정치를 놓은 것은 단순히 그들의 개인적 가치관에서 비롯한 것이 아니다. 이는 정치적 삶이 (예컨대 우리의 문화와 시대에는 알려지지 않은 어떤) 중심에 놓였던 시기에 그들이 살았기 때문이다. 특히 아리스토텔레스와 마키아벨리의 경우 더욱 그러하다. 니체의 표현을 따르면 이렇다.

> 그리스인들을 생각해 보라. (……) 역사에서 그토록 엄청나게 정치적 열정을 발산하고, 그런 정치적 본능을 따르기 위해 다른 이해관계를 무조건 제물로 바친 두 번째 사례는 분명 찾아볼 수 없다. 기껏해야 비슷한 이유로 비교를 통해 비슷한 이름으로 불리는 이탈리아 르네상스의 남성들이 있을 뿐이다.[9]

이 책에서 다룬 이론가들은 강렬하게 정치적인 시대에 정치적 삶에 대해 독보적 관심을 보인 이들이다. 이들은 저마다 다양한 방식으로 정치의 가치와 자율성이 인간 존재의 독특하고 숭고한 차원이라고 주장하기 위해 노력한다. 아리스토텔레스는 반정치적인 플라톤주의 철학의 지적 맥락에서 이 목표를 추구했다. 마키아벨리는 기독교 교리와 교황의 헤게모니 확산에 반대하며 이탈리아의 문화적 위기 한복판에서 권력 정치 그리고 열정적으로 정치에 개입하는 시민들을 옹호했다. 베버는 관료주의적 합리성이라는 근대적 힘을 직면하고 파시스트, 마르크스주의자, 낭만주의적 이상주의자의 반정치적 교리라고 생각한 것들에 맞서 정치적 삶의 가치를 회복하고 다시금 주장하려 노력했다.

각 이론가가 강조한 정치의 본성, 특징, 의미는 그들이 처한 역사적 맥락과 그들 각자의 열정과 목표에 따라 다르게 나타난다. 이들의 정견은 이 책의 논의에 유용하게 쓰일 텐데, 가볍게 묵살하지 않으면서 비판적으로 자세히 검토해야 할 대상이다. 각 이론가는 자신의 정치 환경과 협상하면서 지극히 중요한 방식으로 정치의 기획, 목적, 가능성을 주조해 냈다. 그러므로 우리는 남성적 전통에 뿌리내린 정치의 그릇된 부분을 알 수 있을 뿐만 아니라 그 뿌리의 어떤 점이 그토록 강력해서 전면적인 비난이나 철폐보다 변형을 모색하는 정도에 그쳤는지 알게 될 것이다. 이들은 생산적이거나 해방적이기까지 한 측면들을 전복하는 정견을 펴는데, 이는 그들의 정견이 남자다움이라는 에토스에 묶여 있었던 점과 부분적으로 연결된다.

이 이론가들의 작업에서 보이는 자기 전복적 측면에 대해 짧게나마 살펴본다면 이 책이 택한 전략의 일부가 드러날 것이다. 아리스토텔레스는 자유 속에서 타인과 집단적으로 숙의하며 사는 것이 인간에게 지고의 선이라는 주장을 한 것으로 잘 알려져 있다. 그에게 정치적 삶은 고귀하고 완전한 인간 존재의 표현이었다. 인간 존재를 구성하는 다양한 행위와 관계를 인지한 방식을 살펴보면 그의 명석함은 빛을 발한다. 아리스토텔레스는 생산자·재생산자·사상가·행위자·친구·시민·연인 등으로 나타나는 인간의 다면성을 포착하고, 각 특성을 인간이 되는 데 피할 수 없는 요소로 인식했다. 더 나아가 그는 다양한 관계와 유대 속에서 우리 존재의 이런 요소들이 다 드러나기 때문에, 정치 이론이라면 이런 요소를 전반적으로 설명하고 분석해야 한다는 것을 알았다. 그러나 그는 인간이 된다는 것이 무슨 의미인지에 대해 보여 준 자신의 풍부한 이해를 뒤집어 버린다. 그러고는 협소하고 소외적인 방식으로 정의한 남성됨을 그 꼭대기에 놓는 가치의 위계에 맞춰 개별적·집단적 존재를 구성한다. 인간의 다면성에 대한 자신의 통찰을 외면하고, 자신의 정의상 남성답지 않은 삶의 모든 요소에 대한 가치를 깎아내리는 기획에 몰두한다. 인간은 자연적 존재지만 복잡한 우주 질서의 작은 부분이라는 것을 인식한 탁월한 정치 이론가 아리스토텔레스가, 자연과 육체와 인류의 다수에서 분리되어 그것들을 지배하려고 노력하는 엘리트 남성 집단의 자리에서 인간을 그려 내며 그전에 자신이 인식한 것의 중요성을 무참하게 무너뜨린다. 이와 마찬가지로 자신이 어떤 존재이며 자신을 위해 어떤 일을 할지 함께 숙의하는 자유롭고 평등한 시민들의 연합으로 정치를 만들려고 한 그의 기획도 자유를 여성, 필요, 육체에 대한 남성의 지배로 규정하는 그의 철학 정식화 과정에서 왜곡된다. 이런 자유의 정식화는 그가 정치와 정치적 행위에 부여하려고 한 가치와도 모순된다.

마키아벨리 역시 비슷한 양상을 보인다. 그는 정치 이론사에

남성됨과 정치

서 지극히 중요한 두 가지 주제에 대해 영향력이 큰 비평가로 우뚝 서 있다. 첫째, 그는 인간의 육체를 다시 정치로 끌고 들어오면서 육체를 잊어 버리고 부정하고 거부하는 정치적 현학의 공허함을 드러냈다. 둘째, 그는 인간세계와 정치적 삶을 구성하는 행위 주체·행위·인식이 무척이나 복잡하게 얽힌 그물을 감내할, 심지어 축복하고자 하는 의지를 품으면서 정치 이론에 접근했다. 마키아벨리가 정치에 관여하는 이들에게 전하고 싶어 한 메시지의 핵심은 살아 있거나 움직이는 모든 것이 정치 세계의 일부이며, 사람은 언제나 이를 알고 이에 따라 행동해야 한다는 점이다. 정치 행위자는 눈을 크게 뜨고 있어야 할 뿐만 아니라 정치 영역의 얼마나 많은 부분이 인식의 문제이자 '현상'의 조직체인지 알아야 한다는 것이다. 그는 또한 정치에서 고정된 방법, 목적, 규칙이 무용하다는 점을 간파했다. 인간의 삶이 역사적으로 결정되면서 변한다고 보았고, 따라서 정치의 가치를 외부의 형이상학적이거나 정신적인 근원이 아닌 역사와 변화 속에 두었다. 유능한 정치 행위자는 새로운 가능성을 끌어내기 위해 맥락을 자세히 살핀다. 그의 관심사, 기술, 전망은 외부에서 이상과 전략에 대해 왈가왈부하는 책 한 권에서 나올 수 없는 것이었다.

그러나 스스로 부여한 남성적 내용으로 탁월한 통찰을 뒤집어 버린 아리스토텔레스보다 마키아벨리 사상의 남성적 경향이 훨씬 더 극단적이다. 마키아벨리의 정치학에 **입회 허가**를 받은 육체는 무조건 남성, 극단적으로 '마초'의 것이다. 이 육체는 쉴 새

없이 타자를 압도하는 권력을 탐하고, 폭력을 쓰고, 성폭력을 저지르고, 과시하고, 아무런 감정 없이 유혹하고 약탈한다. 이 육체는 또한 지배적이고 넘치는 투지만을 드러낸다. 자신을 지탱하는 모든 것, 육체가 욕망하고 요구하고 제공하는 모든 것을 그림자 속에 숨겨 둔다. 지배를 향한 열정만이 예외일 뿐이다. 마키아벨리는 힘과 인식이 그물처럼 복잡하게 얽혀서 정치 세계가 구성된다는 것을 똑똑히 알았다. 그런데도 정치 행위자들이 그 다양성을 극복하고 부정하기를, 모두 떨쳐 버리고 홀로 대담하게 앞으로 나아가기를, 살아 움직이는 모든 것에 권력을 향한 목적과 방식만 부과하기를 간절히 바란다. 그는 상황을 장악하기 위해 최대한 분투하라고 조언한다. 하지만 이와 동시에 제어할 수 없는 상황의 범주를 조정하려고 한 사실은, 이런 통제의 접근법이 위험하며 부적절했다는 것을 보여 준다. 그는 인간 존재가 상황의 맥락을 존중하고 발전시키며 활동하는 것에 회의적인 태도를 보이는데, 이는 그가 탐구하고 존경하던 정치적으로 남성적 힘이 넘치는 남자들이 보인 기질적 한계와 관련된다. 남성됨은 마키아벨리에게 햇불이자 퇴락이다.

마키아벨리의 작업이 남성 우월주의 정치 이론이 보이는 자기 전복의 가장 극단적 형태라면, 베버는 확실히 가장 위대한 파토스를 보여 준다. 베버가 삶과 권력을 어떻게 비난하고 두려워했는지를 살펴보는 데 해석학적 기교까지 부릴 필요는 없다. 그는 인간의 권력 추구를 지배로, 자유 추구를 통제로, 분별력을 합리적 정신으로 가두는 지배와 합리화의 거대 체계를 경멸했다. 그러나 베버는 이 체계를 떠나지 않고 그 곁에서 분석하고 힘을 불어넣었으며, 이를 구현하고 분투하면서 체계에 대한 충성을 요구하기도 했다. 그는 바위투성이의 험난한 모래톱에 놓인 지배욕이라는 인간의 모순된 본성까지 알아차린다. 경제와 사회, 관료주의와 권력에 대해 연구하면서 그는 자유와 권력을 추구하는 서구인 특유의 본성이 타자에 대한 지나친 압제를 낳았을 뿐 아니라 인간 자신의 노예화와 무기력을 배태한 것까지 간파했다. 비극은 인간이 추구하고, 행하고, 기념하는 것들에 대해 그가 집착하듯 탐구하며 드러낸 그 자신의 이론적 이해 속 모순만이 아니라 그것이 인간 베버의 내면에서 잉태된 과정에도 있다. 그의 저작과 관심사에 내재된 모순적 차원이 그를 부수고 마비시킨 탓에 그는 회복할 수 없었다. 그(의 남성됨에 대한 추앙)는 그 자신에게 독이었다.


### Ⅲ


독자들로서는 이 책이 특정 이론가들을 선택한 이유와 함께 다른 '페미니즘 비평'과 어떤 차이가 있는지 궁금할 것이다. 우선 나는 비평보다는 과거의 정치 이론을 다시 읽고, 거기서 새로 발견된 문제를 조명하는 데 더 관심이 많다. 더구나 나는 페미니즘의 시선으로 문제를 끄집어내지만, 여성만을 다루지 않는 것은 물론이고 여성을 중점적으로 다루지도 않는다. 페미니즘을 규정하는 대부분의 말 그리고 페미니즘 이론과 실천은 대개 여성을 비하하는 현실이나 여성의 일에서 여태까지 감춰지고 폄하된 영역, 성취, 보수, 인정 등 남성 무대에서 여성이 배제되는 지점에 주목한다. 이는 다른 분과 학문에서 페미니즘을 다루는 방식이자 일상에서 페미니즘 실천을 다루는 방식이며, 정치 이론에서 페미니즘을 다루는 방식이기도 하다.

정치 이론에 대한 페미니즘의 접근법은 대략 두 가지 일반적 범주로 나뉜다. 첫째는 과거의 정치 이론가들이 여성을 대하는 (대개 멸시적인) 시선과 정치적 삶에서 여성을 배제하는 방식을 따져 보는 것이다.[10] 이 접근법은 다소 제한적인데, 여성을 격하하면서 떠맡긴 일들이 가정 내 생산과 재생산이었으며 여성이 역사적으로 공적 영역에서 배제되었기 때문이다. 이에 대한 연구는 여성 배제를 정당화하며 여성 혐오와 성차별주의가 자연스럽게 다양한 사상가와 시대에 나타나는 방식을 보여 주지만, 그 결과물은 대개 '성차별적 태도'의 연대기 수준을 넘어서지 못한다. 과거의 정치 이론가들이 여성에 대해 실제로 말한 것들에 기반을 두고, 거기 갇혀 있는 것이다. 사실 이론가들은 대개 여성이 드러나지 않는 영역에 전력을 쏟았기 때문에 몇몇 언급만이 지나치게 많이 거론된다. 엄밀히 볼 때 그 이론가들이 말한 것은 경솔한 첨언이거나 그들 시대에 퍼져 있던 진부한 의견과 태도를 그저 어리석게 되뇌는 식이었다.

　과거의 정치 이론가 대부분은 자신에게 명성을 안겨 준 통찰력과 창조력을 여성의 본성과 여성에게 알맞은 장소를 성찰하는 데 쓰지 않았다. 아리스토텔레스는 인간의 조건이 자연과 관습 사이에서 복잡 미묘하게 움직인다는 인식으로 후대에 존경받고 있지만, 그 훌륭한 사상의 구조에 여성을 끼워 넣는 순간 그의 천재성은 전혀 발휘되지 않는다.[11] 서구 사상의 전통에서 논리적으로 거의 완전무결하다는 평가를 받는 칸트와 헤겔 같은 사상가는 여성에 대해 합리적으로 설명하려고 애쓰다가 이론적 모순으로 무너져 내린다.[12] '자연인'(남성)의 상실을 애석해하고 그 회복을 꿈꾼 루소는 '비자연적 여성'론을 찬양하고 발전시켜, 남성에게 악이 되는 덕목이 여성에게는 권장되는 덕목이라고 말한다.[13] 인간의 근원을 찾던 사상가인 마르크스와 프리드리히 엥겔스Friedrich Engels는 남성 스스로 만들어 낼 수 없는, 여성에게 부여된 일생의 과업(즉 재생산)의 산물에 따르는 활동과 의식과 사회관계를 모조리 무시한 채 남성이 만든(즉 생산한) 것만 탐구 대상으로 삼았다.[14]

　여성이 헤겔에게는 비이성적 식물이고, 루소에게는 덕의 수동적 성채고, 아리스토텔레스에게는 형태가 일그러진 남성이고, (그 뛰어난 이론가인!) 마르크스에게는 노동력의 비생산적 요소이며, 장 폴 사르트르Jean Paul Sartre에게는 남성들이 항상 비자유의 늪에 빠질까 봐 두려워서 틀어막거나 도망치는 구멍이자 점액질이었다.[15] 그렇다면 여기서 우리는 무엇을 배울 수 있을까? 여기서 그친다면, 사상가들이 여성을 사고하는 방식이나 이데올로기적 차원에서 일어나는 여성 억압의 순열順列 정도를 배울 수 있을 것이다. 이렇게 여성을 비난하고 공적 삶의 영역에서 매도한 것이 남성에게 그리고 남성 세계에서 어떤 가치가 있는지를 생각해 보지 않는다면, 이 접근법은 해당 이론가의 작업에 들어 있는 뻔하게 시대착오적이거나 대놓고 여성 혐오가 드러나는 요소들 속에 독자를 가둘 뿐이며 페미니즘 비평을 여성을 두고 특정 이론가가 보인 태도와 언급에 대한 비판으로 환원될 것이다.

정치 이론 전통에 대한 페미니즘의 두 번째 접근법은 신마르크스주의[16]의 비판적 접근과 분석철학의 기법을 조합하는 것이다. 이 접근법이 정치 이론에 질문하는 것은 다음의 변주다. 여성이 인간의 일반 대표로 가정되는 단어인 '남성'에 더해질 경우 어떤 정치 이론이든 여전히 '작동'할 수 있는가 또는 그러한 정치 이론은 '본질상 성차별적'인가?[17] C. B. 맥퍼슨C. B. MacPherson은 고전적 자유주의자들을 연구하면서 이들이 사적 소유를 기반으로 시민권을 박탈한 이들과 관련해 정확히 이렇게 질문했고, 고전적 자유주의 이론은 '태생적으로 부르주아의 것'임을 확인했다.[18] 그의 주장에 따르면, 홉스와 로크 같은 고전적 자유주의자들의 이론은 정치적·사회적 삶의 차원에서 프롤레타리아의 완전한 시민권과 참여를 박탈할 때만 일관성을 유지하며 작동할 수 있다. 자유주의 이론을 내세운 시민사회는 사유재산이 없는

남성됨과 정치

이들의 정의·자유·참여를 박탈했고, 이는 자유주의의 정의·자유·참여 개념이 자본주의적 생산양식에 봉사하고 그것을 공고히 하며 그것과 태생적으로 얼마나 밀접한 관계인지를 보여 준다. 오킨, 로렌 클라크Lorenne Clark, 린더 랜지Lynda Lange, 캐럴 페이트먼Carole Pateman 같은 페미니스트들은 여성과 재생산 양식에 대해 유사한 정치 이론 분석을 시도해 왔다.[19] 이들의 관심은 고전적 자유주의 이론가들의 인간 개념에 여성과 재생산이라는 작업을 더하려면 기존 이론에서 다른 부분들의 일관성을 해칠 수밖에 없다는 것을 '증명'하는 데 있었다. 그렇다면 이런 작업은 과거의 정치 이론들이 성차별적 태도를 취했다는 식으로 그저 우연히 성차별적이었던 게 아니라, 태생적으로 그리고 본질적으로 성차별적이었다는 것도 '증명'하는 셈이다.

이런 접근법은 정치가 유효성과 가치를 부정하면서 정치적 삶에서 배제한 일과 활동의 영역을 조명한다는 점에서 생산적이다. 그러나 이러한 정치 이론과 페미니즘의 개념 모두에 한계가 있다. 왜냐하면 정치 이론의 텍스트를 일관성과 설득력 있는 정의와 논증 체계로 판단하고 환원하는 경향이 있기 때문이다. 정치 이론은 일반적으로 이보다 풍부한 것을 제공한다. 누군가 정치학 텍스트를 정제해서 일련의 명제로 단순하게 바꾼다면 그 안의 관점, 얼버무리는 지점, 어조, 서사, 역설, 애매모호 등 여러 요소를 잃게 될 것이다. 페미니즘의 관점은 정치적 지위를 거부당한 영역과 그 안에 머물던 사람들을 비추어 주었지만, 정치적 삶 자체의 특성을 실질적으로 문제 삼지는 않는다(예컨대 존 롤스 John Rawls가 정치를 정식화할 때 본질적으로 여성을 정치적 삶에서 배제하지 않았고 여성의 노동도 정치적 고려에서 배제하지 않았음이 증명된다면, 이 방법론에 따라 롤스는 페미니즘 정치 이론가로 볼 수도 있을 것이다).[20] 이런 접근법은 대체로 정치적 삶의 본성은 심문하지 않은 채 여성의 정치적 시민권과 리더십을 가로막는 장벽만을 주요 고려 대상으로 삼아 정치 이론을 판단한다.[21]

이 책은 여태껏 심문받아 본 적 없는 바로 그 영역에 자리한다. 과거의 정치 이론가들 대다수가 여성에게 정치 질서 속 자리 하나 내주기를 거부했다는 것 그리고 이런 배제가 우연이 아니고 쉽게 교정되지도 않는다는 것은 의심할 여지 없이 자명하다. 그러나 정치 이론의 역사에 대한 페미니즘의 도전은 여성이 정치적으로 또는 심지어 인간의 지위를 어떻게 거부당했는지 그리고 이런 거부가 다양한 이론 구조에 어떤 식으로 끼워 맞춰졌는지를 확인하는 것 이상이어야 한다. 기존의 정치 질서에서 여성의 자리를 찾거나 전통적으로 여성이 맡는 '비가시적' 노동을 정치적 사고와 실천에 결합하는 이론적 재구조화 작업을 시도하는데 그쳐서는 안 된다. 페미니즘에 기초해 과거의 정치 이론을 살펴보는 정치적인 목적이 그 이상으로 갈 수 있다는 것이 무엇보다도 중요하다. 남성들이 그들 스스로 그들 자신을 위해 만들어온 정치학이 매우 미심쩍고 종종 위험하기도 한 남성됨의 이상과 실천에 깊이 침윤해 있다는 사실은 과거의 모든 정치적 구조물의 핵심을 강타하는 문제 제기가 될 수 있다. 따라서 정치 이론의 전통을 페미니즘 관점으로 살피면서 우리가 정치학이라고 칭하는 것이 남성성이라는 특정 관념·실천·제도에 따라 구성된 것임을 포착할 때 급진적 비판의 가능성이 열린다. 정치 이론의 특성을 이렇게 이해할 때, 정치학과 남성됨을 동일시하던 역사와 결별하고 새로운 정치학을 구성하는 급진적·실용적 가능성이 부상한다.

Ⅳ

정치 이론에서 남성됨과 정치의 관계처럼 미묘하면서 때론 포착하기 힘든 것을 어떻게 식별해 낼 수 있을까? 이 관계를 밝히려고 할 때 특히 이론가들의 젠더에 대한 태도를 문자 그대로 독해하는 작업이 도움이 되기보다는 제한적인 면이 더 크다면, 어떤 방법을 쓸 수 있을까? 일단 이런 작업에 적용할 만한 '방법론' 같은 것은 존재하지 않는다. 그보다 텍스트를 마주할 때 이런 관계에 대한 질문을 염두에 두고 텍스트에서 그 질문과 잠재적으로 관련될 법한 모든 측면을 고려하는 준비를 해야 한다. 따라서 형이상학적·존재론적·논쟁적 구성 등 텍스트의 구조적 문제는 물론이고, 남녀가 이러러하다는 식의 명시적·함축적 언설, 정치의 기원과 목적에 대한 논의, 정치의 구성 요소에 대한 논의,

정치적 삶과 정치적 인간에 대한 논의, 정치가 다른 영역 및 활동과 맺는 관계에 대한 논의 등 다양한 측면을 모두 고려해야만 한다. 각 이론가를 연구해서 얻은 결과는 내가 텍스트에 대해 어떤 질문을 할지를 결정한다.

나는 이 책에서 다룬 텍스트뿐만 아니라 남성됨과 정치의 문제 전반에 대해 남성됨의 '이념형'과 정치 그리고 그것이 맺는 관계에 대한 해석을 미리 상정해 두고 접근하지는 않으려고 한다. 예컨대 아리스토텔레스의 저작에 이미 규정된 남성성 개념을 갖다 붙인다든가, 그의 인간관이 그런 남성성에 부합하고 그의 정치학이 그런 남성성을 반영하는 증거를 찾아가는 식으로 그의 사상을 따라가지는 않는다. 오히려 나는 각 사상가의 저작에 담긴 남성됨과 정치 및 이들의 관계를 이해하려고 애썼다. 이는 남성과 정치에 대한 그들의 언설에 문자 그대로, 곧이곧대로 집중했다는 뜻은 아니며 남성과 정치 사이를 내적으로 연결할 분석적 노력에 매진했다는 뜻도 아니다. 그 반대로, 내 분석은 그 언설들이 놓인 지점을 훌쩍 뛰어넘고 그보다 훨씬 아래까지 도달하려 했다. 왜냐하면 이 사상가들은 대개 남성됨과 정치의 관계가 타당하다고 자연스레 **상정해서** 이 관계를 주의 깊게 표현하거나 심문해 볼 문제로 다루지 않았기 때문이다. 그러므로 나는 더더욱 이들의 언설 너머를 탐색해야만 했다.

그럼 어떻게 이론가들의 언설 '너머 그리고 아래'를 탐색할 수 있을까? 아리스토텔레스가 정치적이라고 가리킨 것이나 마키아벨리가 비르투라고 부른 것은 그들의 이해 체계에서 무엇이 정치적이지 않은가 또는 무엇이 비르투가 아닌가를 탐색할 때 부분적으로 드러난다. 이렇게 탐색하려면 대조와 대립을 통한 단순 고찰을 넘어서는 작업이 필요하다. 때론 비교가 유용한 시금석이 되기도 하지만, 아리스토텔레스의 정치적인 것에 대한 개념은 그의 '사적'·'경제적'·'윤리적'인 것에 대한 개념과 단순 비교한다고 해서 이해할 수 있는 게 아니다. 그보다는 한 이론가가 명시적으로 확언한 것 아래에 또는 그 옆에 놓인 것들에 대한 이해가 더욱 중요하다. 다시 말해 무엇이 그 언설을 가능하게 하는지, 그 이론가에게 왜 그 언설이 중요한지를 이해하기 위해서는 고고학과 유사한 태도가 필요하다. 이론적 줄기 하나가 고고히 일어나 발언할 때 무엇이 억압되거나 옆으로 밀쳐지는가? 통찰을 얻으려고 고군분투하며 이론을 확립하려는 불안한 마음속 진실을 향한 요청 밑에서는 어떤 긴장이 끓어오르고 있을까? 이론적 표명 아래 있는 억압이 어떻게 조율되었는지는 정치와 인간 질서에서 거부당하거나 억압받거나 무시되거나 추정된 요소들에 관해 연구할 때 특히 중요하다.

미리 정해 놓은 남성성 개념이 이 책에서 부적절한 발견적 장치heuristic device [22]인 두 번째 이유는, 생물학적 남성성과 특정한 남성됨의 이상적 형태는 동의어가 아니며 이 책에서 살펴보는 이론가들도 그렇게 보지 않았다는 데 있다. 그들은 누구도 남성과 남성됨을 동일하게 보지 않았다. 즉 생물학적 남성이 모두 남성다운 것은 아니고, 남성이 모두 진정한 남성은 아니다. 게다가 남성다움이 항상 여성다움과 대치되지도 않는다. 그리스인들은 오직 자유민 남성만이 남성으로서 자신의 본성을 알아챌 기회가 있다고 보았고, 자유민 남성에게 아레테$^{aret\bar{e}}$ (탁월성)는 남성다운 이상적 모습의 실현을 상징했다. 또한 마키아벨리에게 비르투는 도시나 개별 인간 차원에서 모두 남성됨의 최고 표현이었으며, 극소수 남성과 도시만이 실제로 이 특성을 보여 주었다.

이 책은 이렇게 방법론 같은 것은 없고 '모든 것이 중요하다'고 말하면서, 이제까지 제기된 해석들의 질문에 답하기보다는 그 질문 자체를 열어 버리려고 한다. 왜냐하면 나는 상당히 현대적인 탐색을 해 나가기 위해 과거의 지적 유산을 소환하는 역사적·해석학적 반란을 도모할 것이기 때문이다. 아리스토텔레스가 기껏해야 지면 아래에서 잘 보이지도 않게 다룬 문제들에 대해, 더군다나 나와는 상당히 다른 관심사의 맥락에서 다룬 문제들에 대해 다시 대화를 시작하려면 무엇이 필요할까? 어떻게 하면 이런 대화를 적절하게 생산적으로 해 낼 수 있을까? 마지막으로, 이 책의 주제를 다루는 데 왜 이 사상가들과 그들이 한 작업의 힘을 빌리려고 했을까?

나는 현대 페미니즘의 관점과 과제를 정립하는 데 역사 이해가 무척이나 소중하고, 정치 이론을 독해하는 것이 그 역사 이해를 도울 하나의 수단이라는 어려운 주장을 계속 해 나가려고 한다. 이와 관련한 문제 가운데 하나가 고전 정치 이론 텍스트들의 지위에 대한 것이다. 고전 텍스트들이 살아남은 이유는 바로 그것들이 특정 정치 조직체나 문화의 지배적 사상과 실천을 단순히 표상하는 차원 이상을 다뤄 냈기 때문이다. 이런 관점으로 볼 때, 정치 이론의 전통에서 '위대한 저작'은 부분적으로 당대에 통용된 어법, 인식, 가정에서 벗어나 새롭게 출발하면서 자신의 위상을 얻었다. '급진주의자'로 알려진 소크라테스·루소·니체·마르크스는 물론이고, 보통 정치적으로 '보수적'이라고 여겨지는 아리스토텔레스·홉스·헤겔 같은 사상가들도 마찬가지다. 주목할 만한 정치 이론가는 정치적 이해와 자아 개념에 새롭고 도전적인 차원을, 간혹 새로운 이론적 지위나 범주까지 더한다. 이들은 이론의 거대 구조물에 특별한 움직임과 성분을 넣고 사건이나 현상에서 출발해 자연, 질서, 정치적 삶의 요소들이 맺은 관계를 좀 더 크게 멀리 보며 추상화하는 과정을 통해 그 작업을 성취한다. 노먼 제이콥슨Norman Jacobson의 표현을 빌리면 이렇다.

> 정치 이론의 위대한 저작들이 생명력을 지속하는 이유는, 그것들이 모두 고유한 방식으로 서구 인간의 의식에 이어지는 무언가를 시사하기 때문이다. (……) 위대한 저작은 인간을 끝없는 복잡성과 모순 속에 그리기 때문에 오래간다. 새로운 정치 이론은 그것을 만든 사람이 풍요로운 존재의 일부를 포착할 새로운 방법을 찾아낼 때 세상에 등장한다.[23]

1장 | 서론: 정치, 남성됨 그리고 정치 이론

만약 정치 이론가들이 서 있는 자리가 그 자신의 시대와 배경에서 약간 떨어진 곳이라면, 어떻게 그리고 어떤 이유로 정치 이론을 역사로 읽을 수 있을까? 우선 이론가들의 관심은 현상적 세계에 나타나는 모순적이고 특이하거나 충돌하는 것같이 보이는 요소들 사이에서 일관성을 찾아내거나 적어도 이해할 만한 수준에서 이질적이라는 깨달음을 얻는 데 있다. 둘째, 특정 시기에 물려받은 유산의 전조로서 미네르바의 부엉이에 담긴 의미가 있다. 이 두 가지에 대한 좀 더 자세한 설명을 이어 가 보겠다.

정치 이론가는 인간사의 **일관성** 문제에 귀 기울인다. 일관성을 찾는 작업은 조화와 안정성 또는 긴장과 모순의 해결책을 찾기 위한 관심과는 다르다. 일관성을 찾는 과정에서 질서 부여의 원칙을 파악하는 문제가 끼어들기는 하지만, 이것이 곧 질서를 뜻하지는 않는다. 오히려 일관성은 제도의 양상, 관습, 주어진 시간과 장소에서 인간사를 구성하는 행위과 절차의 원칙이 함께 배열되면서 존재한다. 그 배열 속에서 다양한 시대와 문화권에서 유래한 변종과 잔여물이 갈등을 빚을 수도 있다. 그러나 이론가는 이 **혼합물**의 의미를 찾기 위해 그 나름의 가능성을 제기한다. 정치 이론은 현상적 존재를 한데 모으려는 노력으로, 우리가 어떤 존재가 될 수 있을지는 물론이고 우리가 지금 어떤 존재이며 어디에 자리하는지를 충분히 이해할 수 있게 한다. 그럼으로써 우리는 지식에 들어 있는 힘을 얻을 수 있는 것이다.

물론 어떤 정치 이론가가 그려 내는 일관성의 원칙이 항상 '정확하다고' 말할 순 없다. 사실 정치 이론가들은 정치학이 시작된 이래로 모든 중요한 사안마다 서로 다른 방향으로 나아갔고, 심지어 진실에 대해 맞서는 주장들이야말로 정치학의 행위를 구성한다. 이 시대의 정치 이론사 연구는 복수의 진실이나 유일무이한 총체적 진실보다는 각 주장의 개별적 의미에 관심을 기울여야 할 것이다. 널리 알려진 정치 이론가들이 말해 온 남성, 남성됨, 여성, 여성됨의 본질이 모두 '틀렸다'고 선언하는 것은 매우 쉽다. 그러나 이런 선언은 흥미를 불러오지 못한다. 훨씬 더 흥미롭고 중요한 것은 그런 정식화를 이끈 자료와 그 정식화의 변형, 힘, 끈기, 영향 들이다.

달리 말하면 어떤 정치 이론가가 본질적으로 부르주아적·귀족적·성차별적·보수적이고 연구 대상에 그러한 힘과 사고방식이 만연해 있다 해도, 그 이론가가 파악하고 제시한 근원적 일관성은 바로 그 만연한 조건들을 유지하는 권력의 일면에 대한 이론적 표상이다. 이런 의미에서 "지배 사상이 지배한다!"라고 말한 마르크스가 우리에게 최고의 스승이며, 그 지배 사상은 국가 철학자들 가운데서 국무성 장관처럼 출현할 가능성이 크다. 따라서 마르크스에게 헤겔은 비록 길을 잘못 들긴 했어도 세계를 '거꾸로' 본 명석한 사상가에 그치지 않는다. 권력 구조는 자신의 권력과 적법성을 지키기 위해 정의의 이름으로 불의를 저지르고, 보편성의 이름으로 불평등을 행하며, 자유의 이름으로 착취를 거듭하면서 그 자신을 그려 내야 했는데, 헤겔은 이를 그려 보인 이론가인 것이다.[24] 마르크스는 헤겔이 자신의 철학에서 당대의 진정한 권력을 묘사했다고 파악했다. 이와 비슷하게 아리스토텔레스는 논쟁할 여지 없이 귀족제 옹호자였다. 만약 아테네 귀족정이 헤게모니를 정당화하기 위해 어떤 형이상학적 책략을 썼는지, 그 헤게모니에 어떤 **세계관**이 결합했는지, 또 오늘날을 살아가는 이들 가운데 아리스토텔레스 철학을 따르는 아테네인이 얼마나 많은지 알고 싶다면, 외적 기준으로 아리스토텔레스의 정치학·윤리학·논리학을 비판하기보다는 아테네의 정치적 삶에서 그가 식별해 낸 일관성을 분석하는 데 관심을 기울여야 할 것이다. 이 책이 탐구하는 남성됨과 정치 사이, 정체성, 정체성에 기반한 권력도 이 일관성 속에 자리한다.

정치적·사회적 삶에서 한 이론가가 식별해 낸 일관성은 종종 과거에서 현재를 향해 비춘 불빛에 이끌려 나오기도 한다. 물론 모든 이론가가 항상 역사적 조건을 염두에 두면서 사고한다고 주장하는 것은 아니다. 우리가 서 있는 곳이 어디이며 우리가 무엇을 할 수 있는지 이해하려는 기획은 언제나 우리가 어디에서 왔는지를 볼 때 그 답을 찾을 수 있다. 이는 에드먼드 버크Edmund Burke가 혁명 전의 가치관과 실천으로 돌아가자고 촉구한 것처럼 소크라테스가 급진적으로 새로운 질서를 요구한 것에도 적용할 수 있는 예다. 루소는 전근대적 존재를 추측하며 근대의 소외와 데카당스를 이해했다. 니체도 비슷하며, 마키아벨리는 영광스러운 전 시대를 통해 이탈리아 정치의 부패를 진단했다.

남성됨과 정치

그런데 과거의 질서는 그 시대 사람들이 살던 방식 그대로가 아니라, 그들을 계승한 사람들에게 그것이 어떤 의미가 있는지를 통해 포착된다. 이를 프로이트와 비교해 보면 유용할 듯하다. 정신분석 내담자에게는 유년기 경험을 회상할 수 있는 무한한 잠재력이 있지만, 그 경험은 아이일 때 겪은 그대로가 아니라 그것을 겪으며 (그것에 어떤 의미를 부여하고) 살아온 성인의 한 부분으로 기억된다. 명백하게 '객관적'이지는 않다. 과거의 정치 이론을 연구한다는 것은 과거를 탐구하는 방법일 뿐만 아니라, 우리가 현재에 통합한 과거의 특정 요소를 포착하는 방법이기도 하다. 예컨대 우리가 아리스토텔레스주의자인 것은 단순히 그가 우리 운명에 지대한 영향을 미쳤기 때문만이 아니라(사실 이론이 역사적 힘에 대해 어떤 역할을 한다는 주장은 지나치게 거창한 논리다), 그가 그리스인들이 닦아 낸 경험에서 우리의 길까지 이어진 많은 가닥을 포착했기 때문이다. 이와 비슷하지만 더 논쟁적인 방식으로 말하자면, 나는 해나 아렌트Hannah Arendt가 고대 그리스의 유산의 가장 중요한 요소를 정확히 짚어 냈다고 생각한다. 그리스 세계에 대한 아렌트의 곡해와 왜곡마저 그 세계에서 우리가 이어 오거나 흡수한 어떤 측면일 수 있다. 아렌트는 종종 그리스인들이 당시에 스스로를 어떤 존재로 규명하는지에는 관심을 두지 않고, 그들이 현대의 우리에게 어떤 존재인지를 설명했다. 여기에서 우리는 이론가가 일관성을 확보하기 위해 겪어야 하는 또 하나의 어려움을 마주하게 된다. 이 일관성은 미네르바의 부엉이가 날개를 펴는 시간에 내재하는 왜곡과 분리할 수 없을 것이다. 이론가는 앞선 시대의 '진실'을 재구성하거나 훼손하기까지 하면서 그 시대의 의미를 획득해야 한다는 긴장을 떠맡는다.

나는 이 책에서 과거의 정치 이론가 및 이론을 닮은 무언가를 시도하고 있다. 내 관심은 아리스토텔레스, 마키아벨리, 베버를 단순히 해석하기보다는 남성됨과 정치의 관계와 관련해 우리가 어디에 존재해 왔으며 지금은 어디에 존재하는지에 대한 이론을 구성하는 데 있다. 사실 그 관계가 지금 균열하기 시작했기에, 이 탐사 작업에 예민하게 개입할 수 있었다. 남성됨과 그것의 전통적인 정식화가 주술처럼 만들어 낸 모든 것이 지난 20년 동안 화염에 휩싸였다. 그 헤게모니가 파괴되진 않았지만, 부분적으로 껍질이 벗겨지는 중이다. 그 결과 역사상 처음으로 우리가 남성됨과 정치의 역사적 정체성 또는 동반 관계를 탐색하기에 알맞은 자리를 차지하게 되었다. 이 균열 지점에 서서, 지금껏 총체였으며 존재를 가능케 했던 현상의 내부를 조망할 수 있게 된 것이다.

이는 문제가 마무리된다거나 정치 이론이 일반적으로 과거를 돌아보기만 한다는 뜻이 아니다. 왜냐하면 남성됨과 정치의 관계에 균열이 생기고 있다고 말하는 것은, 이 관계가 죽었다고 선언하려는 것이 아니며 그 균열이 축복할 만한 정치적·사회적 변화를 반드시 가져오리라고 시사하려는 것도 아니기 때문이다. 사실 균열에 대한 반동적 반응이 현재 미국에서 여러 방면으로 분명하게 드러나고 있다. 이 관계를 진보적으로 바꾸려면 사려 깊고 신중한 행동이 반드시 필요하다. 그렇게 행동하려면 우리가 어디에서 왔으며 지금 무엇과 살아가는지, 이런 것들이 우리가 만들어 내려는 것에 대해 어떤 가르침을 줄지 알아야만 한다.

# 고대 그리스:

아렌트와
아리스토텔레스

## 2장

# 아렌트: 정치의 취약성

아렌트는 이 책에서 비판적으로 다룰 고대 그리스의 정치사상과 실천에서 발견되는 특징들을 대단히 열정적으로 논했다. 그녀가 생각한 고대 그리스는 근대에 소생한 정치적 삶에 대한 논의를 이끈 모델이자 영감의 원천이며 그토록 숭배하던 남성주의적 아테네 정치의 단편을 되살려내는 일과 관련한 전망이었다. 사실 그녀의 역사적·이론적 분석에는 악명 높은 문턱이 있긴 하다. 하지만 고대 그리스에 대한 그녀의 격찬을 잠시라도 떠올려본다면, 그녀가 각별한 애정을 품었던 그리스의 정치철학자 아리스토텔레스를 해석하는 데 그녀의 분석이 유용한 **첫걸음**이 될 것이다.

정치는 특히 인간의 특성에 뿌리내린 인간 고유의 활동이다.

순전한 자연적·본능적 기반도 영향을 미치지만, 우리는 사회적이고 상호 의존적인 존재로 태어났으며 여럿이 함께 우리의 존재를 구성해 낸다. 제도를 만드는 언어와 능력은 권력의 배치를 협상하는 역량뿐 아니라 물리적인 힘을 넘어선 권력도 만들어 낸다. 우리는 또한 집단적 합의에 목적이나 의미가 깃들어 있다고 생각하며, 그 가운데서 일부일지언정 개별적 정체성이 나온다고 본다. 이러한 특징으로 미루어 볼 때 정치는 분명 탄생하는 것이다.

그런데 아렌트는 정치가 집단적 삶의 합의, 요구, 목적에 대한 것이라는 개념과는 정반대 주장을 편다. 그녀는 고대 그리스인들과 대화하면서 그들을 옹호하고, 정치는 삶이나 요구와 무관한 인간의 행동이라고 주장한다. 『인간의 조건 *The Human condition*』에서 그리스의 폴리스를 길게 칭송하며 이렇게 말한다.

정계에 발 들인 사람은 누구든 목숨부터 걸 준비를 해야 한다. 자유를 가로막는 삶을 지극히 사랑한다는 것은 분명 노예 됨의 한 징후다. (……) 아리스토텔레스가 시민의 삶이라고 부른 '좋은 삶'은, 평범한 삶보다 그저 더 낫거나 더 근심 없거나 더 고귀한 것이라기보다는 그 성질이 전혀 다른 것이다. 단순한 생존에 꼭 필요한 것을 마음대로 다루고, 노동에서 자유롭고, 모든 생명체가 타고난 생존 본능을 극복해서 생물학적 과정에 더는 매여 있지 않아야 '좋은' 것이다. (……) 의식주를 자

남성됨과 정치

유자재로 다룰 수 없는 가정에서는 삶도, '좋은 삶'도 불가능하며, **정치는 결코 삶을 위한 것이 아니다.**[1]

정치 이론을 공부하는 이들이라면, 아렌트가 삶을 만들고 재생산하고 유지하는 데 꼭 필요한 영역에 적대감을 보이면서 근대에 이 영역이 공적 세계로 '침투'하는 것을 괴로워했다는 사실에 익숙할 것이다.[2] 아렌트에게 명실상부한 정치체제의 존재 이유는 사회의 안녕이나 정치적·경제적·사회적 정의를 위해서가 아니었으며 공통 가치의 표현과 실현을 위한 것도 아니었다. 그녀는 정치가 무엇보다도 불멸에 관한 것으로 "개별적 삶의 무용無用에 맞서는 보장"과 같다고 주장했다.[3] 또한 인간을 피할 수 없는 죽음이라는 생물학적 사실 때문에 본질적으로 좌절하고 어떤 식으로든 이 사실을 극복하겠다고 마음먹은 존재로 묘사했다.[4] 고대 그리스인들은 불멸을 위해 철학 사상과 정치 행동이라는 두 가지 길을 택했는데, 철학자는 '영원한 존재'에 대해 묵상할 뿐 자신이 머무는 지상의 기반을 떠날 수 없으므로 정치 행동만이 영원에 **존재**함으로써 그 목적을 이룰 수 있었다. 그리스인들이 추구했던 것처럼 말과 행동이 탁월해지도록 노력해 이를 다른 이들이 보고 들을 수 있게 하고 후대에 기록으로 남기는 것, 아렌트는 그것만이 우리가 불멸에 이르는 유일한 방법이라고 역설했다.[5]

자신이 최고임을 끊임없이 증명하고 (……) '필멸하는 존재보다 불멸하는 명성'을 선호하는 최고[아리스토이$^{aristoi}$(고대 그리스의 귀족―옮긴이)]만이 진정한 인간이다. 나머지 사람들은 마치 동물처럼, 자연이 준 즐거움이 뭐든 그저 만족하고 살다가 죽는다.[6]

아렌트가 보기에는, 피할 수 없는 죽음에 극렬히 저항하는 것을 목표로 행동하는 이들만이 온전한 인간이다. 자신의 선택 때문이든 상황 때문이든 간에 (시작과 끝이 있고, 그 사이에서 지루하게 노력해야 하는 괴로운) 삶이라는 진흙투성이 진실에 갇힌 이들은 결코 인간이라고 할 수 없으며 그저 생물일 뿐이다. 아렌트는 이런 사람들을 '노동하는 동물',[7] (그리스어 '이디온$^{idion}$'에서 따온) '백치$^{idiotic}$'[8] 또는 그냥 '빼앗긴 자'[9] 등으로 불렀다. 그녀는 그리스인에게 사생활, 즉 혼자 있는 상태는 그야말로 박탈을 뜻했다고 지적한다. "사적인 삶만 사는 사람은 마치 공적 영역에 출입할 수 없는 노예 또는 그런 영역을 만든다는 생각도 못 한 미개인과 같아 온전한 인간이라고 할 수 없다."[10] 아렌트는 노예와 미개인(그리스인이 아닌 사람)이 인간 지위를 거부한 것이 그들 사회의 공동체 부재나 자유의 결핍과는 무관한 일이라고 보았다.[11] 노예와 '미개인'이 스스로 인간이라고 주장할 수 없는 이유는, 강제 때문이든 선택 때문이든 어느 쪽도 자기 집단에서 탁월함을 보이며 불멸을 추구하는 데 참여하지 않았기 때문이다.[12]

남성됨과 정치

아렌트는 정치가 개별적·집단적 위대함을 표출하는 장이라고 했는데, 이는 정치가 인간의 필요와 연관된 범주를 지나치게 좁힐 뿐만 아니라 그 연관성 자체를 아예 가로막는 발언이다. 정치는 영웅주의, 영광, 불멸을 위한 것이 아니며, 그저 생존만을 위한 것도 아니다. 아렌트는 삶에 대한 문제와 자유 추구를 단순히 별개로 여긴 게 아니다. 각각을 상호 배타적으로 추구한다고 인식했고, 아리스토텔레스가 이 둘을 '부주의하게' 화해시켜 묶어버린 데 대해 상당히 불편해했다. 플라톤 학파의 영향을 지대하게 받은 그녀는 아리스토텔레스가 "폴리스의 역사적 기원은 적어도 삶의 필요와 연관되어야 하고, 오직 폴리스의 내용과 내재적 목적(텔로스telos)이 좋은 삶에서 삶을 초월한다고 잠정적으로 가정"했을 때,[13] 참된 정치의 본질을 저버렸다고 주장했다.

아렌트는 여러 가지 이유에서 물질적인 문제들이 정치를 오염하는 것에 대해 불안해했다. 그런데 그 모든 이유들에는 그녀가 주장하는 물질적 삶과 동물성 사이의 정체성이라는 맥락이 관통하고 있다. 인간과 동물에게는 물질적 욕구와 필요를 채워야 한다는 필연성이 있다. (인간과 동물에게 모두 육체가 있다는 바로 그 사실에서 비롯한) 이런 공통점 때문에[14] 아렌트는 인간적 특성과 노력이 생리적 요구와 생산적 활동에서 확연히 멀리 떨어진 영역에 자리해야 한다고 보았다.[15] 그녀는 정치가 인간의 동물적 본성이라고 부르는 감각적·생리적·물질적 차원에서 완전히 독립해야만 하기 때문에, 오직 정치만이 인간의 탁월함을 드러낸

다고 주장한다.[16]

고대 아테네인에게는 물질적 필요에서 해방되는 것이 다른 계층 사람들과 구별되는 시민계급의 조건이었고, 이런 독립의 잠재력은 남성을 여성과도 분리했다. 그들은 여성이 남성과 달리 자기 몸에 선천적으로 '예속된' 존재라고 보았다.[17] "어떻게 해서라도 육체는 늘 처리해야 하는 골칫거리죠!" 아렌트는 플라톤의 주장을 이렇게 바꿔 설명하는데, 짧지만 뜻을 크게 왜곡하지는 않은 표현이다.[18] 육체적 요구에서 벗어나는 것은 플라톤이 생각한 이상 국가에서 수호자 계급을 위한 생명 계획의 바탕이 되었고, 철학자가 진실을 마주할 수 있으리라고 본 유일한 방식이었다.[19]

육체에 대한 거부와 육체를 유지하고 만족시키는 데 개입하는 활동에 대한 거부는 정치 영역뿐만 아니라 이런 사안들이 강등되어 밀려간 영역에서도 적지 않은 문제를 일으킨다. 나는 이 문제에 고전 그리스 시대 이래 서구 남성의 정치 기획에서 주요 부분을 구성하기에 충분한 위상과 복잡성이 담겨 있다고 본다. 문제의 핵심은 이렇다. 그리스 시민들이 자연과의 군건한 관계에서 풀려날 방법을 모색할 때 그리고 그 방법이 인간 종種의 삶에 필수적인 생산과 재생산 작업에서 벗어나거나 그 일들을 헐뜯는 것일 때, 그들은 자기도 모르는 사이에 자기 존재 및 정체성의 새로운 기반을 어떻게든 찾아야 하는 어려운 임무를 맡아야만 했다. 그들은 자신의 물질적 요구를 들어주는 이들을 제도

남성됨과 정치

적으로 착취할 방법을 정당화해야 했을 뿐만 아니라, 목적이 있는 존재로서 자기 존재에 대한 의심을 불식할 사상과 활동을 고안해 내야 했다. 게다가 인간이 생리적인 면과 생명에 매인 상태 또는 육체적 요구와 욕구의 힘을 완전히 포기하거나 피할 수는 없기 때문에, 이런 것들을 극복하거나 초월하기 위한 노력은 필연적으로 긴장과 모순으로 가득 차 있었다.

아리스토텔레스의 사상을 탐색해 볼 때 더욱 분명해지는 것이 있다. 삶의 평범한 문제들을 소외한 채 정치가 **정립되었기** 때문에, 정치 영역을 점령한 뒤 다른 영역과 노력 들을 인간적인 것에 못 미친다고 거부한 정치가에게 정치는 한 가지 **실재**를 제공하기 위해 자기 모습을 드러내기도 한다는 것이다. 그리스 시민들은 삶에서의 소외를 삶보다 고귀하거나 삶에 무관심한 인간의 목적을 구현하는 사상과 실천을 통해 해결하려고 애썼다. 이런 노력으로 그들은 자신의 '실재'와 정체성을 구성했고, 이에 대해 아렌트는 "정치라는 공적 영역에서 박탈된다는 것은 실재가 박탈된다는 것을 의미한다"라고 선언했다.[20] 이렇게 정치가 삶에서 소외된 채 정립되었다는 점은, 아렌트가 그리스 정치에 이끌린 동기를 말하면서 수차례 '자기 노출 self-disclosure'이라는 단어를 쓴 이유이기도 하다. 자기 자신을 드러내는 작업은 자신이 또는 자기 정체성이 의심받을 때 지극히 중요해진다. 아렌트가 말한 대로 "누군가의 존재, 바로 그 사실을 증명하는 것"은 그리스 정치에서 개인과 폴리스의 특징이었으며, 이는 정확히 인간 생명의 세속적 유대·욕구·물리적 특성을 거부하는 데서 비롯했다.[21] 요컨대 인간 최초의 그리고 가장 길게 이어진 집단적 정체성 위기는 인간이 자기 존재의 물리적·물질적 차원에서 거리를 두려는 집단적 노력, 즉 고대 그리스에서 폴리스라는 제도적 형태를 취한 법안과 함께 쌍둥이처럼 발생했다.

　나는 아렌트든, 그녀가 삶을 견디며 돌보는 것 이외의 문제에 대한 가치를 주장하며 추구했다고 묘사한 그리스인이든 비난할 생각이 없다. 단순한 생존과 그것에 묶인 행동 너머로 가는 제도, 의식, 가치의 개발은 문화 건설의 본질이다. 문제는 그리스인들이 삶을 돌보는 것 이외의 가치를 만들어 냈는지 여부가 아니다. 오히려 문제는 어쩔 수 없는 삶과 자유로운 삶 사이에, 물질적 존재와 '충만하게 인간적인 존재' 사이에, 동물과 인간 사이에 자리 잡은 극단적 이분법에 있다. 우리 존재와 행동의 다양한 측면이 적대적인 것으로 (또는) 위계 속에 제도화될 때, 결국 인간은 살아가는 맥락에서 소외될 뿐만 아니라 자기소외에 이른다. 아렌트가 이야기하듯, 그리스인들은 그들을 먹여 살린 땅을 짓밟았다. 그들은 자기 정체성의 일부를 부정했으며, 타자 및 자연과 이어진 본성을 억압하고 훼손하는 개인적·정치적 존재라는 정체성을 만들어 냈다. 물론 인간은 언제나 나름대로 자기 이해를 **발명**한다. 호세 오르테가 이 가세트José Ortega Y Gasset가 지적했듯, "가장 인간적인 차원에서 인간의 삶이 허구의 작품"이라는 것은 흥미로운 역설이다.[22] 그러나 그리스 폴리스의 남성들은 특히 소외된 방식으로 이 발명 작업에 참여했다. 그리스 정치가들은 자신을 온전히 '자유로운' 존재로 새기려 했기 때문에, 그들이 자연을 착취하고 필요를 해결하는 과업을 다른 이들의 어깨에 올려놓고 있다는 사실에 개의치 않았고, 태어날 때부터 자연과 필요의 생물이라는 당연한 사실을 부정하려고 했다.[23] 이 잔혹한 사실은 극복하거나 단순히 부정하거나 억압할 수 있는 것이 아니라서, 인간의 노력과 자아 개념에 잘 보이지 않더라도 여전히 끈질긴 위협이 된다. 인간의 생명을 유지하고 인간에게 자양분을 공급하는 물질적이고 필수적인 행동에 기반을 두지 않고서는, 각 개인과 폴리스의 '집단적 남성됨'은 모두 연약하거나 안절부절못하거나 불안하고 잔뜩 긴장한 상태가 될 것이다. 개인과 폴리스는 둘 다 존재와 가치에 대한 끊임없는 외적 승인이 필요하다. 그러나 이들은 모두 이런 승인을 받고 유지하기 위해 노력하는 과정에 실패한다.

이러한 특징은 마키아벨리와 르네상스 이탈리아에 대해 논할 때 상당히 발전되고 명확한 표현으로 등장한다. 대담하게 행동하는 르네상스 시기 이탈리아의 남성과 도시의 욕구는 그리스에 비해 훨씬 더 오래가고 유혈이 낭자하며 정복적이고 공격적인 세계를 낳았다. 힘과 함께 남성됨과 영광의 찰나적이고 덧없는 본성이 마키아벨리의 사상을 휘감고 있다. 그는 정치적 남성이 영웅주의과 권력을 탐구할 때 보이는 가차 없는 격렬함을 생생하게 거리낌 없이 묘사한다. 그에 비해 그리스인들은 인간이 스스로 만든 '기반의 결핍'을 다소 부분적으로 어떤 면에서는 매우 자의식적으로 받아들이면서 해결하려 한다. 고대 그리스에도 피비린내 나는 정복과 끊임없이 이어지는 전쟁과 영웅의 무분별한 행동이 있었지만, 그리스 사상은 이런 현상을 일으키는 욕구의 특이하고 도착적이기까지 한 본성을 그리고 그 욕구를 결코 채우지 못하리라고 예측되는 무용함을 특이할 만큼 깊게 인식하고 있었다. 또한 **논쟁적인** 생활양식에서 비롯한 공격성의 과잉이라는 강력한 양면성도 기록되어 있다.[24] 이런 자의식과 양면성은 때때로 정치의 본질, 아테네 폴리스의 위대함이나 개인의 탁월함에 대한 주장의 한복판에서 불안과 과장과 망설임과 불확실성으로 가득 찬 경험과 사상을 생산한다. 플라톤의 글만큼이나 아이스킬로스Aeschylos의 글에서도, 아리스토텔레스의 글만큼이나 투키디데스Thucydides의 글에서도 독자들은 거듭 단호한 주장을 접한다. 그러고서 등장하는 모호함, 명확하게 쉬운 답을 장담하지 않는 윤리적·정치적 딜레마에 대한 극적 해결 방법, 깊이 의심하는 뉘앙스로 쓰여 있는 칭찬 또는 자축의 함성, 불같은 연설, 초조한 동요 또는 공황에 가까운 행동 등을 뒤이어 접한다.

이런 불안, 과장, 근원적 공황 등은 아렌트의 글 곳곳에 스며 있는 특질이다. 정치 영역에서 아렌트의 순화되고 오염되지 않은 본성에 대한 집착에는 명백한 불안이 있다. 즉 참된 정치가 사라지지 않도록 자기 공간을 가져야 한다는 확고한 주장, 인간이 이 영역에 '자신을 끼워 넣고' 탁월한 언행을 보이지 않는다면 망각의 심연에 빠지리라는 걱정, 진실한 정치적 행동은 '동기에서 자유'로워야 하고 '결과에 대한 걱정에서 자유'로워야 하며 필수적인 것에서 자유로워진 타자라는 존재와 함께 행해야 한다며 삼중적 의미의 '자유'를 강조하는 이상한 요구가 이어지는 것이다.[25] 아렌트가 접촉과 오염을 피하며 지성과 의지도, 욕구와 욕망도, 목적과 결과도 접촉하지 않은, 즉 절대적으로 무無를 접촉하는 자유 공간 속에 행동을 두려고 한 데는 위험할 정도로 병적인 측면이 있다.[26] 아렌트는 오늘날 "사회적 영역은 (……) 자연적인 것의 (……) 부자연스러운 성장을 방치"했으며[27] "우리가 소극적으로 대응할수록 생물학적 과정은 더욱 힘차게 자기 힘을 발휘하고 그 내적 욕구를 우리에게 강요하며 우리를 위압할 것"이라고 주장하면서 '자연적인 것'은 정치적 삶에 위험이 된다는 맹렬한 믿음을 보였다.[28] 이 믿음은 '자연적인 것'에 대해 기이하게 느끼는 공포가 빚어낸 것이다. 욕구와 육체에 길든다는 악몽 같은 그림을 떠올리며, 아렌트는 굶주림과 가난이 정치적인, 특히 혁명적인 행동을 몰아붙여 "자유가 욕구에 굴복하고, 삶의 과정 자체의 절박함에 굴복"하게 만드는 전망에 좌절했다.[29] 또한 공황과 불안은 현대인이 언젠가 죽음을 맞이할 운명을 받아들이고 만족해 더는 정치사 연대기에 집단적 존재로서 인간을 증명하는 집을 지을 구멍과 기둥을 남겨 두지 않은 채 그저(!) 삶, 노동, 미, 지식 또는 단순한 사회질서만을 돌보려 하지 않나 하는 우려 속으로 아렌트를 밀어 넣은 듯하다. 현대 문화와 그 속의 진보적 움직임이 이런 것들을 추구하는 것 또는 심지어 더욱 제한된 개인적·집단적 열망 추구를 조성하는 것은 아렌트를 무척이나 괴롭힌 문제로, 그녀는 이것이 진정한 인간 및 진정한 정치와 대척점에 있다고 주장했다.

아렌트가 이렇게 심혈을 기울여 작업한 정식화들은 서구, 특히 고대 그리스의 정치사상과 실천에서 (그 양태가 변하기는 해도 꾸준히 관찰되는) 이미 나에게 익숙한 것을 보여 준다. 역설적 순수성을 보여 준 아렌트의 열망과 그것을 얻기 위한 분투는 그리스인들의 것보다 더 강했지만(이런 관점에서 그녀는 그리스의 정치적 동기를 과장한다), 이 열망과 분투는 의심할 여지 없이 그 전투가 패배에 가까웠다는 확신에서 비롯했다. "불멸에 대한 관심, 그것의 거의 전적인 상실. 현대에 공적 영역의 상실에 대한 증언 가운데 이보다 더 선명한 것은 없다."[30]

아렌트는 고전주의 시대의 정치가 연약하고 불안해 보이며 지나치게 긴장해 있다고 말한다. 이 가운데서 좀 더 정확한 요소를 그녀가 교육자로서 개인적 사명으로 내비치는 강박적 특징과 구분해 낼 수 있었더라면, 그녀의 논의는 내 작업에 이르는 유용한 길을 제공해 주었을 것이다. 그녀가 보여 준 해방된 남성적 행동의 정치학에 대한 애착에는 품위와 정확성이 부족하다. 하지만 삶과 다른 이들의 삶에 대한 관심에서 비롯한 그녀의 열정과 정직성은 이러한 문제를 보완할 수 있을 것이다. 뒤에 이어지는 장들에서 그리스인이 같은 주제를 덜 극단적이고 덜 절박한 단어로 표현한 것이 느껴진다면, 이는 그리스인들이 자신의 가치가 덜 위태롭다고 느꼈기 때문일 것이다.

# 아리스토텔레스: 인간을 위한 지고의 선

정치 이론가들에게 아리스토텔레스가 가장 널리 알려지고 높이 평가받는 이유는 그가 인간이 만드는 정치 연합의 자연스러움을 지속적으로 강조했기 때문이다. 그는 『정치학 *The Politics*』 서두에서 "인간은 자연적으로 폴리스를 형성하며 살아가기에 적합한 동물"이라고 선언한다.[1] 이번 장에서는 인간·자연·폴리스·동물 등 이 인용문에 나오는 단어들을 비판적으로 검토하며, 주로 『정치학』1권에 등장하는 폴리스의 기원과 본성 및 오이코스에 대한 아리스토텔레스의 설명을 분석한다. 이를 둘러싼 질문은 세 가지다. 인간과 폴리스의 어떤 특성이 서로 그토록 완벽하고도 유일하게 맞아떨어지는가? 인간이 인간으로서 완전해지려면 왜 정치 공동체의 구성원이어야 하고, 구성원 자격을 얻지 못한 이들은 어떤 집단에 속하는가? 아리스토텔레스가 인간이 자연적으로 타고난 전문 분야ᵐᵉᵗⁱᵉʳ라고 한 정치성의 특징은 무엇인가?


I


아리스토텔레스의 폴리스에 대한 설명은 아렌트를 무척이나 괴롭혔는데, 이는 그의 『정치학』 해석을 시작하기에 적절한 지점이다. "아리스토텔레스는 폴리스의 역사적 기원이 적어도 삶의 필요와 연관되어야 한다고 잠정적으로 가정했다."[2] 그는 폴리스를 초월적이며 자족적인 연합으로 설정하려 하면서도, 다른 한편으로는 가정과 마을의 '전정치적前政治的' 연합에서 폴리스의 유래를 찾으려 했다. 폴리스는 가정과 마을에서, 전혀 다른 목적을 위해 생겨난다. 겉보기에 역설적인 것 같은 이 건설 과정이 『정치학』의 첫머리에 쓰여 있다.

몇몇 가정이 모여 만들어진 마을들이 모여 최종적이고 완벽한 연합이 될 때 우리는 이미 폴리스, 즉 전적인 자급자족의 한계에 다다랐다고 말할 수 있는 연합에 도달한 것이다. 그런데 폴리스는 단순한 생존을 위해 **성장하는** 것이면서, 또한 좋은 삶을 위해 **존재하는** 것이다.[3]

3장 | 아리스토텔레스: 인간을 위한 지고의 선

이는 다루기 까다로운 사안이었다. 아리스토텔레스는 인간의 기본적 욕구를 채우기 위해 만들어진 연합에서, 그 본질이 필요를 초월하는 데 있는 연합의 '자연성'을 끌어내고 싶어 했다. 이는 자연에 대한 그의 형이상학적 태도에서 비롯한 문제인데, 그렇다고 해서 그가 이를 철저하게 관철하려고 했던 것은 아니다. 그 대신 이렇게 말한다. "모든 폴리스(……)는 그것의 성장 배경인 연합과 같은 특성을 [그 안에] 지녀야 한다."[4] 아리스토텔레스는 이 연합의 '동일한 특성'을 탐구하거나 정교화하는 작업을 건너뛴 채 이렇게 말하고는 돌아와 다음과 같이 그 연합의 존재론적 관계를 주장한다. "폴리스는 [가정과 마을이] 움직여 가는 목적이나 완성이고, 사물의 '본성' 또한 그것의 목적이나 완성이다."[5] 그러나 이런 목적론적 관계를 언급하고는 (이 관계들이 전체적으로 양립할 수 없게) 곧장 오이코스와 폴리스의 관계에서 **위계질서**가 가장 중요하다고 주장한다. "하위의 것은 언제나 상위의 것을 위해 존재"하기 때문에, 아리스토텔레스는 아렌트와 마찬가지로 폴리스의 구성원들과 연관이 있는 한에서만 가정은 "좋은 삶"을 위해 존재한다고 주장하는 것이다.[6]

아리스토텔레스는 폴리스가 유일하게 이런 연합과 그것을 구성하는 활동을 '자족성'[7]으로 가득 채울 수 있으므로 다른 연합의 목적이거나 완성 형태인 '상위의 것'이라고 설명한다. 아리스토텔레스는 폴리스가 자족적이기 **때문에** "최종적이며 완벽한 연합"이라고 말한 뒤[8] 이런 말을 덧붙인다.

남성됨과 정치

다시, 목적 또는 목적을 위한 것이 최선이다. 이제는 자족성이 목적이며, 따라서 이것이 최선이다. 이런 관점에서 폴리스가 자연적으로 존재하는 사물의 집합이고, 인간이 자연적으로 폴리스를 형성하며 살아가기에 적합한 동물이라는 점은 명백하다.[9]

아리스토텔레스가 폴리스와 인간의 정치성, 이 둘의 존재론적 기반을 '자연'에 두는 것에 대해 알아보려면 이 단어가 그에게 어떤 의미인지부터 잠시 살펴봐야 한다. 그는 혁신적 자연론자였는데, 자연이라는 단어에 대한 그의 이해는 기원전 6~7세기 이오니아 철학자들에게서 비롯했다. 이 철학자들에게 자연은 "세계를 만들기 위해 움직이는 세계나 사물을 뜻하는 게 결코 아니었다. 언제나 그러했듯 행동하게 하는, 사물 속에서 우러나온 어떤 것, (……) 지금 그러하듯 행동하게 하는 덕목의 원칙"이었다.[10] 변형이 여럿 있지만, 그리스의 자연과학 전체가 "자연계에 정신이 스며 있거나 포화해 있다는 원칙에 기반했다."[11] 자연에서 찾아낸 물체와 현상의 정보나 논리는 인간의 목적을 확고히 하거나 인간이 만든 최고의 구조물, 예컨대 좋은 폴리스 같은 것을 안내하는 정보나 논리와 같았다.[12] 따라서 자연 속 '정신'의 편재遍在는 아리스토텔레스가 인간 관습의 **자연적**인 면을 묘사하는 기반이었다. 이상적으로 말해, 인간의 행동은 자연에서 떨어져 나오거나 그것과 불화하지 않고 조화를 이루며 발달한다는 것이었다.

이런 관점에서 아리스토텔레스가 폴리스는 '자연적으로' 존재한다고 주장할 때, 그가 정치 조직이나 노예제 같은 것을 포함하지 않는 현대 자연과학의 전통에서 도출된 자연의 정의를 따랐을 수도 있고, 그렇지 않았을 수도 있다.[13] 아리스토텔레스가 폴리스를 설명하거나 옹호할 수 없기 때문에 오직 진정한 인간의 거주지로서 폴리스의 논리나 내재적 합리성을 세워야 한다고 하는 한, 현대적 정의를 따랐을 가능성이 크다. 반면에 '존재한다는 것'을 합리성으로 채워 넣는 그리스의 자연 개념을 고려한다면, 아리스토텔레스는 **그러한** 인간의 연합으로서 폴리스의 근원과 차원의 위치를 파악하기 위해 너무 멀리까지 나아가지 않아도 된다. 이때 일종의 투박한 실증주의가 작동한다. 오늘날 실증주의 사회과학자들은 태생적으로 소유욕이 강하거나 자기중심적이거나 경쟁적인 것을 남성의 특성이라고 보는 데 반해, 아리스토텔레스는 정치 영역에 시간을 들이는 엘리트 남성들을 보고서 이 영역은 인간(즉 남성)이 자연적으로 타고난 전문 분야라고 결론 내린다.

그런데 가정과 마을이라는, 내재적이거나 필요에서 비롯한 제도로부터 외견상 초월적인 조직을 끌어내는 문제는 아리스토텔레스를 당혹스럽게 했다. 가정과 마을 그리고 폴리스는 정확히 어떤 관계이며, 물질적 필요에 헌신하는 연합에서 발생한 조직이 어떻게 물질적 필요에 무관심할 수 있겠는가? 욕구 및 필요와 거리를 두려고 애쓰는 연합의 자연성을 어떻게 주장할 수 있을까? 아리스토텔레스 연구자인 어니스트 바커Ernest Barker는 이 난점들을 이렇게 해결해 보려고 했다.

> 국가는 자연적 연합에서 발전하기에 자연적이다. 그러나 그 연합이 자연적이고 국가가 그로부터 발전한다는 이유만으로 국가를 자연적이라고 할 순 없다. 국가는 인간과 인간 발전의 완결이거나 끝이거나 완성으로서, 그 자체가 자연적이다. (……) 만일 가정이나 마을 같은 선행 단계 없이 곧장 존재하는 국가를 상정할 수 있다면, 그것은 인간과 인간의 발전을 완결하고 완벽하게 한다는 점에서 여전히 자연적이다.[14]

바커의 설명에는 문제가 있다. 폴리스를 자족적인 것, 삶을 "바람직하고 아무것도 결핍하지 않은" 것으로 만드는 바로 **그** 연합 그리고 선행하거나 하위에 존재하는 모든 연합의 **정점**으로 세우려는 아리스토텔레스의 생각을 가로막기 때문이다. 아리스토텔레스의 이론에 일관성을 부여하려고 애쓰는 사이, 바커는 아리스토텔레스가 오이코스-마을-폴리스의 발전에서 중요한 요소로 보았으며 폴리스를 '자연적'인 것으로 만드는 과정의 일부라고 강조한 목적론적 측면을 너무 쉽게 묵살한다. 또한 아리스토텔레스가 인간의 속성 중 하나로 본 정치적 본성의 내용, 즉 폴리스만이 완벽의 상태로 끌어낼 수 있다고 생각한 그 본성

3장 | 아리스토텔레스: 인간을 위한 지고의 선

을 철저하게 따져 보지 않는다. 바커는 인간의 정치적 본성과 폴리스의 자연적 상태, 이 두 요소가 서로를 설명하게 하려고 하는 아리스토텔레스를 그저 지지할 뿐이다.

> 따라서 폴리스는 인간의 모든 본성, 그중 특히 상위 부분을 충족한다. 그것이 그 자체로 지금 그러하듯이 (……) 충만하고 완전한 인간 개발에 필요한 모든 자원을 담아낸 자족성의 최고 경지에 이를 수 있었던 이유다. 폴리스는 인간의 모든 본성을 실현하면서 궁극적 발전의 최종적이고 완벽한 조건을 뜻하는 단어라는 점에서 특히 그리고 특별히 '자연적'이다.[15]

이렇게 동어반복을 하지만, 바커의 해석은 폴리스의 본성에 대한 아리스토텔레스의 형상화 작업 그리고 폴리스와 다른 연합의 관계가 제기한 질문들에 대해서는 아무런 답도 내놓지 않는다. 왜 아리스토텔레스는 폴리스와 오이코스의 목적론적 관계를 추구하는 동시에 이들의 공통점을 포착해 내는 데 실패하는가? 왜 폴리스의 자연성과 인간의 정치적 본성에 대해서는 거듭 주장만 할 뿐 실제로 **내보이지는** 못하는가? 왜 폴리스가 그리고 폴리스만이 인간을 실현하고, 폴리스 이전의 연합은 무엇이 부족하며, 폴리스에서는 인간과 관련해 무엇이 실현되는가? 남성됨과 폴리스는 어떤 관계인가? 특히 아리스토텔레스의 다른 작업과 『정치학』의 특정 구절을 보면 그는 오직 남성에게만, 오직 **몇**

남성됨과 정치

**몇** 남성에게만 정치적 본성을 채워 넣는다는 것이 드러나기 때문에, 어떻게 남성과 폴리스가 서로 연관된 구조물이 되는지 알아보려면 폴리스의 자족성과 남성의 정치적 본성을 더욱 깊이 살펴보아야 할 것이다.

『정치학』 첫 장에서 아리스토텔레스는 "폴리스의 구성 요소를 분석적으로 고려할 때" 폴리스의 독특한 면이 드러날 수 있다고 설명한다.[16] 따라서 『정치학』을 읽는 사람들은 아리스토텔레스가 개인에 대한 연구로 시작해서 관계에 대한 연구로 넘어가고, 거기에서 점차 제도적 연합에 대한 연구로 나아가리라고 기대한다. 그리고 아리스토텔레스는 정확히 그렇게 작업을 진행한다. 다만 이때 중요한 것은 인구 집단의 아무 구성원이나 그 작업의 대상이 될 수는 없다는 점이다. 인간의 정치적 본성을 완성하기 위해 폴리스가 존재하지만, 개인은 물론이고 남성도 모두가 이런 본성의 대상은 아니다. 비시민 한 명을 두고 그 분석을 시작한다면, 특히 투표의 '주체'가 아니라 '대상'일 뿐인 '완전히 인간'이 아닌 이들, 즉 남성 노예나 여성에서부터 시작한다면 어떻게 될까? 아리스토텔레스의 귀납적 분석법을 쓰면, 이런 시작은 혼란의 수렁이나 파괴적일 만큼 혁명적인 결론을 가져오게 될 것이다. 아리스토텔레스는 사회적 '전체'와 사회적 '부분'의 관계를 정식화하며 이 궁지를 피해 나간다.

이제 우리는 폴리스가 자연의 질서에서 가족과 개인보다 앞선다고 덧붙여도 좋을 것이다. 이렇게 말할 수 있는 이유는 전체가 필연적으로 부분보다 앞서기 때문이다. 만일 온전한 육체가 파괴된다면, 돌로 만든 '손'을 말할 때와 같이 (실제 손이 아닌) 다른 대상을 가리킬 때 똑같은 단어를 쓰는 식으로 의미가 모호한 경우를 제외하고는 손이나 발이 존재하지 않을 것이다. (……) 모든 사물은 본성을 그 사물에 있는 기능과 능력에서 끌어낸다. 그리고 기능을 발휘하는 데 전혀 적합지 않게 되면, 그것은 그저 모호하게 그전과 같은 이름으로 불릴 뿐 여전히 같다고 말할 수 없다. 홀로 떨어져 있는 사물은 자족적일 수 없기에, 모든 개별 존재는 자족성 있는 전체에 동등하게 의존하는 너무나도 많은 부분이다. 이런 의미에서 우리는 폴리스가 자연적으로 존재하고 개인보다 앞섬을 알 수 있다.[17]

피상적인 독해 수준에서 말하자면, 아리스토텔레스는 여기서 폴리스가 공동체를 위한 인간의 물질적·정신적 욕구를 구현하고 실현하는 것 이외에 폴리스의 '자연적'·'전체적' 상황 이상을 주장하지는 않는 듯하다. 그러나 이 문단을 좀 더 밀어붙이고 이미 살펴본 다른 문단과 견주어 보면, 좀 더 치명적인 질서의 강령을 추출할 수 있다.

폴리스가 인간의 질서에서 인간에게 필요한 활동보다 '상위'에 자리하고, 그런 활동은 오직 폴리스가 지금 존재하듯 존재할 수 있도록 행해진다고 한 것을 떠올려 보자. 생명에 물질적인 필

남성됨과 정치

수품들을 공급하는 자의 관점에서 보면, 폴리스는 (가정과 마을만으로도 공급되는) '단순한 생존' 욕구의 **여분**일 수 있다. 그런데 앞서 아리스토텔레스는 폴리스를 '부분'인 다른 모든 활동, 생물, 연합의 '전체'라고 밝혔다. 게다가 비필수적 이유를 위해 존재하며 최소한 물질적 차원에서 볼 때 필수 영역에 기생해 있는 이 존재는 의미, 목적, 기능 등을 '부분'에 줄 수 있는 유일한 사물이다. 이 특이한 '전체'가 없는 인간은 진정한 인간이 아니라 '가엾은 존재', 즉 야수나 신 또는 인간이라는 이름으로 여행하는 그 무엇이다.[18] 이와 비슷하게 아리스토텔레스는 폴리스가 없다면 노예·여성·장인 들은 '기능 없이' 노동하게 될 테고, 따라서 아무런 '본성'도 없으며 존재하지 않는 것과 같은 상태라고 주장한다. 노예·장인·아내·남성 시민이 없다면 폴리스는 분명 존재할 수 없겠지만, 아리스토텔레스는 이를 정확히 뒤집어서 폴리스를 통해서만 폴리스의 '부분들'이 존재하고 의미를 얻는다고 말한다. 그는 왜 이렇게 주장한 것일까? 이런 질문과 함께 우리는 무엇이 폴리스의 '자족성'을 구성하는지, 무엇이 우월성을 구성하는지, 무엇이 '자연성'을 구성하는지와 같은 문제를 앞에 두고 여전히 고심하게 된다.

이런 질문을 해결하기 전에 이 탐사가 시작된 다른 맥락과 아리스토텔레스가 폴리스의 자연성과 자족성을 확고히 하려고 노력한 다른 경로를 떠올려 보자. 바로 인간의 본성이 **정치적**이라는 주장이다. 지금껏 폴리스가 '자연적으로'나 필요에 따라 일어나지 않고, 순수하게 관습적이며 물질적으로 '여분의' 존재라는 것을 보았다. 폴리스의 의미를 문자 그대로만 보면 인위적이다. 즉 그것은 인간이 창조하고 점유한 것이다. 그러나 아리스토텔레스는 이를 자연적이라고 했고, 인간은 폴리스 없이는, 생리적이며 언젠가는 죽을 수밖에 없는 존재로부터 거리를 둔 그 자신이 그러하듯 다른 이들과 무리 짓지 않고서는 스스로 인간임을 경험할 수 없다고 주장했다. 어떻게든 폴리스는 불완전한 인간을 충족하고, 공백을 채우고, 의미를 주고, 인간을 인간으로 만든다. 이와 정반대로 만일 폴리스가 파괴되면, 인간은 인간이길 멈추게 된다. 하지만 폴리스가 그 기저에서 인위적이고 필요·단순한 생존·생명의 지속 및 유지와 무관하다면, 인간의 정치적 본성 역시 그래야 할 것이다. 만일 이것이 논리적으로 어색하다고 해도, 정치적 인간이 인간으로서 자신을 지속하고 유지하려면 그 동료들에게 둘러싸이는 상황이 필요한데, 그 지속과 유지의 근원에서 떨어져 나와야 한다는 점 때문에라도 우리는 의심을 품게 될 것이다. 오직 폴리스의 기술을 통해서만 그리고 오이코스와 거리를 유지해야만 아리스토텔레스의 인간은 자기 자신의 실재를 경험한다.

아리스토텔레스가 인간에게 가장 편한 곳이라고 말한 장소에서, 우리는 삶에서 가장 멀리 떨어져 나온 인간을 본다. 그가 자연과 가장 조화로운 연합이라고 규정한 것은 가장 도드라지게 관습적인 제도의 형태로 나타난다. 그가 자족적이라고 밝힌 것

남성됨과 정치

은 기생적이거나, 전적으로 의존적이거나, 여분의 것이었다. 그러나 폴리스에서 살아가고 행동하는 것은 한 남성에게 남성됨을 불어넣을 수 있고, 그를 "바람직하고, 아무것도 결핍하지 않은 삶"의 상태로 이끌 수 있다.[19] 자족성을 찾기 위한 이 모험에서 아리스토텔레스의 남성은 자기 존재를 시작하고 구성하는 동시에 자기 자신을 지탱하는 활동을 폄하하고 배제한다. 남성의 정치적 본성은 자기부정, 소외를 향한 충동, 욕망하고 죽음을 맞이할 자아를 잊게 하는 충동에 뿌리를 둔다. 남성의 정치적 본성은 동물적 존재로서의 모자를 벗고 인위적 자아, 즉 인위적 영역에서 편안해하는 자아가 됨으로써 실현된다.

폴리스에 앞서 그런 남성들, 특정한 남성들에게만 유독 결핍된 것이 무엇인지 알 필요가 있다. 그리고 아리스토텔레스가 폴리스에서 배제한 이들은 왜 이런 결핍에 고통받지 않는지도 알아야 한다. 이는 폴리스의 지위와 활동을 살펴봐야만 풀 수 있는 문제다. 마치 텅 비고 현실에 기초하지 않은 채 목적 없는 폴리스를 인간의 운명인 양 만드는 '필요의 지배' 자체에 무언가가 있는 듯하다. 따라서 이제부터는 필요의 영역, 오이코스 또는 아렌트가 '전정치적'이라고 한 영역에 대해 아리스토텔레스가 어떻게 논했는지 살펴보려 한다.

3장 | 아리스토텔레스: 인간을 위한 지고의 선

Ⅱ

아리스토텔레스는 이상적 폴리스의 사회구조를 논하면서 이렇게 강조한다.

> 다른 자연의 유기체들과 마찬가지로, 국가에서 전체 체계에 유기적으로 복무하는 부분들은 전체를 위한 필요조건이 아니다. 명백한 결론은, 국가의 부분들을 (……) 국가의 존재를 위해 필요한 요소로 볼 수 없다는 것이다.[20]

일반적으로 볼 때, 아리스토텔레스가 시민에 대해 논하면서 국가의 '필요조건'과 '부분'을 구별하는 것은 정치적으로 타당해 보인다. "진실은 국가 존재의 '필요조건'인 모든 이들을 시민으로 포함할 수 없다는 것이다."[21] 이때 상당히 중요한 아리스토텔레스의 두 번째 구별이 등장한다. 바로 필요의 영역에 머무는 사람과 폴리스의 시민 사이에 확립하려고 한 **도구적** 관계다.

이 도구성에는 이중적인 면이 있다. 첫째, 필요 영역이 시민에게 물질적 필수품을 보급하는 수단 이상의 것이 아니라고 상정한다. 둘째, 필요에 개입하는 개인은 "삶의 목적을 위한 도구, 즉 '자산'의 총합"으로 여겨진다.[22] 『정치학』 1권에서 아리스토텔레스는 이런 관점을 정치하게, 때로는 '인본주의처럼' 보이게 정당화하려 했으므로 결국 이 지점을 점검해 봐야 한다.[23] 그런데 정

남성됨과 정치

의와 정당화 문제를 제쳐 두었던 아렌트는 선명하게 아리스토텔레스와 같은 결론을 내려 버린다.

> 인간은 모두 필요에 종속되어 있어서 타인에게 폭력을 행사하기 마련이다. 폭력은 세계의 자유를 추구할 때 생명의 필요에서 벗어날 수 있는 전정치적 행위다. (……)
>
> 따라서 아리스토텔레스가 시민의 삶이라고 부른 '좋은 삶'은 일반적 삶에 비해 그저 더 낫거나 더 걱정이 없거나 고상한 것이 아니라, 질적으로 전혀 다른 것이다. 삶을 위한 욕구를 정복하고, 노동과 일에서 해방되고, 모든 생명체가 생존을 위한 선천적 충동을 넘어서면서 생물학적 삶의 과정에 더는 매여 있지 않아도 될 만큼 '좋은' 것이다.[24]

여기에 등장하는 주제, 즉 '좋은 삶'의 일면으로서 정치가 다른 종류의 삶과 '질적으로 전혀 다르다'는 말은 익숙하다. 그것은 '생물학적 삶의 과정' 및 '인간의 선천적 충동'과 독립적으로 (아렌트의 말로는 그것을 넘어서면서) 생겨난다. 필요의 영역과 단순히 거리를 두는 정도가 아니라 그 영역에 대한 경멸이 있고, 그곳에서 폭력과 지배의 내재적 정당성으로 작용하는 경멸은 제대로 건설된 정치 영역의 근본 재료로 등장한다. 생물학적 삶의 과정과 모든 생물의 생존을 위한 충동은 무관하지 않으면서 인간의 '진정한' 본성 함양에 저주와도 같은 것으로 여겨진다.

아리스토텔레스는 "모든 복합체에서 어떤 경우든, 언제나 지배하는 요소와 지배받는 요소를 추적할 수 있다"라고 말한다.[25] 그는 이 원칙을 생명이 있는 것과 생명이 없는 것, 개별적인 것과 집단적인 것 등 모든 범주로 넓힌다. 영혼은 지배와 피지배로 분류되며, 이성적 부분과 비이성적 부분으로 나뉘고 고결한 인간의 육체를 지배한다. 이런 위계질서에는 상보성을 훌쩍 뛰어넘는 도구성이 깃들어 있다. "기술의 세계는 물론이고 자연의 세계에서도 하위의 것은 항상 상위의 것을 위해 존재한다."[26] 아리스토텔레스는 이런 존재론을 주장하며 **정신**의 우월성에 따른 적법한 통제 또는 지배의 이론을 끌어낸다. 정신의 우월성은 세속적인 모든 사물에 대한 인간의 지배만큼 광범위하고, 폴리스의 오이코스 지배 및 남성의 여성 지배만큼 일반적이며,[27] 주인이 자기 노예에게 내리는 명령과도 같은 구체적인 현상의 기반이다.

> 자신의 지적 능력으로 예상할 수 있는 요소는 자연적으로 통치하는 주인의 요소다. 반면 다른 요소의 계획에 따라 자신의 육체적 능력을 실행하는 요소는 통치되는 요소이며, 자연적으로 예속 상태에 놓인다.[28]

아리스토텔레스가 '윤리학' 또는 영혼의 올바른 질서 잡기라고 부른 것이 기본적으로 이 정식화인 듯한데, 그는 "인간의 내적 삶에서 옳은 것은 그 바깥에서도 옳다"라고 주장한다.[29] 따라서 이런 말이 나온다.

> 만약 정신을 육체보다 더 근본적으로 살아 있는 존재의 일
> 부라고 상정한다면, 정신과 유사한 위계에 있는 부분은 육체의
> 욕구에 봉사하는 부분보다 더 근본적이라고 봐야 할 것이다.[30]

그러므로 살아 있는 모든 생물의 육체뿐만 아니라 폴리스에
봉사하는 인간, 즉 노예·여성·기술자의 집합적 육체는 '육체적
힘을 기반으로 한 모든 덕'의 요소다. 노예 같은 생물체의 타고
난 '육체적 본성'에 관심이 많았던 아리스토텔레스는 현상이라
는 위험한 물속까지 헤집고 들어간다.

> 자유민의 육체와 노예의 육체 가운데 후자에게 삶의 하찮은
> 의무를 처리할 힘을 주고, 전자는 마차에 꼿꼿이 앉고 (비록 물
> 리적 노동에는 쓸모없지만) 공민적 삶의 다양한 목적에 쓰이도
> 록 물리적 차이를 만들어 내는 것은 자연의 의도다.[31]

이때의 아리스토텔레스는 비합리적이다. 그렇지만 노예의 육
체적 특성에 대한 이 묘사에서 사회구조 가운데 정신-육체 위
계의 제도화 작업이 생산 및 재생산 노동에 참여하는 이들을 관
념상 순수한 육체로 바꿔 버리는 지점을 엿볼 수 있다. 남성, 주
인, 폴리스의 관점에서 여성과 노예는 육체의 기능과 정체성을

3장 | 아리스토텔레스: 인간을 위한 지고의 선

상징했으며, 그들은 육체일 뿐 그 이상의 아무런 존재도 아니었다. 바꿔 말하면 폴리스의 남성들은 육체적 일에서의 자유 또는 육체적 일에 대한 거부를 덕으로 삼아 시민이 되었다. 이 거부를 통해 육체에서 '정화된' 정신으로 통치하겠다고 상정한 정치적·사회적 질서를 확립하고 적법화했다.

아리스토텔레스는 노예가 자기 행동을 결정할 만큼 사유할 능력이 충분치 않고 주인의 뜻을 파악할 정도로만 생각할 수 있다고 주장한다. 그리고 『정치학』을 해석하는 사람들은 대부분 이를 아리스토텔레스가 노예제를 정당화하는 가장 근본적인 이유라고 본다.[32] 아리스토텔레스의 주장은 너무 어처구니없다 보니 그의 노예제 옹호에 담긴 훨씬 중요한 문제를 가려 버린다. 이 문제는 육체노동에 대한 그의 일반적인 견해와 관련된다.

이러한 사항들을 고려해 보면, 노예의 본성과 능력에 대해 명확히 알 수 있다. 그리고 몇 가지 정의를 도출할 수 있다. 첫째, '인간이기는 하지만 그 자신이 아닌 타인에게 속하는 인간은 자연적으로 노예다.' 둘째, '인간임에도 자산의 한 품목이라면 타인의 자산이다.' 셋째, '자산의 품목은 활동을 위한 도구이며, 그 소유자와 분리할 수 있다.'[33]

이 단락에서 아리스토텔레스가 오이코스의 삶을 논할 때 등장할 내용의 전조가 보인다. 인간을 예속 상태에 처할 만큼 취약하게 하는 **바로 그 노동력** 말이다. 이다음 장에서 아리스토텔레스는 선언한다. "따라서 만일 누군가가 타인의 자산이 될 능력이 있다면 (그리고 이 능력 때문에 그는 실제로 타인의 자산이 되는데) 그는 자연적으로 노예다."[34] 노동력은 타인의 욕구에 맞춰 '도구'가 되기 때문에 '타인의 자산'이 될 잠재성이 있다. 아리스토텔레스의 인식론과 존재론은 '존재하는 것'에 합리성을 불어넣기 때문에, 그는 이 문제를 잠재라는 차원에 두지 않는다. 사실 '자연성'과 그에 따른 오이코스라는 부자유한 영역은 노동에 들어 있는 **소외의 잠재력을 형이상학적 필요**와 좋은 것으로 돌림으로써 정당화된다. 아리스토텔레스의 말을 다시 살펴보자. "따라서 만일 누군가가 타인의 자산이 될 능력이 있다면 (그리고 이 능력 때문이 그는 실제로 타인의 자산이 되는데) 그는 자연적으로 노예다." 노동에서 자유의 결핍은, 자연이나 필요보다는 노동자를 비노동자의 자산으로 만드는 제도화 작업과 더 깊이 관련된다. 생산 및 재생산 노동자들은 그 밖의 어떤 것도 할 수 없고, 오직 자유민을 위해 좋은 일만 하는 계층으로 정치 질서에 자리하게 되는 것이다.

노예제는 생산 및 재생산 노동자가 자신의 목적을 정식화하고 스스로를 보호할 능력을 약화하므로, 아리스토텔레스는 이들에게 태생적으로 통치와 보호가 필요하다고 선언한다. 그러면서 폴리스의 시민은 물론이고 주인, 아버지, 남편의 지침이 될 '지배받는 자의 혜택을 위한 통치'라는 개념을 소개한다. 모든 질료에는 형상이 필요하고, 모든 행동에는 지도나 원칙이 필요하다. 아리스토텔레스에 따르면, 형상이나 원칙을 내부에서 쓸 수 없는 경우에는 외부의 원천에서 공급해야만 한다. 그는 (여성이 '질료'를 공급하고, 남성은 씨 또는 '성장의 원칙'을 공급하는)[35] 출산과 ('자신은 결핍한'[36] 이성을 타자에게서 구하는) 노예 노동을 이렇게 묘사한다. '지배받는 자의 혜택을 위한 통치'의 폭넓은 적용을 논하면서 한 말이다.

> 인간의 내적 삶에서 옳은 것은 그 바깥에서도 옳다. 이와 같은 원칙은, 인간의 영혼과 육체의 관계에서 참이듯 인간과 동물의 관계에서도 참이다. 길든 동물은 야생동물보다 더 나은 본성이 있으며, 이런 동물은 인간에게 지배받고 보존되는 혜택을 누리게 하는 게 더 좋다.[37]

노예와 여성에 대한 아리스토텔레스의 논의에서 우리는 길든 동물의 '우월성'이 그들의 순응성, 즉 자신의 취향과 육체를 넘어서면서 정신적 지배에 의존하는 성질에 있다고 추론할 수 있다. 아리스토텔레스는 길든 동물들이 고매한 남성처럼 자신의 본능을 대부분 가라앉혔다는 이유로 그들을 승인했다. 물론 '길든' 것들은 그렇게 태어난 게 아니라, 강제되고 매수되고 처벌받아서 길든 상태가 되었지만 말이다. 동물 '길들이기'에서는 동물 스스로 보존을 두려워하게 만들고 보존이 주인의 손에 달려 있음을 기발하거나 강제적이거나 야만적인 방법을 얼마든지 써서

남성됨과 정치

가르치는 것이 중요하다. 이렇게 길든 것은 강요된 의존 상태에 놓이고, 이 상태는 아리스토텔레스의 자연론과 관찰 조사 방법론을 거치면서 이들의 본질적 자연이 된다. 길든 동물이나 남성 노예나 여성의 (습득한 의존과 복종으로서) '제2의 자연'이 '제1의 자연', 즉 이들의 진정한 존재와 기능으로 제시되는 것이다.

남성이 노예·여성·동물의 육체에 대한 통제권을 얻으면, 이들은 오직 남성의 욕구 파악과 충족을 통해서만 '인간'의 구조에서 생존과 장소를 보장받을 수 있기 때문에 이들의 정신까지 남성의 욕구에 바치게 된다. 이런 이중 소외 과정, 즉 주인에게 육체적 본성과 욕구를 내줄 뿐만 아니라 자기 지향의 정신까지 내주는 소외 과정에서 사실상 새로운 생물, 길들거나 장애가 있는 이들이 등장한다. 이런 생물들이 자족성을 위한 수단을 빼앗겨서 자신의 생존 수단도 없이 유지되는 한 자유로운 남성들이 그들을 다스리고, 그들로부터 혜택을 취하고, 그들을 보호하는 것이 '자연스러운' 듯 보일 수도 있다. 미시적으로 볼 때 여기에는 주인과 노예, 남편과 가족, 인간과 동물, 정치의 영역과 필요의 영역 등의 '자연스러운' 관계에 대한 아리스토텔레스의 정식화가 있다. 지배와 착취의 정치라는 조건이 제도적·이데올로기적 변환을 통해 자연스러운 것이 된다.

아리스토텔레스는 폴리스의 남성이 필요의 영역과 직접적인 접촉을 피해야 한다면서 이 둘의 거리에 대해 염려한다. 그렇게 염려한 첫 번째 이유는, 노동에 잠재한 소외 가능성과 그것이 지배로 이어진다는 점에 있다. 다시 말해 노동의 전유와 노동자의 노예화라는 잠재성 문제 때문이다. 이 잠재성은 고대 그리스에서 노예제의 실행과 여성의 예속화를 통해 아리스토텔레스 시대에 실현되었고, 그는 이런 상태를 자연스럽고 필요한 것으로 다루었다. 폴리스와 오이코스 간 거리의 확립을 두고 그가 염려한 두 번째 이유는, 오이코스 속 폭력과 지배의 요소와 관련된다. 이것이 뜻하는 바는 노예, 여성, 길든 동물에 대한 남성의 지배를 자신의 일반 지배 철학으로 설명하는, 앞서 살폈던 아리스토텔레스의 논의와 통합해서 볼 때 명확해진다.

아리스토텔레스는 지배되는 요소의 최고 형태와 이어지는 **최선의** 지배 종류가 있다고 주장하면서, 모든 복합체의 관계에 지배하고 지배받는 요소가 있다는 자신의 명제를 정교하게 다듬는다.

> 지배하고 지배받는 요소의 구성은 그 종류가 (……) 다양하다. 지배받는 요소 가운데 더 나은 것에 대한 지배는 더 나은 지배다. 예컨대 남성에 대한 지배가 동물에 대한 지배보다 낫다. 어떤 기능을 발휘하는 요소가 상위에 있는 더 나은 요소라면, 그것은 그 기능이 상위에 있는 더 나은 기능이기 때문이다.[38]

이 대목에서 아리스토텔레스는 처음에는 어떤 고상한 감성을 확립하거나 보전하는 데만 관심을 보이는 듯하다. 그는 최고의 남성이라면 반드시 '가치 있는' 것을 자신의 의무로 삼아야 하고, 저급한 생명에 둘러싸일 때 그 남성은 위축되기 시작한다고 말한다. 다른 단락에서 아리스토텔레스는 장인들이 좋은 것을 손에 넣을 순 있지만, 그들이 일상 업무가 조야해서 그 좋은 것의 규모와 질에 한계가 있을 수밖에 없다고 주장한다.[39] 그러나 '지배는 더 나은 종류의 지배받는 요소 위에 있을 때 최선'이라는 개념에는 이면이 있다. 주인 또는 지배 요소가 제도의 매개를 거치지 않고 지배받는 요소에 직접 너무 가까이 다가간다면, 생산 및 재생산 활동의 '하위' 형상이 그들보다 위에 있는 형상을 오염할 가능성이 있는 것이다. 아리스토텔레스는 『동물발생론*The Generation of Animals*』에서 끌어낸, 지배하고 지배받는 것의 원칙에 대한 형이상학적 설명에서 이 지점을 분명히 밝힌다.

> 형상이 질료보다 그 본성상 더 낫고 더 신성하기 때문에, **우월한 이가 열등한 이로부터 분리되는 것도 더 좋은 것이다.** 여성은 자신의 질료로서 봉사하지만, 남성은 생성된 사물의 움직임이라는 원칙에서 더 낫고 더 신성하기 때문에 가능한 한 여성에게서 떨어진다.[40]

그렇다면 자연과 필요에 묶여 있는 이들은 상위의 것에 부적합하고, 상위의 것은 근접성이나 연관성 같은 문제로 하위의 것에게 위협을 받게 된다. 아렌트의 사유에서 확인되었듯이, 가장

귀한 사물과 활동이 다른 무언가를 접촉하게 내버려 두는 것에 대한 공포가 아리스토텔레스에게 보인다. 아렌트처럼 아리스토텔레스에게도 공적 영역은 필요의 영역과 분리, 격리되어야만 하는 것이다. 즉 '남성 가운데 최고의 것' 그리고 활동 가운데 가장 높은 것인 남성됨과 정치가 실은 극도로 부서지기 쉽고, 쉽게 위협받고, 자신들을 부양하며 생명을 주는 열등한 요소들에게 오염될 것이라는 역설이 들어 있다. 그 어떤 타자보다도 너무나 우월하고, 가장 우월한 연합 속에 살면서 모든 질료의 올바른 순서와 정의를 정하는 남성들이 '그들의 지배로부터 혜택받는' 이들에게 감염되는 것을 피해 물리적으로, 정신적으로 격리되어야만 한다.

아리스토텔레스와 아렌트는 모두 폴리스를 부양하는 정치적으로 조직된 영역에 대한 정치적 지위를 인정하지 않았다. 다시 말해 체계적이고 제도적인 권력관계를 통해 조직된 영역의 정치적 지위를 받아들이지 않은 것이다.[41] 그러나 아리스토텔레스는 아렌트와 달리 '전정치적인 것'의 힘과 폭력이 끝나는 바로 그 지점에서 정치가 시작한다는 주장을 확고하게 구축하지는 않는다. 오이코스에 대한 그의 토론은 남편과 정치가, 노예주와 군주 사이의 유비로 가득 차 있다.[42] 그는 극도로 정치적인 관계 항인 정의正義를 염두에 두면서 노예제 논의를 시작하고,[43] 『정치학』 저작의 첫 번째 절을 가정의 본성과 구조로 채우기도 한다. 그는 폴리스의 단순 '조건'인 이런 요소와 행동에 정치적 특성이 있

남성됨과 정치

으며, 정치 이론가들이 이런 요소를 다뤄야 한다고 보았다. 사실 이것은 아리스토텔레스의 스승이자 선구자였던 플라톤이 주장한 바 그대로다. 하지만 아리스토텔레스가 이런 요소와 행동에 대해 보인 전략은 이데올로기적으로든 실천적으로든 모든 면에서 이들을 탈정치화하는 것이었다. 그는 이 관계의 정치성을 엿본 뒤 이들을 자연적이라고 선언했다. 폴리스의 삶에 끼치는 위협을 엿본 뒤 이들을 정치 영역에서 축출할 것을 요구했다.

'전정치적인 것'의 영향 아래 있는 모든 것이 정치에서 배제되었다. 선천적으로 그 구조와 조직이 제도화된 예속 안의 폭력 및 불평등에 묶여 있다는 이유에서였다. 아리스토텔레스는 정교하게 짜인 존재론과 목적론을 동원해 폭력을 정당화하는 한편, 아렌트는 필요의 영역에 남아 있는 폭력이 적법하다고 간단히 선언한다. 두 사람 모두 평등과 서로에게 적절한 활동 및 관계가 진정한 정치적 삶의 특질이라고 주장했다. 그래서 불평등이 만연한 곳에는 (연설과 행동 등) 정치가 아닌 폭력, 자연, 힘이 자리한다. 게다가 육체와 육체적 필요, 이 둘 모두가 또는 둘 중 하나가 문제가 되는 곳에는 어디든 불평등과 폭력이 반드시 존재한다. 이를 두고 아리스토텔레스는 한 복합체의 지배하고 지배받는 요소들을 타인에게 두는 자연의 경향이 가져온 결과라고 설명하고, 아렌트는 인간이 필요를 지배하려고 노력하는 중이라면 언제든 타인에게 폭력을 행사할 권리가 있다는 놀랄 만한 주장을 편다.[44]

이 모든 것이 정치에 대해 기이한 결론을 낳는다. 아렌트와 아리스토텔레스에게 정치는 주인과 노예·남성과 여성·식민 지배자와 피지배자 등의 관계 가운데 남성 시민들의 정제된 대화에서만 발생한다. 이들이 '자연적'이거나 필요의 영역이라고 선언한 곳에서는 폭력이나 지배가 있을지언정 정치가 발생하지 않는 것이다. 이렇게 볼 때 폭력이나 불평등이 있는 곳에서는 어디든 정치가 아닌 자연이 작동하고, 동등한 이들의 대화와 협상이 있는 곳에서는 어디든 남성이 자기 최고의 친밀성과 진정한 자아와 정치적 본성을 표출한다. 이 허구는 오이코스에서 일어나는 지배와 폭력을 '자연화'하고, 이 지배를 지탱하는 기능을 감춤으로써 유지된다. 그리고 이러한 허구를 유지하려면, 반드시 정치 영역 주변의 삼엄한 경계가 있어야만 한다. 이런 상황이 '전정치적인 것'을 공적 영역에서 예리하게 분리해야 하는 이유이고, 아렌트가 공적 영역을 더럽힌다고 생각하는 활동이 정치에 침입하는 것에 대해 그렇게 불안해한 이유이며, 아리스토텔레스가 이런 활동과 관련된 이들을 비열하거나 비굴하거나 저속하거나 일반적으로 '취향이 저열'하다고 말하면서 이들을 폴리스의 '부분'으로 두기보다 단순한 '조건'으로 시민에서 배제해야만 한다고 말한 이유다.[45]

아렌트와 아리스토텔레스가 필요의 영역과 정치를 분리한 채로 유지하려고 고투했건만, 우리는 폴리스 삶의 중요한 정치 대부분이 **필요의 영역**에서 진행된다는 것을 확인하면서 이 영역 위

남성됨과 정치

에 있던 덮개를 벗겨 냈다. 이 영역에 있는 실재적 '불결', 즉 '공적' 사물에 잠재한 오염은 그것이 조직되는 방식과 그 조직을 이루는 과정에서 공권력의 역할을 부정하는 기반이 된다. 비자유 영역에 사는 사람들은 예속되고, 지배당하며, 눈살이 찌푸려지게 끔찍하고 비굴한 역할을 하도록 강제되기 때문에 '악의적'이거나 '비열'하거나 '저속'하거나 '짐승 같은' 존재다. 아리스토텔레스는 법이 널리 퍼지고 덕이 자라난 곳에 다다를 수 없게 된 이들의 모습을 직접 생생하게 묘사한다.

> 남성은 완벽에 다다랐을 때 동물 가운데 최고의 존재가 된다. 그러나 만일 법과 정의에서 격리된다면, 그는 모든 존재 가운데 최악의 것이 된다. 불평등은 무장했을 때 훨씬 심해지는데, 남성은 (무력을) 타고난다. 예컨대 언어도 타고나는데, 이 언어는 도덕적 분별과 덕을 이루는 목적뿐만 아니라 정반대의 목적을 위해서도 쓰일 수 있다. 바로 이런 이유로, 덕이 없는 남성이라면 가장 성스럽지 못하고 야만적이고 욕정과 식탐에 빠진 온갖 이들보다도 못한 자가 되는 것이다.[46]

이제 그 어떤 공복公僕도 이런 이들과 접촉하기를 꺼리게 되는데, 이들이 공복에게 요구해 대고 정치 질서의 부당한 기반을 상기시키며 무엇이 진정 정치적인지에 대한 공복의 평가를 흐려 놓기 때문이다. 게다가 만일 정치적 영역과 '전정치적' 영역이 지나치게 가까워지면, '필요의 노예'들이 자신이 처한 상황의 정치성을 파악하게 될 수도 있다. 이와 반대로 공적 영역이 전정치적인 것과 공간과 관심의 거리를 두는 한, 오이코스-폴리스 관계의 '자연성'이라는 허구와 오이코스 주민에게는 노예 상태가 가장 어울린다는 것을 더욱 쉽게 유지하게 된다.

폴리스에서 자유와 필요를 이렇게 상반된 것으로 제시하는 다른 이유는 우리가 가정에 대한 아리스토텔레스의 논의에서 확인한 노동 이데올로기 때문이다. 그는 육체노동에 잠재할 뿐인 소외를 자연적이고 필요하며 실제적인 것이라고 보았는데, 이는 육체·물질적 삶·자연적 세계에 '감금'되는 것에 대한 그리스의 공포 기반을 암시한다. 누군가 그리스 노예나 여성의 삶을 생산 및 재생산 활동의 본성과 무비판적으로 연계한다면, 그런 활동에 개입하는 것은 자유로운 존재인 인간에게 상당한 위협이 되므로 충분히 두려워할 만하다. 그렇다면 그런 활동은 단순히 필요한 것 또는 때때로 시시하고 따분한 것이 아니라, 탈인간화하고 예속하는 것으로 나타날 것이다. 아리스토텔레스는 바로 이런 연계를 만든 것이어서, '좋은 삶'은 생명의 출산과 지속에 대한 모든 활동의 정반대 자리에 있게 된다. 그리고 이어서 살펴보겠지만, '좋은 삶'을 추구함으로써 벗어나려 했던 자연, 노동, 여성성, 예속에 대한 두려움이 그리스식 정치 행동과 정치 의미의 정식화 작업에 편재해 있다. 다시 말해 '필요'에 대한 권력과 이데올로기의 이런 구조는 필요에 묶인 이들의 삶은 물론이고 정

남성됨과 정치

치 자체의 본성과 내용을 규정한다. 이 점을 염두에 두고, 이제 아리스토텔레스가 정치적 삶의 목표와 목적을 어떻게 정식화했는지 살펴보자.


Ⅲ


'정치적 이상'에 대한 논의에서 아리스토텔레스는 명확하게 '정치 연합은 무엇을 위한 것인가'를 묻고 정치의 목적에 대한 인식을 남성의 목적에 대한 문제와 연결한다.[47] 이런 맥락에서 아리스토텔레스는 플라톤이 주장한 영혼의 본성과 폴리스의 본성에 대한 동일시로 돌아간다.[48] 하지만 플라톤이 기존 정치적 삶에서 끌어낸 매우 비판적인 결론을 그가 피하려고 할 때, 난관이 대두된다. "사회의 (……) 어떤 상태로 (……) 진정한 목적은 (……) 좋은 삶에서 맺는 동반 관계에서 오는 즐거움과 거기서 얻을 수 있는 지극한 행복"이라고 주장할 때, 아리스토텔레스는 그리스 폴리스의 활동에서 많은 것이 전쟁과 방어 주변을 맴돈다는 사실 그리고 이런 것들이 '좋은 삶에서 맺는 동반 관계'와 '지극한 행복'을 직접적으로 구성하지 않는다는 사실을 마주해야 한다.[49] 게다가 그는 행복한 삶(에우다이모니아eudaimonia)[50]을 인간과 폴리스의 목적으로 확립하려고 하면서, 정치적 삶 자체가 이를 실현하는지 아니면 정치적 삶이 관조적 삶이라는 상위의 좋음을 위한 도구일 뿐인지 묻는다. 이에 대해 그는 이렇게 소개한다.

> 최상의 구조는 분명 모든 남성을 최고의 상태로 행복하게 살아가게 하는 정치 조직이어야만 한다. 그러나 (……) 좋은 삶이 가장 바람직하다는 주장에 동의하는 이들마저 "어떤 삶의 방식이 더 바람직한가? 정치와 행동은 어떤 방식이어야 하는가? 외부의 존재 모두와 분리되는, 관조의 (……) 방식은 어떠해야 하는가?" 같은 문제를 두고 의견이 갈린다. 여기에 (……) 우리 시대와 우리 전 시대에 좋음의 명성을 극도로 열망하던 이들이 고른 삶의 두 가지 방식, 즉 정치적인 삶과 철학적인 삶이 있다. 둘 중 진실이 어느 쪽에 놓일지 따지는 것은 결코 작은 문제가 아니다. 개인이나 국가를 문제시하든 그렇지 않든, 상위의 표준을 노리는 것은 지혜를 가진 자의 마땅한 의무이기 때문이다.[51]

바커는 이 단락에 대해 논평하며 문제는 "한 국가가 내적 개발과 외적 확대 가운데 어느 쪽에 치중할 것인가"에 있다고 보았다.[52] 이 단락에 이어 바로 등장하는 정치 조직에 대한 논의가 전쟁과 정복을 둘러싸고 이뤄지는 점을 고려할 때, 바커의 해석은 분명 근거가 있다. 그러나 아리스토텔레스가 군국주의적 정치 조직에 대한 비판적 논의를 "군사적 추구는 (……) 인간의 주

남성됨과 정치

된 목표가 아닌 주된 목표를 위한 수단으로서 (……) 좋다고 봐야 할 것"이라고 매듭지으면서, 관조적 삶과 관련해 행동하는 삶이 갖는 덕에 대해서는 계속 얼버무린다.[53] 그러고는 문제를 다시 설정하려고 한다.

> 이제 좋은 삶이 가장 바람직하다는 일반 원칙을 받아들일 수 있겠지만, 그러한 삶을 살아가게 하는 데 어떤 방식이 올바른지에 대한 서로 다른 견해도 고려해야 한다. 그 하나가 개별 자유민의 삶과 정치가의 삶을 구별한 뒤 다른 모든 삶보다 개별 자유민의 삶을 선호하는 학파로, 이들은 공직을 꺼린다. 다른 하나는 정치가의 삶을 최선이라고 보는 학파로, 이들은 아무것도 하지 않는 인간은 '잘 행한다'고 말할 수 없다면서 적극적인 '덕행'과 지극한 행복을 동일시한다.[54]

여기서 아리스토텔레스는 (올바르게 실천된 행동과 관조가 함께 스며든) 좋음은 적극적이어야만 한다는 것을 떠올리며 행동-관조 문제의 답을 강제하려고 애쓰는 듯하다. "좋음 자체로는 충분치 않다. 거기에는 적극적으로 좋은 행위를 할 수 있는 능력이 있어야 한다."[55] 따라서 "지극한 행복은 **잘 행하는 것**에 있다고 주장되어야 하고" "결국 하나의 전체로서 모든 국가와 스스로 활동하는 개인에게도 행동하는 삶이 최상의 것"이다.[56] 그러나 아리스토텔레스는 행동의 편에서 행동과 관조 사이의 딜레마를 풀어낸 듯한 순간에 해답을 날려 버린다. 올바르게 추구한 관조 또한 일종의 행동이다. 사실 가장 합리적이며 가장 신과 같은 것이라서 최고의 행동이다.

> 행동하는 삶이 (……) 다른 이들과 관계 맺는 삶일 필요는 없다. 또한 우리의 사고가 행동을 통해 성취해야 하는 대상들에 대해서만 적극적이어야 하는 것도 아니다. 대상을 넘어 아무런 대상이 없는 사고, 순전히 그 자체만을 위해 이어지는 추론과 일련의 숙고가 적극적이라는 이름에 훨씬 걸맞은 것이다. (……) 사고가 그 자체로 활동일 수 있듯, 활동도 다른 요소와 관계없이 존재할 수 있다. (……) 그렇지 않다면 신 자체와 우주 전체에 문제가 있는 것인데, 이 두 존재에게는 내적 삶의 활동 외에 그 어떤 다른 활동도 없기 때문이다.[57]

좋은 행동에 다른 요소가 개입하거나, 목적이 있거나, 관찰자의 눈에 들어올 필요가 없다는 결론은 도시와 개인에게 똑같이 적용할 수 있다. "스스로 터 잡고 고립적으로 운영하는 국가라고 해서 활동적이지 않은 것은 아니다. (……) 이는 개별 인간에게도 똑같이 적용된다."[58]

따라서 아리스토텔레스는 마침내 문제의 반대 항을 바꾸면서(궁극적으로는 무너뜨려 버림으로써) 자신의 딜레마를 해결한다. 관조는 행동의 한 형식이므로 행동과 관조는 대립하지 않는

남성됨과 정치

다. 관조에는 인간 존재의 최상위 측면(정신)이 가장 순수한 형태로 (즉 육체를 떠나) 개입하기 때문에 그것은 행동의 최상위 형식이 된다. "합리적 원칙과 사고의 실행은 인간 본성의 궁극적 목표다."[59] 순수한 사고가 아닌 행동에는 행동으로 옮기는 육체와 그 행동이 일어나는 정치 공간의 모호함 등과 같이 비합리적인 요소가 언제나 깃들어 있다. (사고가 아닌) 행동에는 육체가 필요하고, 그렇기에 그 행동의 가치와 특권은 급격히 낮아진다. 이와 반대로 아리스토텔레스의 관점에서 사고 자체를 넘어 어떤 대상과도 연계되지 않은 사고는 육체와 상황에 오염되지 않기 때문에, 더 높고 더 낫고 더욱 신과 같은 행동의 형태다. 이런 사고는 절대적이고 오염되지 않은 자기 절제와 자족성을 가질 수 있다.

이렇게 관조적 삶에서 행동 요소를 찾아낸바, 그렇다면 이는 정치의 지위와 목적에 대한 어떤 조짐일까? 우리는 아리스토텔레스가 『정치학』 첫 번째 권에서 인간을 정치적 동물로 선언하고, 폴리스에서 인간의 완벽한 모습을 발견하고, 폴리스가 인간 존재의 최고 형태임을 알게 되었다는 것을 살펴보았다. 그는 폴리스의 궁극적 목표와 이상적 정치체제에 대해 논하면서 다시 폴리스의 '자족성'이라는 특질로 돌아가 그 자족성을 만드는 요소를 상세히 설명한다.[60] 그러나 삶이 '아무것도 결핍하지 않게' 하는 모든 요소를 포함한다는 의미에서 폴리스의 자족성을 확립하려고 노력한 뒤, 그리고 폴리스에 인간 연합의 최고 형태라는 이름을 붙인 뒤, 정치적 삶 자체는 다른 목적을 위한 **수단**이라고 단도직입적으로 진술한다.

> 삶 전체는 (……) 행동과 여가(스콜레[scholē]),[61] 전쟁과 평화
> 같은 서로 다른 부분으로 나뉜다. 더 나아가 행동의 영역은 단
> 순히 필요하거나 그저 유용한 행위와 그 자체로 좋은 행위로
> 구분할 수 있을 것이다. 삶의 부분과 그 각각의 활동 가운데 무
> 엇을 선호하는지에 대해서는, 예상할 수 있듯이 우리가 영혼의
> 부분과 그 각각의 활동에 대해 했던 일반적인 구분을 따를 것이
> 다. 따라서 전쟁은 반드시 평화를 위한 수단으로, 행동은 여
> 가를 위한 수단으로, 단순히 필요하거나 유용하기만 한 행위는
> 좋은 행위를 위한 수단으로 봐야 할 것이다. (……) 우리나라
> 시민들은 사실 행동과 전쟁이 개입하는 삶을 살 수 있어야 하
> 겠지만, 여유 있고 평화로운 삶을 더욱 잘 살 수 있어야 한다.[62]

따라서 잘 구성된 폴리스와 정치 활동 자체는 여가를 위한 수
단이고, 여가는 다른 상위의 질적 추구를 위한 수단이다. 단지
필요하거나 유용하거나 실용적 목표에 매여 있는 것들은 모두
여가라는 상위의 좋음을 위한 수단이다. 이때 아리스토텔레스가
육체로부터 '정화된' 정신의 합리적 활동에 부여한 최고의 가치,
그리고 앞서 '전정치적' 영역의 논의에서 이미 그 기반을 살펴
본 '필요한 것'에 대한 반감은 중요한 두 가지 이슈다. 아리스토
텔레스가 인간을 동물적 질서·육체·필요한 것과 맺는 모든 연

남성됨과 정치

관성에서 근본적으로 해방하려고 하면서 품게 된 반감과 염려는 너무나도 강력하다. 그래서 그는 결국 정치적 행동과 숙고에 그의 생각보다 더 낮은 가치를 부여한 듯하다. 폴리스의 목표가 더는 정치가 아니다. '좋은 삶'이 더는 정치적 삶과 같은 뜻이 아니다. 이런 결론이 『니코마코스 윤리학*The Nicomachean Ethics*』에 매우 날선 형태로 나온다.

> 우리는 여가를 얻기 위해 행동에 몰두하고, 평화를 누리기 위해 전쟁을 치른다. 실천적 덕의 활동이 정치적이거나 군사적인 사안에 그 모습을 보이지만, 이런 사안에서 우리의 행동은 여가를 누리지 못한다고 봐야 한다. 군사행동이 전적으로 그렇고 (……) 정치가의 행동도 여가를 누리지 못하는 행동이다.[63]

『정치학』 서두에서 인간을 위한 지고의 선으로 등장하는 정치적 삶과 정치적 행동이 궁극적으로는 필요와 육체에 물든 도구적인 것으로 등장한다. 결국 아리스토텔레스가 가치를 부여하려던 행동에서 그가 등 돌리는 육체를 분리해 내기가 너무 어려웠던 것이다. 육체가 정신의 도구이듯, 행동의 범주를 명예로운 것으로 보존하려는 복잡한 노력을 거쳤음에도 행동은 그 '반대편'의 도구가 된다.

여기에서 정치적 행동의 문제점을 해결하려고 애쓰던 아렌트가 겪은 곤경을 떠올려 보자. 아리스토텔레스처럼 아렌트는 '좋음' 자체에는 덕이 거의 없고, 그것이 세계에 어떤 의미라도 있으려면 반드시 '활동적'이어야 한다고 확신했다.[64] 그런데 그녀가 『인간의 조건』에서 활동적 삶 viva activa 에 대한 상세한 논의를 펼치면서도 고대 그리스에 대해서든, 현대 우리 시대에 대해서든 진정한 행동의 확고한 예를 들지 않는다는 점은 주목할 만하다. "행동이 (……) 없는 삶은 (……) 말 그대로 세계에서 죽은 것"이라고 주장하고,[65] 행동이란 "가장 일반적인 의미에서 주도권을 가진다는 것을 뜻하고",[66] 인간적 특수성을 드러낼 수 있는 모든 것이라고 주장한다.[67] 그리고 행동에는 그 무엇보다 타자의 존재가 필요하고, 고립된 채 행동한다는 것은 어불성설이고,[68] 행동은 "늘 관계를 수립하고, 따라서 모든 한계 지점을 강제로 열고, 모든 경계를 가로지르는 내재적 경향이 있"으며,[69] 진실한 정치적 행동은 동기로부터 그리고 결과에 대한 모든 염려로부터 자유로워야 한다고 주장한다.[70] 게다가 정치적 행동은 삶을 위한 것도, 삶에 대한 것도 아니어야 하고, 물질적 존재의 어떤 측면을 위한 것도, 그에 대한 것도 아니어야 한다. 그것의 기능 또는 에토스는 자기 노출이지 결코 유용성이 아니다.[71] 참된 정치적 행동은 힘이나 폭력이 아니고, 후세 사람들에게 이를 이해시키기 위해 기록하려면 연설이 필요하겠지만 연설만으로는 안 된다.[72]

정치적 행동의 조건이 무엇인지 그리고 정치적 행동이 아닌 것은 무엇인지에 대한 아렌트의 장황한 설명이다. 그런데 대체 정치적 행동이란 무엇인가? 무엇이 정치적 행동에 포함되는가? 만일 그리스 폴리스가 서양사상 가장 완벽하게 형성된 '정치 공간'이었다면, 왜 아렌트는 자기 저작에서 그리스의 구체적인 정치적 행동 가운데 단 한 가지 사례도 들지 않았을까? 이들 질문에 대한 답은, 아렌트가 문제를 좀 더 극단적으로 만들기는 했지만, 아리스토텔레스가 정치적 행동을 상위 목적에 이르는 수단으로 다루게 된 이유와 비슷하다. 아렌트는 행동을 이론으로 정식화함으로써 행동을 불가능하게 만들었다. 육체와 물질적 삶을 거부한 그리스의 태도를 적극적으로 받아들인 나머지, 정치적 행동을 우상숭배에 가깝게 옹호하면서도 그것의 가능성 자체를 지워 버린 것이다. 행동에는 사고와 말뿐만이 아니라 육체가 필요한데, 아렌트는 정치에 육체가 끼어드는 것을 거부했다. 이렇게 본다면 아렌트는 아리스토텔레스를 오독한 게 아니라, 아리스토텔레스의 자리에서 논리를 다소 터무니없게 극단으로 밀어붙인 것이다. 그러나 아리스토텔레스도 폴리스의 시민들이 순서를 정해 돌아가며 서로를 지배하는 것 외에 무엇을 할지 정확히 말하지 못하며, 이마저 **도구적** 활동, 즉 필요가 아무런 구실을 하지 않는 여가 있는 삶이라는 목적에 이르는 수단이라고 본다. 그는 또한 폴리스를 최고의 인간 연합으로 확립하려 하다가 폴리스의 활동을 궁극적으로 은폐해 버렸다. 그리고 정신이 육체를 지배하고 필요에 따라 이를 분리하는 남성됨을 받아들임으로써 '육체 없는 행동'이라는 문제를 만나 좌초한다.

결국 정치적 삶에 대한 최상의 지지는 정치에서, 사실 공동체 자체에서 물러나 인간을 위한 지고의 선을 확립하는 것이 되어버렸다. 아리스토텔레스의 남성됨 구축은 역설적이게도 행동의 영역을 통해 폴리스의 가치를 전복했으며 지배의 구조와 폴리스의 엘리트 구성을 정당화하고 강화했다.

# 그리스의 육체: 너무나도 인간적인 그리고 초인적인

여성은 언제나 질료를 제공하고, 남성은 질료가 형상이
되는 방법을 제공한다. 이는 각 성별의 독특한 특성이다.
즉 남성이 된다는 것의 의미 또는 여성이 된다는 것의 의
미다.[1] —아리스토텔레스

고대 아테네인이 육체와 맺은 관계는 아리스토텔레스와 아렌
트가 서술한 것보다 더 복잡하고 모호하다. 육체에 대한 거부 시
도가 함축하는 바는 앞서 살펴본 아리스토텔레스의 정치사상 내
부의 긴장과 모순 너머로 뻗어 간다. 고대에 대한 지식이 있는
사람이라면 누구나 그렇게 생각하겠지만, 그리스 문화 전반에
육체에 대한 부정과 부인과 무시가 퍼져 있었던 것은 아니다. 고
대 그리스는 문학적 성취·정치적 혁신·예술적 천재성뿐만 아니
라, 육체적 아름다움·힘·기술 등을 개발하고 찬양하는 것으로
도 이름나 있다. 겉으로 표출된 활발한 남성 동성애 문화 그리고
전투에서 드러나는 용맹과 성취가 그 뚜렷한 증거다. 이 장에서
는 일견 역설적인, 육체에 대한 이들 두 가지 평가(멸시와 찬양)

가 어떤 관계인지 살핀다. 이 관계는 남성됨과 정치를 추구하면서도 이들을 구획 짓는데, 이것이 어떤 영향력을 행사하는지에 대해서도 탐구한다.


Ⅰ


우리는 그리스인이 육체를 배척하는 방법을 이미 살펴보았다. 니체는 이에 대해 간략히 말한다. "존재가 그 자체로는 아무 가치가 없으므로, 노동은 수치스러운 것이다."[2] 이런 태도는 재생산 노동으로도 이어진다. 다시 니체는 "아버지로서의 미美와 자식이라는 선물에는 경탄하지만, 생식 행위는 수치스러운 혐오로 생각한다. 그리스인 역시 마찬가지였다."[3]

그리스인이 '필요' 활동을 폄하하고 이를 비시민의 몫으로 할당하면서 육체에 대한 혐오와 공포를 표현한 방식에는 또 다른 차원이 있다. 이를 요즘 말하는 '성적 억압'이라고 본다면, 그것은 그리스인의 관심사가 '중용'과는 거리가 먼 데도 이들의 중용을 주제로 토론하는 것과 같은 오독이다.[4] 그리스에 대한 논의에서는 언제나 '황금시대'의 아테네 문화가 매우 성적이라고 설명되었다. 문학에 자주 등장하는 성적 욕망을 담은 미덕은, 이렇게 범람하고 편재하는 섹슈얼리티에 대한 직접적 반응이었다. 심지어 성적 과열이 사회 분위기·예술·연극·폴리스에 만연하면서,

남성됨과 정치

대부분의 시인과 철학자는 이런 분위기가 개인적·집단적 위대함을 향한 분투에 심각한 위협이 된다고 보았다. 따라서 성적 충동에 대한 개인의 저항을 미덕으로 보았고, 집단적 억압은 타자들 너머의 명성을 추구하는 폴리스에서 종종 필수적이라고 명확히 표명되었다.[5]

성적·생리적 갈망의 억압에 대한 그리스의 정치적 관심은 섹슈얼리티에 한정되지 않았다. 타자의 '열등한 육체'에 저항하고 육체적 착취를 인내하는 것이 정치적·윤리적·군사적 미덕으로 칭송되었으며, 철학자들은 이것이 진실을 탐구하는 데 필요한 전제 조건이라고 보았다.[6] 『국가*The Republic*』에서 세팔루스Cephalus는 성적 충동이 더는 자신을 성가시게 하거나 미덕과 경건에 대한 집중을 방해하지 않는 나이가 되었다며 안도감을 드러낸다.[7] 소크라테스는 『파이돈*The Phardo*』에서 육체적 안락, 욕망, 만족에 비교적 무심해졌다면서 스스로를 칭찬한다.[8] 아리스토텔레스는 가능한 모든 곳에 '절제'를 적용하며 『니코마코스 윤리학』 한 권을 통째로 '절제'의 미덕에 바친다.[9] 플라톤은 이상적 도시에서 수호자 계급의 생활환경을 설계할 때, 그리고 『국가』와 『향연*The Symposium*』에서 성적 욕망을 지혜를 향한 열정으로 완벽히 승화하려고 할 때, 개인에게서 육체적 갈망을 최대한 제거하는 것을 과제로 삼았다.[10] 그리고 크세노폰Xenophon은 '절제의 결여'를 '굶주림, 갈증, 성욕, 장시간의 수면 박탈' 등에 맞서 이겨 내지 못하는 무능함으로 정의했다.[11]

플라톤은 육체에 대한 여러 논의에서 육체를 영혼의 감옥으로 그린 오르페우스교의 교의에 기댄다.[12] 에릭 R. 도즈<sup>Eric R. Dodds</sup>는 플라톤과 그의 시대를 산 몇몇 이들에게 육체란 "영혼이 진실된 삶으로 부활하기를 기다리며 죽어 누운" 무덤으로 받아들여졌다고 말한다.[13] 소크라테스가 『크리톤<sup>The Crito</sup>』과 『파이돈』에서 육체로부터 영혼이 해방되어야 한다며 보여 준 열망의 모순적 표출은 도즈의 주장을 뒷받침한다.[14] 도즈는 "육체적 경험의 세계는 불가피하게 암흑과 고행의 장소로 나타난다는 도덕관념에서 그리스인들이 해석한 (……) 샤머니즘적 믿음"의 영향을 받아 그리스의 '육체에 대한 공포'가 시작되었다고 본다.[15] 플라톤의 말로 하면, "육신은 무겁고 억압적이고 세속적이며 가시적이다. 따라서 육체의 존재로 더러워진 영혼은 가시적인 세계로 (……) 또는 비가시적인 세계로 짓눌려 끌려가고 무덤과 묘지 위를 맴돈다."[16] 암흑·혼탁·감옥·무덤·자궁은 육체가 정신이나 영혼과 맺는 관계에 대한 은유이고, 집의 내부·여성들의 방·규방을 뜻하는 그리스어 메가론<sup>megaron</sup>에 담긴 뜻이다.[17] 여기에서 우리는 육체와 연계되는 다층적인 것이 남자다움을 구축하는 과정과 대립하기 시작했음을 알 수 있다.

육체적 욕구와 욕망을 억제하는 힘이 적은 남자는, 그리스인이 보기에 '자유롭지 않은' 사람인 데다 남성성까지 공공연하게 의심받았다. 그리고 지금과 마찬가지로 여성은 감정을 통제하는 능력이 남성보다 떨어진다고 보았다.[18] K. J. 도버<sup>K. J. Dover</sup>는 여

남성됨과 정치

성이 음주, 통제할 수 없는 공황, 비탄, 성욕에 더 쉽게 무너진다고 생각했다.[19] 그는 그리스 여성이 그리스 남성보다 더 욕정적인 데다 성을 더 즐기며 성적 유혹에 저항하는 능력이 없다고 결론 내렸다.[20] 그러면서 이에 대한 증거의 상당수를 그리스 희곡에서 가져오는데, 아리스토텔레스의 주장 역시 도버의 견해 중 상당수를 뒷받침해 준다.[21]

당시에 그리스인이 믿은 여성성, 동물성, 무절제, 육체에 묶인 노예화는 같은 옷감에서 잘라 낸 것이다. 진정한 남성은 필요의 영역에서, 다른 이들의 속박에서, 자기 육체의 욕구와 욕망에서 독립한다. 앨빈 굴드너Alvin Gouldner는 이에 대한 반례를 다음과 같이 표현한다.

> 인간이라면 속박을 피할 수 없음에도, 그리스 극작가들은 속박이 인간을 인간적이지 못한 것, 동물적인 것으로 만든다고 보았다. 이런 면은 특히 아이스킬로스가 자주 쓴 '그물' 이미지에서 드러난다. 간힌다는 것은 짐승처럼 사로잡히는 것이었다.[22]

고대 아테네인에게 여성은 본질적으로 육체와 그 육체 내부에 갇힌 생물체였다. 여성은 남성에 비해 무절제하다. 절제라는 미덕을 후천적으로 획득할 순 있지만, 여성은 임신 가능성 때문에 육체에서 벗어날 수가 없다. 따라서 도덕적·생리적 차원에서 여성은 자연적이며 영속적인 덫에 걸린 듯 보였다.[23] 이런 관점에서 여성은 남성 및 자기 자신의 자유에 대한 공포의 극한을 재현하게 된다. 인간성은 동물성과 반대로 정의되기 때문에, 이런 자아 개념으로 본다면 여성을 인간 종의 구성원으로 보는 것조차 위태로워진다. 여성은 겉보기에 생리적 또는 '동물적' 자연을 탈출하는 데 무능한 존재로 비치고, 이 무능 탓에 여성이라는 존재는 동물성을 초월하는 것만큼이나 인간 존재라는 개념에 편재하는 난제로 고착된다. 이런 점에서 아리스토텔레스가 수긍하며 소포클레스Sophocles의 "겸손한 침묵이 여성의 영예"라는 비웃음을 인용한 것, 투키디데스가 페리클레스Perikles의 장례식 연설에서 여성 최대의 영광이 "남성들 사이에서 이야깃거리로 오르내리지 않는 것"이라고 언급한 것에는 모두 흥미로운 구석이 있다.[24] 침묵을 지키며 인간 담론에서 비가시적 존재로 있거나 부재하는 것은 인간이 아니라 동물의 특성이기 때문이다.[25]

몇몇 고전주의 학자들을 오랫동안 괴롭혀 온 '역설'은 아테네 남성들이 육체적 요구를 극복하는 것에 보인 관심을 통해 설명할 수 있다. 가령 여성의 지위는 실제로 호메로스Homeros 시절의 아테네나 스파르타에서보다 '황금시대' 그리스의 모든 학파에서 훨씬 '더 나빴다.' 그렇게나 '계몽된' 사람들이 여성을 그렇게 끝없이 지독하게 대했다는 것이 아테네 문화와 정치를 연구하는 많은 이들을 당황시켰고, 이들은 이에 대한 설명을 찾기 위해 비상하다 싶을 정도로 재주를 부렸다.[26] 하지만 바로 아테네인들의 남성됨이라는 개념 자체에 명징하게 여성에 대한 필연적 비

남성됨과 정치

하와 억압이 들어 있으며 '인간'의 지위 부여를 거부했다는 것을 이제는 분명히 해야 한다. 남성은 여성을 인간 종의 일부로 여기는 만큼 자신의 동물적·'자연적' 측면이 떠올랐을 것이다. 그렇지 않았다면 여성이 인간의 지위를 아예 거부당해 존재의 '하위 요소'들이 모인 그다지 위협적이지 않은 저장고에 계속 머물렀을 수도 있다. 이런 맥락에서 '형상이 훼손된 남성'이라는 아리스토텔레스의 악명 높은 여성 묘사는 우발적인 여성 혐오 이상의 의미가 있다.[27] 아리스토텔레스는 여성의 일반적인 열등함만 상정한 것이 아니라 여성을 '미완의 존재'로, 여성의 생각을 '두서없는 것'으로, 여성의 전반적 상태를 '형상적 결함과 약함'의 조건으로 묘사했다.[28] 또한 여성은 오직 남성만이 제공할 수 있는 '형상'이 필요한 '질료'로 묘사되기도 한다.[29] 따라서 여성은 남성보다 못한 인간일 뿐만 아니라 인간보다 못하고, 형상이 훼손되었고, 인간의 기획에서 준비가 덜 된 존재로 짐승과 남성 사이의 회색 지대에 자리한 생물이다.

플라톤의 '존재being' 대 '생성becoming' 이원론은 그리스 남성에게 위협이던 자연 개념이 어떤 구조인지를 드러낸다. 그리스 남성의 자유를 위협한 것은 여성이 생성해 낸 자연이다. 정치와 철학에서 남성은 존재(신과 모든 불멸의 존재가 점유한 국가)에 닿기 위해 그리고 생성의 수렁에서 벗어나기 위해 분투했다. 생성은 소크라테스가 덫이 될 가능성이 매우 높은 이방의 어둡고 수렁 같은 장소를 '야만의 늪'으로 바꿔 표현한 조건이다.[30] 이런 내재성의 상징은 자연의 세계, 여성적인 것과 자주 결부된다. 따라서 **생성, 자연, 여성**은 서로 연결되어, 그리스 남성의 마음속에서 위험과 전복을 상징한 것 같다. 야만의 늪에 떨어질지 모른다는 두려움은 영웅적 정치와 군사적 위업을 통해, 합리적 진실을 향한 질투 어린 추구를 통해 드러난다.[31] 이런 상태로 **떨어질지 모른다는** 두려움 때문에 자연과 필요는 오염하는 것으로, 형상이 필요한 질료로, 무엇보다 남성의 지배에 종속된 것으로 묘사된다.

오늘날의 기준으로는 그리스인의 자연에 대한 태도를 파악하기가 매우 어렵지만, 우리와 마찬가지로 그리스인에게 자연에 대한 전투와 여성 혐오는 동전의 양면이었다. 아모르고스의 세모니데스Semonides[32]가 지은 시 가운데 지금까지 전하는 두 편의 단편을 보면, 적대적이고 필수적인 남성의 지배로 자연을 구성하는 것과 여성 혐오의 관계가 노골적으로 드러난다. 그 한 편에서 세모니데스는 다양한 여성을 다양한 동물과 연결하면서 여성 젠더에 반대한다는 설명을 늘어놓는다. 다른 한 편에서는 남성을 신의 변덕과 자연계의 예측 불가능성 앞에 무력한 피해자로 그린다.[33] 이 두 편을 한데 모아 보면 남성은 자연 또는 여성의 거죽을 뒤집어쓴 동물적인 것, 복수심에 불타는 것, 비합리적인 것에 맞서 싸우는 합리적이고 덕스러운 존재로 그려진다.[34]

여성적인 것에 포위된다는 공포는 여성과 자연을 다루는 여타 그리스 문학 논의에서도 많이 등장한다. 필립 슬레이터Phillip Slater는 이런 두려움이 특히 여성과 성적으로 접촉하는 문제에 집중

되었다고 지적한다.[35] 그리스인 사이에 만연한 악명 높은 남성 동성애도 이 공포의 증거로 함께 발견된다. 그러나 남성의 기획을 좌절시키려 한다며 그리스인이 자연과 여성에게 뒤집어씌운 역동적 욕망과 비교할 때, 이 정도는 상대적으로 소극적인 위협이다. 니체는 이 두려움의 일면을 이렇게 포착했다.

> 이 수치심에는 무의식적 분별, 즉 실제 목표에 필요한 조건이기는 해도 그 필요 속에 예술적으로 자유로운 문화-삶의 영광에서 아름답게 자신의 순결한 몸을 활짝 펴는 두렵고 맹수 같은 스핑크스의 본질적 특성이 자리한다는 무의식적 인식이 감춰져 있다.[36]

자연-여성이 남성을 옭아매고 남성의 자유와 성취를 집어삼킬 기회를 보면서 영원히 그림자 속에 도사린다고 정리할 수 있는 이 정식화마저 그리스의 에토스와 남성됨 실천에 담긴 남성과 여성, 문명과 자연, 자유와 여성성 등의 극단적 적대를 다 전달하지는 못한다. 에우리피데스Euripides야말로 이 지점을 가장 잘 표현해 냈다. 그는 어느 작품의 일부인지 확인되지 않은 짧은 글에서 세모니데스처럼 여성과 자연의 등식을 제시한 뒤 여성의 존재 자체가 인류에 대한 신들의 증오를 증언한다고 그려 낸다. 여성은 "성난 바다의 폭력이나 격랑의 힘이나 휘감는 불의 숨결보다 더 무서운 것"이다.[37]

# II

그러나 여성과 여성의 육체에 대한 공포, 노동과 재생산에 대한 폄하, 욕망과 육체적 필요에 대한 공포는 그리스의 육체에 대한 사유 가운데 오직 절반만 차지한다. 그리스인은 육체를 아름다운 공예품, 육상 선수의 경이, 최상의 전쟁 도구 등으로 칭송하기도 했다. 체력 단련은 시민교육에서 중요한 부분이었고, 육상경기는 그리스 파이데이아paideia(어린이와 청년의 훈련, 교육, 교양—옮긴이)에서 최고의 순간이라고 할 만했으며, 전쟁에서의 영웅적 행동은 동료 시민에게 인정받는 다른 무엇보다 훌륭한 방법이었다. 따라서 고대 아테네인은 너무나도 많은 방식으로 육체에 대한 공포와 경멸을 표현하면서도 강하거나 아름다운 (남성의) 육체를 찬미하고 찬사, 시상, 애정으로 예우했다.

겉보기에 대립적인 듯한 그리스 육체관의 두 측면은 긴밀하게 연관되어 있고, 같은 원천에서 나왔다. 육체에 대한 거부와 찬사가 동시에 나오는 것은, 개인적·집단적 영광을 추구하는 과정 중 인간의 한계를 넘어서기 위한 시도에서 하나로 이어진다. 육체의 '일상성'은 인정받지 못했는데, 사실 그 일상성이 육체가 무시당한 차원이다. 육체는 진정 눈부신 활약을 펼치며 아름다움의 절정을 보였을 때만 칭송되었으며, 이 인정은 육체의 일상적 능력을 뛰어넘고 일상적 욕구를 억누르려는 노력과 직접 연관된다. 육체에 대한 이런 평가는 육체 활동의 영역이 폴리스에 봉사하는 것과 꼭 같이, 육체를 그 자체의 만족이나 생존보다 상위의 좋음을 위한 **도구**로 지정한다. 폴리스의 '육체'(오이코스)와 인간의 육체는 인간 존재에 필수적이나 열등하고 모멸적인 측면으로 여겨지고 다루어졌다. 양쪽 육체는 모두 다른 동물과 인간의 유사성을 확고히 하면서 개인이나 집단을 노예화할 잠재성 있는 삶의 특성을 표상한다. 이러한 육체관은 모두 인간의 자유에 대한 욕망에 집요하게 위협을 드리우는 것처럼 보인다. 따라서 그리스 남성의 육체에 대한 이상적 접근이란 영원한 경계 자세를 취하는 것과 초월에 관심을 두는 것, 즉 자신을 지배하거나 자기 육체라는 '질료'에 자기 영혼의 가장 이상적인 '형상'을 덧입히려고 노력하는 것이었다. 자유, 도덕적 선, 행동의 훌륭함은 바로 이런 소외 작업과 육체를 정신의 도구로 휘두르는 작업에 달려 있다. 플라톤과 아리스토텔레스는 육체와 영혼의 적절한 관계에 대해 논하며서 이 점을 거듭 강조했다.[38]

예컨대 폴리스-오이코스 관계같이 머리-육체 관계의 집단적 차원에서, 우리는 오이코스로 표상되는 자유를 향한 위협이 사실은 그런 생각을 구축한 방식에서 비롯되었다는 것을 알게 되었다. 그리고 지배의 구조적 조건 덕분에 이 영역을 차지하게 된 이들이 있다는 사실도 알게 되었다. 이와 유사하게 우리는 오이코스의 거주민, 특히 노예를 '형상이 필요한 질료'로, 외부의 안내 수칙이나 주인이 필요한 육체로 이해하려고 하는 아리스토텔레스의 노력이 불러온 왜곡을 보았다. 형상-질료 패러다임은 주인의 노예 지배, 남성의 여성 지배, 무엇보다 (마치 주인이 노예의 존재에 의미를 부여하듯 폴리스가 그 모든 '부분'과 '조건'에 의미와 방향을 부여하는) 폴리스의 오이코스 지배를 위한 합리화였다.[39] 사실 생산과 재생산 작업에 개입된 이들은 아리스토텔레스가 주장하는 것처럼 형상을 갖추지 않았거나 비이성적인 '질료'가 아니다. 그들은 단순한 질료가 아니고, 다른 이들의 자연적 '도구'도 아니며, 구조적으로 노예가 되어서 체계적으로 지배를 받는 폴리스 시민들의 하인이다.

이제 우리는 우리의 육체를 이런 식으로 보고 다룰 때 생기는 왜곡을 알게 되었다. 다시 말해 이런 남성됨의 정식화 작업이 하인이라는 존재뿐만 아니라 권력을 가진 이에게 미친 영향도 알게 되었다. 그리스의 남성들은 육체적 욕구와 욕망을 거부하는 한편 자신의 육체적 능력을 한계 너머로 밀어붙이려고 노력하는 형상 변형 행위를 펼쳐 보였다. 개인적·정치적 영광은 모두 정치적 존재로서 남성의 '본성'을 실현하기 위해 욕구 및 자연과 싸우거나 거부하거나 초월하며 이런 물질성을 구축하는 데 달려 있었다. 이런 소외와 그에 따른 인간적·환경적 한계를 넘으려는 노력이 아레테로 알려진 뛰어난 행동에 대한 그리스식 찬미의 핵심이었다.

그리스의 아레테 개념은 그리스 문화, 희곡, 정치학, 철학을 진지하게 연구하는 이들이 주목해 다뤄 왔다. 이는 궁극의 성취에 대한 그리스인의 표현이고, 많은 현대인이 서구 문명의 고전기에 가장 경탄하는 것을 담고 있다. '탁월성'이라는 다소 무미건조한 말로 번역되지만, 그리스의 기준과 업적이라는 맥락에서 이 말은 남성적 용기·분투·미학적 포부·그리스인의 독특한 영광인 한계를 넘는 노력 등 온갖 의미를 불러오는 마법을 부린다. 지금 그리스 문화에서 아레테를 포괄적으로 설명하거나 그것의 여러 성취를 논하려는 것은 아니다. 그보다는 이제까지 이론가들이 정치학, 정치적 행위, 그리스의 남성됨 같은 개념과 아레테의 관계를 어떻게 파악했는지에 집중해 보려고 한다.

고전문학자 베르너 예거Werner Jaeger는 정치에서 아레테를 이렇게 묘사한다.

> 전투의 승리에서는 진정 남성의 미덕을 시험해 볼 수 있다. 이는 단지 적에 대한 물리적 정복만이 아니라, 힘겹게 얻어 낸 아레테를 증명한다. 후일 서사시 영웅이 혼자 하는 모험을 뜻하는 단어로 쓰일 아리스테이아aristeia에도 꼭 들어맞는다. 영웅의 일생과 노력은 자기 동료들보다 우위를 차지하려고 분투하며 오직 승자가 되기 위해 펼치는 경주다.[40]

아레테는 위대함이고 탁월함이고 뭔가를 해낼 때의 기량이고, 가장 중요하게는 우월성이다. C. M. 바우러C. M. Bowra는 이렇게 설명한다.

위대한 남성은 우월한 육체와 정신의 특질을 부여받아 재능을 최대한 활용하며, 다른 남성들을 **뛰어넘고** 싶다는 욕망을 드러낼 수 있는 모든 노력을 다하고 어떤 위기도 피하지 않기 때문에 동료들의 박수를 받는 사람이다.[41]

바우러의 이런 설명은 **논쟁**과 경쟁을 좋아하는 그리스 공적 사회의 특징과 아레테의 구축이 어떤 관계인지를 분명하게 보여준다. 다른 고전문학자의 표현을 빌리자면, "경쟁이라는 개념이 물리적 용맹에서 지적 영역과 시적 기교 및 희곡의 구성으로까지 확산한 것은 그리스 문화를 가장 잘 보여주는 특징이다."[42] 슬레이터도 그리스 문화를 관류하는 노골적 경쟁의 성격을 강조한다.

그리스인은 (물론 남성의) 아름다움, 노래, 수수께끼, 음주, 잠 안 자기 등 겨룰 가능성이 조금이라도 있다면 어떤 것으로든 시합을 벌였다. **그리스인에게는 무엇이든 다른 이의 패배가 따라야만 의미가 있었던 것으로 보인다.**[43]

이 치열하고 만연한 경쟁에 철학적 기반을 부여한 이가 바로 아리스토텔레스다. "남편이 아내에게, 부모가 자식에게, 주인이 노예에게 그러듯 행위자가 다른 이보다 어느 정도 우위에 있지 않으면 그의 행위도 좋거나 뛰어날 수 없다."[44] 간단히 말해 아레테는 단순히 뛰어남을 드러낸다거나 어떤 유용한 행위를 할 때보다 경쟁자의 주장을 명명백백하게 꺾고 특정한 영광의 무대에 오를 때 드러난다.

앨빈 굴드너는 '상위'의 윤리적·미학적 목적으로 언급되는 두 개념, 아가토스agathos(선善과 좋음—옮긴이)와 아레테에 경쟁자를 철저히 파괴하고 승리를 얻으려는 군사주의적인 면이 있다고 지적한다.[45] 베르너 예거는 그리스인이 진투의 승리를 통해 진정 남성의 미덕을 시험해 볼 수 있다고 믿었을 뿐 아니라 "도시국가에서 용기는 남자다움과 같은 말이었고, 이는 분명 남성의 아레테와 용기를 동일시한 호메로스를 연상케 한다"라고 주장한다.[46] 그리스인이 매우 경쟁적이고 전쟁에 집착했다는 것은 이제 새롭지 않지만, 앞에서 본 아리스토텔레스의 폴리스 건설에 대한 논의에 이런 문제들을 견주어 보면 다음 두 가지를 물을 수 있다. 정치적 삶에서 아가토스와 아레테는 어떻게 표현되는가? 그리고 이 둘은 아리스토텔레스의 사상에서 살펴본 남성됨 및 정치의 특질과 어떤 관계인가?

공적 행동은 남성이 자기 존재를 증명하고 존재감의 실제를 지구상에 확립할 유일한 수단이라는 아렌트의 관점을 떠올려 보자. 그녀가 행동 없는 삶에 대해 한 말이 있다. "말 그대로 세계에서 죽은 것이다. (……) 우리는 말과 행동으로 이 세상에 우리 존재를 밀어 넣는다. 이는 마치 두 번째 탄생과도 같다."[47] 나는 그리스 남성들이 자기 존재가 불안하고 그 증명이 필요한 이유를 알고 있었으리라고 이미 주장했다. 아렌트가 정치적 행동을 통해 인간의 존재를 증명하려는 (그리고 그 증명을 정치적 행동의 요점으로 삼는) 집착을 이상하게 보지 않는 게 놀랍다. 해나 피트킨Hanna Pitkin은 아렌트가 사유한 고대 그리스는 "가식적이고 어린 남자아이" 같다면서 아렌트가 주장한 아테네의 정치적 삶에 대한 설명을 분명하게, 진심으로 비웃는다.

"저를 보세요! 제가 최고라고요!" "아니야, 나야! 저를 보세요!" 그러고 나서 (……) 우리는 이 어린 남자아이들이 자신의 가치와 용기에 대해 그저 단순히 확신하지 못하는 게 아니라, 자기 존재에 대해 확신하지 못할뿐더러 불안과 공포에 사로잡혀 있다는 것을 알게 된다. "저를 보세요! 제가 당신보다 낫다고 말해 주세요! 제가 덩치가 크고 용감하다고 말해 주세요! 제가 실재한다고 말해 주세요!" 이것이 궁극적으로 그들이 찾던 거짓 확언 아니겠는가? "제가 영원히 살 거라고 말해 주세요! 저는 육체가 없어서 죽을 수 없다고, 그래서 전 절대 인간이 아닌 존재라고 말해 주세요!" 물론 이 가여운 바보들도 스스로 자신이 비실재적이고 확실치 않은 존재임을 느낀다. 필멸의 운명과 물리적 취약성, 즉 한낱 인간일 뿐이라는 현실을 마주할 수 없어서 (……) 죽음을 초월할 수 있다는 희망에 자기육체를 어딘가에 버리고 떠나온 것이다. [아렌트가] 묘사하는 남성들은 초인이 되기 위해 끊임없이 분투하고, 그 목표를 이

　　　　　　　　　　　　　　　　　　남성됨과 정치

루지 못할 것을 깨닫고는 불안한 망상 속에서 다른 이들의 끊임없는 재확인을 요구한다.[48]

피트킨의 설명은 훌륭하지만, 이런 희화화가 아렌트의 문제이고 아리스토텔레스 및 그리스의 정치적 삶에 대한 아렌트의 해석과 관련한 문제라고 판단하면서 아리스토텔레스나 그리스 문화와의 관련을 언급하지 않은 것은 문제적이다. 실제로 아리스토텔레스는 동료들의 눈에서 비치는 경탄과 인정의 필요와 정치적 행동을, 삶의 덧없음과 행동을 완화하는 사안과 정치적 행동을 상당히 분명하게 연결한다. 『니코마코스 윤리학』에서 아리스토텔레스는 '선'과 연계된 '명예'를 정치적 삶의 목표라고 명시한 뒤 이렇게 서술한다. "하지만 (……) 명예는 그것을 받는 이보다 주는 이에게 훨씬 더 달려 있는 듯 보인다. 그리고 사람들은 스스로 자기 가치를 확신하기 위해 명예를 추구하는 듯하다."[49] 아리스토텔레스는 정치적 행동 특유의 잠재력이 불멸 추구에 이바지한다는 점을 분명히 한다.

인간의 작업 가운데 어떤 것도 덕스러운 활동만큼 영속적이지는 않다(덕스러운 활동은 여러 과학 지식보다도 영속적이다). 그리고 크게 존경받는 이들이 다른 이들보다 더 영속적인 것은, 그들의 삶에 진정한 행복이 충만하고 끊이지 않기 때문이다. 이것이 바로 우리가 그런 활동을 잊지 않는 이유인 듯하다.[50]

4장 | 그리스의 육체: 너무나도 인간적인 그리고 초인적인

아리스토텔레스는 위대한 행위가 정치적 삶에 미치는 영향보다는 그것이 '잊히지 않고' 다른 이들이 목격하고 기억할 수 있기 때문에 그 행위를 '영속'의 자리에 둔다. 따라서 아렌트가 그리스에서 정치적 행동의 근원적 동기가 개인의 존재 주장과 불멸 추구라고 본 것은 그다지 과장이 아니다. 아리스토텔레스는 "외화되는 공간이 없다면, 존재가 공존하는 방식으로서 행동과 언설에 대한 믿음이 없다면, 자아와 자기 정체성의 실재는 물론이고 주변 세계의 실재도 의심 없이 구축할 수 없다"[51]라는 아렌트의 주장에 이견을 갖지 않을 것이다. 그리스 남성은 자기 존재를 정치적 행동을 통해 포착했고, 자신의 행동을 인정받아 명예를 얻기 전에는 자신이 존재함을 알 수 없던 이들이라는 데 아리스토텔레스와 아렌트는 의견을 같이한다. 고대 아테네인에 대해 베르너 예거는 이렇게 말한다. "적절한 명예를 부정당하는 것은 인간에게 최고의 비극이었다."[52] 훌륭한 행동을 하고도 명예를 얻지 못한다는 것은 그저 그 행동의 영광이 퇴색하는 정도가 아니라, 가장 심원한 차원에서 남성의 자의식에 대한 위협이었다. 예거에 따르면, 그리스 남성들은 "사회의 기준에 배타적으로 의지해 자신의 가치를 평가했다. 자신의 아레테는 타인들의 평판으로 측정하는 것이었다."[53]

정치적 삶의 성격과 관련해 더욱 중요한 것은, 동료들이 승인해 준 인정과 명예는 다른 이와 공유할 수 없으며 언제나 자신의 존재를 주장하고 재확인하는 용도로만 쓰인다는 점이다. 한 남

남성됨과 정치

성이 인정받으면서 존재하려면 어떤 위대함을 지워 버려야 하는데, 이는 다른 남성 또는 남성들의 존재 역시 지우는 일이었다. 남성됨이란 견줄 수 있는 존재가 적어야 드러나는 것이다. "망각에 맞서는 남자들의 유일한 무기가 아레테라서", 다른 이들의 쇠퇴한 아레테는 자신의 아레테와 존재를 주장할 유일한 수단이었다.[54] 따라서 그리스 철학의 **경쟁적** 특성은, 남성됨을 추구하는 행동의 단순한 요소나 결과가 아니라 그런 행동 기반의 일부로서 필수 요소다.

아렌트가 아레테를 망각에 맞서는 무기라고 한 점을 염두에 둔다면, 우리는 아테네의 남성됨 문화에서 불멸이라는 더 큰 문제를 다시 살펴봐야 한다. 분명 불멸에 대한 그리스의 집착은 부분적으로 존재와 연관된 것 또는 필멸에 대한 심각한 거부에서 파생했다. 필멸에 대한 적대는 생명 유지 관련 활동에 대한 지배와 폄하로 드러나며, 이 적대에 이어 불멸의 가치를 매기는 작업이 자연스레 뒤따른다. 즉 한 요소가 다른 요소를 생산한다. 살짝 다른 각도에서 보면, 그리스의 불멸 추구는 아렌트가 보여 주듯 뛰어나고 싶다거나 신처럼 되고 싶다는 식의 단순하고 이해할 만한 욕망으로 구현되지 않는다. 그것은 오히려 육체를 뛰어넘고, 육체의 구속에서 자유로워지고, 육체의 요구와 한계에서 해방되겠다는 궁극의 시도다.

정치적 행동을 통해 얻은 인정의 순간을 보존하거나 동결하고 싶은 욕망은 불멸을 향한 관심과 연결된 또 하나의 약간 더 미묘한 근원이 된 듯하다. 불멸을 손에 넣는다는 것은 앞서 살펴봤듯이 근거 있는 인정을 얻어 내야만 가능하며, 이는 끊임없이 이어지는 분투를 끝낼 수 있는 유일한 수단이다. 이런 면에서 불멸 획득이란 승리를 거두기 무척 힘든 정치적 삶에서 존재의 생성에 대한 승리를 뜻한다. 그러나 여기에는 플라톤이 가장 충실하게 발전시킨 철학 문제에 대한 역설적 반전이 있다. 기억을 통해 정치적 삶에서 승리하는 존재가 된다는 것은 현상과 대립하는 것으로 실재를 발견하는 것과는 같지 않다. 그런데 아렌트는 행동이 '비실재'적인 것 또는 출생, 쇠퇴, 죽음의 순환과 같은 자연계의 리듬과 대조를 이루는 (개별 행위자 및 정치적 세계의) 실재를 **수립**하거나 창조한다고 고집스럽게 말한다. 동료에게 인정받은 행동은 시간 속에 동결되고, 그 행위자의 정체성이 되어 버린다. 한 인간이 자신의 기억할 만한 행동 때문에 그 행동**으로** 알려지는 것이다. 그러면서 그리스의 불멸에 대한 집착은 부분적으로 남성됨이라는 '획득한' 일시적 특성에 대한 반응으로 나타난다. 사실 남성됨은 다른 이들이 인정한 행동을 통해서만 획득할 수 있고, 인정은 늘 찰나적이다. 핀다로스[Pindar][55]가 운동선수를 위해 지은 유명한 승리의 찬가는 이 문제에 대한 그리스의 자의식을 보여 주는 사례다.

> 청춘의 풍요로운 시절
> 불시에 고결한 상을 받은

그는 높은 희망과 함께 자라나, 그의 남성됨은 이제 날개를
얻는다
그의 심장은 부귀보다 더 나은 것을 품게 되었지만
인간에게 기쁨의 계절이란 짧으니
곧 땅으로 떨어져, 심각한 결정이 그 기쁨을 뿌리째 뽑아내
리라
— 부질없는 것! 인간이란, 꿈속의 그림자[56]


아레테가 인간의 존재를 확립하는 유일한 수단이라면, 불멸의
성취는 존재의 지속을 평생 보증하는 유일한 길이다. 불멸은 (다
른 이들과 구별되는) 명성의 획득을 바탕으로 하고, 지속적인 명성
은 행동하는 동안만이 아니라 시간을 뛰어넘어 계속 존재할 것
임을 보증한다.

생존을 위한 공급, 물건 제작, 욕망하거나 창조하기, 젊은이의
성장을 돌보고 공동체의 행복을 가꾸는 것 같은 행동은 모두 존
재 또는 정체성을 가능하게 하는 근거쯤으로 내쳐졌다. 이 행동
들은 모두 '완벽하게 인간적'이지는 않다. 그래서 누군가 실재하
는지 알려면 명성이 필요했고, 자신의 중요성을 주장하기 위해
다른 이를 꺾어야 했으며, 실재를 갖기 위해 실재를 발명하고 보
호해야 했던 것이다. 일상적 존재의 실재, 즉 욕구와 필요의 실
재 및 육체와 필멸의 실재는 폴리스에서 추방되었다. 그리고 정
체성은 새로운 실재를 만들고, 그 안에 존재한다는 것을 증명하

는 전투를 통해서만 얻을 수 있었다.

그리스 정치사에 조금이나마 친숙한 이들이라면 명성, 승리, 명망, 인간의 한계를 넘어서는 것에 대한 열망이 낳은 정치가 어떠한지 잘 알 것이다. 투키디데스는 투지 넘치고 분투하는 이 문화의 특성을 가장 잘 묘사한 작가다. 그는 코린트인에게 한 연설에서 아테네인을 이렇게 묘사한다.

> 그들은 자신의 힘 이상으로 저돌적이고, 자신의 판단력 이상으로 대담하고, 위험에 대해 낙관적이다. (……) 그들은 어떤 계획을 세우고, 그 계획이 실패하면 무언가를 잃었다고 생각한다. 만일 그 계획이 성공하면, 그 성공보다는 다음에 할 일이 훨씬 중요하다고 생각한다. 아테네인은 자신이든 다른 누구든 평화와 고요를 즐기는 것을 허락지 않았다.[57]

아테네 정신을 이렇게 찬미한 투키디데스는 사실 이런 에토스의 지나치게 떠들썩하고 위험한 특성을 알고 있었다. 아테네 정신으로 살아가는 남성은, 자연계와 불화하고 자신의 '실재'가 있는 더 큰 정치적·사회적 세계와 불화하며 자신만의 세계에서 산다. 자기 행동과 거기에 스스로 부여한 의미와 이해를 실재의 구성 요소로 추구하고 인식한다. 따라서 아테네인을 향해 파도가 몰아칠 때, 그들에게는 그 파도를 헤쳐 나갈 힘과 회복력이 없었다. 스파르타인이 아티카 반도에 두 번째 발을 디디고 아테네가

남성됨과 정치

전염병에 휩싸였을 무렵, 아테네인은 자신들이 결코 바란 적 없던 전쟁에 휘말렸다면서 페리클레스를 힐난하며 달려들었다. 그러자 페리클레스는 이렇게 응수했다.

나는 변치 않았다. 변한 것은 당신들이다. 재앙이 닥치니, 모든 상황이 좋았을 때 당신들이 택한 정책을 끈기 있게 밀고 나가지 못하는구나. 당신네 결의의 허약함 때문에 내 조언이 잘못된 듯 보이는 것이다. **예기치 못한 것은 인간의 정신을 가장 심하게 부서뜨린다.**[58]

정치적 적응력 문제와 그것이 남성됨과 맺는 관계는 마키아벨리에 대한 장에서 자세히 살펴볼 것이다. 지금은 간단히 '하루살이들'이 쉬지 않고 거듭 영광을 추구하고 바로 그렇게 함으로써 이미 소외된 정치 현실에 뿌리내리지 못한 특성을 더 깊고 넓게 만들었다는 것을 말해 두겠다. 소외된 정치 행위자들은 자신 너머를 바라보거나 움직일 수 있는 능력을 잃어버린 탓에 '예기치 못한' 일이 벌어질 때, 심지어 그 예기치 못한 일이 정치 영역에서 일어날 때조차 적대하며 격퇴해 버리거나 패배해 무릎을 꿇었다. 자신이 거부하고 추방한 모든 것에 추동되고, 다른 이들에게 자신의 행동을 인정받는 것에 전적으로 의존하는 존재를 구하려고 분투하다가 정체성이 정복된다. 그래서 극도로 적응력이 떨어지고 궁극적으로 성취를 맛볼 수 없도록 스스로 만든 궤도에 갇힌다. 다른 이들뿐만 아니라 자신의 욕구와도 조화롭게 살아갈 수 없고, 그것들과 그 자신에 대항해서만 살아갈 수 있다.


Ⅲ


지금까지 그리스에 구축된 남자다움과 정치가 서로 긴밀하게 통합되었으며, 특히 아리스토텔레스의 정치사상을 통해 명징하게 드러났음을 살펴보았다. 그리스의 남성됨과 정치는 개념과 실천에 모두 극심한 소외가 뒤따른다. 남성의 모든 생리적 측면이 소외되며, 정치에서 걱정·불안·끊임없는 지배욕을 품고 있는 외적 자연 역시 소외된다. 이런 정치는 문제가 있을뿐더러 억압적이고 위험하다는 것도 살펴보았다. 정치를 유지하기 위해 의존하며 착취하는 대상에게 정치는 억압적이고, 정치의 경계 밖에서 희생당하는 이들에게 정치는 위험하다. 억압된 것이 사라지지 않고 일그러지거나 어슴푸레한 채로 계속 그 주변을 위협하고 오염한다고 말하기 위해 프로이트까지 동원할 필요는 없을 것이다. 여성, 노예, 노동자, 남성의 육체적인 면, 그가 살아가는 자연계 등 모든 것이 지배의 정치를 통해, 즉 남성이 형상을 부여하고 남성됨을 획득하는 정치를 통해 예속되고 폄하된다. 그러나 예속화한 '질료'는 생명을 이어 나간다. 이 '질료'는 인간 자신의 핵심이고, 인간의 행동·말·자아 개념·정치에 계속

남성됨과 정치

출몰하면서 이들을 위협한다. 정신의 우월성이 육체와 정체政體, body politic[59]의 주장을 꺾기 위해 소환되지만, 이 싸움에서 승리하진 못한다. 서구 남성에게 육체와 분리된 정신은 자연, 자연적인 것에 묶인 이, 그 자신의 희망과 욕망을 부추기는 외적 요소뿐만 아니라 선택된 적 등 그 모든 것에 맞서는 싸움에서 이기기 위해 고안된 무기다. 노먼 O. 브라운Norman O. Brown은 이렇게 말한다.

> 외부의 적은 투사된 우리 자신의 일부다. 우리 자신의 악, 우리 자신의 추방된 어떤 면이다. 내적 위험에 맞서는 유일한 방어는 그것을 외적 위험으로 만드는 것이다. 이럴 때 그것과 싸울 수 있다. 그것이 더는 우리가 아니라고 생각하도록 자신을 기만하는 데 성공했기 때문에, 이제 싸울 준비가 된 것이다.[60]

# 르네상스 이탈리아: 마키아벨리

## 5장

# 마키아벨리: 남자에서 남성됨으로

마키아벨리의 정치관은 아리스토텔레스의 정치관과 날카로운 대조를 이룬다. 마키아벨리는 인간의 본성이 고매하다는 원대한 주장 따위는 전혀 하지 않는다. 그는 정치적인 면을 삶의 전부로 보지 않는다. 정치학에서 그의 악명이 높은 이유는, 그가 정치를 윤리에서 떼어 내고 정치적 인간의 미덕과 미덕 자체를 구별했기 때문이다. 정치 이론의 전통에서 보면, 정치 **행동**에 대한 그의 열정적 헌신은 상당히 독특하다. 정치 이론과 정치 자체에 대한 그의 지극한 사랑은 비슷한 명성을 누리는 어떤 이론가와도 비교할 수 없을 정도다. 하지만 역설적으로 바로 이런 면 때문에, 마키아벨리는 과거 500년간 갖은 해석을 통해 정치 이론의 전통 가운데 있는 그 어떤 동료 이론가들보다 많은 비방과 폄하를 받왔다. 그는 서구 정치학의 속살과 서구 정치학을 구성해낸 이들의 폐부를 치열하게 비타협적인 태도로 꿰뚫었다. 그리고 심약한 이들은 그의 태도에 반발했다.

무엇보다 마키아벨리는 (우리가 앞서 살펴본) 그리스인들이 제거하려던 육체를 정치사상에 다시 통합했다. 그에게 정치는 본능적이고, 지상의 것이며, 살과 피로 이루어진 문제였다. 그에게 정치는 억제할 수 없는 충동과 욕구로 끓어오르는 것이었으며, 땅에서 육체를 거쳐 일어난 것이었다. 변치 않는 '형상'이나 정신적 이상은 마키아벨리의 정치 세계에 존재하지 않는다. 인간이 실현할 궁극의 목적, 인간이 정치 활동을 통해 존경을 바칠 신도 존재하지 않는다. 정치는 미학적 이상이 아니라 삶 자체다.

그러나 마키아벨리의 정치학에서 육체, 욕망, 욕구는 철저하게 젠더화되어 구성되었다. 이러한 정치학에는 통제와 지배에 열을 올리는 남성들의 삶, 통치에 관심 있는 이들 그리고 그 모든 사람 너머로 자신의 권력을 확장하는 데 관심 있는 이들이 지배하는 공동체의 삶이 자리한다. 협소하고 일방적인 개념이긴 하지만, '필연성'도 이와 비슷하게 마키아벨리의 정치 사색에 전반적으로 나타난다. 필연성은 마키아벨리에게 권력 추구의 한계와 위험을 뜻하기도 하지만, 일상적이고 구체적인 인간의 욕구와 무관한 위대함을 향한 원동력을 뜻하기도 한다.

인간과 정치를 선명하게 젠더화하는 마키아벨리의 시각은 정치 세계에 대한 자신의 견해 일부를 전복하기에 이른다. 그는 정

남성됨과 정치

치적 삶의 복잡다단함에 동조하면서도 정치 행위자들에게 정치 영역에서 가장 직설적인 힘과 도구를 쓰라는 충고를 서슴지 않는다. 하지만 정치 행위자가 이 충고를 받아들인다 해도 잘해 봐야 찰나의 승리를 거둘 뿐이었고, 위협적이며 이해할 수 없는 힘(포르투나) 앞에선 행위자의 취약성이 커지는 경우가 많았다. 이와 유사하게 마키아벨리는 정치 세계를 탈신비화하는 데 헌신했지만, 권력의 귀결을 포르투나의 특성으로 구체화하는 과정에서 그 노력은 좌절된다. 이 장과 다음 장에서는 마키아벨리의 작업에서 보이는 이런 긴장이 남성됨이라는 에토스에 대한 헌신과 발전 과정에서 어떻게 성장하는지 살펴볼 것이다.

마키아벨리의 정치학은 인간의 본성에서 시작하며, 인간을 진정 남자다운 생물로 발전시킨다. 그리스인과 대조되는 마키아벨리의 이런 사상 전개는 정치적 삶을 통해 인간의 본성을 '완벽함'으로 인도하지 않는다. 그보다는 그가 인간의 고유한 것이라고 인식한, 즉 쉽게 바꾸거나 통제하기 어렵다고 인식한 많은 특징을 특정 정치적 목적에 맞춰 변형하고 극복하고 이용하는 행위와 연결한다. 마키아벨리에게 인간은 정치의 원료인바, 정치적 삶을 번창시키고 개별적·집단적 영광을 얻으려면 자연적으로 타고나는 것보다 우월한 형상이 필요하다. 이 우월한 형상이 마키아벨리가 말하는 남성됨의 이상을 구현하는 한편 마키아벨리 정치의 형태를 잡아 준다. 게다가 그에게 정치는 언제나 인간 본성의 변형 가능성에 대한 한계를 안고 있다. 마키아벨리는 지금 존재 그대로이거나 어떤 상태가 될 능력이 있는 인간에게 관심을 둘 뿐, '그렇게 될 수도 있는 인간'에 기반한 정치 이론의 유용성에 대해 어떠한 환상도 품지 않는다.

그럼 마키아벨리가 말하는 '미개조' 인간의 특성을 자세히 살펴보는 것으로 시작해 보자. 이 장에 등장하는 마키아벨리는 '인간의 본성'에 대해 할 말이 많고 인간을 자연계의 생물로 규정하지만, 그가 탐사한 인간의 본성은 분명 특정한 인간을 기반에 두고 있다. 처음부터 마키아벨리는 인간이 권력과 정복을 향한 무작위적 욕망에 이끌린 나머지 그 자신과 주변 환경에서 소외되었으며 태생적으로 근시안적이고 자신의 목표와 야심 때문에 좌절한 존재라고 가정한다.


I


마키아벨리의 글에는 인간의 본성에 대한 언급이 가득하다. 그의 정치적 '조언'은 대개 하나 이상의 불변하는 인간성에 대한 진술로 시작하거나 마무리된다. 가령 그는 스키피오 Scipio Africanus 가 자기 군대에서 일어난 반란을 진압하는 데 실패한 것을 이야기하며 이렇게 결론 내린다. "다른 무엇이 아니라 그를 두려워하지 않은 데서 비롯된 일이다. 인간은 너무나 안절부절못하는 존재라서, 아무리 작은 문이라도 야심에 맞춰 열리면 곧장

남성됨과 정치

(……) 군주에 대한 모든 사랑을 잊어 버린다."[1] 정치 혁신의 난관을 읊어 대던 마키아벨리는 이렇게 경고하기도 한다. "인간은 확실히 경험하기 전까지는 무엇이든 새로운 것을 실제로 믿지 않는다."[2] 반란을 주도하려는 이에 대한 그의 가르침은 이렇게 요약된다. "인간은 두 가지, 즉 사랑과 공포에 이끌린다."[3] 그러나 마키아벨리는 어디에서도 인간의 본성을 포괄적으로 묘사하지 않는다. 이 주제에 대한 그의 고민은 저술 여기저기에 흩어져 있고, 반복된 선언 속에서만 요약되어 나타난다. "인간의 본성은 언제 어디서든 똑같다."[4] 따라서 우리는 마키아벨리의 문학과 정치 작업 곳곳에 나타나는 다양하고 부분적인 증언에서 그가 생각하는 인간상을 끌어내야 한다.

마키아벨리가 이해한 인간의 동물성부터 생각해 보자. 많은 정치 이론가들은 인간을 정의하기 전에 다른 동물들과 구별하는데, 마키아벨리는 인간과 동물이 매우 가깝고 어떤 면에서도 불행하다고 볼 수 없는 유사성이 있다고 말한다. 이 관점과 가장 유사한 것이 『군주론』 18장에 등장하는 고대 그리스의 알레고리다. 여기에서 마키아벨리는 왕자가 될 이를 반인반마半人半馬 켄타우로스족인 케이론에게 견습생으로 맡겨 배우게 한 알레고리를 찬양한다. 그렇게 케이론은 정치적 성공을 위한 가르침과 본보기에 대한 책인 『군주론』에 완벽하게 들어맞는 상징적 인물이 된다. 『군주론』을 처음 읽은 사람이라면 이 책은 인간의 동물적 본성에 가장 가까이 다가간 이가 가장 효율적인 정치 행위자라고 말하는 듯 보일 것이다. 또한 케이론 논의에 뒤이어 등장하는 '사자와 여우' 알레고리는 인간성에서 동물적 본성을 구별하려는 시도로 읽힐 것이다. 여기에서 마키아벨리는 인간을 '법의 동물'로 규정하며, 이 구별을 명확히 하려는 듯하다.

> 그렇다면 다툼에 두 가지 방법이 있다는 것을 알아야 한다. 하나는 법에 의한 것, 다른 하나는 힘에 의한 것이다. 전자는 인간에게 적합하고, 후자는 동물에게 적합하다. 하지만 전자는 종종 충분치 못하니 군주는 반드시 후자에 의지해야만 한다. 따라서 군주는 인간과 동물의 특성을 어떻게 이용할지 잘 알아 둘 필요가 있다.[5]

여기에서는 인간과 동물이 명백하게 대립하는 것처럼 보인다. 하지만 이 대립은 여러 지점에서 반박된다. 첫째, 마키아벨리는 결코 정치를 그것을 만든 인간에게서 분리해 독립적인 것으로 다루지 않는다. 정치 행위를 성공적으로 수행하는 데 동물의 특성이 필요한 것처럼, 동물 같은 생명체가 구축한 정치적 조건도 정치 행위자가 직면하며 만들어 낸 것이기 때문이다. 이런 측면으로 보면, 인간이 법을 지키며 싸우는 존재라거나 대부분의 사람들이 **생각하는** 인간은 이러저러하다는 식으로 말하는 것은 모순인 듯하다. 정치의 본성은 그와는 상당히 다르며, 실제로 그렇게 판명된다.

남성됨과 정치

이런 점 때문에 해석의 미묘한 방법론까지 동원할 필요는 없다. 마키아벨리가 케이론의 손에 맡겨진 왕자가 받는 정치 교육의 세부 사항을 설명하는 부분에 이르면, 인간의 특성 가운데 인간적인 '절반'은 시야에서 사라지기 때문이다. 마키아벨리는 정치 행위자에게 가치 있는 본보기로 몇몇 동물을 선정한 뒤, 이 동물들에게 정치적 성공과 관련된 인간적 특질을 **옮겨 넣는다**. 이때 여우는 영리한 책략과 날카로운 기지 때문에, 사자는 흉포한 힘 때문에 선택된다. 여우는 인간-동물의 결합에서 전통적으로 인간적이라고 여겨지는 부분을 대표한다. 여우의 재능도 정확히 인간과 마찬가지로 부족하다. 덫을 피하는 데 필요한 꾀는 있지만, 적을 두렵게 하고 그 적과 싸우는 데 필요한 원초적 힘은 부족한 것이다.

마키아벨리는 『군주론』과 『로마사 논고 *The Discourses*』의 여러 구절에서 특정 성격이나 조건이 있는 인간을 동물에 비유한다. 뒤이어 등장하는 자유 관련 발언이 그 예다.

> 군주 아래서 살아가는 데 익숙한 이들이 우연히 자유를 얻게 된다면, 나중에 그것을 지키는 데 얼마나 큰 고난이 뒤따를 것인가? (……) 그들은 맹렬한 야수의 본성이 있을지라도 늘 감옥에서 노예 상태로 보살펴진 맹수에 지나지 않기 때문에, 그런 고난은 당연한 것이다. 맹수가 우연히 자유롭게 들판에 풀려난다면, 스스로 먹이를 구하는 데 익숙지 않고 쉼터로 쓸 곳

도 모르기 때문에 그 맹수에게 쇠사슬을 채우려고 하는 첫 번째 사람의 사냥감이 된다.[6]

동물**로서의** 인간이라는 마키아벨리의 급진적 평가는 지극히 근본적이어서 인간과 동물의 근접성을 보여 주는 이런 유비적 예시만으로는 이를 가늠할 수 없다. 이 평가를 충분히 이해하려면 마키아벨리의 정치 관련 글보다 그가 문학에 쏟은 노고를 들여다보는 게 좋을 것이다. 이런 면에서 그의 알레고리 시 『황금 당나귀 *The Golden Ass*』는 상당히 흥미롭다.[7]

『황금 당나귀』에 실린 짧은 운문(비네트)[8] 가운데 한 편에서 화자는 낯선 숲에서 비틀거리다가 들짐승과 가축 무리를 이끌고 오는 아름다운 여성을 만나 환대받는다.[9] 이 여성은 마키아벨리에게 빠져나갈 수 없는 저승에 들어섰다면서 여왕 키르케의 명령에 따라 자신이 치는 동물들 가운데 한 마리가 될 운명이라고 말한다. 그녀는 이렇게 설명한다. "당신이 보고 있는 이 동물들은 당신이 온 세상에서 당신처럼 인간이었습니다."[10] 그러고 나서 거기 사는 '인간들'이 자기 의지로 동물이 되지는 않았음을 보여 준다. 각 동물에게는 인간이던 시절, 자신의 본성과 가장 닮은 동물의 육체가 주어진다.[11] 게다가 이 '변신'은 완벽하지 않다. 이 동물들은 인간으로 살던 시절에 지닌 특성의 일부뿐만 아니라 일반적인 인간의 특성도 얼마간 가지고 있다.

이야기 속 동물 치는 여성은 이 불행한 주인공이 동물로 변하

남성됨과 정치

기 전에 그를 자기 집에 데려가 며칠간 묵게 한다. 그는 거기서 그 여성과 음식과 침대를 나누며 그가 빠져든 이상한 세계에 대해 알게 된다. 이야기는 길든 동물들이 영원토록 살아가고, 야생 동물들이 밤에 찾아와 쉬는 땅을 둘러보는 것으로 마무리된다. 마키아벨리는 이런 설정에서 동물 세계 속 인간의 위치에 대해 생각한다. 그가 농가의 마당을 살피는 장면은 자신의 미덕을 잃거나 오용한 동물들에 대한 묘사로 시작한다. 이 동물들은 우아하거나 당당하지 않고 애처로우며 무력하게 등장한다.

> 난 훌륭하지 않고 현명하지도 않은, 자기 꾀에 빠져 발톱을 자르고 이빨을 뽑아낸 사자를 보았다. 좀 더 멀리 있는 다른 한 마리는 꼬리가 없고, 또 다른 녀석은 귀가 없는 식으로 상처 입은 동물들이었다. 나는 입을 꼭 다문 채 나무토막처럼 서서 바라보았다. 그때 안장 정도만 겨우 실을 수 있을 정도로 몸이 부실한 당나귀 한 마리를 보았다. (……) 제 주인이라도 찾는 듯이 녀석의 주둥이에, 저 녀석의 어깨에 코를 킁킁거리며 냄새를 맡는 사냥개 한 마리를 보았다. (……) 내가 본 수사슴 한 마리는 공포와 죽음에 대한 크나큰 두려움에 빠져 이번에는 여기로, 다음에는 저기로 방향을 틀며 움직여 대고 있었다.[12]

요컨대 인간됨에서 이 동물들과 그렇게나 닮았던 각각의 인간은 자기 본성에 일종의 문명화 폭력을 가했다. 그들은 자신이 타고난 동물적 미덕의 한계와 균형을 깸으로써 가장 유용한 본능을 무력화하거나 훼손했다. 그러면서 자신의 자연적 능력을 무가치하거나 자기 파괴적인 것으로 만들었다. 이렇게 당나귀 옷을 뒤집어쓴 인간보다 **진짜** 당나귀가 더 행복한 것은 물론이고, 더 고귀하고 능력 있고 유용한 존재라는 것이 드러난다.

시의 나머지 부분은 이 주제에 대한 심화 탐구에 해당한다. 주인공은 동물과 이야기를 나누고 싶어 하고, 여성은 그 소원을 들어주겠다며 진흙탕에서 뒹굴며 목욕하는 커다랗고 지저분한 돼지 한 마리를 고른다. 그녀는 돼지가 원한다면 지금 상태에서 벗어나 인간으로 돌아갈 수 있게 하는 능력까지 마키아벨리에게 준다. 마키아벨리는 돼지에게 이를 제안하며 인사를 건넨다. 하지만 돼지는 그 제안을 격렬히 거부하고는 동물로서의 삶이 인간의 삶보다 우월하다며 한바탕 연설을 늘어놓는다. 이 연설에는 인간이 자신과 자신의 동물적 본성의 관계를 얼마나 망쳤는지에 대한 가장 자세한 설명이 담겨 있다. 돼지는 이렇게 선언한다. "우리는 우리에게 가르침을 주는 자연이 명령하는 대로, 우리가 살아가는 방식에 가장 친화적인 기후를 찾아가지." 하지만 인간은 "이 나라 저 나라를 탐사하는데, 그건 시원하거나 햇빛이 잘 드는 기후를 찾는 게 아니야. 너희는 한가하고 선량하고 소박한 삶에 안주하지 못한 채 한심한 탐욕 때문에 이익을 좇아" 옮겨 다닌다.[13] 이와 비슷하게 돼지는 일반적으로 동물이 인간보다 힘이 더 세고, ("불굴의 고귀하며 강인한 심성이라는 풍요로운 선물"을 받았기에) 영혼이 더 순수하며, 동기도 더 순수하다면서 경멸을 담아 말한다.

> 한때 이름 높던 로마인들처럼 우리도 정복이나 기타 명성에 대한 희망을 품지 않은 채 대담한 행동을 하고 위업을 달성하지. 너는 사자에게서 고귀한 행동에서 나온 위대한 자부심을, 부끄러운 행동에서 자기 기억을 지우고 싶어 하는 소망을 본 거야.[14]

돼지는 한 걸음 더 나아가 이렇게 말한다. "우리 중에는 노예의 삶을 견디느니 죽음을 맞거나 어떤 식으로든 자기 자유를 빼앗겨 버리겠다는 녀석들이 있어."

이 열변의 가장 통렬한 면은 마지막 구절에 있다. 이 대목은 "지상의 다른 모든 생명체보다도 너는 얼마나 불행하냔 말이다!" 하고 시작한다. 동물은 모든 면에서 "자연에 더 가까운 친구"다. 모든 동물은 "완전한 차림새"로 태어나지만, 인간만이 "아무런 보호도 받지 못한 채" 태어난다.[15] 동물은 늘 하나 이상의 매우 예민한 감각을 타고나지만, 인간의 감각은 상대적으로 둔하다. 그리고 자연은 잠재적으로 인간에게 유리하다고 할 수 있는 손과 언어능력을 부여했지만, 거기에 덧붙여 "야심과 탐욕을 함께 보냈고, 그러면서 자연의 포상은 취소"된다.[16] 시의 결론은 이렇다.

애초에 자연이 너희 인간들을 얼마나 많이 병들게 했느냐는 말이지! 너희 병은 야심, 음탕, 한탄, 탐욕이고, (……) 어떤 동물도 너희보다 허약하게 살지 않으며, 더 강렬한 욕망, 더 무질서한 공포, 더 큰 광기를 품고 살지 않아. 한 돼지가 다른 돼지에게 어떤 고통도 주지 않고, 한 사슴이 다른 사슴에게도 그렇게 하지 않지. 그러나 인간은 다른 이에게 죽음을 당하고, 십자가에 못 박히고, 약탈당하거든. (……) 네가 보기에 행복하고 환희에 찬 신처럼 보이는 인간이 있다면, 그를 믿어선 안 돼. 왜냐하면 진흙탕 속 내 삶이 더 행복하니까. 여기서 나는 아무런 불안 없이 몸을 씻고 뒹굴거든.[17]

마키아벨리는 인간을 필요보다는 욕망 때문에 살아가는 생명체로, 기지를 빼면 살아가는 데 활용할 만한 선천적 도구를 거의 못 갖춘 채 태어난 생명체로 그린다. 그리고 이런 것들조차 인간의 욕구와 야심을 위해 복무하기 때문에, 종종 다른 인간을 공격하는 데 쓰이는 모호한 축복이다. 인간은 가죽이나 비늘 없이 극단적으로 취약한 상태로 살아가며, 눈물과 무력에 빠진 채 삶을 시작한다. 인간은 필요를 채울 만한 터전을 찾아내는 경우가 거의 없고, "스스로 적응할 수 있는 건강한 환경을 떠나 종종 썩어가는 역겨운 장소로" 들어간다.[18] 인간은 세상에서 자기 길을 쉽게, 자신에게 도움되는 방식으로 찾지 못한다. "한 식물이 어떤 식물인지, 무해하거나 유해한지"조차 본능적으로 알지 못하고,[19]

"자신의 안녕을 추구하고 위험을 피하기 위한" 위장과 유연성의 능력치도 낮다.[20]

요컨대 인간의 어떤 특성도 '자연적'이라고 할 수 없고, 인간은 자연계에 살기에 알맞지 않다는 것이다. 그러나 마키아벨리는 여타 정치사상가들과 달리, 그래서 인간이 자연 너머 상위의 더 나은 세계에서 살아야 한다고 결론 내리지 않는다. 다른 모든 동물처럼 자연과 자신의 요구를 어우러지게 해야 하지만, 그러기에는 그 자신의 육체가 지나치게 빈약하고 성품도 좋지 않은 것이 인간의 난제다. 근대 이전 정치 이론가들은 대개 정치가 인간과 동물을 분리하는 활동이며, 전前 세대의 지성과 의지 그리고 의식 있는 행동을 위한 능력에서 나오는 활동이라고 보았다. 이 이론가들에게 정치는 동물에 대한 인간의 우월성을 가장 고상하게 표현하는 일이었다. 반면에 마키아벨리는 이런 정식화를 뒤집는다. 인간은 가엾은 존재로, (허약함, 열정, 자연계에서의 불안정한 위치 등) 자신의 빈곤에서 정치 세계를 건설한다는 것이다. 개인적·집단적 영광에 대한 전망이 어떻든, 마키아벨리는 정치가 인간의 우월성보다는 허약함에서, 그 허약함에 맞춰 나타난다고 주장한다.

『황금 당나귀』에서 마키아벨리는 인간을 자신과 자연 모두에서 매우 소외된 생명체로 그린다. 자연**에서 벌어진** 이 소외 때문에 인간은 존엄과 생존의 기회를 거의 얻을 수 없다. 역설적으로 인간은 이 소외를 더 밀어붙여 자신의 세계에서 '편히 머물지'

못하게 되었으며, 자기 존재를 결코 여유롭고 자급자족하거나 평화롭지 않게 해서 이 소외의 악영향을 해결하려고 한다.


Ⅱ


만일 마키아벨리에게 다른 동물들과 다르면서 가장 두드러진 인간의 정치적 특질을 한 단어로 말해 보라고 다그친다면, 그 단어는 분명 '야심'일 것이다. "어느 지방, 어느 도시가 이를 피해 가겠는가? 어느 마을, 어느 오두막집이 그럴 수 있는가? 야심과 탐욕은 어디든 관통한다."[21] "지상으로 내려온 이들 두 가지 분노"는 인간이 행하거나 창조하는 거의 모든 것, 특히 (자기) 파괴적인 것들의 원천이다.[22] "이 두 가지가 없었다면 충분히 행복했을 텐데 (……) [이 두 가지는] 우리에게서 평화를 빼앗고 (……) 우리를 전쟁에 몰아넣고 (……) 우리에게서 조용한 것과 좋은 것을 다 빼앗아 갔다."[23] 야심과 탐욕은 어디서든 홀로 나타나는 법이 없고, 시기·나태·증오를 반드시 동반해야 하는 양 불러온다. 그 뒤에는 언제나 잔인, 자만, 기만이 따라온다.[24] 마키아벨리는 야심을 개인이자 전체로서 인간의 조건 가운데 뿌리 뽑을 수 없는 특성이라고 보았다. "인간이 세상에 태어날 때 [야심] 또한 태어났다."[25] 그리고 『로마사 논고』에서는 이렇게 말한다. "인간이 생존에 꼭 필요한 것을 두고 다투기를 멈출 때면 언제든 야심

남성됨과 정치

을 두고 다퉜다. 야심은 인간의 가슴속에 너무 강력하게 자리 잡아서, 인간이 제아무리 높은 지위까지 올라가도 그냥 내버려 두질 않는다."[26]

마키아벨리는 자신이 야심이라고 이름 붙인 충동에 대해 도덕적 반감을 품지 않았다. 사실 그는 야심을 정치적 삶의 불꽃이자 불길이라고 보았다. 그러나 야심이 만들어 내는 여러 문제, 즉 그의 정치 이론에서 전반적인 틀을 구성하는 문제는 짚고 넘어간다. 마키아벨리는 권력에 대한 인간의 갈망이 무한하고, 지배에 대한 관심은 의심할 여지가 없으며, 통제 욕구는 기정사실이라는 가정에서 정치적 이론화를 시작한다. 그런데 그가 생각하는 인간은 만족을 모를 정도로 자기 욕구를 채우려고 부산하게 움직이지만, 그 힘과 야심은 다양해서 특정 대상에 대한 것이 아니며 그 자체가 정치적이지도 않다. "자연이 인간에게 무엇이든 갈망하도록 허락했으나 무엇이든 성취할 수는 없게 했다."[27] 홉스도 인간을 그렇게 탐욕스럽고 지치지 않을 만큼 바라는 것이 많다고 묘사하지는 않았다. 홉스의 인간에게 끝없는 권력 탐구는 자기 보존에 그 뿌리를 두고 있지만, 마키아벨리의 인간에게 야심은 그 자체의 동력 기관이다. 조지프 마제오 Joseph Mazzeo는 마키아벨리의 인간에게서 보이는 무한하며 목적이 불분명한 야심의 본성을 알리기에리 단테 Alighieri Dante와 비교해서 설명한다.

마키아벨리는 단테와 마찬가지로 인간이 무한한 욕망에 이끌려 간다고 보지만, 그에게 무한한 목표와 그것에 이르는 사다리는 존재하지 않는다. 단테가 무한에 초점을 맞추고 본 막대한 에너지가 마키아벨리의 눈에는 세상에 이미 풀려나온 것이었다. (……) 마키아벨리에게 인간은 스스로 절망적일 정도로 불만을 느끼고 (……) 바라는 것이 많으며 (……) 야심 차서 자신의 우주와 근본적인 갈등을 빚는데, 어느 정도 포기와 자제를 하느냐에 그의 생존 여부가 달려 있다.[28]

마키아벨리가 보기에 야심은 어디에나 존재하며 다양한데, 정치적 기획을 위해서든 인간의 생존을 위해서든 그 본래 형태로는 아무런 쓸모가 없다. 사실 그의 정치적 사유 대부분은 인간의 무작위적인 권력 추구를 이탈리아 부흥 기획에 묶어 활용하기 위한 수단과 관련되어 있다.

마키아벨리가 인간의 고유한 야심이라고 본 것의 두 번째 문제는, 그것이 인간 공동체에 경쟁적·개인주의적 요소를 불어넣는다는 점이다. 한 인간이 욕망은 다른 이들의 목표 성취를 막지 않고서는 실현되지 않는 법이다. "모든 인간은 지금 하나 그리고 또 하나를 짓밟고 더 높이 오르고 싶어 한다. (……) 우리 각자에게 다른 이의 성공은 언제나 성가시고, 따라서 (……) 우리는 다른 이의 문제를 언제나 신경 쓰고 경계한다."[29] 이런 사고방식은 야심이 낳은 활동의 결과를 넘어선다. 다른 이들을 두렵게 하거나 패배시키는 조건이 자기 성공에 필수 도구가 되는 것이다. 마키아벨리는 고대 로마의 플레브스plebs(고대 로마의 평민 계급―옮긴이)와 파트리키patrici(고대 로마의 귀족 계급―옮긴이) 사이에서 권력을 두고 벌어진 전투를 이야기하며 이 점을 명백히 한다.

> 자유를 지키려는 욕망 때문에 각 집단은 다른 집단을 압제할 만큼 충분히 강해졌다. 이런 문제에서 **공포를 떨쳐 내려고 애쓰는 사람은 마치 다른 이를 해치거나 자기가 해를 당하는 것을 피할 수 없다는 듯이 다른 이를 두렵게 하고 그들에게 자신이 피하려 한 상처를 입히기 마련이다.**[30]

야심의 세 번째 문제는, "정복욕은 매우 자연스럽고 정상적인 것"이지만 야심이 그런 목적을 이루는 데 방해가 된다는 점이다.[31] 야심이 "용맹한 마음과 함께"하거나[32] "(사적 수단과 반대되는) 공적 수단의 지원을 찾는 이들에게만" 보상으로 주어질 때도[33] 그 개인주의의 뿌리는 정치적인 면과 인간적인 면에서 여전히 문제가 된다. 정치의 건설적 가능성, 즉 강력하고 올바르고 정돈된 회생의 상태는 개인적 분투, 욕구성, 영광 추구라는 삶의 정치 에너지와 충돌한다. 게다가 야심은 그 본성상 권력의 성취와 관리에 필요한 날카로운 분석, 효과적 정세 판단, 적당한 미묘함과 인내 같은 특질들의 토대를 무너뜨린다. 마키아벨리는 심지어 정치적 야심과 정치적 판단이 대립 관계라면서 이렇게 말한다. "인간이 늙어 활력이 줄어드는 동안 판단력과 신중함은

늘어난다."[34] 야심은 인간을 눈멀게 하고, 그 자신이 열망하던 약속을 뒤집어 버린다.[35]

결국 야심이 세계를 보는 인간의 시선이라면, 인간이 보는 세계는 야심이 끊임없이 옮겨 감에 따라 저마다 다를 수밖에 없다. "상황이 같더라도 인간의 욕구가 달라지면 관심과 관점이 달라지기 때문에 사물이 똑같이 보이지 않는다."[36] 야심이 정확한 지각과 판단에 미치는 영향은 주관이 진실을 약화하는 친숙한 과정보다 더 활동적이고 실용적이다. 인간이 남을 의식하지 않고 자기 욕망의 프리즘을 통해 세계를 본다면, 개념상 인간이 자신과 자신의 욕망을 우주의 중심에 두는 것이다. 이때 우주는 사실 그 축이 꽤 다르거나 아예 없을 수도 있다. 인간은 "만족스러운 정책 밑에 숨어 있는 독"을 보지 못하며, 일반적으로 자기 자신에게 외관과 실제의 차이를 속인다.[37] 그 결과, 인간은 자신의 부족한 이해에 기초해 효과적으로 보이는 세계에서 활기차게 행동한다. 그런 행동에는 실제 가능성, 욕구, 공익이나 심지어 사익에 대한 관심보다는 권력을 향한 시기 어린 열정이 뒤따른다.

마키아벨리가 야심의 문제와 위험에 대해 어떻게 생각했든, 그는 야심을 정치적 삶의 중심 역학으로 자리 잡게 한다. 정치적인 것이든 비정치적인 것이든 야심은 마키아벨리가 인간의 무한한 '권력의지', 즉 단순히 자신을 힘 있는 존재로 경험하기보다는 다른 이들 너머로 권력을 가지려는 충동을 이야기하는 방식이다. 심지어 야심이 집단화될 때도 그것은 공동체의 선이 아니라

남성됨과 정치

권력과 지배를 향한 공동체적 충동에 뿌리내린다. 마키아벨리가 남성 인간성의 본질로 본 것 그리고 정치적 삶에 온갖 형태와 의미를 부여하는 것이 바로 지배와 정복을 향한 충동이다.

야심에 이끌리고 오염된 인간이라는 생명체에서 고대 그리스의 정치적 삶에 처음 드러난 특정 인간의 발달이 보인다. 그리스인에 대해 알아본 앞 장에서 말했듯이 인간이 자기 육체에서 머리를 소외하고 육체를 지배할 대상으로 여기며 사회적 삶의 조직에서 이런 개념을 제도화하면, 그러한 인간은 육체에서 벗어나 얻은 불안한 자유를 위협하는 모든 것을 정복·제어·지배·통치하기 위해 분투하는 노정에 서게 된다. 육체에서 분리된 채 그것을 종속시킨 머리는 자신이 억압하던 것들에게 위협당하고 공포를 느끼게 된다. 머리는 자신의 '성취'를 지속하기 위해 영원히 경계를 멈출 수 없는 것이다. 지배는 결코 완벽하지 않고 최종적이지도 않으며, 마키아벨리의 인간 개념에서 핵심에 자리한 권력 지향의 무정형 충동은 적어도 부분적으로는 이런 역학의 결과다.

Ⅲ

마키아벨리는 야심이 지각과 판단을 왜곡하는데, 이 왜곡 효과의 아주 놀라운 특징 하나가 세계 이해 과정에서 보인 자신의 틈이나 실패를 실체화하는 경향이라고 정리한다. 외관에 대한 지나친 강조, 외관과 실제의 혼동이 이 실체화의 한 징후다. '야심에 눈먼' 한 인간이 욕망에 너무 사로잡힌 나머지 피상적 외관 아래 있는 것을 보지 못한다. 지금껏 이런 실체화가 가장 극단적으로 나타난 것이 마키아벨리가 그의 선임자들과 함께 지적한 포르투나다. 포르투나에 대한 논의는 다음 장을 위해 남겨 둔다. 여기에서는 인간의 세계 이해와 세계 속 인간의 장소에 내재된 한계, 즉 인간이 지나친 야심을 품고 박차를 가하면서 생긴 한계가 포르투나를 어떻게 구성하는지를 보여 주려고 한다.[38]

마키아벨리는 포르투나를 정신, 의지, 의도가 있는 여신으로 묘사하는 한편 환경에 대한 인간의 부적합한 이해 이상의 것이 아니라고 선언하기도 한다. 전자는 마키아벨리가 대부분의 인간이 포르투나를 대하는 방식이라고 생각하던 내용이고, 후자는 포르투나에 대한 마키아벨리 자신의 시각이다. 주체와 포르투나의 관계에 대한 가장 선명한 논의는 (16세기 초 피렌체의 종신 수상—옮긴이) 피에로 소데리니$^{Piero\ Soderini}$에게 보낸 편지에 있다.

저는 자연이 각각의 인간에게 개별적 얼굴을 주었듯, 개인의 성향과 상상력도 주었다고 믿습니다. 이로써 각각의 인간은 자기 성향과 상상력에 걸맞게 행동하게 되었습니다. 그리고 시대와 상황에 따라, 오래전에 이루어지길 바라던 한 인간의 소망이 지금 이루어지기도 합니다. 자기 시대와 자기가 행하는 일의 절차가 조화를 이루는 이는 운이 좋지만, 이런 조화를 이루

남성됨과 정치

지 못하는 이는 운이 좋지 않은 것입니다. 이런 이유로 (다른 상황에서) 서로 다르게 일하는 두 사람이 같은 결말을 맞았다면, 그들 자신이 마주하는 시대와 상황에 적응했기 때문입니다. (……) 전반적으로든 개별적이든 시대와 상황은 자주 바뀌고 인간은 스스로 상상한 바와 행하는 일의 절차를 바꾸지 않기 때문에, 어떤 인간이 한 시대에는 행운을 얻고 다른 시대에는 불운을 겪기도 합니다.[39]

여기에서 마키아벨리는 한편에 인간의 타고난 기질과 행동을 두고, 다른 한편에 인간이 행한 것 기저에 있는 조건을 둔다. 그리고 이 둘 사이의 상대적 조화를 이루는 기능을 포르투나라고 한다. 그는 자신을 묵상으로 이끈 수수께끼, 즉 기질과 접근 방식이 너무나도 다른 한니발Hannibal Barca과 스키피오가 각각 어떻게 정치적·군사적 성공을 거두었는지를 이 설명을 통해 풀어낸다. 이들은 저마다 처한 상황에 걸맞은 접근 방식을 택했다. "이들의 특징 중 하나는 잔인, 배반, 종교의 부재 등이었고 (……) 또 다른 특징은 자비, 충성심, 종교 등이었는데 (……) 이 둘이 모두 같은 효과를 발휘했고 (……) 수많은 승리를 거두었습니다."[40] 마키아벨리는 소데리니에게 보내는 편지에서 이렇게 결론 내린다.

시대와 상황이 어떠한지 이해하면서 스스로 그 조건에 적응할 만큼 충분히 현명한 사람이라면, 늘 행운을 맞이하거나 나쁜 일에서 자신을 분명히 보호할 것입니다. 또한 현명한 사람이 별과 운명을 지배한다는 말은 진실이 될 것입니다.[41]

마키아벨리는 이렇게 대담한 고백을 통해 당대에 퍼져 있던 신비주의와 미신을 타파한다. 인간은 자신이 이해하거나 통제하는 데 실패한 것을 포르투나, '운명' 또는 '섭리' 등으로 부른다. 따라서 이는 어떤 외부의 힘이 아니라, 정신의 문제거나 정신이 꾸며 낸 것이다. 그는 『로마사 논고』에서도 같은 주제를 다룬다.

나는 인간의 불운과 행운의 원인을 수차례 목격했다. 내가 목격한 바에 따르면 어떤 이들은 서둘러 행동하고 어떤 이들은 조심스럽게 주의를 기울이며 행동하는데, 문제는 그들의 일하는 방식이 시대에 적합한지 여부다. 왜냐하면 인간은 이 두 접근법 모두에서 적정선을 넘어 버림으로써 (……) 실수를 하기 때문이다.[42]

『군주론』에서 마키아벨리는 유연성과 운의 문제를 앞서 살펴본 야심과 더욱 밀접하게 연결한다.

인간은 제아무리 신중해도 (……) 극단적 (상황) 변화에 적응할 수 없다. 자연의 성향을 거슬러 행동할 수 없기 때문이기도 하지만, 누군가 늘 일정한 과정을 수행해 번창했을 경우 그 과

남성됨과 정치

정을 버리도록 설득할 수 없기 때문이다. (……) 그가 시대와 상황에 맞게 자기 본성을 바꿀 수만 있어도 그의 운은 결코 변치 않을 것이다.[43]

마키아벨리는 포르투나에 대한 이해 방식을 개인적 경험에 한정하지 않는다. 완고한 방법론 그리고 상황과 결과에 대한 근시안적 태도에서 비롯한 야심이 "어느 지방, (……) 어느 오두막집"이든 관통해 움직이기 때문이다. 마키아벨리에게 야심이란 모든 도시와 제국의 발흥과 몰락의 원인이 되는 충동이었다. 무지한 이들은 포르투나의 기이한 변화무쌍 때문에 권력을 얻거나 잃는다고 본다. 하지만 권력을 얻고 잃게 되는 진정한 원인은 야심과 그것이 판단을 내리고 적절한 정치적 방법론을 선택하고 정치적 목표를 형성하는 데 미치는 영향에 있다. 『황금 당나귀』에서 마키아벨리는 이렇게 혼잣말을 한다.

가장 높은 언덕 꼭대기에서 왕국을 집어던지는 것은 바로 자기 권력에 결코 만족하지 못하는 힘 있는 자들이다. 이런 행위 때문에 패배한 이들의 불만이 차오르고 증오심이 끓어올라 정복자들을 파멸시키기에 이른다. 여기서 하나가 일어서면 다른 하나는 죽고, 이미 일어선 이는 새로운 야심과 공포에 휩싸여 끊임없이 고통받는다.[44]

이와 비슷하게 마키아벨리는 「야심에 관한 3행 연구Tercets on Ambition」에서 포르투나가 일으키는 바람 속에서 벌어지는 모든 변화의 원인은 고삐 풀려 움직이는 야심이라고 지목한다. "(야심) 때문에 하나는 내려가고, 다른 하나는 올라간다. 법이나 협약 없이, 필멸하는 모든 조건의 변화가 여기에 달려 있다."[45] 여기에 언급된 법과 협약에서는 『군주론』에 등장하는 '사자와 여우'에 대한 이야기가 연상된다. 이는 관습적으로 '인간에게 적합한' 것으로 보이는 투쟁의 형태다. 그러나 마키아벨리는 인간의 가장 두드러진 특성, 즉 권력을 향한 원초적 충동이 인간의 행동과 정치에 대한 이런 설명을 웃음거리로 만든다고 명백히 말한 바 있다. 인간에게는 특유의 동물적 본성이 있는데, 거기에서 비롯한 충동과 존재 이유가 야심이다. 야심 때문에 인간은 정글**의** 생명체가 아닌, 정글 **속** 생명체가 된다. 즉 다른 어떤 동물보다 더 많기도 하고 더 적기도 한 생존 도구를 지닌 생명체, 자신의 존재 수단을 영원히 복잡하게 만들고는 자기 스스로 만든 문제 앞에 경외와 혼란을 느끼며 서 있는 생명체다.


Ⅳ


마키아벨리에게 비르투의 계발과 발휘는 인간의 무한한 열정, 빈약하게 타고난 자질, 환경과의 양립 불가 등에서 비롯한 인간

남성됨과 정치

의 취약성을 바로잡을 수 있는 희망이다. 비르투라는 개념은 아레테처럼 적극적인 탁월함을 함축하지만, 이들은 중요한 지점에서 차이가 있다. 마키아벨리의 설명을 보면, 인간의 탁월함은 인간이 타고난 자연적 부적절성과 반대되는 것이다. 예컨대 형편없는 판단력이 문제인 곳에서 비르투는 날카로운 통찰력이다. 나태가 창궐하는 곳에서 비르투는 활력 넘치는 움직임이다. 인간의 비겁함과 우유부단이 문제가 되는 곳에서 비르투는 용기이자 목숨을 거는 의지다. 비르투는 어떤 식으로든 노예로 삼으려는 위협이 불거진 데서는 자유의 표현이며, 나약이 흔한 데서는 힘이며, 관성에 젖거나 수동적 태도가 있는 곳에서는 행동이다. 요컨대 마키아벨리의 저작에 나타나는 비르투의 다양한 적용 사례와 의미에 공통으로 함축된 특성은 **극복**이고, 이런 점에서 비르투와 아레테가 구별된다. 아레테는 압박과 분투를 수반하지만, 그리스인들은 이 압박과 분투의 노고가 인간의 본성을 완벽하게 하거나 완성하는 운동이라고 보았다. 이와 달리 비르투는 인간의 타고난 방종, 목적 없는 열정, 나태 또는 수동성 따위에 맞서는 투쟁을 수반한다. 압박과 분투는 비르투와 아레테의 공통 요소다. 다만 비르투는 인간의 목표**와 관련한** 한계점을 바로잡으려는 세속적 추구고, 아레테는 완벽을 지향하는 투쟁이다.

비르투는 무정형의 열정(특히 야심)을 (종종 공공의) 가치 있는 목표로 돌리는 데 필요하다. 그리고 이윤을 지향하는 탐욕을 개인의 권력을 넓히는 (비록 활기차기는 해도) 계산된 계획으로 바꾼다. 마키아벨리가 지치지 않고 반복해서 말하듯, 무언가를 매우 간절히 바라는 것만으로는 충분치 않다. 인간은 규율, 인내, 예지, 기지 그리고 자신의 목적을 이룰 힘을 올바르게 조합해야 하며, 이 조합이 바로 비르투다.[46] 비르투는 또한 지나치게 기운 넘치고 열정적인 인간을 누그러뜨린다. 비르투의 이런 측면을 보여 주는 가장 좋은 예를 마키아벨리가 가장 좋아하는 맞수 한니발과 스키피오에게서 볼 수 있다. 마키아벨리는 『로마사 논고』에서 이 둘을 저마다 성공으로 이끈 바로 그 미덕이 이들에게 멸망을 불러왔다고 말한다. 즉 한니발은 다른 이들이 그를 너무 두려워했고, 스키피오는 다른 이들에게 너무 많이 사랑받았다. "두 사람 가운데 누구든 군주를 타도할 만큼 거대한 난관을 마주할 수 있다. 사람들에게 너무 열렬하게 사랑받은 이는 경멸받는다. 사람들이 두려워하도록 각고의 노력을 기울인 이는 (……) 미움받는다."[47] 비르투는 이런 극단에서 이 두 사람을 구해 냈다.

> [사람은] 정확히 중용을 지킬 수 없다. 본성이 이를 허락지 않기 때문이다. 그러므로 (……) 한니발과 스키피오처럼 그 어떤 과도한 부분이든 비범한 비르투로 조정해야 한다. (……) 한 장수가 어떤 방법을 쓸지는 크게 문제되지 않는다. 만일 그가 두 가지 행동 방식 가운데서 좋은 것을 따다 더할 수만 있다면 말이다. (……) 어떤 방법이든 뛰어난 비르투가 그것을 교정하지 않으면, 패배와 위험이 뒤따른다.[48]

남성됨과 정치

마키아벨리 연구자들의 해석과 달리, 이 단락에서는 비르투와 야심이 그의 저작에서 동의어가 아님을 알 수 있다.[49] 사실 야심은 공적 영광을 향한 욕망으로 변할 때만 비르투와 경쟁하기를 멈추고 한데 힘을 합친다. 마키아벨리가 야심에 대해 남긴 언급 가운데 비르투와 연결되는 것은 없지만, 명예와 영광 추구는 분명 비르투와 관련해 제시된다. 그는 로렌초 데 메디치Lorenzo de Medici를 위한 전원시에서 사목司牧하던 시절의 찬양 기도를 이렇게 끝맺는다. "자신의 영광을 돋보이게 할 명성을 얻고자 하는 당신의 본성적 욕망은 분명히 뛰어난 (덕스러운) 것으로 보입니다."[50]

개인의 야심에서 출발해 공공의 영광 추구에 이르는 길은 쉽지 않다. 이 어려운 임무에서 비르투는 서로 상당히 다르고 궁극적으로 상충하는 두 가지 목적을 위해 소환된다. 첫째, 비르투는 예리한 통찰을 제공해야 한다. 이 통찰로, 보통은 인간의 야심찬 본성에 가로막혀 도출되지 못하는 결과에 대한 조건과 탁견을 살펴봐야 한다. 둘째, 비르투는 대담하고 단호한 접근을 북돋아 누군가의 목표를 이루도록 해야 한다. 첫 번째 문제는 마키아벨리의 비르투 개념에서 자주 무시되는 점이다. 비르투는 흔히 행동과 연결되지만(그리고 비르투가 드러나는 최고의 순간이 그 연결 속에 있지만), 효과적 행동은 마키아벨리가 '때'라고 부른 것을 철저히 이해하는 데 달려 있다. 야심에 이끌린 인간의 정신으로는 이런 이해에 도달하기가 무척 어렵다. 통찰과 예지의 비르투는 '기회'[51]를 알아챌 능력을 계발할 뿐만 아니라 인내를 발휘하며 확고한 기반과 방어 시설을 만들고 유지하는 험난한 작업을 수반한다.[52] 인간의 타고난 근시안적 특성을 극복하는 비르투는 사물을 장기적으로 보고 정확히 판단할 줄 아는 시각 및 그에 따라 계획하거나 통치하는 행위와 관련된다. 즉 국가의 질병을 초기에 치료하고, 나중에 일어나면 불리할 수도 있는 전쟁을 막기 위해 지금 필요 없어도 전쟁을 벌이고, 다른 이들의 눈에 혼란이나 극심한 사회적 부패로 보이는 것에서 기회를 발견하는 행위다.[53] 이런 점에서 비르투는 야심이 갉아먹는 힘을 절묘하게 활용하고 이상이 품은 권력을 개간하는 행위다.

문제는 이런 개간 작업이 불가능에 가깝고, 결코 절대적이지 않다는 것이다. 마키아벨리는 "인간이 멀리 떨어진 사건보다 즉각적인 사건에 더욱 끌리"고,[54] 훌륭한 비르투를 지닌 인간마저 자신이 처한 상황을 이해하고 때맞춰 행동하지 못한다며 거듭 탄식한다. 이런 분위기에서 비르투에 대한 마키아벨리의 조언과 정식화는 그 방향을 180도 바꾸며 직설적으로 행동하라, 대담해지라, 세계를 장악하고 거기에 네 존재를 내세우라 같은 내용으로 채워진다. 포르투나, 즉 당황스럽거나 적대적인 상황을 마주했을 때 충동적으로 대담하게 행동하라. 이때 그 유명한 구절이 반복해서 등장한다. "신중하기보다는 충동적인 편이 낫다. (……) [포르투나가] 젊은 남성들의 친구인 것은, 그들이 덜 신중하면서 더 넘치는 기상으로 훨씬 대담하게 그녀를 굴복시키기 때문이다."[55]

그렇다면 인간은 가능한 한 먼 미래를 내다보며 시대에 발맞춰 일해야 하고, 이런 맥락에서 비르투는 역사 지식이자 인간사의 양식과 순환에 대한 이해이며, 정치적·군사적 기반의 건설이자 이를 강렬하게 꿰뚫어 보는 시선이다. 그러나 그다음에 의지, 힘, 대담성의 비르투가 대두한다. 이때는 목적의 힘과 견고함이 중요해지고, 이 중요성과 견줄 만한 것은 마키아벨리가 시공간과 이를 받아들일 역량이 있을 때 미덕이 된다고 말한 유연성과 신중함 정도다. "인간은 평범한 수단으로는 결코 얻을 수 없던 사물을 결기와 대담성으로 무장한 뒤 얻어 내는 경우가 많다."[56]

따라서 비르투에는 물리적인 힘과 정신적인 힘이 다 개입하고, 이 두 힘은 궁극적으로 대립 관계에 있다. 변화의 바람이 불 때는 행동의 기반을 다지고 주의 깊게 조건을 구성하고 방법을 바꾸는 기초공사의 중요성이 단도직입적이고 대담하며 폭력적인 공격의 요구 앞에서 아무런 소용도 없게 된다. 지적으로 사고할 때 통찰과 예지의 비르투는 외곬의 기회주의적인 비르투와 불화한다. 대담한 의지를 발휘할 때 상대적으로 편협하고 계산적이고 도구적 합리성이 필요한 곳에서 작동하는 비르투가 요청하는 사고방식은 한 인간의 세계를 이해할 때 필요한 개방적이고 탐구적인 정신과 완전히 대치한다. 대담한 의지를 발휘할 때 작동하는 비르투는 묵상의 여지가 전혀 없고, 숙고 또한 가장 피상적인 (군사적·전략적) 수준에 맞춰진다. 이때는 목표와 그 목표를 성취할 기회의 관계에만 집중하는 정신이 필요할 뿐이다. 이런 정신은 외부 요소로 주의가 분산되는 것을 피해야 할뿐더러 목적의 불변성과 성취 수단을 전복할 모든 내적 감성, 의심, 갈등을 눌러야 한다. 제럴드 사이걸Jerrold Seigel이 말하듯 "대담성과 가장 극명하게 대비되는 우유부단, 이것은 마키아벨리가 비르투라는 개념을 창안할 때의 필요성과 매우 밀접하게 관련된다. 즉 두 가지 태도가 모두 선택의 반의어고, 비르투는 선택의 영역에서 사라져 버린다."[57]

우유부단은 마키아벨리가 비르투의 불순 요소라고 인식한 것의 극단적 표현일 뿐이다. 목표에 몰두하는 정신의 비르투 쪽에서 보면, 선택된 목표에서 초점을 흐리는 정신적 움직임은 모두 그에 대한 공격이다. 규율이 잡히지 않은 이성은 홉스 이상으로 마키아벨리도 신뢰하지 않았다. 당면한 과업에 단단히 묶여 있지 않은 이성은 인간의 세계 통제를 약화한다.[58] 목적에 매여 있는 이성은 인간의 욕망에 맞춰 세계의 형상을 잡아 갈 때 물리적 힘만큼이나 강한 강제력이 된다. 마키아벨리 정치학에서 두 자루의 권총이라고 할 만한 '강제력과 기만'은 같은 매개의 다른 요소일 뿐이다. 둘 다 인간의 환경을 작업 **대상으로 삼는** 방식은 아니다. 둘 다 질료에 형상을 부여하거나 (일반적으로 기이한 존재나 포르투나로 가장하고 있는) 다른 형상을 자신의 형상으로 싸워 물리치는 활동을 포함한다. 이를 위해 정신을 '유순'하거나 '여성스럽게' 만드는 요소를 다 제거해야만 한다. 도덕적 사고뿐만 아니라 깊이 있는 생각도 억눌러야만 한다. 침략군의 정신에 맞먹는 정신만이 미지의 것을 정복하는 임무에 적합한 강제력을 동원할 수 있다.

이 마음의 비르투는 마키아벨리의 저작에 나오는 바로 그 특징을 형상화한 것이다. 마키아벨리의 문체는 경직되었지만 명확하기로 유명하다. 예컨대 어떤 상황은 '이것' 아니면 '저것'이고, 인간은 'a' 아니면 'b'를 행해야 한다. 페데리코 샤보Federico Chabod 는 이것 아니면 저것, 흑 아니면 백이라는 모티브를 두고 이렇게 말한다. "정치가의 비르투에는 전적으로 긴급하고 단호한 결정을 내려야 한다는 수칙이 있는데, [이 모티브는] 그 수칙을 바탕으로 한 사고방식의 완벽한 공식 표현"이다.[59] 정치 행동과 관계의 조건에 담긴 미묘함과 뉘앙스를 마키아벨리만큼 잘 아는 이는 없을 것이다. 그러나 그는 이 미묘함과 뉘앙스의 심층까지 내려가는 것이 정치적 인간에게 재앙이 될 수도 있다고 주장한다. 확신할 수 없는 것을 마주했을 때, 그 앞에 멈춰 서지 말고 오히려 제압하거나 압도해야만 한다. 정신의 비르투는 인간의 생각이 미치는 특정 범위와 부차적인 부분을 억누르고, 인간을 공포나 탐욕에 이끌린 동물에 더 가까워지게 한다. 펠릭스 길버트Felix Gilbert는 이 문제를 이렇게 정리한다. "세계에 대한 인간의 지배는 인간이 자신을 둘러싼 힘들 가운데 일부가 될 만큼 본능성이 있는가에 달렸다."[60]

본능성은 사실 마키아벨리가 비르투에 부여하려던 특성이다. 하지만 그는 이 특성이 인간 세계에 대한 절대적 통제를 가능하게 하리라고 기대하지 않았고, 주변의 힘에 섞여 들어가는 결과를 가져온다고도 믿지 않았다. 마키아벨리는 가장 훌륭한 비르투가 작동할 때도 인간은 세계와 불화하고 오직 자신이 강제하는 것, 자신의 형상을 새긴 것만을 지배한다고 명확히 언급했기 때문이다. 비르투는 배짱과 용기, 결기와 대담성의 맥락에서 볼 때 행위자를 시대에 맞춰 세우지 않는다. 비르투가 의미하는 것은 시대에 맞추거나 시대에 섞여 들어가도록 영합하기보다는 오히려 시대를 만들어 가려는 의지다. 이런 비르투에는 용기, 위기, 점유한 공간에서 벌이는 활동 같은 것들이 개입한다. 마키아벨리가 반복해서 언급하듯, 시간이나 포르투나에 의존하는 것과 반대되는 태도다.[61] 이것은 또한 다른 사람이나 자신이 만들지 않은 제도에 의존하는 것과 반대되는 태도다.[62] 이런 맥락에서 비르투가 구현하는 것은 통제의 추구, 환경 지배의 추구다. 하지만 이런 통제와 지배의 성취는 자기 자신의 것이 아닌 모든 권력의 현현을 억제하는 선까지로 제한된다. 이런 비르투는 인간의 행동과 의도를 환경과 합치하게 만드는 것, 마키아벨리가 포르투나라고 부른 것과 아무 상관이 없다. 따라서 이는 포르투나와 벌이는 다툼을 심화한다. 포르투나와 비르투는 영구적 전투 상태에 놓이고, 마키아벨리에게 성별 간 전쟁은 정치의 **유일무이한** 패러다임이다.

여기에서 마키아벨리가 이 세계에 임명해 넣은 행위자들이 마키아벨리가 이해한 정치 영역의 (인간의 한계는 물론이고 인간의 무한한 잠재력에도 뿌리를 두고 있는) 복잡성을 무너뜨린다는 것이 선명해진다. 그는 궁극적으로 통제와 지배가 불가능하다고 생각한 곳에 대한 통제와 지배를 촉구한다. 그는 모호하며 변화 과정에 있다고 밝힌 상황에 대해 노골적 지배를 조언한다. 대담한 행동의 비르투는 정치적 삶이 유동적이고 모호하며 맥락적인 본성이 강하다고 이해한 마키아벨리와 충돌한다. 이런 비르투는 결의, 확고부동, 모호함 결여 등을 내보이며 실현된다. 인간은 자신이 닦은 길을 고수해야 하고, 가능하다면 그 길 주변으로 사건이나 포르투나가 흘러갈 수 있게 해야 한다.

이런 이유로 권력을 향한 인간의 무정형 충동이 낳은 소외와 상대적 무력함에 대한 치료제 자리에 비르투가 오지만, 사실 비르투는 일상의 삶과 정치라고 불리는 영역 사이의 거리는 물론이고 소외까지 증폭한다. 비르투를 함양하는 것은 정치 행위자들 간 투쟁의 강도를 높일뿐더러 정치 영역이 다수의 존재 너머로 권력을 찾는 소수의 전장이 될 만큼 그 범위를 넓혀 버린다. 게다가 (비르투 발휘에 따르는) 어떤 요소와 힘의 지배는 피지배, 피억압의 존재들에게 있는 신비와 위험성을 증가시킨다. 이제 이 문제를 살펴보자.

# V

정치 영역에서 불가사의하게 인간의 의도를 훼손하거나 위협하는 주제에 대한 마키아벨리의 생각을 살펴보면, 궁극의 남자다움에 대한 집착으로 전복된 그의 통찰이 탁월했음을 다시금 확인하게 될 것이다. 왜냐하면 권력의 특이성을 자각한 몇 안 되는 정치 이론가인 그에게 권력은 피억압자들이 탄생시킨 것이고, 억압은 바로 그러한 행동이 만든 것이자 성공적인 정치 행위자가 자각하고 다뤄야만 하는 것이기 때문이다. 마키아벨리 이후 몇 세기가 지나고서 프로이트는, 지배되고 억압되고 거부된 것이 사라지거나 죽지 않고 지하 세계에서 그것을 가두고 치우려고 애쓴 존재에게 영원히 위험하고 위협적인 상태가 되어 그 자체의 삶을 산다고 정제된 심리학 언어로 표현한다. 마키아벨리는 같은 내용을 경직된 정치 언어로 기술한 것이다. 그러나 정치적 삶에 나타나는 이런 현상을 통찰력 있게 탐구할 때조차도 마키아벨리는 그것이 함축하는 것에 대해서는 등돌린다. 그리고 시도 자체가 무용한데도 궁극적으로 이를 극복할 방법을 찾는다. 마키아벨리의 정치 담론에 스며 있는 '형상'과 '질료'의 언어는 그의 사상에 들어 있는 이 자기 전복적 반전의 완벽한 예다.

마키아벨리의 형상-질료 패러다임을 살펴보기에 앞서, 그 어원에 대한 짧은 여담을 해 보자. 영어에서 '질료matter'와 '물질적material'이라는 말은 라틴어 '마테르mater'에서 왔고, 마테르의 어

남성됨과 정치

원은 그리스어 '울레ᵘˡᵉ'다. 울레와 마테르는 모두 '질료'뿐만 아니라 '어머니'라는 뜻이 있고, 울레의 경우 '나무'·'숲'·'목재'·'어떤 사물이 만들어지는 재료'·'나무의 몸통' 같은 뜻도 있다. 이런 의미의 배열에서 어머니-질료라는 연결에 대해 다음과 같은 두 가지 설명을 제시할 수 있다. 첫째, 인간은 자기 어머니를 '(공예품이나 아이 같은) 어떤 대상을 만드는 재료'로 여기는 것과 비슷하게 나무나 숲을 자신의 기획에 쓸 질료라고 본다. 이는 여성이 수정의 재료가 되고(재료 공급) 남성이 원칙이나 씨앗이 된다(씨앗 공급)고 보는 아리스토텔레스의 재생산 과정 설명과 명확히 일치한다. 둘째, 만일 가부장 문화에서 어머니와 여성이 이데올로기적으로 동의어라면, 질료는 어머니만이 아니라 여성 일반을 뜻한다. 이 경우 마테르의 다중적 의미는 남성이 여성과 맺는 관계에서 나타나는 그리고 남성이 세계를 젠더화하는 작업에서 나타나는 좀 더 일반적인 양상을 드러낸다. 여성은 남성이 형상을 활용하거나 제공하거나 부여하는 데 필요한 재료로 인식되고, 이와 반대로 남성은 자기 형상을 세계에 부여할 가능성이 보이는 곳이라면 어디에서든 '타자'(여성)에 맞선 자신(남성)을 보게 된다. 다시 말해 여성-질료-어머니는 남성-형상-아버지의 반대편에 있으며, 전자는 후자가 이용하기 위해 있을 뿐만 아니라 그 이용 때문에 형체와 목적이 생겨나는 것으로 보인다.

마키아벨리의 작업에서 이런 어원의 의미는 이탈리아어 비르투ᵛⁱʳᵗù가 라틴어 비르투스ᵛⁱʳᵗùˢ에서 왔고, 두 단어의 뿌리인 비르

vir의 뜻이 '남성'이라는 것을 떠올릴 때 선명하게 드러난다. '거장virtuoso'이 성과를 낸 위대한 남성을 뜻하고 '정력virility'이 힘세고 강한 남성을 뜻하듯, 비르투는 남성적 행위를 함축한다. 마키아벨리에게 비르투의 두 가지 결정적 표현 중 하나는 질료materia에 형상forma를 부여하는 행위로 특히 도시국가 설립 시기에 중요하고, 다른 하나는 포르투나를 꺾거나 그보다 앞서 나가는 행위다. 두 행위 모두 극히 젠더화된 구축물이고, 단지 대립만이 아니라 여성에 대한 정복까지 수반하는 남자다움을 구축하는 작업과 연관된다.

자세히 보면 마키아벨리의 정치적 행동과 기반의 '형상-질료' 모델은 그가 이해하는 정치적 삶의 성격에 비추어 볼 때 폭로적이고 기만적이다. 그는 정치 행위자의 유연성이 중요하다고 말한다. 그럼에도 그의 말 가운데 몇몇 지점에서는 자신이 이해할 수 없는 사건과 상황을 제압하려면 위력으로 공격하고 자신의 형상을 부여하는 방법밖에 없다고 생각한 그의 확신이 흔들리지 않았음이 드러난다.[63] 『군주론』 25장의 유명한 구절을 살펴보면, 이를 어떻게 바꿔 보든 마키아벨리의 태도는 명백하다. 포르투나는 정중하게, 신중하게, 유연하게 대하지 않을 경우 결박되거나 상처 입거나 두들겨 맞거나 성폭행을 당할 운명이다. 비르투는 이때 포르투나가 표상하는 것(인간이 마주하는 배경과 환경의 유동성)의 반대편에 자리한다. 마키아벨리는 이 전투를 질료에 대한 형상 부여라고 부르고, 여성에 대한 남성의 성적 정복으로 묘사한다.

마키아벨리는 포르투나나 '질료'라는 말을 수동적으로 쓰지 않는다. 그보다는 인간과 다른 힘을 품거나 인간이 비르투를 행사할 때 활용할 수 있는 것을 가리킨다. 포르투나와 '여성적 힘'은 만일 누군가 효과적으로 막아서고 맞서 이겨 내지 못할 경우 신비롭고, 변덕스럽고, 손댈 수 없고, 완전히 전복적인 모습으로 **나타날 것**이다. 마키아벨리는 이 주제를 정치 저술과 희곡을 비롯한 문학작품에서 끊임없이 반복한다. 그는 「국가는 어떻게 여성 때문에 무너지는가How a State Falls Because of a Woman」에서 티투스 리비우스Titus Livius와 의견을 같이하며 "여성은 많은 파괴를 초래했고, 도시를 다스리는 이들에게 커다란 위해를 가하면서 그들을 분열시켰다"라고 말한다.[64] 희곡 『만드라골라Mandragola』에는 가 닿을 수 없는 여성을 세속적으로 좇다가 모든 흥미를 잃어버린 남성이 주인공으로 등장한다.[65] 마키아벨리의 희곡 중 덜 알려진 『클리치아Clizia』 역시 사랑이 남성에게 미치는 타락 효과에 대한 연구이자 남성의 욕망을 좌절시키려는 여성의 끈질긴 힘에 대한 연구다. 이 희곡에서 노년의 니코마코는 자기 양녀에게 반하는데, 그의 아내 표현에 따르면 니코마코는 "진지하고, 변함없고, 신중한 사람으로 (……) 존엄하고 영광된 일을 좇아 시간을 보내는 사람"이었다.[66] 그러나 "머릿속에서 그 여자아이를 향한 열병을 앓고 난 뒤 농장은 폐허가 되고, 사업은 실패하고, 모든 이가 그에 대한 존경을 거둔 뒤 조롱한다."[67] 니코마코는 한

집안의 가장이고 아내에게는 없는 모든 사회적·경제적 힘을 갖고 있지만, 남편이 욕정을 품은 여자아이를 남편에게서 떼어 내는 전쟁에서 승자는 바로 그의 아내다. 희곡 중간에 마키아벨리는 그 이유를 이렇게 설명한다.

> 옳든 그르든 여성을 화나게 하고서
> 만일 그가 기도와 탄식을 통해, 그녀 안에 있는 조금의 자비라도
> 찾아낼 수 있다고 믿는다면 그는 바보다.
> 이 필멸의 삶에 걸어 들어올 때
> 그녀는 자신의 영혼과
> 자부심, 분노, 용서하는 체하는 무시도 함께 지니고 들어왔다.
> 기만과 잔인이 그녀를 뒤따르며
> 그녀가 하는 모든 일에서
> 그녀의 소망을 이루도록 돕는다.
> 그리고 만일 분노가 거칠고 심술궂게 그녀를 흔들면
> 또는 시샘이 그리 만들면, 그녀는 분투하며 지켜보리라.
> 그녀의 힘이 필멸하는 존재들의 힘을 넘어설 것이기 때문이니.[68]

『벨파고르: 결혼한 악마*Belfagor: The Devil Who Married* 』는 마키아벨리가 전복성과 관련한 여성의 지대한 능력을 언급한 또 다른 예

남성됨과 정치

다. 이 작품의 주제는 "남편이 아내 탓에 지옥으로 가는가"라는 질문이다.[69] 예상할 수 있는 것처럼 이 이야기의 끝은 긍정의 대답이며, 마키아벨리는 이 과정에서 남성과 여성의 힘 차이와 여성이 남성을 훼손하는 능력에 대해 사색한다.

여성의 힘에 대한 이런 묘사 가운데 정치 혹은 제도와 관련한 힘이 논의되는 경우는 없다. 여성에게는 그런 힘이 없으며, 마키아벨리도 결코 여성에게 그런 힘이 있다고 가정하지 않는다.[70] 그러나 마키아벨리가 저작에서 포르투나와 '질료'는 헤치고 들어갈 수 없으며 예측할 수 없는 자연의 방식과 연관된 신비롭고, 유혹적이고, 복수심에 불타며, 교활한 여성적 힘이다. 많은 마키아벨리 해석가들은 포르투나와 '질료'를 수동적 실체로 생각하고, 인간의 이익에 직접적 위협보다는 장애가 된다고 보았다. 하지만 이 해석은 마키아벨리가 여성에 대해 말하는 바를 그리고 인간으로서는 불가해하고 통제할 수 없는 우주의 요소에 대해 말하는 바를 오독하는 것이다.[71] 포르투나와 여성적 힘은 인간의 실패에 공모하는 힘이고, 지배하거나 통제하거나 탈출하려고 하는 인간에 반대하며 맞서는 힘이다.[72] 인간은 그 힘에 두들겨 맞지 않도록 조심해야 하는 것은 물론이고 그 힘에 이끌려 홀리는 것도 피해야만 한다. 여기서 우리는 적이 자신의 내부에서 얼마나 영속적으로 싸우는지 다시금 알 수 있다. 마키아벨리가 사랑의 위험에 대해 자세히 설명할 때 크게 위협적인 것은 여성 자체의 힘이 아니다. 남성의 남은 인생을 망치고 여성에 대한 남성의 제도적 권력을 약화하는 것은 남성이 여성에게 느끼는 열정, 즉 남성이 자기 욕구에 사로잡힌 노예가 되는 경험이다. 이때 절제는 특히 위태로운 상태로 내몰리게 된다.『만드라골라』에서 칼리마코는 루크레치아와 사랑에 빠져서 잠을 못 자고, 먹지도 못하고, 일거리가 있는 파리로 돌아갈 수 없다고 불평한다.[73] 칼리마코의 절제를 무너뜨리는 것은 루크레치아가 아니라 바로 그 자신의 욕정이다.

마키아벨리가 여성적 힘에 대해 말하는 다른 방식, 즉 복수심에 불타고 은밀하고 규정하기 어렵다고 말하는 것은 남성의 무능이 거울에 비친 모습이기도 하다. 이는 남성이 힘이 없어서 이길 수 없는 미지의 불가해한 존재를 표상한다. 남성 스스로 결핍되었다고 느끼는 힘과 능력은 그 종류와 상관없이 모두 여성 탓이고, 포르투나 탓이다.[74] 마키아벨리는 사실 자신의 능력 부족과 비르투 결핍 때문에 일어난 일을 포르투나 탓으로 돌리는 군주나 사람을 꾸짖을 때마다 이 점을 명확히 한다.[75] 그러나 '여성적 힘'을 부분적으로 탈신비화하는 한편 이런 점에 대해 이지적으로 안다고 해서 그 힘이 훼손되지는 않는다. 그리고 마키아벨리가 관심을 두는 것은 남성과 여성 사이 그리고 비르투와 포르투나 사이의 전투 전략이지, 그 다툼의 기원이나 심층 구조가 아니다.

자유와 남성됨, 둘 다 이 전투에 달려 있다. 포르투나에 무릎 꿇거나 의지하려고 하는 남성은 이 둘을 모두 희생하는 것이다.[76] 이와 반대로 마키아벨리가 "여성화된 남성"이라고 부르는,

방어 기구·규율·활력·비르투 등이 결핍된 남성과 국가는 포르투나와 여성의 공격에 무너지는 첫 번째 세력이다.[77] '여성적 힘'은 반드시 직접, 화해를 향한 어떤 움직임도 없이 마주해야만 한다. 포르투나에 대한 의존을 피하자는 주장은 포르투나의 예측할 수 없는 공격에 맞서기 위해 힘을 키워야 한다는 주장만큼이나 자주 반복해서 등장한다.[78] 포르투나는 어떤 경우에는 반드시 그 암호와도 같은 의미를 해석해 나란히 갈 수 있어야 하며, 또 다른 경우에는 두들겨 줘야 하는 것이다. 그리고 진정한 남성이라면 반드시 이 두 가지를 다 할 수 있어야 한다. 로버트 오르Robert Orr는 이렇게 말한다.

> 대담성(……)은 포르투나에 대비해서 인간이 영원토록 보유한 유리한 특성이다. 우리는 어느 시점까지는 포르투나만의 다양성, 유연성, 유효성 같은 여성적 무기로 그녀와 싸워야 한다. 그러나 우리에겐 그 존재를 알고만 있다면 우세해질 수 있는 여분의 무기가 있다. 그녀는 여성이지만, 우리는 속도 높여 움직일 수 있는 남성이다. 게다가 그 속도에 투지를 더하고, 심지어 어느 정도는 결과를 무시하면서 나아가는 특질도 있다.[79]

비르투는 남성됨의 실용적 상징이다. 이것이 최대로 발휘될 때 남성에게서 모든 부드러운 면이, 자신을 무너뜨려 노예로 삼으려는 여신들에 뒤덮이고 압도되고 유혹당할 모든 위험이 제거된다. 비르투를 얻는다는 것은 자유를 얻는 것이다.[80] 그러나 자유란 얼마나 값비싸고 불안한 것인가! 그 본질상 도구적인 비르투는 자기 앞에 놓인 모든 것을 공격하는 데다 행위자의 다른 차원, 즉 포르투나와 여성적 힘으로 가장하고 그의 주위를 맴도는 차원까지 평정한다. 비르투를 추구하고 표현하는 데 목표를 제외한 모든 것은 도구나 걸림돌이 된다.[81] 거장의 공간과 시야에 들어온 모든 것은 억눌러야 할 대항력이거나 형상을 부여할 질료가 된다.[82]

비르투의 남성이 도래한 곳을 떠올려 보라. 비르투는 자연적이고, 형태가 제각각이며, 욕망과 야심에 찬 충동을 공공의 것이자 정치적인 것으로 빚어낸다. 이와 동시에 영광과 공권력에 대한 인간의 갈망에 초점을 맞춘다. 자신의 거처와 잘 어울리지 못하고 그 안에 있기를 불편해하는 마키아벨리의 인간은 환경을 징발해 자신의 보호 아래 다시 형태를 잡고는 그 세계에 기획과 목적을 새겨 넣어 자신의 연약함을 해결하려고 한다. 인간의 끝없는 욕망 때문에 합리성과 통찰력이 제한되어 있을 때, 비르투는 인간의 마음을 욕망 성취를 위한 수단과 기회에 더욱 외곬으로 집중시키고 대담하게 기회를 잡도록 격려한다. 세계에서 자신의 나약함에 압도되지 않으려면 인간은 지적·물리적으로 맹렬해야 하고 결기를 내보이는 한편 어떤 의미에서는 일차원적이어야 한다. 비르투적 의미의 자유는 평화를 적대자나 적과 같은 존재로 여기고, 그 대가로 집단의 사회성과 안정성을 희생한다.[83]

남성됨과 정치

이제껏 한 바퀴를 완전히 돌아보았다. 마키아벨리가 인간을 가엾은 동물 종으로 그린 것에서부터 시작해 인간의 야심 찬 본성을 이용하는 행위의 위험성을 거쳐 비르투를 지닌 인간으로 발전하는 데까지 이르는 순환이었다. 이 인간은 자기 자신에 내재하는 동물을 되살리고는 사냥당하거나 사냥하는 동물로서 자신의 목적을 이루는 데 유용한 관습·윤리·사물의 일반 질서를 고려하지 않은 채 신속하고 신중하게 행동하기에 이르렀다. 그러나 이렇게 '훌륭한 동물'을 길러 내는 마키아벨리의 방식에 대해 매우 궁금한 것이 있다. 결국 인류는 정글에서 살지 않는다. 그리고 역사를 보면, 황야의 이미지 속에 문명을 만들려고 애쓰지도 않는다. 그러나 마키아벨리가 만들어 가는 인간, 즉 정치적 행동을 대비한 인간은 자신의 세계를 이런 식으로 보게 되어 있다. 달리 말하자면 정치의 필수 조건, 즉 비르투를 요구하고 육성하는 조건은 야생동물이 맞이하는 조건의 인간 편이다. 그리고 다음 장에서 명확해지겠지만, 이 인간 편은 심히 충격적이다.

# 마키아벨리: 남성됨과 정치 세계

마키아벨리의 인간은 지배를 향한 충동을 품고 있으며, 그 충동의 일부는 그리스 정치철학에서 처음 명확히 표현된 신체로부터의 소외에서 시작되었다. 앞 장에서 우리는 이 충동이 어떻게 지상에 있는 인간의 태도, 특히 집단의 삶에 자리한 인간의 노력을 형성하고 복잡하게 만드는지 살펴보았다. 이제 이런 시각을 견지하면서 마키아벨리 정치학의 목적, 특성, 에토스에 대한 탐구를 이어 가려고 한다.

앞서 나온 몇몇 주제가 이 탐구 과정에 다시 대두된다. 우선 고삐 풀린 욕망이 가로막았던 지각의 명료함이 필요하다는 것, 포르투나나 여성의 작용을 인식할 때 여기서 발생한 간극 또는 실패를 구체화해야 한다는 것, 가늠할 수 없는 것을 정복해 보려는 궁극의 요구 등이다. 이때 우리는 정치가 인간을 구체적 '현실'에서 점점 더 멀리 밀어내는 방식, 즉 정치가 현실의 표면에서 경기나 극장 공연으로 드러나는 방식을 목격하게 될 것이다. 마키아벨리가 정치를 신체와 '삶'에 뿌리내리게 하려는 사이에, 그가 뿌리내리고 있는 남성 신체와 삶은 신체와 삶에서 유리되어 그것을 위협하는 정치를 만들어 냈다. 그리스인과 마찬가지로 마키아벨리의 정치는 삶을 경작하는 행위와 그에 대해 관심 갖는 것을 '넘어서서' 투쟁을 빚어내고 유지하는 소외된 인간들에서 시작한다. 정치는 그 자체의 명분, 영광, 남성됨과 자유를 위해 스스로 벌이는 피비린내 나는 전투 행위가 된다. 정치적 남성들이 걸려드는 이 광기는 그것이 남성이든 여성이든 아이든 외부의 자연이든 정치의 공식적 시야 바깥에 있는 모든 것들에 저주를 쏟아붓기도 한다.

I

마키아벨리의 『로마사 논고』는 겉보기에는 정치 및 권력 문제와 꽤 거리가 있는 것에서 논의를 시작한다. 도시는 어떤 기후와 토양에 세워져야 이상적일까?[1] 이 논의를 처음 접했다면, 시대착오적이거나 사소하게 보일 것이다. 끝없이 복잡하고 까다로운 주제에 대해 긴 글을 쓰려고 펜촉을 다듬는 마키아벨리만의 독특한 방법인 듯 보이기도 한다. 그러나 이런 지리적 고려에 대한 논의 가운데 그가 설정해 놓은 역설은 뒤에 이어질 500쪽 분량 교향곡의 주요 주제가 된다.

인간은 필요나 선택에 따라 행동하며 선택의 영향이 적은 곳에서 비르투가 더 크게 나타난다. 그래서 도시를 건설할 때는, 계속 강제로 일하며 나태에 사로잡히지 않은 인간들이 장소의 열악함 때문에 거의 불화에 휩싸이지 않으면서 더욱 단결해 살아갈 수 있을 만큼 척박한 지역을 고르는 것도 고려해야 한다. (……) 만일 자기 자원만으로 살아가는 데 만족하고 다른 이들을 다스릴 마음이 없다면, 그런 선택이 의심할 여지 없이 현명하고 가장 유용할 것이다. (……) 인간은 힘이 있어야 안전하기 때문에, 척박한 곳을 피하고 아주 비옥한 곳에 자리 잡아야 한다. 장소가 풍요로워야 도시를 확장할 수 있으며, 도시는 공격자로부터 스스로를 지켜 내고 누구든 위대한 도시에 반기를 들면 물리칠 수 있어야 한다.[2]

인간은 순수하고 긴급한 욕구에 따라 움직일 때 최선의 성과를 거둘 수 있고, 자기 파괴적인 면이 줄어든다. 그러나 인간은 외부 자연의 통치에 비현실적으로 대처하는 경향도 있다. 인간은 욕망을 채우기 위해 그리고 어디에나 있는 비슷한 욕망을 품은 약탈자를 막기 위해 집단적 힘이 필요하다. 마키아벨리는 정

남성됨과 정치

치 공동체를 형성하는 과정에 원동자原動者로서 이런 힘이 필요하다는 것을 확고히 한다.

> 그 장소에 원래 살던 사람들이 건설한 도시는 (……) 여러 지역에 소규모로 흩어져 살던 사람들이 안전하게 살 수 없다고 인식할 때 [생겨난다]. (……) 따라서 그들은 더 편리하게 살 수 있고 더 쉽게 방어할 수 있는 곳을 골라서 함께 모여 산다.[3]

문제는 인간이 자신에게 필요한 집단적 힘을 만드는 행위를 본능적으로 꺼린다는 데 있다. 인간은 야심 찬 본성 때문에 미덕이나 힘이나 공동체를 만들거나 지속하지 않는 방법을 통해 부와 지배권을 잡으려고 매달린다. 따라서 마키아벨리가 보기에 야심과 나태는 서로 친숙한 길동무다. 인간은 어떤 것이든 자신에게 이익이 되는 목표에 이르는 데 가장 편해 보이는 길을 택한다. 이는 번창한 사회라면 부패에 찌든 경우가 많다는 뜻이기도 하다. 인간은 쉼 없이 저마다 개인적·당파적 이익을 좇으며 자신의 사치와 평온을 즐기거나 지키기보다 늘리려고 할 것이다.

인간은 '자신의 자원만으로 살아가는 데 만족하지 않고' 항상 '다른 사람을 지배하려는 경향'이 있기 때문에, 자연의 필연성은 개인적이고 집단적인 나태·타락·부패에 대해 적절치 않은 처방이다. 풍부한 자원을 올바르게 쓰면서 끌어내는 힘은 국제 관계는 물론이고 국내에서도 성공적으로 방어하고 공격하는 데 필수적이다. 이런 이유로 권력을 얻는 데 꼭 필요한 요소인 번영에서 빚어진 해악을 줄이기 위해, 마키아벨리는 "그 장소가 강제하지 않는 필연성을 [한 도시]에 강제할" 법의 제정을 촉구한다.[4] 그런 도시에 대해 그는 이렇게 말한다.

> 매우 쾌적하고 비옥한 곳에 있는 현명한 도시를 모방해야 한다. 이런 조건을 갖춘 도시에서 사람들은 모든 격렬한 활동에 대해 나태해지고 부적합해진다. 그들은 그 지역의 쾌적함이 초래할 손실을 미리 방지하기 위해 (……) 준비를 하고, 본래 거칠고 척박한 지역에서보다 더 나은 병사가 될 수 있도록 병사가 될 이들에게 훈련의 필요성을 일깨워 주었다.[5]

번영이 가져오는 부패의 영향을 줄이기 위해 제정하는 법은 분명 마키아벨리의 정치철학에서 자유주의 전통과는 상당히 다른 위치를 차지한다. 우리는 (홉스의 '자연 상태'와 로크의 설명처럼) 법을 자연에서 인간을 해방하고 문명화된 사회를 만드는 것으로 보는 데 익숙하지만, 마키아벨리는 자연과 끊임없이 투쟁해 온 삶의 요구에 대한 사회의 응답으로 기능하는 법을 기대한다. 법은 필요를 공급하고, 따라서 문명화된 존재를 낳기보다는 이들에게 보상을 한다.

남성됨과 정치

인간은 필요에 따르는 경우를 제외하면 결코 선한 행동을 하지 않는다. (……) 선택의 여지가 충분하고 지나칠 만큼 자유로운 곳에서는 모든 것이 즉시 혼란과 난동으로 채워진다. 그래서 굶주림과 가난은 사람을 부지런하게 만들고, 법은 사람을 선하게 만든다는 말이 있는 것이다.[6]

마키아벨리는 다시 개인과 집단의 안녕에 꼭 필요하다고 본 것을 황무지에서 길어 올린다. 필요는 동물이 근육질 몸을 갖추고 활동적으로 강인하고 기민하게 움직이도록 하는 음식이다. 반면 안락은 살을 찌우고 나태하게 만들어 결국 무언가에 의존하는 운명에 밀어 넣거나 죽음과 적잖은 경멸을 마주하게 한다. 그러나 인간 사회에서 필요를 만들어 낸다는 것은 안락과 반대되는 제약을 구성하거나 신체와 뇌에 정기적 훈련을 받는 조건을 부과하는 정도를 넘어서서 상당히 많은 것들을 수반한다. 엄격한 법과 군대 규율마저 개인적·공민적 비르투의 취약성에 대항하기에는 부족한 규제책이다. 정치체제의 부패와 쇠퇴를 막는 유일하고 확실한 길은 신중하며 때로는 억지스럽게 보일 정도까지 필요의 조건을 구성하는 것이다.

번성하여 방탕한 정치체제는 마키아벨리에게 아무런 인상도 남기지 않는다. 경제적 기반이 튼튼하든 빈약하든, 인적 기반이 저항적이든 체념적이든 폭군의 성취에 있어서는 모두 똑같이 매력이 없다. 유의미한 정치체제, 그 자체로 고유하게 존재하며 끊이지 않는 소요 속에서 자기 자신을 소모할 가치가 있는 정치 세계를 낳는 것은 영웅적 개인의 비르투이며 집단의 공민적 정신이다. 이런 정신과 참여는 이를 **요구하는** (실재적이거나 현상적인) 조건의 존재에 전적으로 의존한다. "비엔티안 사람들은 필요가 그들의 싸움을 강제할 때 가장 흉포하게 싸웠지만, 열린 길을 보았을 때 싸움보다 도망을 더 떠올렸다."[7] 필요의 부재가 "도시를 연약하게 하거나 분열시킬" 곳에서 필요는 그 도시를 강력하게 만든다.[8] 사실 마키아벨리는 인간이 만든 모든 위업의 추진력으로 필요를 지목한다.

> 인간의 손과 혀, 인간을 고귀하게 만드는 이 두 가지 가장 고귀한 도구가 필요에 밀려 재촉받지 않았다면 그렇게 완벽하게 일하거나 인간의 행동을 여태껏 다다른 경지까지 끌고 오진 않았을 것이다.[9]

마키아벨리는 "필요가 비르투를 만든다"라고 직설적으로 선언한다.[10] 그리고 인간이 영광스럽게 전투를 벌이거나 패배하는 상황처럼 필요가 비르투를 직접적으로 만들지 않을 때, 비르투는 좀 더 우회적인 방식으로 작동한다. 경쟁심, 탐욕, 매우 잰걸음 등과 같은 분위기를 문화 전체에 불러일으키는 것이다.[11]

이는 아레테의 함양과 그리스의 공적 삶에서 **논쟁을 선호하는** 본성의 관계와 공명한다. 영광과 성공을 향한 강도 높은 경쟁은 분명 비르투가 필요에 의존한다고 마키아벨리가 이해한 것의 한 측면이다. 그러나 비르투는 성취 이상의 것이자 탁월한 행동을 넘어서는 것이다. 그것은 불리한 조건의 얼굴을 한 활력, 거대한 목적, 치열한 결의다. 필요가 길러 내는 비르투는 정치적 **힘**과 **권력**을 키울 때 그 나름의 역할을 하기 때문에 마키아벨리의 주요 관심사였다. 이런 점은 리비우스가 기록한 '로마의 내분'에 대해 마키아벨리가 보낸 찬사에서 가장 명확하게 보인다. 이를 논하는 장에서 마키아벨리는 "평민과 로마 원로원의 불화가 공화국을 자유롭고 힘 있게 만들었다"라고 선언한다. 여기에서 자유롭다는 것은 평민이 자신의 자유를 유지하려면 자유를 발휘해야만 하기 때문이고, 힘 있다는 것은 도시의 권력을 향한 끊임없는 불화와 추구가 평민을 상상할 수 있는 최강 집단인 시민-전사로 만들어 내기 때문이다.[12] 평민과 정치가가 모두 똑같이 자신의 공민 지위를 유지하고 개선하기 위해 매일 싸우도록 강제되면서, 로마라는 국가는 막대한 힘과 활력을 얻었다. 필요는 야심을 통합하고 집중시키며 이를 반대하는 존재가 위협하는 곳에 활기를 북돋는다. "활기나 필요에 따라 행동하도록 재촉받는 왕국은 늘 더 높은 곳을 향해 나아갈 것이다."[13]

야심은 분투를 만들어 내고, 분투는 경쟁을 낳고, 경쟁은 비르투를 길러 낸다. 그리고 비르투의 존재는 인간의 희소성, 좁아진 선택지 또는 필요에 대한 경험을 강화한다. 그러나 앞서 이미 제시했다시피, 마키아벨리는 이 사회심리학적 반응의 연쇄를 충족한 정치에 필요라는 조건이 반드시 있어야만 한다고 생각지 않는다. 특히 공민의 비르투를 구성하면서 정치적 성공에 힘을 집중하려면 정치와 군사 지도자들은 종종 필요가 나타나도록 필요의 겉모습, 즉 **외양**을 구성해야 한다. 정치 행위자들은 정치의 시공간은 물론이고 **상황 인식** 등 모든 것을 활용해야 한다. 그래서 필요가 유용한 곳에서 작동하도록, 적이 필요를 인식하지 못하도록 해야 한다.

K. R. 미노그K. R. Minogue는 마키아벨리의 판타지아('상상력' 또는 '주체성') 개념을 다룬 글에서 정치적 명령 가운데 가장 확고해 보이는 필요성조차 상상의 한 기능, 어떤 상황에서 선택지를 보지 못하게 하는 기능이라고 언급한다.[14] 마키아벨리가 한 신중한 장군에게 "당신이 막을 수 있던 길을 적에게 내주고, 열어 놓은 채 둘 수 있던 길을 당신의 군사에게 닫게 하라"라고 조언한 것은 이런 맥락에서다.[15] 한 도시를 굳건히 방어하길 원한다면 "무엇보다도 싸우게 될 이들의 마음속에 그런 필요성을 불어넣어야만 한다."[16] 마키아벨리는 이 논의를 마무리할 때 볼스키인 지도자가 자기 병사들에게 한 연설에 찬동하며 그 연설을 인용한다. "나를 따르라. 벽이나 도랑이 아닌, 무장한 사람만이 무장한 사람에 맞선다. 용기라는 면에서 너희들은 똑같다. 최후의 주된 무기인 필요성이라는 면에서는 너희들이 우월하다."[17]

사실 필요성이 실재하지 않는 가운데 필요성의 외양을 만들어 내려면 시공간을 모두 조작하거나 왜곡해야만 한다. 진정한 비르투가 있는 군주는 시간과 그 부분집합인 포르투나에 자신이 지배당하게 내버려 두지 않는다. 오히려 그는 시간을 필요한 만큼 줄이거나 늘려서 무기로 활용한다. 정치의 묘책은 자신을 위해서는 가능한 한 많은 시간을 확보하고, 행동에 돌입하게 강제하고 싶은 이에게는 시간을 줄여 주고, 혼란과 지연을 통해 꺾고 싶은 이에게는 시간을 늘려 주는 것이다.[18] 이와 비슷하게, 성공적인 정치 행위자는 정치 조건의 외양적 특성을 창조하거나 훼손하기 위해 정치 공간의 차원과 씨름한다. 인간은 자기 손에 닿는 것 그리고 사물의 피상적인 외양에 반응하기 때문에, 현명한 군주는 자신의 구성원과 적에게 상황을 제시하며 이 지식을 활용한다.[19] 이와 비슷하게, 군주는 "사물이 가까운 곳이 아닌 멀리서 모습을 드러낼 때 두려움은 훨씬 커진다"라는 마키아벨리의 믿음을 염두에 두고 공간적 차원이 수반하는 왜곡을 활용한다.[20]

이렇게 보면 마키아벨리의 정치학과 관련된 '필요성'은 인간 존재의 '실재적 필요'라 불릴 법한 것과는 확실히 거의 상관없다. 심지어 마키아벨리가 필요성을 정치 지도자가 만들어 낸 조건이나 제도가 구축한 조건이라기보다 외부에서 구축한 것이라고 말할 때조차, 그가 가리키는 것은 실제 인간이나 사회의 욕구가 아니다. 그것은 특정한 정치 환경의 명령이자 특정한 정치 목표다. 정치적 필요는 개인과 집단 차원에서 권력의 획득, 관리, 방어에 뿌리내린 정치 개념과 실천에서 생겨난다. 또한 물질적 안녕, 안전, 자유 등 인간적 욕구보다는 다른 차원에서 움직이며 그 차원에서 비롯한 전적으로 다른 질서를 따른다. 한 나라가 국제적 입지를 강화하려고 다른 나라와 동맹하거나 기존 권력을 강화하려고 영토를 넓히는 행위 같은 것이 정치적 필요의 도움을 받아 이뤄진다.[21] 따라서 제국주의, 국내의 억압, 군주의 잔혹 행위, 정교한 대중 기만 시행 등은 모두 정치적 필요의 사례다.[22] 마키아벨리가 품은 정치적 필요에 대한 관심이 자연적 필연, 즉 자연에 대한 투쟁이 인간을 강하게 만든다는 신념에서 나왔다는 것은 충분히 일리 있는 말이다. 그러나 때때로 자연계를 본보기로 삼는 인간의 문화는 자연계를 단순히 복제만 하지 않는다. 애초에 인간을 정글 밖으로 끌어내 도시로 밀어 넣은 것이 권력이고, 정치적 인간에게 무엇이 '필요'한지 명령하는 것이 권력이다. 물질적 욕구나 기타 사적 욕망에 만족해 몸을 누이는 경향 너머로 인간을 밀어붙이기 위해 마키아벨리는 인간의 문명에 존재하는 필요에 작위적 조건을 넣어야 한다고 요구한다. 필요는 단순한 인간을 비르투가 있는 인간으로 빚어낸다.

따라서 마키아벨리가 분석하는 정치 세계는 인간이 만들어 낸 필요가 정치적 사건의 역학을 움직이는 세계이고, 이렇게 확립된 정치 세계에서 성공의 명령은 이 역학을 영구화한다. 정치의 기본은 인간이 무언가를 가짐으로써 얻는 사소한 만족과 자신을 제물로 삼으려는 다른 이들에 맞서 자신을 지키려는 욕구다. 이 지점부터 겉으로 보이는 '필요'를 키우는 것은 물론이고 개인과 집단의 권력을 개발할 '필요'까지 나타난다. 이런 '필요'가 권력을 품고 지탱시킨다. 그러나 이 세계가 최고 강도로 작동하기 시작하면, 그 자신의 요구나 필요의 행동을 만들어 낸다. 이렇게 만들어진 편재적 분투, 경쟁, 권력투쟁 같은 행동이 작동하는 세계에서 이득을 보기는커녕 생존만도 벅찬 모든 개인이나 국가에 일련의 명령이 공표된다. 개인이나 국가가 실제로 이런 투쟁에서 공물供物과 보상을 '요구'해서가 아니라, 누군가 이 세계에서 조금이라도 보상을 얻으면 앞에 공표된 명령이 인간의 행동을 규율하는 것이다.

앞 장에서 논의한 것처럼 필요의 생산은 정치의 조건 또는 '시대'를 정확히 인지하고 평가하는 문제를 심화한다. 인간의 전략에 따라 '필요'를 등장시키고 소멸하게 하는 시공간과 일반 조건의 조작은 정치적 판단과 행위가 일어나는 환경에 영속적인 왜곡을 가져온다. 필요의 외양을 구성하는 것은 실재 외양을 대체하는 과정이고, 뒤이어 그 외양에 따라 행동해 그들만의 실재를 얻는 것이다. 미신·기만·조작은 정치 행위의 이차 환경이 되고, 자신이 언제 어디에 있으며 적·동맹·목표 등과 관련해 자신이 서 있는 자리는 어디인지를 알아내려는 정치 행위자의 고투는 한층 더 복잡해진다. 따라서 정치적 삶은 인간이나 사회의 '욕구'뿐만 아니라 자율적 정치의 '실재'에서도 몇 걸음 떨어져 있다. 마키아벨리의 설명에서 정치는 외양이라는 광란의 영역에서 발생한다. 이 광란의 영역은 정치 행위자가 자기 야심 때문에 반쯤 눈머는 곳이지만, 그의 적이 구축해 놓은 위장된 지뢰밭과 정복할 수 없는 산등성이라는 거짓 이미지로 위협받기도 하는 곳이다. 이제 이 환경을 조금 더 자세하게 살펴보자.

Ⅱ

마키아벨리에 대한 수많은 연구 성과에서 눈에 띄는 현대적 해석이 하나 있다. 여기에서는 마키아벨리를 정치학자나 철학자가 아니라, 정치적 극작가로 다룬다. 제이콥슨에 따르면 이러하다.

> 언젠가 어떤 이가 데모스테네스Demosthenes에게 "웅변가에게는 무엇이 가장 중요한가?"라고 물었다. 그는 "행동하는 것"이라고 답했다. "그다음에는?" "행동하는 것." "또 그다음에는?" "행동하는 것!" (……) 군주에게 무엇이 가장 중요한지를 마키아벨리에게 물었다면, 우리는 의심할 바 없이 같은 답을 들었을 것이다. 바로 행동하는 것이라고.[23]

이 해석을 마키아벨리에게 적용하면 정치적 영역은 무대가 되고, 외양보다 더 중요한 근본적 실재는 존재하지 않는다. 상징적 행동 속에 실재 정치의 힘이 있고, 신화, 믿음, 활기, 훌륭한 장면,

남성됨과 정치

부적절한 장면 속에 사건이 있다. 거기에 진짜 인간은 없으며, 그가 쓰는 가면만 있을 뿐이다. 그가 형편없는 배우-정치가라면 예측할 수 있는 투명한 가면을 쓸 테고, 영리하고 탁월한 배우라면 갖가지 유연한 가면을 쓸 것이다.

> 마키아벨리의 (……) 새로운 정치 기술(……)에는 내용이 전무하며, '너 자신이 되라'는 것과 정확히 반대되는 것을 가르친다. 그리고 그 교훈은 '네가 맡은 역이 되라'는 것이다. 목적은 천의 얼굴이 있는 인간, 결국 자신이 맡은 역에 녹아들 대가급 연기자를 창조하는 것이다.[24]

모리스 메를로퐁티Maurice Merleau-Ponty는 마키아벨리에 공감하며 이렇게 말한다. "결국 얼굴이란 그저 그림자, 빛, 색깔일 뿐이다."[25] 그리고 제이콥슨은 "『군주론』에서 정치의 기술이란 말과 사건을 외양으로 바꿔 내는 인간의 독특한 능력"이라고 말한다.[26] 자주 인용되는 마키아벨리의 계율 가운데 이런 구절이 있다. "일반적으로 인간은 자기 손보다 눈으로 판단한다. (……) 모두 네 겉모습이 어떤지를 눈으로 볼 뿐, 네가 어떤 존재인지 아는 이는 드물다."[27] 미노그도 같은 의견을 내놓는다. "정치란 깊이 들여다본다면 연극성을 발휘하는 것이다."[28] 아렌트는 마키아벨리가 깨달은 정치의 연극적 측면을 형이상학적 원칙으로 발전시킨다. 그녀는 참된 정치란 "외양, 즉 우리뿐만 아니라 다른 이들에게도 보이고 들리는 그 무엇이 실재를 구성하는 제한된 공적 영역에서만 발생할 수 있다"라고 주장한다.[29] 노먼 O. 브라운은 아렌트의 언급을 이어받아 정치 조직은 연극 조직이라고 결론 내린다. "이 공연을 간파하는 것, 비가시적 실재를 보는 것이 정치에 마침표를 찍는 것이다."[30]

아렌트와 브라운이 주목한 정치의 연극적 차원은, 정치 세계가 외양적 영역을 포함하지만 오로지 그 영역으로만 구성되지는 않는 마키아벨리의 경우에 딱 들어맞진 않는다. 마키아벨리는 진짜가 아닌 인간, 즉 순수한 역할 수행자를 내세운 뒤 그를 통해 진짜가 아닌 정치, 역할과 '겉모습' 외에는 아무것도 아닌 정치에 이르려 한 것이 아니다. 오히려 그는 눈에 띄게 권력을 갈망하는 인간들로부터 시작하지만, 그들의 욕망에 닿기 위해 실재에 새로운 질서를 부여하고 외양을 위장하면서 꾸며 내야만 한다. 마키아벨리의 인간은 강렬한 주체성과 정치성이 있는 생물로, 정치적으로 성공하기 위해 필요한 배역과 이를 강제하는 것에 쉽게 스며들지 않는다. 그는 자신의 진짜 목적을 이루기 위해 도구적 기능을 하는 외양의 영역으로 등산하듯 올라가거나 외양의 질서에 사로잡힌다. 왜냐하면 그 밖의 것은 알지 못하기 때문이다. 그러나 그런 인간이라면 사건, 조건, 개인을 곧이곧대로 받아들이면서 자신의 시도가 성공하리라고 기대하지 않을 것이다. 정치적 인간은 자신의 목적에 유용하게 외양을 창조하는 한편 끊임없이 다른 이들이 토해 낸 외양을 꿰뚫기 위해 노력해야만

남성됨과 정치

한다.[31] 따라서 마키아벨리의 정치에는 연극적 요소가 있는 한편 (자신의 기질과 계획을 가면으로 가리면서 나머지 세계의 가면을 벗기는) 연극에 없는 요소, (대본의 부재같이) 극적 성공과 뚜렷하게 충돌하는 요소, (근원적 욕망과 의도가 있는 역할 수행자가 자신이 맡은 역을 좌지우지하는 식으로) 연극과 대립하는 요소가 있다.

몇몇 마키아벨리 연구자들이 마키아벨리의 정치에서 연극과의 유사성을 발견해 냈지만, 이것은 완벽히 들어맞지 않는다. 이는 마키아벨리가 정치를 파악하면서 주목했던 연극, 특히 외양의 **역할**이 중요하기 때문에 벌어지는 문제다. 마키아벨리의 정치는 실재적이지 않고, 실재 사물에 대한 것도 아니다. (야심이나 권력을 향한 무정형의 추구 같은) 정치의 원동력은 궁극적으로 실체가 없으며 비현실적인 세계를 돌아가게 하는 특징이 있다. 서구 '남성' 정치의 전통에서 정치적 삶은 늘 일정 부분 비행 청소년이 즐기는 놀이와 같았다. 이는 마키아벨리가 정치를 극작의 언어로 묘사할 때 스스로 고백하기도 한 바다. 하지만 정치에서의 외양에 대한 그의 관심은 정치권력의 구성 및 행사와 같이 가장 구체적인 정치 상품에 대한 것이기도 하다. 인공적 외양처럼 덧없는 무언가가 권력처럼 실체가 있고 확실한 무언가를 구성하는 부분이 된다는 것은 매우 흥미로운 수수께끼일 뿐만 아니라 마키아벨리에게 특히 남성적 정치 구성의 또 다른 차원을 열어 준다.

마키아벨리가 외양을 권력의 구성 요소로 보는 이유가 가장 명확하게 드러나는 대목이 있다. 바로 군주는 적을 두렵게 해야

하고, 그 자신의 사람들에게 충성이나 헌신의 마음을 얻도록 노력해야 한다고 이야기하는 대목이다. 이 두 경우에 군주는 감정적 계산을 하는 데, 즉 공민적·정치적 행동의 심리를 이해하고 활용하는 데 공을 들인다(오늘날 이런 문제는 기본적인 인간의 충동, 두려움, 반응을 계산한 뒤 대응해 이를 활용하는 식으로 이야기된다). 군주가 지지자에게 호소하는 주된 감정은 야심에 대해 논의할 때 이미 짚어 보았다. 군주는 자기 인민의 욕망이 커지게, 하지만 그들의 불안이나 공포는 작아지게 일한다.[32] 인민에게 영감을 주고 복수와 증오에 호소하고 충성을 요구하면서도[33] 긍지와 존엄 또한 요구한다.[34] 무엇보다도 군주는 "군중은 언제나 사물의 피상적 외양과 사업의 결과에 감명받는다"라는 교훈에 맞춰 일한다.[35] 그는 인민의 건망증과 좋지 않은 시력에 기대어 시공간의 왜곡을 활용한다. 이런 식으로 인민이 원하거나 필요로 하는 외양 또는 필연으로 강제되는 외양을 그들에게 제공한다. 그리고 소심하게 복종하는 시민이든 피에 굶주린 시민 전사든 그는 인민에게서 자신이 필요한 것을 얻어 내려고 한다. 영리한 군주는 권력을 확보하거나 동원하기 위해 외양, 즉 자신의 외양과 환경이나 적의 외양 등을 거듭 조정한다. 순전히 세속적인 선언은 물론 종교적 제의도 이런 목적에 유용하게 활용되며, 마키아벨리는 이 둘을 섞는 데 아무런 거리낌이 없다.[36]

또한 군주는 자신에 대한 평판에 세심히 주의를 기울여 자국 내에서의 권력을 구축한다. 그가 어떤 존재인지가 아니라 어떤 존재로 보이느냐가 그의 주권 통제 수준 그리고 결국 국가의 힘을 결정한다.

> 변덕이 심하고 시시하고 여성화되고 겁쟁이 같거나 우유부단하다고 여겨지는 군주는 경멸의 대상이 된다. 군주는 배를 모는 이가 암초를 피해 가듯 이런 모습을 피해야 하며 위대함, 용기, 진지한 목적, 힘을 보이는 행동을 해야 한다. (……) 이런 인상을 주는 군주라면 높이 평가받기 마련이고, 이런 명성이 있는 인간은 다른 사람들이 모두 그가 인격자임을 알고 백성들이 존경하는 한 그에 반대해 음모를 꾸미고 공격하기가 힘들어진다.[37]

군주의 공적 이미지를 만드는 겉으로 드러난 피상적 요소에 대해 논하던 마키아벨리가 앞 문단에서 군주의 세계 속 실제 권력에 대한 내용으로 움직일 때, 그 전환이 얼마나 재빠른지 주목해 보라. 그의 설명에 따르면 위장은 권력의 대안이 아니라 구성 요소다. 사자는 여우 없이 무력하고, 힘은 속임수가 반드시 필요한 곳에서 무용하다.[38]

여태껏 나는 마키아벨리의 정치학에서 외양의 영역이 얼마나 강력하고 탁월하든 그것이 '객관적 실재'의 질서와는 거리가 있다고 에둘러 말했다. 그런데 제이콥슨은 사물의 피상적 외양이라는 드라마가 마키아벨리의 정치 세계에서 유일하게 의미 있는 문제라고 주장한다. 그리고 미노그는 '실재'에 대한 마키아벨리의 존재론적 시각을 "모든 것을 상상력의 산물이라고 계속 추론해서 결국 모든 것이 외양으로 녹아들어 가는 흐름 가운데 불안정한 부분"이라고 여긴다.[39] 이 연구자들이 보기에는 마키아벨리가 정치에서 외양의 역할을 제대로 발견하지 못했다기보다는 정치가 이 영역을 만들고 이 영역이 정치학을 만드는 것이다. "마키아벨리에게 '철학적 의미'가 있다면, 그것은 우리에게 보이는 것 뒤에 있는 그 어떤 실재도 거부한 것이다."[40] 또는 브라운의 표현대로 "본다는 것(……)은 간파하는 것, 정치에 마침표를 찍는 것"이다.[41]

이런 해석들에 가려진, 마키아벨리의 거듭된 고집이 하나 있다. 그는 성공한 정치가라면 상황이 실제로 어떤지와 그것이 어떻게 **보이는지를** 구별해야 한다고 거듭 주장한다. 군주가 외양의 영역을 자신에게 이롭게 운영하려면, 외양의 질서를 꿰뚫어야만 한다는 것이다. 다른 군주에게 있는 확고한 권력보다 명성에 반응하는 군주,[42] 자신이 다른 사람에게 보이는 이미지처럼 되려고 애쓰는 실수를 저지르는 군주[43]보다 더 불행한 군주는 없다. 외적 조건이든 이미지든, 그 어느 쪽에라도 휘둘리는 군주는 실패하기 마련이다. 마키아벨리는 정치 현상에 있는 '근원적 실재'를 간파하고 거짓 외양을 통해 그것을 권력으로 바꿀 수 있는 사람은 거의 없지만, 정치 행위자에게 외양의 마수 바깥에서 외양의 시합에 참여하라고 조언한다.

하지만 이 조언은, 누군가의 행동이나 방법론을 '시대'에 맞추라는 마키아벨리의 조언과 마찬가지로 바로 이 조언이 필요한 문제에 가로막히기 때문에 궁극적으로 쓸모가 없다. 마키아벨리의 정치 행위자는 외양을 꿰뚫고 그 밑에 놓인 것을 잡아챌 수 없다. 정치 행위자에게 그런 판단력이 없기 때문이다. 게걸스럽게 맹목적으로 권력을 좇으며 탐하는 인간의 근원적 실재 자체가 정치라는 '시합'을 낳은 장본인이기 때문이다. 만일 정치 세계에 환영이 가득하다면, 정치적 인간 역시 망상의 피조물이다. 다른 이이 던진 거짓말들 사이를 꿰뚫어 보는 것이 중요하다고는 해도 그의 판단은 그 자체의 특수한 부담 때문에, 즉 그 판단에 초점을 맞추는 의도와 열정이 빚어내는 왜곡된 효과와 분리될 수 있다는 특성 때문에 감춰진다. 게다가 정치적 사건의 무시무시한 전개 속도 때문에 동기·행동·상황을 사려 깊게 살피기 어려워지고, 마키아벨리의 정치적 인간은 불가능 앞에서 운명이 가로막혀 꼭 필요한 것을 해낼 능력을 상실한 이미지로 우리에게 남는다. 모두가 왜곡하고 조작한 시간과 조건의 지배를 받는 정치는, 다음번에 더 큰 혼란을 마주하고 만들어 내기 위해 눈앞의 혼란을 헤치고 나아가야 하는 반쯤 눈이 멀어 버린 인간들의 폭동을 뚫고 나가는 경주와도 같다. 이런 세계에서 온전히 희생자가 되는 것을 피할 유일한 방법은 제도화된 권력을 발전시키고 강화하는 것이고, 이때 제도화된 권력은 외양과 평판보다 좀 더 견고한 것에 뿌리내린다.

Ⅲ

고대 그리스의 철학자들은 권력에 관심이 있으면서도 권력 자체를 추구하는 것은 경멸했다. 그들에게 정치는 선한 삶에 대한 것이었지만, 권력에 열중하는 것은 부패의 징후였다.[44] 아테네인들은 멜로스인들에게 "강한 자는 자신이 할 수 있는 것을 하고, 약한 자는 자신이 해야만 하는 것에 고통받는다"라고 선언함으로써 '모든 헬라스의 학교'라는 자신들의 지위를 빼앗겨 버렸다.[45] 투키디데스의 『펠로폰네소스 전쟁사 *The History of the Peloponnesian War*』에 등장하는 이 전환점 이후로, 이 역사서는 조각난 아테네의 원칙과 미래의 전망에 대한 자의식적 연대기가 된다. 그리스의 관점으로 볼 때 모든 권력이 부패하는 것은 아니다. 정치적 목적·조직·행동의 주요 원칙으로서, 정치를 '선한 삶'으로 이해하고 실천하는 데 저주와 같은 권력이 부패한다. 올바르게 구성된 공적 삶의 중심에는 권력이 아니라 정의가 놓여야 한다.

반면에 마키아벨리의 시선은 상당히 다르다. 그의 관심사나 글쓰기에 공적인 또는 공통의 선에 대한 고려가 없는 것은 아니지만, 정치는 권력 탐구에 뿌리내리고 그 주위를 맴돈다. 공공선은 권력에 의존하고, 권력을 구성하고, 정치 조직이 그 권력을 행사하거나 키우는 한에서만 지속한다. 게다가 마키아벨리에게 권력은 그것이 공공선에 관한 관심에서 떨어져 나왔을 때조차 의미 있고 흥미로운 사안이다.

마키아벨리의 설명에서 정치권력을 구성하는 요소는 분명하고 달리 논할 여지가 없는 것에서부터 놀라운 것에까지 걸쳐 있다. 예상할 수 있다시피 돈, 병력, 무기 등 자원의 양이 중요하다. 그러나 이런 자원조차 효율적으로 질서 잡히고, 그 질서 속에서 쓰이지 않는다면 권력으로 바뀌지 않는다.[46] '질서'는 마키아벨리가 권력만큼이나 자주 언급하는 단어로, 도시·군대·정부처럼 잘 조정된 집단적 실체를 찬양하면서 쓴다. 질서는 인간이 지배하지 않으면 인간을 지배해 버릴 자연과 세계, 바로 그것들에 대항하는 요새다.[47] 인간 또는 그의 국가가 통제하지 않는 것은, 그가 기술로 보유하고 있다고 해도 실제로 가진 것이 아니다. 마키아벨리는 정치 행위자들이 많이들 이렇게 외견상 평범한 지점을 무시한다고 보았고, 이 지점을 향해 지칠 줄 모르고 회귀한다. 인간은 전투에서 얻은 단순한 부속 영토 이상을 차지해야 한다는 것이 마키아벨리식 교리의 기반이며,[48] 인간은 자기 군대를 집결하고 훈련하고 이끄는 것,[49] 우월한 권력과 연합하지 않는 것,[50] 정치체제 내에서 반감을 품은 계급이나 개인을 숙청하거나 그들의 권력을 빼앗는 것[51]과 같은 행위를 해야만 한다. 마키아벨리는 가장 흔하면서도 괴로운 정치적 실수가 전혀 통제받지 않은 누군가, 무엇인가에 의존하는 것이라고 주장한다.[52] 이와 비슷하게 인간은, 자기 목적에 걸맞은 듯해도 자신의 정체성이 찍혀 있지 않은 것에는 의지할 수 없다. 그렇다면 권력은 그 자신의 형상을 자기 환경에 찍어 새기는 것은 물론이고 자급성,

자족성, 독립 등과도 중요하게 연결된다.

"타인을 강하게 만드는 사람은 자신을 망친다."[53] 권력은 다양한 방법으로 분배할 수 있지만 공유할 수는 없다. 인간이 통제하지 못하는 것은 인간에게 무용할 뿐만 아니라 반기를 들면서 인간을 위험에 빠뜨린다. 마키아벨리의 인간은 자신이 만들거나 통제하지 않는 것에 대해 알지 못하고, 실체가 없는 외관은 위협이 된다. 따라서 마키아벨리는 아리스토텔레스의 여정과 매우 다른 길을 걸었지만, 정치와 인간의 가장 가치 있는 선으로서 자족성이라는 고대 개념으로 돌아간다. 그러나 그는 곧바로 아리스토텔레스의 언설에서 함의를 파악해야 한다는 점을 인정한다. 권력은 언제나 무언가에 의존하고, 언제나 누구 또는 무언가를 통해 생기거나 만들어지고, 이런 관계를 피하거나 끊으려고 할 때마다 그 기반이 위협받는다. 아리스토텔레스는 이 딜레마를 자신의 폴리스-오이코스 관계에서 보이는 '부분-전체'의 구성으로 피해 가려고 했다. 마키아벨리는 경험의 자율성을 추구하면서도 동시에 이런 기반에서 나온 권력을 행사하기를 바랄 때 인간이 권력의 근원이 되는 기반을 어떻게 확립하는지의 문제를 좀 더 직접적으로 마주한다. 독립은 권력의 목표이자 표현인데, 권력은 상호의존관계에서 나온다. 권력은 자가수정이 되지 않으며 언제나 어디선가 무언가에서 얻어지지만, 더 큰 권력을 추구할 때 그 권력이 항시 원천을 부정하거나 약화하지는 않는다. 이것이 권력이 그 자체로 목적이 되면서도 자신을 전복하는 남성

남성됨과 정치

적 정치의 심장부에 놓인 모순이다.

군주는 마키아벨리가 '기반'이라고 한 것 없이도 권력을 잡을 수 있다. 하지만 그에게 그런 기반이 없고 그의 통치가 인민에게 뿌리내리지 않았다면, 사실 그는 권력을 가지거나 유지하는 것이 아니다. 인민에게 뿌리내린 통치는 훌륭한 군대, 훌륭한 법, 인민의 믿음, 충심, 희생 의지 등으로 확고히 표현된다. 이런 기반이 부족한 통치를 권력이라고 한다면, 이는 잘못된 표현이다. 그런 통치는 권력이 아니라 그냥 명령이다. 그리고 "처음 맞는 궂은 날씨가 [그런 군주를] 무너뜨릴 것이다."[54]

권력은 그것을 쥔 사람들 바깥에 있는 원천에서 끌어내야 한다. 하지만 그런 권력은 원천과 공유되지 않으며 원천은 원천**으로서의** 지위를 부정당할 수밖에 없다. 지배받는 이는 지배하는 이의 필요를 이해해야 하고, 그 반대의 경우는 가려져야 한다.[55] 그러나 이렇게 해도, 권력의 기원 문제는 해결되지 않는다. 진정한 권력이란, 즉 정치적 행위와 성공을 가능케 하는 권력은 군주가 인민에게서 이데올로기적·감정적 지지를 얻어 내는 것 이상을 내포하기 때문이다. 위대한 국가의 권력은 고대 로마에서처럼 인민의 권한을 얻고 활성화하는 데 그 기초를 둔다.[56] 마키아벨리는 진정 강력한 국가의 징후는 대담하거나 악명 높은 군주가 아니라 거센 인민들이라 했고, 이들은 언제든 서로 맞서거나 외적에 맞서 전투를 벌일 준비가 된 존재다. 그렇다면 강건하고 활력 넘치는 사람들의 힘과 국가 지도자의 힘은 어떤 관계인가? 후자는 부분적으로 전자에 따라 그 방향이 결정된다. 권한을 부여받은 '정체政體'는 지도자에게서 이 값어치를 뽑아낸다. 왜냐하면 부분적으로라도 여러 신체들이 모일 때 지도자를 되찾은 것이 되기 때문이다. 따라서 통제와 질서는 아래에서 권력을 구축하는 데 본질적이면서도 불가능한 일이다.

마키아벨리가 정치 행위를 언급할 때 쓰는 형상-질료 은유를 다시 생각해 보자. 마키아벨리가 정치적 기반, 규율, 행동을 질료에 형상을 부여하는 작업으로 다룬 것은 "네가 만약 너 자신의 이미지로 이 세계를 만드는 데 분투하지 않는다면, 이 세계가 너를 세계 이미지에 맞춰 만들 것"이라는 격언에 근거를 둔다. 비르투를 주어진 것, 자연, 포르투나, 자기 회의에 맞서 스스로 경쟁하는 것으로 이해할 때 표현할 수 있는 최고 수준의 비르투가 형상 부여다. 마키아벨리는 형상이 상황이나 실체 없는 사람에게 부여된 무엇이라고 말하지만, 사실 이런 '질료'는 늘 정치 행위자가 부여한 형상에 앞서는 것을 지니고 있다(형상 없는 질료 같은 것은 존재하지 않는다). 따라서 이런 형상 부여는, 자신의 형상을 부여하기 위해 어느 '질료'든 본래 지닌 토착 형상을 포함해 기타 형상을 빼앗아 버린다는 점에서 매우 폭력적인 행위다. 마키아벨리는 모세Moses, 키루스Cyrus, 로물루스Romulus, 테세우스Theseus 등이 일어서는 데 필요한 물질로 '흩어진 질료'를 묘사하는데, 이때도 이 인물들이 작업을 하려면 그전 형상은 파괴되어야만 한다.[57] '질료'에 그 자신의 형상은 없다고 강제로 이해시킬 순 있을지 모르겠다. 하지만 그 질료가 인민이라면 이런 이해는 언제나 이데올로기적 행위이며, 인민에게 이는 형상 부여자의 손에 자기 이해를 맡기고 변환하는 작업이다. 이와 관련해, 노예와 여성에게 그들을 지배하면서 그들이 기여할 상위의 목적을 제공할 주인이 없다면 그들은 목적과 기능이 없는 존재라는 아리스토텔레스의 주장을 앞에서 살펴보았다. 그렇다면 이데올로기적으로도 형상 부여 행위에는 (오래된 이해의 파괴라는) 폭력이 깃든다. 인민이나 도시는 그 자체가 형상이 필요한 '질료'로 여겨져야 한다.[58]

이런 기반을 마련하는 양식에 폭력이 들어 있다면, 이 관계를 유지하는 데는 지배가 들어 있다. 마키아벨리의 '신군주'는 자신의 청사진이 작동하는 순간 무력하게 공동체에서 퇴장하는 루소의 입법자가 아니다. 그와는 대조적으로 신군주는 자신의 목적을 위해 권력을 얻거나 지키거나 행사하기 위해 공국을 손에 넣는다. 이 신군주는 인민이 아니라 자신을 위해 자신의 '질료'에 형상을 부여하기 때문에, 인민이 이 형상을 흡수하거나 영구화하지 않는다. 문제가 되는 것은 군주의 권력(또는 공화국에서 국가의 권력)이고, 군주는 그에 따라 자기 세계를 형상화한다. 그리고 그가 형상을 부여하는 질료는 그의 권력 기반을 구성한다. 따라서 이 질료 또는 기반과 그의 관계는 반드시 도구적일 수밖에 없다.

형상-질료의 문제는 마키아벨리가 정치 담론에서 쓰는 은유

6장 | 마키아벨리: 남성됨과 정치 세계

와 성별 대명사에 주목해 보는 방식으로도 살펴볼 수 있다. 다음 단락을 보자.

공화국은 시민들로 이뤄진 자기 신체의 다양성이라는 수단을 활용해 그녀 스스로 군주보다 시간적 조건의 다양성에 더욱 잘 적응할 수 있다. 그래서 공화국은 공국보다 훨씬 오래 유지되고 더 오래 행운을 누린다. 한 가지 방식으로 행동하는 데 익숙해진 남성은 결코 변하지 않기 때문에 (……) 시대가 바뀌어 그의 방식이 조화를 이루지 못하고 벗어날 경우, 그는 몰락한다.[59]

물론 마키아벨리는 '정체政體'를 여성으로 묘사한 최초의 정치사상가도, 최후의 정치사상가도 아니다. 그러나 이 단락은 그 '순수한 전통'을 드러내고 있으며, 평소의 경계 너머로 움직여 가기도 한다. 한 나라의 신체는 여성이고, 그 지도자는 남성이다. 남성은 (특히 머리는 신체, 재료, 시민 등) 여성에게 형상을 부여한다. 머리는 신체와 하나 되어 움직이는 게 아니라 자기 의도대로 행동한다. 머리는 그 의지의 실천자로서 또는 그 힘의 기반으로서 신체와 연결된다. 공화국의 신체에는 외적 활용을 위해 권력을 생산하려는 의도의 형상이 찍혀 있다. 그래도 여전히 그 신체는 자신의 머리와 좀 더 가깝고 유기적인 관계를 형성하는 경향이 있다. 공화국은 공국보다 더 생명력이 강한데, 이는 머리와 상대

남성됨과 정치

적으로 덜 이질적인 관계에 있기 때문이다. 그렇다. 신체가 머리에 비해 굼뜬 것처럼 공화국은 공국보다 흡수가 느리고 우유부단하다.[60] 그렇지만 이런 특징들은 흉포한 약탈자가 있는 환경에서, 예컨대 새로운 신체를 훼손하거나 예속하려는 다른 머리들이 있는 곳에서만 단점이다.

'정체'의 개념 전반에 신비화가 포함되는데, 마키아벨리는 이 신비화를 영속시키는 한편 겉으로 드러낸다. 즉 '신체'는 그 공식적 머리가 없다 하더라고 머리가 없지 않고, '신체'는 '질료'가 아니며, '질료'는 형상이 없지 않다. 질료는 비활성적인 것이 아니라 물질이자 자양분으로서 모든 권력의 원천이다. 질료는 생식력을 이데올로기적으로 빼앗기고, 제도적으로 폄하되고, 구조적으로 보잘것없는 전정치적 지위에 갇힌 어머니다.[61] 형상을 부여하는 정치는 강제적으로 만들어진 의존관계를 수단 삼아 '정체'의 힘을 '머리'의 자양분으로 변환하려 한다. 군주는 '신체의' 힘이 자기 것이라고 주장하고, 여러 군주들이 있기 때문에 신체는 군주 없이 살아남을 수 없게 된다. "군주의 실제적 **창조물**인 [새로운 공국]은 군주의 우정과 권력 없이 버텨 낼 수 없다는 것을 안다. 그래서 공국은 군주의 권위를 유지하기 위해 무엇이든 할 것이다."[62] 신체는 자신에게 군주와 같은 이들이 있다는 이유만으로 생존을 위해 군주에게 의존한다. 신체는 다른 군주들에 맞서는 자기 군주의 보호가 필요하지만, 군주가 없는 세계에서 신체는 어떠한 보호도 필요하지 않다. 어디서든 나타나는 성폭행범 때문에 여성의 안전이 그녀를 보호할 의무가 있는 개별 남성의 손에 들어간 것이다. 물론 그녀가 그녀의 보호자에게 성폭행당하지 않으리라는 보장은 없다.

> 공작이 로마냐를 넘겨받았을 때, 그는 로마냐의 유약한 영주들이 자신들의 신민을 다스리는 대신 약탈하고 있었다는 것을 알아챘다. (……) 그는 그곳을 평화롭고 통치자의 지시에 순종하는 곳으로 만들려면 반드시 훌륭하게 통치해야겠다고 판단했다. 그리하여 잔인성에 뜻을 세우고 있던 남자, 레미로 데 오르코에게 전권을 주었다. 그는 짧은 시일에 크나큰 명성을 얻으며 이 지역을 평화롭게 만들고 단결시켰다.[63]

유약한 통치자들은 신체에 상처를 입히고 학대하는 것밖에 모르기 때문에, 공작은 넘겨받은 신체를 굴복시키려고 진정 흉포한 이를 불러들였다. 그러나 잔인성이 인민에게 얼마큼 공포를 불어넣든 그들의 진정한 충성을 불러일으키지 못했고, 이런 이유로 군주는 권능을 얻지 못한다.[64] 공작의 로마냐에 대한 처리는 이렇게 이어진다.

> 그때 공작은 무한 권력이 증오의 이유가 되는 것이 두려워졌으며, 그런 무한 권력은 더 이상 필요 없다고 보았다. (……) 과거의 혹독한 통치 때문에 자신을 증오하는 사람들이 있다는

것을 알았기에 그들의 마음을 정화하고, 지금껏 행한 잔인성은 모두 자신에게서 비롯한 것이 아니라 신하들의 거친 성품 탓이었음을 보여 줌으로써 그들의 마음을 얻기로 결심했다. 그래서 어느 날 아침 (……) 그는 레미로 데 오르코를 두 토막 낸 뒤 광장에 놓고, 그 곁에 나무 한 더미와 피 묻은 칼을 두었다. 이 잔혹한 광경에 사람들은 은혜를 느끼면서 동시에 그 위엄에 눌렸다.[65]

이때 인민은 순종적이고 고마워하며 충성을 바치는 존재가 되고, 자기 자신을 강인한 지도자의 보호와 지도가 필요한 신체로 보도록 길든다. 유약한 주인은 약탈을 완수하지 못했고, 강한 군주는 철저한 잔인성을 성취한 것이다. 마키아벨리는 인민의 중요한 욕망이 "억압받지 않는 것"이라고 고집스럽게 주장하면서도 이를 용납한다.[66] 아마도 이 특성 때문일 것이다. 단순히 '억압받지 않기'를 바라기만 해서는 진짜 비르투가 있는 인간들이 벌이는 권력 추구에 맞서 버틸 수 없다는 것이다. 『만드라골라』에서 부패한 사제가 "선한 여성은 자신이 선하기 때문에 속아 넘어갈 수 있다"라고 선언하듯,[67] 자족적인 사람들은 야심만만한 군주의 계획 앞에서 자원으로 바뀔 수 있다.

형상-질료 관계에 내재한 폭력과 지배에 더해, 군주는 자기가 스스로 만들어 낸 어떤 특징을 끊임없이 억눌러야 한다. 훌륭한 법, 비르투, 에너지, 목적 등을 통해 힘을 얻은 인민은 그들에게 외적으로나 도구적으로 부여된 형상의 경계를 깰 것이다. 따라서 군주는 자신의 통치권에 어떤 질서와 고정된 특질이 깃들도록 노력해야만 한다. 이 질서와 특질은 권력을 육성하는 데 부자연스럽거나 유해한 동시에 정권의 영속성과 충돌하는 성격이 있다.

마키아벨리는 폴리비오스$^{Polybius}$[68]의 순환 역사관을 이어받아 이 문제에 대한 깊은 통찰을 보여 준다. 그는 자신이 신의 섭리에 따른 것이거나 자연적이라고 본 정치적 회복과 쇠퇴의 순환이 사실은 정치권력과 정치 질서 사이의 긴장, 정치체제에 주어진 형상과 그 '질료'가 형상의 경계를 깨려고 하는 경향 사이의 긴장에 뿌리내리고 있음을 밝혀 낸다. 정치체제의 순환적 역사에 대해서도 수차례 언급하는데, 그 가운데 두 경우가 흥미롭다. 첫 번째 경우는 『피렌체사$^{The\ History\ of\ Florence}$』에 나타난다.

정상적 변이 속에서 나라들은 일반적으로 질서에서 무질서로 그리고 무질서에서 다시 질서로 움직인다. (……) 좋은 상태에서 나쁜 상태로 내려가고, 나쁜 상태에서 좋은 상태로 올라온다. 왜냐하면 능력은 고요를 낳고, 고요는 게으름을, 게으름은 무질서를, 무질서는 붕괴를 낳으며, 이와 같은 방식으로 붕괴에서 질서가, 질서에서 능력이, 마지막으로 영광과 행운이 나타나기 때문이다.[69]

『로마사 논고』에서 마키아벨리는 이 역사적 순환을 좀 더 정치적으로 설명한다. 그는 권력 남용 때문에 군주정치에서 전제정치, 귀족정치, 금권정치로 그리고 다시 군주정치로 변해 가는 과정을 설명한다.[70] 마키아벨리가 이 순환을 설명하는 단어들은 자연적일 순 있어도 유기적인 부분은 없다. 이 논의에서 그는 정부의 한 형상이 내부에서부터 군주가 요구하는 권력을 키울 때 군주든 인민이든 어느 한쪽은 그 형상을 남용하거나, 그 형상에 저항하거나, 그 형상을 견디지 못하거나, 그 형상 너머로 웃자란다는 점을 명백히 밝힌다. 인간 또는 국가에게는 권력의 기반이 필요한데, 이 기반은 자기 권력을 활용할 수 있을 만큼 야심·기술·권력을 잠재한 실재 인민에게 있다. 이런 잠재력을 더 많이 이용할수록 국가는 더욱 강해지고, 국가가 강해질수록 국가 구조는 위협받게 된다. 마키아벨리는 이 긴장을 극한까지 다룬 국가의 사례로 로마를 든다. 대단히 활기차고 강력한 인민과 그 인민의 힘을 채워 넣도록 설계한 외적 형상 사이에서 벌어진 갈등으로 로마가 갈가리 찢기는 것을 피할 수 있었던 것은 오직 연속적인 확장 덕분이었다.

따라서 정치 질서의 형상-질료 패러다임은 앞 장에서 제기한 정치적 강직성의 문제를 공고히 한다. 한편 질서는 정치적 기반의 필수 요소다. 군주는 인민, 군대, 국가 제도 등에 질서를 불어넣어 기반과 권력을 얻는다. 다른 한편으로 이런 질서는 인간사에 들어 있는 유동성 또는 흐름과 충돌한다. 마키아벨리는 휘몰아치는 시간이나 흘러가는 사건에 대항해 국가를 강화하는 것으로 질서를 상정한다. 그러나 질서가 정치적 사건의 배경, 맥락, 실제 특성을 동기화하도록 정치 조직을 움직이지는 못한다. 오히려 질서는 그 지배력이 이런 것들로 대체되는 데 대항하는 또는 이런 것들에 대한 지배를 잃는 데 대항하는 보루와 같다. 즉 질서는 정치권력이 정치적 소외를 넘어서는 전략이다. 그러나 이 질서는 인간을 그 자신에게서 더 멀리 떨어뜨리고 권력으로 혼란·불가사의·카오스를 덮어 버린다. 인간이 창조한 조건과 그 어떤 화해도 어렵게 만들어 버린다. 질서는 유동성과 변화에 대한 마키아벨리의 남성적 대응으로, 인간의 근시안·강직성·자족성의 필요 등 본래 위협적이다 싶을 만큼 이해할 수 없는 세계를 만든 것들을 강화하는 반응이다.

마키아벨리가 정식화한 질서는 국가가 요구하는 권력을 공급하지만, 그 활동의 맥락과 영역에 역행하기보다는 그 내부에서 작동하는 능력을 훼손하기도 한다는 점에서 역설적이다. 질서는 다른 저항 형식처럼 국가를 권력으로 몰아가고, 상황이 변할 때 국가를 바위에 메치는 어떤 것이다. 질서는 물리력을 쓰는 다른 지배 수단처럼 물리력으로 저항할 때만 포르투나와 성공적으로 싸울 수 있다. 하지만 포르투나가 지닌 무수한 다른 힘들로 훼손될 수도 있다. 질서는 혼란스러운 세계에 맞서는 보루다. 하지만 그 혼란을 인간이 만들었을 때 질서는 마키아벨리가 간혹 '외인성外因性'이라고 부른 정치 흥망의 순환을 가져오는 근원이 된다. 질서가 그 내부를 고갈시키면, 외부의 적에게 그것이 요새이듯 내부자들에게는 자신을 감금하는 벽이 된다.[71] 마키아벨리가 말하는 질서란, 정치에서 성공은 물론이고 쇠퇴의 이유도 될 수 있다. 질서는 그 질서에 반응하지만 이를 흡수하지 않는 질료에 부여된 외적 형상이다. 그것은 지배의 필요에 답하지만, 이런 절대적 지배가 도래한 장소에서 문제를 다루거나 해결하지 않는다.

## Ⅳ

포르투나에 대해서는 앞 장에서 짧게 다뤘는데, 권력과 질서에 대해 지금 전개하는 논의와 관련해서는 좀 더 철저히 살펴봐야 한다. 마키아벨리는 다양한 목적을 위해 다양한 방식으로 포르투나에 호소하는데, 이는 보통 두 가지로 나눠 볼 수 있다.[72] 그 가운데 하나는 이미 언급했지만 좀 더 자세히 살펴보려고 한다. 포르투나는 인간 지각의 한계, 예지적 지혜의 한계를 표상한다. 이 여신은 인간의 야심에서 비롯한 근시안적인 태도가 결과로 구체화된 모습이다. 나머지 하나는 좀 더 친근한 포르투나로, 마키아벨리에 대한 근대의 해석에서 가장 빈번하게 전개된다. 이 해석 덕분에 마키아벨리의 위치는 미신의 시대에 확고히 고정된다. 이때 포르투나는 자격 없는 이들에게 행운을, 힘 있는 자들에게 갑작스러운 재난을 가져다주며 영광을 향해 나아가는 인간의 손짓을 질투심으로 훼방 놓는 것으로 묘사된다. 포르투나에 대한 이런 묘사는 결국 첫 번째 버전의 대중적 측면이다.

마키아벨리 저작 전반에서 포르투나는 변덕스러운 여성으로 언급되는데, 「포르투나에 대한 3행 연구Tercets on Fortuna」에 이런 언급들이 개괄적으로 들어 있다.

> 그녀는 국가와 왕국을 마음 내키는 대로 헤집어 놓는다. 또한 정당한 이에게서 좋은 것을 빼앗아 부당한 이에게 멋대로 줘 버린다. 이 불안정하고 변덕스러운 여신은 종종 자격 있는 이조차 결코 손에 넣을 수 없는 왕좌를 자격 없는 이에게 선사한다. 그녀는 사건의 발생 시간을 멋대로 정한다. 일어서서 연민을 내비치지 않은 채 어떤 법칙이나 권리도 없이 인간을 끌어내린다. (……) 그리고 이 연로한 마녀에게는 두 얼굴이 있다. 그중 하나는 사납고, 다른 하나는 온유하다. 그녀가 변하면, 어느 순간 당신을 보지도 않고 있다가, 어느 순간 당신에게 빌고, 또 어느 순간 당신을 위협한다.[73]

포르투나는 카스트루초 카스트라카니Castruccio Castracani가 막 자신의 승리를 공고히 하고 스스로 막강한 권력을 확고히 하려던 찰나에 그를 감기로 죽게 했다.[74] '결코 만족할 줄 모르는' 포르투나는 16세기 이탈리아에서 끊임없이 의미 없는 불화를 초래했다.[75] 포르투나는 베네데토 알베르티Benedetto Alberti를 악한 이들 사이에서 선을 행하려 했다는 이유로 벌했다.[76] 포르투나는 마

남성됨과 정치

키아벨리를 잔혹하게 대했으나,[77] 마키아벨리는 포르투나가 자신이 닿을 수 있는 유일한 구세주라 말하기도 했다.[78] 이런 예를 포함한 수많은 사례에서 포르투나는 인간사 속 행운의 요소와 관련해 그저 무심하게 서 있는 것 같기도 하고, 마키아벨리를 초자연적 신을 믿으면서 미신에 사로잡힌 신봉자쯤으로 대하는 듯하다. 마키아벨리는 포르투나에게 바친 『군주론』의 유명한 장에서 포르투나가 "우리 행동의 절반을 결정짓는 애인"이며, 나머지 절반이나 그보다 적은 부분을 우리 자신의 책임으로 남겨 둔다고 말한다.[79]

이런 독해에 대한 첫 번째 반격은 「포르투나에 대한 3행 연구」에 등장한다. 여기에서 마키아벨리는 포르투나의 특성 가운데 '운'과 '우연'을 세심하게 구분한다. 운과 우연은 포르투나와 동의어가 아니라 그녀의 궁전 안 장식품 중 일부라는 것이다. 운과 우연은 "그녀의 궁전 문 위에" 앉아 있으며 "눈과 귀가 없다."[80] 이제 눈과 귀는 포르투나가 풍족하게 타고난 것이 된다. 인간의 감각이 포르투나의 감각만큼 예민하다면, 인간은 결코 그녀와 부딪히지 않을 것이다. 또한 그녀가 살펴볼 때, 그도 가능한 한 조심하며 멀리 살펴볼 것이다. 그럴 때 그녀의 힘은 발가벗겨질 것이다. 게다가 포르투나의 궁전에는 누구를 끌어내리고 누구를 영광스러운 자리로 끌어올릴지 결정하는 바퀴가 단 하나만 있는 게 아니다. "살아 있는 인간 모두가 가지려고 애쓰는 것에 다가서는 다양한 방법만큼이나 수많은 바퀴가 돌아간다."[81] 그렇다면 문제는 다시 익숙한 것이 된다. 한 길을 결정한 인간은 한동안 그 길에서 성공을 거둔다. 다만 그 성공은 포르투나가 느닷없이 "중간에 방향을 되돌릴" 때까지만 이어진다.

> 네 성격을 바꿀 수도, 하늘이 너에게 준 기질을 버릴 수도 없기에, 네 여정의 한가운데에서 포르투나는 너를 버린다. 따라서 만일 인간이 이를 이해하고 마음을 굳힐 수 있다면, 바퀴에서 바퀴로 건너뛸 수 있는 사람은 언제나 행복하고 운이 좋을 것이다.[82]

후렴은 소데리니에게 보내는 마키아벨리의 편지에 나오는 것과 같다. 변하는 시대에 맞춰 자기 길을 바꿀 수 있는 사람은 포르투나에서 완전히 풀려나 자기 행동과 운명의 주인이 될 것이다. 따라서 포르투나는 인간의 완고함과 주체성의 효과가 인간의 이해와 세상에 대한 적응력보다 훨씬 빠르게 많이 갈라지며 움직이는 세계에서 구체화되고 표현되어 융합한 결과물이다.

여전히 이렇게 '많은 바퀴'마저 인간의 행동과 창조 이전부터 자율적으로 작동하는 일종의 결정 구조라고 주장할 수도 있다. 그러나 「포르투나에 대한 3행 연구」에서 마키아벨리는 "이 바퀴 주위로 돌아가는 것은 나태와 필연"이라고 선언한다. 이때 전자는 "세계를 초토화"하고, 후자는 "세계의 질서를 다시 잡는다."[83] 마키아벨리의 입장에서 볼 때 이는 사소하지 않은 고백이다. 그

남성됨과 정치

는 시 한 편을 통째로 기이하고 멋대로 구는 신에게 바쳤다. 바로 그 시의 한가운데서 그녀의 본질이 완전히 인간의 것이고, 그녀가 온전히 우리 덕분에 감동받는다고 주장하기 위해서다. 마키아벨리는 필요를 구축함으로써 나태를 피할 수 있고, 통치자를 위해 권력을 생산할 목적으로 질료에 형상을 더하는 정치 조직의 매우 특화된 실천에서 정치의 순환이 비롯한다는 점을 명백히 했다. 따라서 포르투나는 자신의 권력을 영속화하기 위해 외곬으로 헌신한 인간의 그림자 같은 존재로, 이 헌신이 수반하는 권력의 원천을 융통성 없이 깎아내리려는 경향을 보인다. 포르투나는 지배 수단을 통해 상황을 통치권으로 바꾸려고 노력하는 인간의 정치적 목표 추구 또는 정치적 질서 구축의 결과다.

포르투나는 마키아벨리 정치학 속 행위자가 자신의 상황이나 정치 환경에서 소외된 상태를 구체화한다. 그녀는 문화의 산물이자 이데올로기적으로 의인화된 자연으로 고안되었다. 포르투나는 정치 영역 가운데 외견상 자연적인 것처럼 보이는 면, 즉 인간이 스스로 만든 '문명화된' 정치 세계에서 싸워야 하는 '새로운 정글'이다. 그녀는 인간이 행동하는 환경이고, 인간이 영원히 씨름하는 적이기도 하다. 그러나 원시인이 고투하는 정글과는 근본적으로 다르다. 왜냐하면 그녀의 힘은 그녀 자신의 자율적인 존재는 말할 것도 없고, 인간의 근본적 욕구가 아니라 사고와 행동에서 얻어지는 것이기 때문이다.

정치적 쇠퇴 순환의 뿌리가 전적으로 관습적일 때, 마키아벨리는 그 순환을 자연적이거나 초자연적인 단어로 묘사한다. 이와 마찬가지로 포르투나도 마키아벨리 정치학 속 인간이 행동에서 보여 주는 특유한 효과의 산물일 때, 정치의 자연적이거나 초자연적인 요소로 묘사된다. 정치 세계에서 인간의 생존 투쟁은 그 자신의 야심만만하고 잔뜩 긴장한 본성에서 비롯한 제도화된 형식의 경쟁, 권력, 행동으로 만들어진다. 그러나 이런 제도가 '자연적인' 것처럼 나타나면 그가 소외된 조건이 그의 '본성'처럼 나타날 테고, 포르투나와 그의 전투는 그가 개인적이고 집단적인 그림자와 벌이는 투쟁이라는 진실을 감추게 된다.


V


닐 우드Neal Wood는 "마키아벨리의 정치는 전사戰士의 틀로 주조"되어 있고 전쟁은 비르투를 표현하는 모범적 시나리오라고 주장했다.[84] 그의 통찰은 매우 정확하다. 하지만 그 통찰에 담긴 의미를 마키아벨리 정치학의 근원적 특성에까지 이어서 생각하는 데는 실패했다. 정치는 전적으로 눈앞에 있는 적에 의존하면서 언제나 다투고, 반대편이 눈앞에 있지 않거나 너무 약해서 함께하는 투쟁을 끌어낼 수 없을 때 해산한다.[85] 이것이 마키아벨리가 평화는 늘 나태나 타락이나 나약한 상태를 불러온다고 주장한 이유다.[86] 정치는 필요한 것이 눈앞에 있을 때만 스스로 나타나고, 무엇 또는 누구에게 대항해야만 경험된다. 그래서 마키아벨리의 정치사상이 죽거나 죽이는 상황과만 관련 있다고 말하는 흔한 관찰은 문제 설정 자체가 잘못된 것이다.[87] 마키아벨리에게 죽거나 죽이는 환경의 외견상 존재나 실제적 존재는 정치의 존재 이유이자 전제 조건이다. 그는 목적 없는 투쟁이 나태나 수동성처럼 비르투와 정치적 삶의 부패라고 말한다. 이는 단순히 '정치는 투쟁'이라고 말하기 위한 것이 아니다. "다른 나라에서는 대개 오랜 평화 때문에 활력이 사그라들었다. 이탈리아에서는 (……) 1434년부터 1494년까지 시시한 전쟁이 끊임없이 이어지면서 그리되었다."[88] 마키아벨리는 오히려 정치가 정복, 극복, 매복, 저항의 대상이 있을 때 등장한다고 말한다. 『피렌체사』에서 그는 전쟁이 평화가 아니라 권력의 확장을 위해, 필연적으로 휴전이나 화해보다 절대적 정복을 통한 해결책을 수반한다고 쓴다.[89] 평화는 실체가 없는 선한 일이지만 정치의 죽음이다.[90] 반면 전쟁은 우드가 "비르투와 포르투나 사이의 원형적 전투"라고 부르는 것, 마키아벨리의 정치와 정치적 행동의 원형이 되는 바로 그 전투를 보여 준다.[91] 우드는 이렇게 상세히 설명한다.

> [전쟁은] 남자다운 모든 것과 가변적이고 예상할 수 없으며 변덕스러운 모든 것 사이[의 다툼이다]. 이 다툼은 남성적이고 합리적인 통제와 여성적인 비합리의 투쟁이기도 하다. 전쟁은 인간에 대한 그리고 그의 신체적 능력, 지력과 특히 성품

에 대한 최상의 시험이다. (……) 전투의 흐름이 적대적으로 바뀔 때, 위기가 고조될 때, 시간의 모래알이 다 떨어질 때, 이렇게 불안한 순간에 지도자의 비르투는 시험대에 오른다. 그의 성품, 자신감, 의지력, 불굴의 정신, 용기 등이 그의 두뇌와 신체적 힘보다 더 중요해진다. 교묘하고 용맹한 군대가 있더라도 담력이 부족하면 아무런 소용이 없다. 지도자는 압도적 공세에 맞서 때로는 세심하게 준비한 전투 계획을 버려야 하고, 단호하면서도 대담한 임기응변으로 병사들을 결집해야 한다.[92]

우드는 이어 이렇게 말한다. 전쟁이 정치적인 것의 원형이라면 비군사적 정치 상황은 항상 전쟁의 특성을 띨 테고, 이런 상황에서 성공하려면 전사의 능력과 감성이 필요하다. "공민적 삶의 모델은 늘 군사적 삶이고, 공민적 리더십의 모델은 늘 군사적 리더십이다."[93] 우리가 여태껏 여행한 지형 대부분은 분명 이 해석을 뒷받침한다. 필요, 질서, 외양 구축과 관통, 미지의 것에 맞서는 전투를 위한 비르투 소집 등에 대한 마키아벨리의 관심은 전투에서 궁극적으로 드러나고 군사 전투의 필수 요소에서 파생된다.[94]

어찌 이렇게 되었을까? 어원이 '명백하게 인간적'이라는 뜻의 그리스어인 정치는 동물의 왕국과 우리 사이의 구별을 아주 희미하게 하는 행위가 되었다. 아렌트에 따르면, 전쟁은 '전정치적'이다. 고전적 자유주의자들에 따르면, 전쟁은 문명사회의 경계

이전이나 바깥에 존재하는 '자연 상태'다. 그리고 거의 모든 설명에서 전쟁은 정치의 의미와 목적 반대편에 놓이는 현상이다. "전쟁은 다른 수단으로 행하는 정치의 연속"이라는 카를 폰 클라우제비츠Carl von Clausewitz의 악명 높은 정의는 전쟁과 정치의 구별을 무너뜨린 마키아벨리의 사상에서 가장 잘 구현되었다.

마키아벨리 정치학의 인간과 처음 만나면서 우리는 영광스럽지 않고 강력하지도 않은 생명체를 마주하게 된다. 그는 자기가 사는 곳에서 누구의 통제도 받지 않고, 그 또한 세계에 대해 어떤 통제도 하지 않지만 불편하게 살았다. 모든 것을 열망하지만 자신과 자신의 환경에 대해 아는 게 거의 없어서 욕망을 추구하며 위엄을 갖추거나 성공하지 못했다. 정치가 이 인간을 발전시켰지만, 그러한 정치는 인간의 본성에 투영되면서 깊숙이 자리 잡았다. 정치적 삶은 인간의 본성에 맞서는 투쟁을 심화하고, 그 투쟁에 새로운 무대를 마련해 주었다. 그리고 결함투성이 인간이 일으키는 위기에서 벗어나게 했다. 정치에서 인간은 자신을 어디에든 투사해야만 한다. 분투해서 통제권을 얻어야 하고, 그러지 못하면 자신의 취약성 때문에 파멸하게 된다. 그래서 스스로 충분히 이해하지도 못하는 모든 힘의 안팎을 공격하거나 그 힘의 안팎에서 압도되는 것이다. 비겁함, 우유부단, 육체적 요구에 대한 영합, 평화, 내세적 관심, 냉담, 결단력 부재 등은 이런 노력에 대한 저주다. 정치적 인간은 모든 유약함, 취약성, 평화를 향한 마음을 덜어 내고 육체적 관심을 넘어 육체가 도구이자 자신의 권력 기반이 되도록 스스로를 개조해야만 한다. 음식, 휴식, 성性, 고통 없는 삶 등에 대해 끊임없이 요구하면서도 필멸하며 쉽게 상처받는 신체의 특성은 신체를 잠재적 힘으로만 다루는 태도로 바꿔야 한다. 끝없이 열망하는 머리를 위해서는 단순한 신체적 만족보다 더 크고 고귀한 목적이 준비되어 있다. 신체가 머리의 희생양이자 종복이 되어, 신체와 머리도 서로 이질적인 존재가 된다. 정치는 신체와 머리의 이런 소외를 요구하지만, 양쪽의 힘도 요구한다. 정치는 신체를 위한 것이 아니지만, 플라톤의 논의와 달리 신체를 없애지는 않는다.

정치적 인간은 단단하고 심지 굳은 사람이 되려고 노력하며 마음, 신체, 시민, 정치 조직, 자연 등의 안팎을 비롯한 모든 곳에서 부드러움, 유연성, 취약성, 모호성에 맞서 전쟁을 벌인다. 그러나 정치적 인간이 자기 존재, 환경, 자기가 만들어 낸 것에서 이런 특성을 제거해 정화하려고 애쓰는 사이 이런 특성에 새로운 힘을 부여한다. 이 특성은 각각 포르투나, 여성, 평화, 나태 등 정치 세계의 불가해와 외양의 문제에 해당하는 **기만, 유혹, 만족**을 통해 그에게서 남성됨이나 비르투를 빼앗으려는 음모를 끊임없이 꾸민다. 정치적 인간은 필요를 생산하고, 질서를 확립하고, 영광된 이상을 추구하며, 더 넓은 통제 구역을 찾는 방식으로 이 모든 것에 맞서 투쟁한다. 그는 유혹적인 것, 만족스러운 것, 불가해하며 규정하기 힘든 것을 막는 장애물을 설치하거나 이들을 공격하면서 싸움을 벌이고, 이런 식으로 그것들에서 멀리 떨어져 소외될수록 그것들을 더 강력하게 만들기도 한다("사물이 가까운 곳이 아닌 멀리서 모습을 드러낼 때 두려움은 훨씬 커진다").[95] 이런 힘들은 인간을 유혹하고 괴롭히며 인간을 좌절시키고 위협한다. 마치 여성이 그러듯이 말이다.

여성이 상징해 온 것을 모두 떠올려 보자. 여성은 인간 자신의 비겁한 잠재적 본성만큼 취약하며 잔뜩 긴장한 '질료'다. 정치적 상황이거나 맥락인 '질료'고, 줏대 없는 사람들이나 정치 조직인 '질료'다. 여성은 인간이 헤아릴 수 없는 시대나 상징으로 늘 인간의 의지를 꺾거나 힘을 빼앗겠다고 위협하는 존재, 포르투나다. 마키아벨리의 인간은 이 모든 '질료'에 형상을 부여하려고 분투한다. 마키아벨리가 여성에게 부여한 힘의 종류를 다시 생각해 보자. 그는 간혹 여성에게 드물게 주어진 무언가를 남성이 원하기 때문에 여성이 인간에 대한 힘을 갖는다고 말한다. 이때 여성의 힘은 만족을 모르는 남성의 욕망을 마주한 정숙에서 나온다.[96] 다른 저작에서 마키아벨리는, 복수심 넘치고 계산적이며 인간의 계획과 활동에 대해 빈틈없이 전복적이라고 여성을 묘사한다.[97] 이 두 번째 여성의 힘은 첫 번째 힘과 중요한 관계에 있다.[98] 남성 세계에 여성이 개입하는 것은 남성의 욕망이 아니라 여성 자신의 이익과 힘이라는 목적 때문이라는 것이다.[99] 남성이 자기를 넘어서는 여성의 힘으로 보는 것은 사실 그의 일방적인 열망에서 비롯한다. 남성은 자신에 대한 여성의 무심함이나 자신과 공유하지 않아서 알 수 없는 관심사에 대한 여성의 몰두에 지배받는다. 여성에게 권력이 있어 보이는 것은 그녀가 움직이는 동기와 행동 양식을 남성이 모두 이해할 수 없기 때문이다. 여성이 남성에게 맞서 일어날 때, 남성은 그녀가 어디에서 오고 어떤 무기로 자기를 공격하는지 모른다.

마키아벨리는 이 전투와 관련해 몇 가지 선택지를 남성에게 제시한다. 남성은 여성의 본성과 의도를 헤아리려고 분투하고, 자신의 행동과 욕망이 그녀의 행동과 욕망과 교차하도록 노력할 수 있다. 이는 통찰, 시간 포착, 인지, 주의, 유연성 등의 비르투다. 하지만 여성에게 영합해서는 안 된다. 영합해 버린다면 아무런 비르투도 지니지 못한 채 여성에게 지배받고, 결국 나약하다고 여겨질 것이다. 만일 남성이 영합하지 않으면서 협력할 수 있다고 해도 그리고 자신의 욕망에 대한 관심을 유지한다고 해도, 이렇게 여성이 개입하는 양상에는 대가가 있다. 스스로 여성의 목표에 굴복하거나 그녀의 목표와 자신의 목표를 조화롭게 조정해야 하기 때문에 자기 목표를 누그러뜨려야 하는 것이다. 한편으로는 위험도 있다. 여성은 믿음직스럽지 못하다. 자신의 행동과 그녀의 행동을 조화하려고 얼마나 많이 노력하든, 그녀는 그를 당혹스럽고 무력하게 둔 채 갑작스럽게 돌아설 수 있다. 그러고 나서는 그녀를 아주 많이 배려했지만 결국 그 배려가 충분치 못했기 때문이라는 것을 알게 된다.

자신의 힘으로 세계를 채워 결국 그녀를 굴복시키는, 그녀를 정복하는 노력을 해 볼 수도 있다. 이는 대담과 박력의 비르투

남성됨과 정치

로 대개 여성적 힘에 속박되었던 불명예스러운 경험에 맞서 분노에 찬 증오가 그의 욕망 대신 자리를 차지한다. 환희가 성폭력이 되고,[100] 욕망이라는 약점이 정복이라는 잔인성에 자리를 내준다. 그러나 남성은 여전히 자유롭지 못하다. 그는 힘찬 기세에 눈이 멀고, 단 하나의 목표를 향해 날카롭게 공격하는 순간 점점 더 취약해진다. 남성의 초점과 무기의 폭이 좁아지며 여성의 여러 얼굴과 차원은 몇 배로 늘어난 것처럼 보인다.

마지막으로 여성으로부터 완전한 독립을 노려 볼 수도 있다. 그렇게 해서 남성은 '자족적', 즉 동성애의 상태가 되는 것이다. 이는 남성이 여성과 하는 거래를 다 끊거나 자신을 포함한 여러 적과 싸우기를 멈춘다는 뜻이 결코 아니다. 독립·자립·자족의 비르투는 남성에 비해 우월한 여성적 힘의 일면, 즉 그녀가 바치는 공물을 향한 그의 **욕망**만을 망가뜨릴 뿐이다. 남성은 여성을 향한 자신의 욕구를 줄임으로써 그녀의 권력을 줄인다. 그는 여성에게서 독립된 상태로 자기 세계를 만들고 지배하려 하고, 유동적이거나 파악하기 어려운 것보다는 견고하고 만져서 알 수 있는 적만 상대하려고 한다. 그러면서 여성이 자신에게 쓰는 기술 가운데 일부, 즉 환영·기만·내숭·교활·가면으로 가린 의도 등을 전유하려고 한다. 따라서 자극적·독립적 정치 활동가는 어떤 의미에서 자웅동체라고 할 만하다. 그는 여장한 남성됨으로 다른 남성들과 벌이는 분투에 남성적 힘과 여성적 힘을 모두 쓰려고 하며, 여성의 복장에 대한 자신의 **인식**을 장착한 채 나선다.

# VI

마키아벨리의 이상에는 어두운 면이 있다. 다른 이들과 맞서고 시간에 맞서는 자기 보존의 필요, 소수의 인간을 영광되게 하고 모든 인간을 자유롭게 할 필요, 개인적·집단적 불멸성을 찾기 위해 분투할 필요, 이런 것들로 자극받은 활기차고 폭풍 같은 정치 조직 같은 것 말이다. 그것은 권력을 향한 '욕구'에서 태어났기 때문에 오직 권력만을 자양분으로 삼는다. 하지만 영광과 정치적 필요를 빼면 이 권력에는 목적의 자리가 없다. 정치 조직은 고안을 통해 스스로 움직여 가고, 정치 조직을 위한 전쟁은 위대함에 대한 자극이 없으면 허물어진다. 잉여 권력을 분출할 출구가 없으면 폭발하는 것이다. 따라서 실제로 적을 마주하지 않을 때는 적을 만들어 내야만 한다. 정치 조직의 가치와 비르투는 그 자신의 경계를 넘어 스스로를 투사하는 능력을 통해 자신을 드러낸다. 그리고 무기, 열정, 질서에 의해 그 힘이 측정된다. 이에 대한 위협은 자신과 다를 바 없는 이들의 급습뿐만 아니라 고요함과 시간까지 포함한다. 생존에 꼭 필요한 유연성은 그 존재 자체의 열쇠가 되는 질서 때문에 그리고 그것을 이끄는 인간과 떼어 낼 수 없는 완고함 때문에 거의 성취할 수 없는 상황에 이른다.

정치 조직의 형상 또는 머리는 그 질료나 신체, 그 기반이나 힘의 원천, 스스로 강해지기 위해 억압하거나 거부하거나 새롭게 형태를 잡은 것과 영원한 긴장 상태에 있다. 정치 조직의 머리가 힘을 가지려면 모든 것이 필요하다. 그러나 실제로 머리에 필요한 것은 머리가 지배하는 것 가운데 극히 일부다. 사실 질료는 형상이 없지 않고 지배 원칙이 필요 없으며 기능도 없지 않다. 육체는 물론이고 환경도 머리를 끊임없이 위협하는 요소다. 이런 것들은 머리와는 상당히 다른 요구와 욕구가 있기 때문에 일정한 방향으로 움직인다.

정신적·물리적 힘에 있는 권력은 이런 정치에서 인간의 가장 위대한 무기다. 야생에서 다른 동물들에 비해 이런 권력이 부족할 때 마키아벨리의 인간은 약해지고 불리한 위치에 놓이게 된다. 그러나 정치에서 인간의 취약성은 공격성으로 변하고, 그의 맹목에는 잔인성이 보충된다. 세계에서 인간의 불안한 관계는 그의 비르투에 가려진다. 자연계의 정글에서 살아가기에 부적합하던 마키아벨리의 인간은 마키아벨리의 정치라고 할 만한, 문명 속 정글을 만들어 냈다.

근대성:                     베버

# 베버: 정치의 본성과 목적

베버는 '학술적인' 글과 정치적이거나 '가치 표현적인' 글을 가르는 선을 명확히 그었다. 이 책의 논의를 전개하는 데는 이 둘의 관계뿐만 아니라 그 흐릿한 경계도 중요하다. 정치·사회와 관련해 베버가 '과학적' 설명으로 묘사한 세계에는, 거슬러 올라가자면 아리스토텔레스와 마키아벨리의 사상에 깃든 남성됨과 정치 사이, 그 내밀한 연합이 이어지고 있다. 베버는 정치권력, 정치제도, 정치 목적의 형성이 평가보다는 성문화成文化와 분석의 대상이라고 주장했다. 정치권력, 정치제도, 정치 목적의 형성 과정에는 앞 시대 사상가들의 글에서 보이는 남성됨과 밀접하게 관련된 것으로 드러나는 구조물이 들어 있다. 그리고 베버는 자신의 본격적 정치 저작에서 이전에 규정된 남성적 정치의 합리성과 실천을 발전시키고 심화한다. 그는 현대 세계의 '합리화'와 '무의미성'에 특별한 관심을 보이는데, 이는 결국 우리 시대의 정치에 큰 영향을 미치는 남성됨-정치의 변증법에 위기가 도래했음을 뜻한다.

이 책이 방법론으로 채택한 해석적 시도는 베버를 분석하면서 몇 가지 특화된 방식으로 전환된다. 아리스토텔레스와 마키아벨리 저작에서는 남자다움에 대한 설명, (주로 경멸적인) 여성과 여성성에 대한 설명, 정치 영역을 구축해 개입하려는 남성의 동기에 대한 논의 등을 통해 남성됨과 정치 사이의 단면을 살펴보았다. 이러한 관점을 바탕으로 최종 장에서는 베버의 저작을 다룰 것이다. 그런데 그의 저작은 매우 함축적이며, 확고하게 결론을 내리지 않는 방식으로 기술되어 있다. 따라서 남성됨과 정치를 베버의 사상과 연결하려면 다소 우회적인 노력을 해야만 한다.

이 노력은 여러 차원에서 이루어진다. 앞서 언급했듯이 베버는 이 작업의 정점 같은 존재로, 그의 저작은 아리스토텔레스와 마키아벨리의 사상에서 도출된 여러 주제를 위기에 시달리는 근대에 맞게 구현해 표현한다. 따라서 선배 이론가들의 비슷한 정식화와 밀접하게 관련된 남성됨의 초상을 참조하여 베버는 자신의 정치적 구상을 펼친다. 예컨대 아리스토텔레스는 폴리스-오이코스나 육체를 통한 여성의 종속화와 대비되는 남성의 영혼과 합리성이라는 우월함으로 공적-사적 관계에 내재하는 **지배**를 정당화했고, 베버는 이를 더 극단적으로 확고하게 표현한다. 또

남성됨과 정치

한 마찬가지로 베버는 마키아벨리의 정치 행위 가운데 (취약성, 함정에 빠지는 것에 대한 두려움, 지배 권력에 대한 열망 등에서 비롯한) 폭력적이고 강압적인 특성을 다시금 정치적 삶의 단순한 **사실**로 제시한다. 정치적 합리성, 정치 지도자의 특성, 정치 연합의 구체화된 본성, 일상적·물질적 욕구에 대한 관심에서 동떨어진 자율적 정치 이상 등에 대한 베버의 정식화는 앞서 전개한 주제에 부합하는 것들이다.

만일 베버의 정치 구상에 남성됨-정치 관계의 '유전적' 요소가 담겨 있다면, 거기에는 근대에 특화되고 베버의 고유성이 드러나는 공헌도 포함되어 있다. '탈신비화된 시대'를 강하게 의식하면서도 전제적이며 극도로 가부장적인 독일 국민국가에 대해서는 그다지 의식하지 않은 베버는 남성의 정치에 담긴 윤리적·종교적·우주론적 핑곗거리들을 벗겨 버린다. 이러한 정치는 놀랄 만큼 발가벗겨져서, 공허함은 물론이고 무자비함까지 아무런 해명 없이 내비쳐진다. 남성됨의 정치 기반이 산업자본주의나 복지국가나 자유평등주의의 부상과 함께 붕괴한다고 생각하고 싶어 하는 이들을 향해 베버는 큰소리로 반대의 뜻을 표명한 것이다.

베버의 저작이 처음 제시한 듯 보이는 것이 아닌, 베버와 남성됨-정치 문제의 밀접한 관련성을 논의하려 할 때 그 방식은 여럿일 것이다. 그의 학술 연구 작업에는 '여성의, 여성다운' '남성의, 남성다운' 같은 범주에 대한 언급이 드물지만, 그가 나눈 서신과 대화 기록에는 이런 말들이 등장한다.[1] 프로이트주의와 신

프로이트주의의 목소리가 강하게 스며들던 시대와 환경에서 살아간 베버는, 프로이트의 '과학'에 비판적이었으며 그 영향을 받지 않았다. 다만 그는 종종 프로이트의 개념들을 써 가며 개인, 관계, 사회현상을 숙고했다.[2] 남성성이라는 미덕에 대해 베버가 품고 있던 양가감정이 신랄하게 드러난 고백의 순간도 있다. 약혼자에게 보낸 편지에서 발췌한 부분을 살펴보자.

> 지금 세상은 지난가을 무렵과 너무나도 다르게 보입니다. 제가 순전한 인간의 본성이 담긴 어렵고도 위대한 과업을 향해 나아갈 테니 말입니다. 이 과업은 인생이라는 장터의 한복판에 나오는, 그러지 않으면 우리에게 목표를 제시할 남성적인 직업보다 덜 인상적인 듯해도 힘을 쏟아부을 가치가 있습니다. (……) '재능을 최대한 활용'하는 의무와 별개로 저는 남성적인 직업의 가치에 **겉으로** 드러나는 존중 이상의 마음을 품어 본 적이 없습니다. 저는 하루하루 순전한 인간의 과업을 내 앞에 펼쳐 보일 것이라는 데 깊은 동경을 품고 있습니다.[3]

베버는 친구이자 제자인 에미 바움가르트너Emmy Baumgartner에게 보낸 편지에 남성성에 대한 좀 더 면밀한 고찰을 적었다.

> 사무실에서 일생을 보내는 인간은 독특한 방식으로 자신을 이해하게 됩니다. 인간관계는 서류와 문서로 매개될 때 유령

같은 독특한 삶을 떠맡게 됩니다. 커튼 위로 실제 살아 있는 사람이 춤추는 것 같은 그림자가 어른거리는 사진처럼 말입니다. 우리는 실제 투쟁이 커튼 저편에서 일어나고 있으며 색채를 잃은 윤곽만이 종종 놀라울 정도로 왜곡된 채 커튼 위에 내려앉는다는 것을 압니다. 그런 그림자들 그리고 대개 **외적인** 삶에 관심을 갖는 남성적인 집착, 이것 때문에 남성들은 비교적 내면에 소명이 있는 이들의 반응을 이해하지 못합니다. 남성은 외부의 일시적 분위기를 단순하게 표현하는데, 그래서 종종 여성의 고통이 지속되며 이는 좀 더 내적으로 느껴집니다.[4]

이 인용에서 베버는 '남성적'·'여성적'이라는 말을 명확하게 평가하진 않았다. 하지만 이 장의 논의에서 중요한 것은 바로 이것들이 증명한 고도의 파토스와 긴장이다. 베버가 서양사의 이 시점을 대표해 분석할 중요한 인물이 된 것은 그의 삶과 저작 모두에 담겨 있는 극치, 위기, 모순 때문이다. 그는 위기를 상징화하고 명백히 하는 데 탁월했다. 카를 야스퍼스Karl Jaspers의 표현에 따르면, "베버는 우리 시대가 직면한 실패의 의미를 더할 나위 없이 보여 주었다."[5] 베버는 가치관과 생활 방식의 측면에서 정치학, 교육학, 과학, 인식론의 주류 흐름을 구체화한 뒤 그에 맞서 싸웠다. 또한 자신이 그렇게 거세게 비난한 바로 그 권력, 조직, 지식의 양상을 가장 완전한 형태로 실현하려고 했다. 이런 점이 그의 방법론적 연구고, 그의 과학이자 합리적 사고관이며 권력정치관이다. 베버는 영구적인 심리적 위기에 빠져, 순전히 의지로 어둠에 맞서 싸운 남성이다. 그의 시대와 문화 역시 내부의 위기는 물론이고 전통의 무게 때문에 산산이 부서져 떨어지며 앞으로 나아가기 위해 힘겹게 몸부림치고 있었다. 여기에서 나는, 베버의 경우를 포함해 이런 위기가 근대성의 시기에 나타나는 남성됨 자체의 위기와 무관하지 않다는 점을 말하고 싶다. 그리고 베버는 이 위기를 포착해 자신의 주제로 다루는 한편 그 자신이 이 위기를 보여준다. 인간을 자연에서 구하기 위해 탄생한 합리성은 이제 인간을 기계로 예속화한다. 인간을 정신적으로 실현하기 위해 탄생한 정치는 이제 인간 자신의 공허를 뒤로 돌려 보여준다. 물론 이때의 아이러니는, 베버가 이 지식을 낳고 그 앞에서 고개를 숙였다는 점이다. 그가 한 일이라고는 고작 마비된 남성됨과 남자다운 정치에 대한 동종요법용 치료제를 찾는 것이었다. 그 자신이 품은 질병의 독소를 생산해 낸 것이다. 베버의 지적 삶은 모두 이런 사실에 대한 모순적 인식과 거부로 채워져 있다.


I


아리스토텔레스가 그러했던 것처럼, 베버는 적절하게도 '전정치적' 연합에 대한 설명으로 정치의 정식화를 시작한다. 하지만 아리스토텔레스와 달리 베버는 정치 연합, 권위, 권력의 기원을

남성됨과 정치

**두 가지** 사회구조에 둔다. 한편으로 그는 가정이 정치의 기반임을 포착하는데, 그에게 가정은 인간 욕구의 생성에 따라 집단적 삶이 조직되는 곳이다. 다른 한편으로 그는 생산관계에 특화되어 뿌리내리지 않은 전정치적 사회구성체로 '전사단'이나 '남성의 집'에 많은 관심을 보인다. 그의 설명에 따르면, 이런 사회구성체는 각각 정치적 제휴의 기원이자 그가 정치의 보편성이라고 여기는 것들의 요소가 된다.

베버는 『경제와 사회*Economy and Society*』에서 가정은 "충성과 권위의 근본적 기반으로, 다른 많은 집단의 기반이 된다"라고 선언한다.[6] 정치 연합, 특히 민족이 이런 집단에 속한다. 베버가 말하는 '가정'이란 단어는 오늘날의 가정보다 오이코스에 더 가깝다. 즉 생물학적 결속보다는 생산에 묶인 개념이다.

> 가정은 그 규모와 포괄성이 다양하다. 그러나 가장 광범위한 경제 집단이고, 연속적이며 강도 높은 사회 행동이 개입하는 집단이다. (……) 여기에는 오늘날 쓰는 의미에서의 '가정'이 아니라 어느 정도 조직된 토양의 배양이 전제되어야 한다.[7]

베버에 따르면, 결혼은 가정의 기반이 아니며 "어머니·아버지·아이를 아우르는 단순한 성의 결합이나 사회화 단위의 결합도 아니다."[8] 사회제도로서의 결혼은 "결혼하지 않은 채 맺은 성관계에 대한 안티테제로만 존재한다."[9] 가정은 아이들을 양육하고 보호하는 데서 생겨나지 않는다. 홉스와 로크 또는 19세기의 일부 인류학자 같은 자연 상태 이론가들과 달리 베버는 '모계 집단'을 부계 가정보다 앞선 것으로 이해했으며, 심지어 어머니-아이 집단보다 '원시적인' 생물학적·사회적 집단이 더욱 앞선다고 보았다.[10]

그렇다면 베버가 충성과 권위 관계의 기본 바탕이라고 한 아버지 중심 가정은 어디에서 비롯한 것일까? '모계 집단'에 대한 베버의 논의를 자세히 들여다보면 흥미로운 지점이 드러난다. 그는 '모계 집단만의 사회'는 결코 존재한 적이 없다고 보았다.[11] 이에 대한 베버의 설명이 이어진다.

> 순수 모계 집단은 정상적이지만 명백히 **이차적인 형상**인데, 남성의 일상이 처음에는 군사적 목적으로, 이후에는 다른 이유로 '남성의 집'이라는 안정된 공동체에 한정되면서 종종 발견된다. **남성의 집**은 군국주의 발전의 독특한 실행 형태이자 그 결과로 다양한 나라에서 발견된다.[12]

가정에 대한 베버의 논의는 잠시 미뤄 두고, '남성의 집'이라는 현상에 집중해 보자. 남성의 집은 『경제와 사회』의 '정치 공동체의 형성 단계'라고 이름 붙은 절에 등장해 비중 있게 논의된다. 남성의 집의 군사주의적 측면이 유독 강조되는데, 이는 베버가 처음에는 비합법적이지만 나중에 합법적이 되는 **조직된 폭력**

남성됨과 정치

의 기원과 발전에 따른 정치 공동체의 계보를 추적하기 때문이다.[13] 그는 "적법성이 (규범에 매여 있지 않았다는 점에서) 본래 폭력과 아무 관련이 없었다"라고 주장한다.[14] 이는 조직 폭력의 원시 형태가 "주도권을 가진 가장 호전적인 구성원이 약탈적 습격을 하기 위해 개인적 친교를 바탕으로 연합하는 상황"에서 비롯한다는 사실로 확증된다.[15] 그러나 이런 원시적 연합은 점차 공동체의 외적 모험뿐만 아니라 내부에 대해서도 적법한 폭력의 독점권을 얻게 된다. 베버가 상술한 이 '혁명적인' 과정의 전개에 담긴 의미는 크다.

> 처음에 폭력은 형제애에 반기를 든 구성원, 불복종이나 소심함으로 형제애에 해를 입힌 구성원에 대해서만 적법성을 얻었다. **임시적** 연합이 영구적 구조로 발전하는 과정에서 이는 점차 초월적인 것이 된다. 소명으로서의 군사적 용맹과 전쟁을 키우는 과정에서 이 구조는 복종에 대해 유용하고 포괄적인 주장을 내놓을 수 있는 강압적 장치로 발전한다. 이런 주장은 전사들의 형제애가 자리한 영토 공동체에서 군사적으로 부적합한 구성원에게뿐만 아니라 정복지의 거주민에 대해서도 적용된다.[16]

이때 정치학의 본성에 대한 베버의 첫 번째 고백이 매우 명확하게 등장한다. 정치 조직은 '약탈적 습격'을 일으키려고 조직된 젊은 남성 연맹, 즉 브라운이 "조직적 청소년 범죄로서의 정치"라고 부른 정치 기원의 신화에서 태어난다.[17] 남성 집단 구성원들은 기본적으로 무장을 하고 성폭행과 약탈을 했는데, 오직 이런 남성들만이 영토 공동체의 '자유롭고' '동등한' 구성원으로 여겨진다.[18] 베버는 나머지 사람들에 대해 이렇게 말한다. "무기를 다룰 훈련을 받지 못한 이들과 무기를 들 수 없는 이들은 '여성'으로 여겨지는데, 많은 원시언어에서 특히 그렇게 불린다."[19] 그러고서 다음과 같이 덧붙인다.

> 정치 행위의 영역에서 남성의 집은 종교 영역에서 수도원 내 수도승 연합에 거의 정확하게 대응한다. 용맹하게 무기를 쓴 이들만이 구성원이고, 수습 기간이 끝나면 전사의 형제애 속으로 받아들여졌다. 이와 반대로 시험을 통과하지 못한 이들은 '여성'으로 바깥에 남겨져, 더는 무기를 들 수 없는 이들과 함께 여성과 아이들 사이에 머물게 된다.[20]

베버는 '남성의 집'을 조직된 폭력과 적법한 정치적 지배의 기원으로 확고히 하는 한편 **가정**이 기본적 정치 관계의 근원적 토대라고 선언했다. 그런데 어떻게 하면 이들 두 설명이 함께 놓일 수 있을까? 전사의 형제애가 어떻게 전사 아닌 이들만의 '피지배자' 공동체를 지배하는 정치 조직으로 진화하는지 묘사하며 베버는 이렇게 덧붙인다.

일상적인 삶의 순환 너머로 자유롭게 연합한 이 전사단은 영토 공동체에 적응한 뒤 정치 조직을 만들면서 폭력 사용을 위해 특정한 적법화 작업을 한다. (……) 약탈자나 영구 전사단으로 조직된 전사를 구성원으로 삼은 규모가 큰 공동체는 자유롭게 연합한 전사의 급습을 제압할 힘을 얻게 된다.[21]

여기에서 베버는 **정치 공동체**와 **정치 조직**의 형성을 전사단이 **정치적 지배**의 영구 조직으로 발전하는 것과 구분할 수 있다고 말하는 듯하다. 그는 자신의 논의에서 이 전환을 명확히 밝히진 않는데, 정치적 권위에 기반을 제공하는 가정의 역할에 대한 논의로 되돌아가면 이 혼란의 의미는 좀 더 명확해진다. 이 혼란에도 정치 **권위**와 정치 **행동** 양쪽에 확연한 '남성적' 뿌리가 있다.

베버에 따르면, 가정 내 권위와 충성은 두 가지 근본적 특성에서 비롯한다. 자산 소유와 소비의 공산주의에서 발생하는 '연대', 가정의 가장 강건한 구성원이 존경을 받는 '우월성'이 그 두 가지다.[22] 베버가 가정 공산주의를 언급하는 순간, 순수한 경제적 현상으로서의 가정 공산주의는 대체로 무시된다. 그것이 충성과 권위의 토대가 되긴 하지만, 그 충성과 권위를 구성하진 않는다. 즉 베버는 물리적 우월성에 내재한다고 생각한 권위를 상당히 의미 있는 것으로 다룬다. 이 권위는 우월한 힘과 우월한 실용 지식 및 경험 모두에 기반을 둔다.[23] 베버는 이에 대해 이렇게 설명한다.

여성과 아이 들에 반하는 남성의 권위다. 상대적으로 능력이 적은 이에게 반하는 강건한 이의 권위며, 아이에 반하는 성인의 권위고, 젊은이에 반하는 나이 든 자의 권위다. '충성'은 권위 있는 이를 향한 주제 가운데 하나고, 서로를 향한 주제 가운데 하나다. 선조에 대한 존경처럼 충성의 길은 종교로 향한다. 세습 관료, 고용된 이 또는 봉토封土를 받은 신하의 충성같이 이것은 본래 가정에 깃들어 있는 관계의 일부가 된다.[24]

여기에서 베버가 정치적 권위와 충성의 기원을 묘사할 때, 정치가 노골적인 조직 폭력에서 탄생한다는 주장과 결별하는 듯 보인다. '실용 지식 및 경험'이 여성과 아이에 대한 남성(아버지) 권위의 토대가 되면서 그 힘이 더해진다. 논의의 대상이 경제적 독립체로서의 가정이기 때문에 우월한 힘에 대한 논의도 물리적 강압이 아니라 생산능력과 역량에 대한 것이라고 생각할지 모르겠다. 그러나 베버는 '남성의 집'에 대한 논의에서 명백히 사회·정치 형성의 초기 단계에 여성은 농업 관련 노동을 다해 냈다고 진술한다.[25] 따라서 남성이 가정에서 발휘하는 우월한 '실용 지식 및 경험'은 좀 더 '세속적인' 역량, 예컨대 약탈·강탈과 관련된 지식과 경험 그리고 같은 지식과 경험에 대항해 자기 가정을 방어하는 행위이다. 이런 결론은 『경제와 사회』에 나오는 가정에 대한 다른 논의(가부장제와 가산제家産制)[26]로 확증되며, 거기에서 베버는 '자연적 효'가 가정 권위의 뿌리라는 관념

남성됨과 정치

이 틀렸음을 밝히기 위해 노력한다. 그는 "남성의 물리적·지적 에너지가 정상적으로 우월하기 때문에 여성은 의존적이다. 아이도 의존적인데, 이는 객관적 무기력 때문이다"라는 사실에 가족 유대의 진실이 있다고 말한다.[27]

이 지점에서 가부장적 권위의 기원에 대한 진정 베버다운 설명이 등장한다. "강한 이들이 지배한다. (……) 그들이 '욕구 충족' 영역에서 가장 능숙하거나 지식과 지배욕이 있어서가 아니다." 남성은 물리적으로나 지적으로 아내와 자식을 지배하고 '보호'할 수 있기 때문에 자기 가정을 다스린다. 남성의 힘 그리고 가정이나 마을 밖의 남성적 (폭력적) 세계에 대한 친숙함이 베버가 정치적 권위의 토대라고 부르는 가정 지배의 기반이다. 줄여 말하면 가정 내 권위는 복지보다 힘에 묶여 있고, 이 덕분에 명백히 정치의 성격을 띠게 된다.

가정의 가장과 전사단이 행사하는 지배 사이에 물리력이라는 공통 주제가 있는데, 이는 정치적 기반에 따라 꽤 다르게 나타난다. 베버에게 전사단은 정치 연합이 움직이는 토대다. 이 점은 그들의 전적으로 공격적이며 특별한 목적, '자유롭고' 서로 '대등한' 구성원들의 특권적 지위, 입회 의식, 그들을 물질적으로 지탱시키는 이들로부터의 자율, 특히 강력한 자의식을 품은 남성 정체성 등에서 명백히 드러난다. 그들은 자신이 살아가는 영토 공동체 바깥에서 벌어지는 정기적 약탈과 그 안에서 벌어지는 여성에 대한 성폭력을 고심 끝에 분리해 내는데, 이는 정치 연합의 창립자로서 그들의 역사적 역할이 무엇인지를 보여주는 특징 중 하나다.[28] 그러나 전사단이 정치의 창립을 구성하는 바로 그 순간에도 그들의 **모든** 활동은 일상적 삶의 영역과 구별되기 때문에 정치 연합의 **연속적이고 현실에 기반한** 양상에 다다를 수 없다. 정치는 전쟁에서 탄생하지만, 정치와 인간이 전쟁만으로는 살아갈 수 없다. 정치 연합이 지속적인 토대 위에 존재하려면 일상적 삶에 뿌리내려야 하는 것이다.[29] 베버는 전사의 형제애와 그들이 강제로 지배하던 영토 공동체를 '통합'하는 과정에 대해 이렇게 말한다.

> 약탈자나 영구 전사단으로 조직된 전사들을 구성원으로 삼은 규모가 큰 공동체는 자유롭게 연합한 전사의 급습을 제압할 힘을 얻게 된다. 이 작업은 다음 두 과정 가운데 하나를 통해 이뤄질 텐데, 오랜 평화가 이어지면서 전사 조직이 해산할 수 있으며 그 조직 위로 포괄적인 정치 연합이 더해질 수도 있다.[30]

베버는 전사의 형제애가 정치 지배의 한 양상으로서 더 규모가 큰 영토 공동체에 제압되거나 밀려났을 때, 아버지나 가정 수반의 권위가 상대적 중요성을 띠고 부상한다고 말하는 듯하다. 즉 정치 연합 및 지배의 기원에 대해 베버가 내놓은 두 가지 설명은 사실 정치 조직 설립에서 각기 근본적이며 상대적인 독립 요소인데, 하나가 처음부터 좀 더 중요하다면 정치적 삶을 지속하

남성됨과 정치

고 발전시키는 데는 다른 하나도 똑같이 핵심적이라는 것이다.

이런 해석은 베버가 다른 데서 '가부장 가산제'와 '복지국가'의 성격에 대해 말한 내용으로 입증된다. 초기의 정치 형성체보다 가부장 가산제에서 충성과 권위의 관계는 서로 훨씬 강력하게 본질적이다. 전사 형제애의 지배는 오직 주변적 의미에서만 '적법'했고, 그 확실한 토대는 단순한 복종 이상의 것으로 구성된 충성을 낳는 보호주의의 후광이 아니라 폭력(우월한 힘)이었다. 그러나 가부장 가산제하에서는 이와 반대다.

> 영웅이 아닌 '선량한 왕'이 대중 전설의 찬미를 받는 이상이었다. 따라서 가부장 가산제는 반드시 자신과 신민의 눈에 신민의 복지를 수호하는 이로 자신을 적법화해야 했다. '복지국가'는 엄숙하게 약속받은 충성으로 맺어진 자유로운 동지애에서 파생되는 것이 아니라 아버지와 자식이라는 권위주의적 관계에서 파생된 가산제의 전설이다. '인민의 아버지'는 가산국가의 이상이다.[31]

"엄숙하게 약속받은 충성으로 맺어진 자유로운 동지애"야말로 남성의 집을 조직하는 원칙이다. 반면에 "아버지와 자식이라는 권위주의적 관계"는 가정 관계에서 파생된다. 일상을 외부 공격에서 지켜 내야 할 때, 그 일상의 조직과 수행에 더 도움이 되는 후자가 좀 더 포괄적인 원칙이다. 그러나 합법성의 토대는 다른 남성에게 대항하는 남성의 방어 능력 또는 보호 능력에만 있다.

베버는 '불멸'이라는 생각을 가장 먼저 구현한 결과물이 아마도 가정일 것이라고 주장한다. 가정의 종합 경제는 연로한 구성원이 죽고 새 구성원이 태어나거나 결혼을 통해 더해지면서 이어진다. 이런 연속성과 그에 따른 개인과 집단의 불멸에 대한 전망은, 이 모든 것이 공동체 안으로 통합되기 전까지는 그리고 그렇게 통합되지 않는다면 불가능한 일이다.[32] 아리스토텔레스의 설명에서 폴리스가 그리스의 철학, 육상, 군사 영웅의 성과를 인정받는 데 꼭 필요한 환경이었듯이, '불멸의 가족'으로 구성된 '영토 공동체'는 전사단 구성원들의 행위를 계속 기억하는 데 반드시 필요한 토대였다.

정치 행위, 권위, 지배, 연합의 기원에 대한 베버의 설명에서 주목해야 하는 최종적이고 중요한 지점은 전사의 형제애 집단을 가부장 가정의 권위와 통합하는 과정에서 제기된다. 베버는 정치를 '지배'로, 국가를 '사회 내 폭력의 적법한 독점'으로 바꿔 부르곤 하는데, 이는 종종 한편에 있는 정치 권위 및 적법성의 **토대**와 다른 한편에 있는 타자에 대한 정치 지배의 **행사**, 이 둘 사이의 구별을 흐리게 한다. 그러나 이 둘은 각기 다르며, 그 중요성도 상당하다. 정치 권위의 토대와 정치권력의 행사는 모두 폭력과 연관되지만, 그 뿌리와 특성이 뚜렷하게 다르다. 정치 지배, 즉 폭력의 독점에 뿌리를 둔 권력은 남성의 집이 행하는 약

남성됨과 정치

탈적 습격에서 기원한다면, 정치 권위는 가정 관계에서 기원한다. 오르테가 이 가세트가 "국가의 스포츠 기원"이라고 이름 붙인 것에는 자기 존재의 영토적 기반을 넘어서 그것에 대항하며 살아온 인간 집단의 타락한 폭력이 개입되어 있다.

남성 연맹은 정치 연합의 창립 순간을 구성하는 것에 더해, 다음과 같은 경우에 남자다운 정치 활동의 원형을 표상한다. 첫째, 그들의 행위가 성취와 영광 외에 다른 필수적 목적이 없을 때. 둘째, 그런데도 그들의 행위가 그들이 지배하는 영토 공동체와 집단의 관계 너머로 '필연의 정치 세계'를 필요로 할 때. 셋째, 자신의 계급에서 밀려난 이들의 관점에서 그들의 연합이 대체로 파괴적이고 강압적**이며** 궁극적으로 사회생활의 구조를 결정하는 요소가 될 때. 베버의 설명으로는 남성 연맹이 정치 연합, 독점권, 평등, 자유 등에 있어서 모두가 근본적으로 그리고 자의식적으로 남성됨과 연관된 최우선 원칙을 확립했다. 다르게 말하자면, 전적으로 남자다움으로 정의되고 남자다움과 동일시되는 단체의 조직된 폭력은 정치 행위와 지배의 첫 번째 형태였다.

그러나 이 단체는 착취의 대상이 되는 공동체에 기반이 전혀 없기 때문에 정치적 권위에 필수적인 적법성이나 신념 체제와 함께하는 진정한 정치적 권위를 확립할 수 없었다. 공동체 내부에서 '적법한 지배'의 기원과 그 뿌리가 이어진 정치적 권위의 형식은 아버지-가정의 보호권에서 유래한다. 이 '보호권'도 근본적 토대는, 남성 가부장이 자신의 신민을 물리적으로 지배하

7장 | 베버: 정치의 본성과 목적

고 폭력이나 지배의 외적 근원에서 이들을 방어하는 능력에 있다. 물론 '방어'나 '보호'는 바로 가정 영역 외부에 남성 폭력이 편재하는 상황 탓에 필요해진 것이다. 따라서 가정 가부장의 '적법성'은, 어떠할 것으로 추정되고 인정된 남성의 약탈적 본성으로 이루어진다.

정치 창립의 두 순간은 베버의 근대 정치 묘사에서, 특히 근대 국가 묘사 부분에서 뒷받침된다. 이 둘은 그의 정치적 가치를 구성한다. 사실 베버가 근본적으로 제국주의적 민족주의자였는지 복지국가적 자유주의자였는지에 대해서는 수십 년간 논쟁이 이어져 왔다. 그런데 정치 조직의 이중적 기반이자 목적에 대한 그의 이해를 검토해 보면 그가 양쪽 다였다는 게 드러난다. 그리고 최소한 분석의 차원에 보더라도 이런 태도에는 일관성이 있다. 이제 **근대** 정치 형성의 특정 차원과 목적에 대한 베버의 설명을 숙고해 보자.


Ⅱ


우리의 목적은 (……) 인간이 더 행복하게 느낄 조건을 만드는 것이 아니라 존재를 위해 피할 수 없는 투쟁이라는 필연하에 그들 가운데 최고, 즉 민족을 위해 보존하고 싶은 물리적·정신적 특성을 보호할 조건을 만드는 것이다.[33]

남성됨과 정치

'사회'와 사회 형성에 대한 위대한 이론가이자 부르주아 사회학의 창시자로 베버를 생각하는 사람들은 그가 경제와 사회생활에서 자율성의 흔적을 모두 잃어 버리는 방식으로 정치를 개념화했으리라고 기대할 것이다. 그러나 그렇게 기대한 사람들은 베버를 통해 정치는 "행동하는 독립적 리더십"이고[34] 독일이라는 나라의 뚜렷한 목적이 경제적 이익과 '사회적 질문'에 대한 집착으로 흐려지거나 모두 포괄되어 버릴 위험에 놓여 있다는 것을 알게 된다.[35] 정치의 **자율성**을 주장하던 베버는 민족주의적이며 권력 강박적이던 군국주의 독일 시절이나 오늘날에 덜 두드러져 보이는 고대의 전통 하나를 부활시킨다. 베버의 환경과 시대라는 맥락을 감안하더라도, 그는 보통 사람보다 정치의 본성을 전근대적인 개념으로 바라보았으며 정치에 대한 이런 이해 때문에 특별히 근대적인 자리, 즉 제정 국민국가를 만들어 냈다.

아렌트는 "정치는 결코 생명을 위한 것이 아니"라고 주장했다. 아리스토텔레스의 설명에서 '단순한 생존'은 정치적 또는 관조적 삶과 같은 '좋은 삶'이라는 목적에 다다르기 위한 도구다. 이런 이론가들에게 순수 정치는 생명의 생산 및 유지와 관련한 모든 행동에서 독립해 있다. 아리스토텔레스의 연구에서 우리는 정치에 대한 이 정식화가 어떻게 자연과 육체의 구속에 대한 두려움과 연결되는지 그리고 그 두려움이 어떻게 개인의 신체와 '정체政體'에 대한 거부 그리고 지배에 기반하는 남성됨·자유·정치 행위의 개념화와 실천으로 이어지는지를 살펴보았다. 마키아벨리의 사상에서도 정치적 성취는 물론이고 정치적 필요가 인간의 필요와 전적으로 구별되는 것으로 등장한다. 베버의 저작에서 역시 비슷한 주제를 찾아볼 수 있다. 다만 정치적으로는 분명할지라도, 여성·자연·신체·생명이 그 맞은편에 특별히 나란히 있는 남성됨과 정치의 정식화의 기원과 명시적으로 연결되지는 않는다. 그럼에도 베버의 저작에서 우리는 이제 그 뿌리가 잊힌 전통이 근대에 남아 있는 모습을 보게 된다. 그것은 순수성과 자율성의 정치, 즉 '일상적인 것'에 적대적이고 이에 반감을 품은 '특별한 것'의 정치다. 베버가 정치의 자율적이며 비경제적인 개념화와 실천에 몰두했다는 것은 사회주의에 대한 그의 평가, 국익의 정식화, 정치적 삶에 적합한 인간형에 대한 논의 등에서 명백히 확인할 수 있다.

베버는 사회주의와 사민주의 운동에 다양한 반대 의견을 피력했다. 그 가운데 일부는 맹렬하면서 노골적이었고, 다른 것들은 그의 자본주의와 기업가에 대한 대조적인 이해의 그림자로만 알아볼 수 있다. 지금 여기에서 생산수단의 공적 소유와 사적 소유에 대한 그의 시각을 전면적으로 살펴볼 필요는 없을 것이다.[36] 중요한 것은 베버가 사회주의에 대한 제안서를 작성하면서 '생산의 국가 소유'라는 방식을 주장했다는 점이다. 그는 자신이 활동하던 시대의 논란과 마르크스주의 연구를 통해 많은 19세기 사회주의자들의 성패가 달린 다른 가치와 정치적 주장이 있음을 분명히 알고 있었다. 그리고 생산을 사적 통제에서 국가 통제로 전환하는 것이 과학적 사회주의의 최종 목표는 아니라는 점을 분명히 인식했을 것이다. 그러나 베버는 고집스럽게 '사회주의 기획'을 이런 볼품없는 옷가지로 묘사했다.[37] 결국 그는 사기업 체제('생산의 무정부주의')의 장점을 사회주의('관료제 국가-기획 생산')와 비교한 뒤, 전자의 편을 들며 쉽게 결론 내린다. 자본주의는 더 큰 경제적 생산성을(따라서 더 큰 국가의 자원과 힘을), 더 큰 정치적 자유와 문화의 활력을, 무엇보다도 국가와 정치 영역을 매우 조금이나마 경제 영역에서 독립시킬 가능성을 제공한다.

> 만일 사적 자본주의가 철폐되면, 국가 관료주의가 홀로 통치할 것이다. 정부 관료주의와 사적 산업이 원칙적으로라도 서로 균형을 맞추고 상대방을 견제할 수 있던 상태가 이제는 그들의 단일한 위계질서로 구축된다.[38]

'국가사회주의'에 대한 이런 평가가 예언적이기는 한데, 베버가 왜 자신이 분석하려고 한 사회주의를 옹호하기 어려웠는지에 대한 질문은 여전히 남아 있다. 산업의 국유화 때문에 늘어나는 관료주의, 이에 대한 베버의 두려움은 진심 어리고 통찰력 있다. 그런데 그는 왜 권위주의는 덜 들여다보고 사회주의의 정치적 설명을 더 고려하지 않았을까? 그가 이해한 정치에는 권력의 목적이 완전히 스며 있기 때문에, 지배받는 이와 지배하는 이가 하나여야 한다거나 정치 조직·경제·사회가 노동하는 공동체로 통일될 것이라는 사회주의 주장의 핵심을 그저 가늠할 수 없었던 것이다. 그는 국가 없는 정치 조직 혹은 외적 착취와 내적 지배보다 집단의 안녕에 관심을 기울이는 정치를 상상할 수 없었다. 설령 이런 가능성을 상정해 보더라도, 그것이 그에게는 전혀 매력적이지 않았다. 베버에게 정치의 가치는 집단의 욕구를 고심하거나 집단의 이상을 실현하는 데 있지 않다. 국가에는 그런 경제·사회 문제보다 훨씬 더 크고 가치 있는 잠재력과 목적이 있었다. 그에게는 근대적 국가 이성이 국민국가의 명망이자 영광이었다.

아리스토텔레스적이며 마키아벨리적인 정치의 자율성과 순수성에 깃든 인간 존재의 '하위 양상' 문제는 베버가 정식화한 '국익'에 다시 큰소리를 내며 끼어든다. 1895년 프라이브루크 강연에서 그는 즉각적이며 세속적인 경제 이익을 독일 권력-정치의 장기 계획에 넣을 것을 주장했다. 다른 어디에서도 사회의 계급 토대와 그것이 불러오는 계급 갈등에 대해 그리 날카로운 의식을 보여 주지 않았던 베버가 정치를 그런 전투 위로 끌어올려야 한다고 주장한 것이다.

정치·사회 문제의 핵심은 지배받는 이들의 경제 상황이 아니라 **지배계급과 권력에 다가가고** 있는 계급의 정치적 자질이다. 우리의 정치·사회 작업의 목표는 보편적 자선사업이 아니

라 미래의 어려운 투쟁에 대비하면서 근대의 경제 발전을 끌어내는 **사회 통합**이다.[39]

베버의 관점에서 경제 계급 간의 권력 다툼은 국가 권력의 이해관계를 물질적 염려 이하로 격하하는 위협이 된다. 그는 계급 이익의 정치를 없애려고 노력하는 한편 진정한 정치적 삶을 오염하는 기타 물질이라고 생각한 것들을 고발할 기회를 얻게 된다.

전환기의 경제 발전은 자연스러운 정치 본능을 위축시키며 위협한다. 만일 경제학이 **독립된 사회-정치적 이상**이라는 환영 뒤에 (……) 허약한 **행복주의**를 장려해서 같은 결과에 이른다면 불행해질 것이다.[40]

그리고 '행복주의'와 '사회-정치적 이상'이 국익을 끌어내는 데 아무런 지분이 없는 것처럼, 베버는 '인간의 윤리'도 국가의 관심사에 들어 있지 않다고 주장한다.

비현실적인 태도를 비롯해 국가의 정치 교육을 가로막는 다른 장애물들은 상당히 수긍할 만하고 인간적 관점에서는 심지어 감탄할 만도 하다. 그럼에도 정치적 이상을 '윤리적' 이상으로 바꿀 수 있다고 보는, 말로 표현할 길 없는 속물근성 역시 그런 장애물 가운데 하나다.[41]

베버는 정치가 이런 주장과 환영에서 벗어나야 한다고 선언한
다. 정치가 관료주의 집단이라는 분쇄기에 갈려 나가진 않더라
도 계급 투쟁, 복지에 대한 우려, 인도주의적 이상이 뒤섞인 질
편한 죽에서 다 사라져 버리지 않게 하기 위한 선언이다. 이 지
점에서 베버가 품은 사회주의에 대한 혐오의 또 다른 특징이 명
확히 드러난다. 국가와 정치의 일이 경제 운영이라는 하찮은 일
이 돼서는 안 된다는 것이다. 게다가 자본주의하의 생산은 '무정
부적'이고 경쟁적이기 때문에 기업가 계급이 서로 생존하려고
다투는 과정에서 국민들은 활력과 번영을 누릴 수 있다. 국가가
경제를 좌지우지할 때도 국가의 권력 이익에 봉사하는 것은 부
르주아의 고상함이 아니라 **적대감**이다.

> 『공산당 선언 *The Communist Manifesto*』이 경제적인 면에서 부르
> 주아 자본주의 기업가의 혁명성을 강조한 데는 그럴 만한 이유
> 가 있다. 국가사회주의 관료는커녕 어떤 노동조합도 그들의 자
> 리에서 우리를 위해 이런 역할을 해 줄 순 없다.[42]

요컨대 베버에게 경제와 정치 조직은 별개고 그래야만 한다.
정치의 관심사는 삶과 생계의 관심사와 다르고, 이러한 사안들
이 어떤 수준으로든 국가 **권력**과 관련되지 않은 국가적 관심을
얻게 되는 것은 위태로운 일이다. 경제적 삶은 오직 국가에 권한
을 주는 역할을 할 때만 정치적이다. 국가의 관점에서 경제는 목

남성됨과 정치

적이 아닌 도구인 것이다. 단순한 생존은 선한 삶, 힘의 정치를 위해 존재한다.

정치적 삶의 자율성에 대한 베버의 관심을 보여 주는 또 다른 예는 그가 이상적 정치가의 특징으로 꼽은 내용에 있다. 정치에 '의지해' 살아가기보다 정치를 '위해' 살아갈 사람들을 대상으로 한 베버의 유명한 청원은 이중적 설명이 필요하다. 첫째, 진정 정치를 '위해' 살아가는 사람은 '내적 의미에서 자신의 삶'인 사적 이익을 추구하지 않고 정치를 만들어 갈 것이다.[43] 둘째, 재정적 수단이 충분해서 정치적 지위에서 얻는 보수에 전혀 관심이 없는 사람은 독립적으로 생각하고 행동할 것이다.[44]

그다음으로 베버는 다음 내용을 인정한다. 정치가가 '정치로 벌 수 있는 수입에 경제적으로 독립적'이고 '경제적으로 일할 필요가 없는' 존재여야 한다는 조건을 충족하는 것, 즉 '완전한 불로소득자'라는 것은 필연적으로 정치에서의 금권 선거와 금리 생활자·부유한 변호사로 이루어진 정부를 초래한다는 것이다.[45] 더 나아가 정치에서 수입을 얻지 않아도 되고 금전적으로 독립된 이들조차 자기 계급 이해를 증진할 정책을 만들 것이므로, 이들이 필연적으로 정치에 '의지해' 살아가게 된다고 인정한다.[46] 베버는 이 때문에 어느 정도 보수적인 사회 정책이 도출될 것이라는 점 역시 인정한다. "자신의 경제적 **보장**에 대한 염려는 의식적이든 무의식적이든 부유한 인간의 삶에 기준점"이라는 것이다.[47] 이런 문제가 있는데도 베버는 부유층이 진정한 정치가의 원천이라고 본다. 이렇게 본 이유는, 그가 권력에 대한 본능이 있으면서 정책 입안 회의장의 들끓는 이해 집단에 매수되거나 얽매이는 데 물들지 않을 이들이 있으리라고 상정하고 이들을 원하기 때문이다. 베버는 상위 계급이 절충안이라고 결론짓는다. 상층부에 있는 이들은 돈에 지나치게 신경 쓰지만, 돈 때문에 정치에 의존하지는 않는다. 권력 본능에 있어서 이들을 능가하는 기업가 계급은 '경제적으로 일할 필요가 없'지 않다. 이 계급은 내심 자기 이익을 위해 정책을 만들지만, 이 계급의 번영은 보통 국가의 일반적 번영과 보조를 맞춘다. 요약하자면 이 계급은 국가적 관심과 관련한 정책을 만들 때 계급의 이해관계와 사소한 경력상 이해관계 모두를 피해 갈 가능성이 가장 높다. 반면에 노동계급의 정치적 잠재성에 대해 베버는 이렇게 말한다.

> 사유재산 없는 대중은 비록 자신의 일상을 이어 가기 위해 거친 투쟁을 벌이지만, 그런 걱정에서 자유로운 자산가의 '더 차가운 머리'에 비해 정치에서 일련의 **감성적** 동기, 감정적 특성에서 나오는 충동과 순간적인 인상 등에 휩쓸리기가 훨씬 쉽다.[48]

'일상의 거친 투쟁'에서 생겨난 주정주의, 즉각성이 정치를 감염할 것이라는 베버의 두려움은 인구의 다수에게서 정치적 시민권을 박탈해야 한다고 말한 아리스토텔레스의 정식화와 공명한

남성됨과 정치

다. 그리고 이 두려움은 한편에 있는 욕구, 감정과 다른 한편에 있는 자유, 합리성의 대립 관계를 다시금 보여 준다. 정치에 적절하게 접근하려면 정치를 오염하는 생존 행위에서의 여유와 충분한 거리를 유지해야만 한다. 아리스토텔레스와 마찬가지로 베버는 정치적 인간이 강력한 개인적 헌신을 하려면 정치 조직에 충분한 지분(자산)이 있어야 하고, 정치적 관심이 지나치게 배타적이거나 즉각적이어서는 안 된다고 주장한다.[49] 그러나 경제적 이해관계를 오염할 가능성이 거의 없으며,[50] 강력한 권력 본능이라는 긍정적 자질을 갖춘 정치적 지배층을 불러내면서 베버는 권력, 명망, 나라의 영광, 영웅적 리더십 같은 정치적 **미학**을 찾아 분투한다. 이 미학은 윤리, 사회, 문화, 경제 등 그 어떤 것이든 '공공선'을 지도 목적으로 삼을 법한 정치적 실천의 반대편에 존재한다. 아렌트, 아리스토텔레스, 마키아벨리와 마찬가지로 베버에게도 정치가 차지하는 공간은 고상하고 소중하다. 그곳에서는 평범한 관심사가 환영받지 못하고, 평범한 사람도 어울리지 않는다. 그렇다면 우리는 폴리스에서 추방되고 폴리스를 위협하는 것을 모두 살펴본 뒤 아리스토텔레스에게 한 질문을 베버에게도 똑같이 해 볼 수 있다. 만일 정치가 삶·집단의 안녕·정의·참여 등에 대한 것이 아니라면, 정치는 무엇에 대한 것이고 왜 정치가 인간이 '부름'받는다고 할 만큼 가장 높고 고귀한 노력이라고 할 수 있을까?

Ⅲ

베버는 정치란 오직 정치적 연합과 지배에 활용되는 수단으로만 제한할 수 있는 개념이라고 말한다. "정치 연합이 특히 연합 행동이 지향하는 모든 가치를 품을 수 있는 것은" 바로 그 "통제 수단의 과감성 때문"이다.[51] 베버는 뒤이어 이렇게 말한다.

국가를 포함한 정치 조직은 그 행동이 헌신하는 목표에 따라 정의할 수가 없다. (……) 어떤 정치 연합이든 생각해 낼 수 있는 목표 가운데 언젠가 추구해 보지 않은 것은 없으며 (……) 모두의 승인을 받은 목표가 있는 것도 아니다. **따라서 어떤 연합의 '정치적' 성격은 오로지 그 연합 특유의 수단에 따라, 힘의 행사에 따라 정의할 수 있다.** 그러나 이 수단은 앞서 말한 의미에서 특별하고, 그러한 특징이 반드시 필요하다. 어떤 환경에서는 수단 자체가 목표의 자리에 오르기까지 한다.[52]

정치 연합은 힘의 행사를 통해 만들 수 있다. 베버는 자율적인 정치 공동체가 존재할 **필수 조건**을 들면서 이를 성문화할 순 없지만 정치적 목표와 무관하다고는 말하지 않는데, 이때 폭력이 다시금 명확한 기능을 맡는다.[53] 또한 그는 정치 연합의 **성격**을 공격하기 위해 수단·목표·조건과 같은 단어를 전혀 구사하지 않는데, 여기에는 어떤 모호함도 존재하지 않는다.

남성됨과 정치

정치 공동체는 제도적으로 조직된 다른 공동체보다 구성 면에서 훨씬 더 제도적이며, 그러하기에 구성원 개인에게 의무를 지운다. 이때 개인은 의무를 뒷받침할 물리적 강압의 개연성을 알기 때문에 그 의무를 이행한다. 게다가 정치 공동체에서 구성원의 행위 가운데는 (……) 구성원 자신은 물론이고 외부인에게도 적용되는 위기 시의 강압, 생활의 파괴, 이동의 자유 등이 있다. 집단의 이익이라는 측면에서 볼 때, 개인은 궁극적으로 죽음을 맞을 것으로 예상된다. 이는 정치 공동체에 특유의 파토스를 건네주고 지속적인 정서적 기반을 불러일으킨다.[54]

폭력을 통한 지배에서 태어난 정치 연합은 이런 식으로 지탱되었고, 그 본성을 폭력의 위협에서 끌어낸다. 다음 사항에 대한 베버의 설명을 이어 보면 연속적인 선이 그려진다. 첫째, 정치 조직의 결정적 특성. 둘째, 정치의 자율성과 그에 맞춰진 인간들을 위해 베버가 마련한 조항. 셋째, 앞의 두 가지를 통해 전사단과 가부장 가정 내 정치 행동과 연합의 기원에 대한 설명으로 이어지는 것이다. "'정치 공동체'는 보통 무력을 포함하는 물리력에 기댈 준비가 되어서 영토 내 사람들과 그 관계자들의 행동을 통해 잘 정돈된 지배에 대한 종속이 사회적 활동의 목표인 공동체에 적용된다."[55]

베버가 정치에 속한다고 생각한 자율성의 정도와 그것의 특징이 되는 폭력을 생각해보면, 궁극적으로 정치란 무엇을 위한 것인지 더욱 당혹스러워진다. 정치적 지배는 그 신민 공동체에 신민에 대한 권력과 내부의 복종 규율 외에 무엇을 주는가? 베버는 이렇게만 말한다.

> 매우 일반적인 의미에서 지배는 사회적 행위의 가장 중요한 요소다. (……) 아주 많은 경우, 무정형의 사회적 행위에서 합리적 연합이 출현하는 것은 지배 때문이자 그 지배를 행사하는 방식 때문이었다. 심지어 그렇지 않은 경우에도, 지배의 구조와 전개는 사회적 행위의 방식과 목표를 향한 방향을 결정하는 데 매우 중요하게 작용한다.[56]

다시 말해 정치적 지배는 목적 없는 무정형 연합에 목적이나 목표 그리고 구조나 합리성을 불어넣는다. 물론 식민 지배자가 '무정형의 사회적 행위'라고 본 것이 식민 지배를 당하는 사람에게는 목적의식에 찬 전통적 존재일 수도 있다. 마키아벨리의 정식화에서처럼, 군주가 자신의 '형상'을 각인한 '질료'가 짓밟힌 사람들에게 존재로 형성된다. 이때 그리스 정치사상과도 공명한다. 사람들이 더 높은 목적과 목표를 추구하려면 반드시 정치적 지배가 필요하다는 것이다. 아리스토텔레스가 주장한 것처럼 폴리스는 그 '조건'에, 즉 정치적 삶에서 배제된 이들의 삶과 노동에 목적과 가치를 부여한다.

남성됨과 정치

베버가 정치적 지배의 목적을 피지배자들의 욕구 및 목표와 설득력 있게 연관시키지 않더라도, 더 큰 범주에서 정치권력이 왜 선이냐는 물음에 답하지 않더라도, 우리는 그가 왜 이런 정치적 지배가 절대적으로 모든 곳에서 불가피하다고 보았는지 파악할 수 있다. 베버가 정확히 이런 단어로 표현하진 않지만, 그는 인간의 '권력에의 의지' 자리에 정치의 명분 또는 엔진을 두려는 듯하다. 그는 정치가 투쟁과 관련한 것이라고 주장한다. 이때 투쟁은 희소한 물질적 자원을 놓고 벌이는 경제 투쟁이 아니라, 니체가 생각한 의미와 매우 가까운 권력을 위한 투쟁이다.[57] "사적 권력투쟁은 정치가의 생혈生血이다."[58] 이 권력에의 의지가 융성하는 한, 베버가 확실히 이를 아낀 만큼 관료적 합리화에 밀려 사라지지 않으면서 정치적 삶은 정치적 지배와 같은 뜻이 될 것이다.

정치적 지배에 대한 베버의 견해에는 니체 철학의 두 번째 요소가 들어 있는데, 이는 베버가 개념화한 '대중'에 나타난다.[59] 우리는 베버가 '주정주의' 그리고 대중의 정치적 사고방식 중 관심의 즉각성을 두려워했다는 점을 이미 살펴보았다.[60] "감정적 요소가 정치를 지배할 가능성이 있기에 무엇보다도 (……) 대중민주주의는 정치적으로 위험하다." '대중'은 그런 식으로 (대중이 구성하는 사회적 계층과 무관하게) 단기적으로만 생각된다.[61] 베버에게 사회라는 거대한 조직은 다른 크고 미분화된 유기체처럼 위대한 행동은커녕 보잘것없는 행동력만 있는 집단이었다.

형체 없는 무리라는 뜻의 '데모스demos' 자체는 결코 더 큰 규모의 연합을 '통치'하지 않고 오히려 통치받는다. (민주화와 관련해) 변하는 것은 지도자들이 선택받는 방식과 데모스 또는 그보다 더 나은, 데모스에서 나온 사회집단이 (……) '여론'이라는 수단을 통해 행사할 수 있는 영향력의 정도다.[62]

베버가 번거롭게 공들여서 묘사하지 않을 때의 '대중'은 정치적으로 수동적이다.[63] 두 가지 경우에서 우리는 본질적으로 정체政體에 대한 마키아벨리의 견해를 알 수 있다. 즉 대중을 무시해선 안 되고, 이들은 특정 기획이나 지도자 주변으로 모여들 수 있다. 또한 이들은 권력에 대한 사적 열망이나 공권력의 잠재적 '질료'이거나 도구다. '정체'는 이만큼만 정치와 관련된다.

정치권력의 엘리트 형성에 대한 베버의 헌신은 대중민주주의에 대한 저항에 그치지 않는다. 그는 분산되거나 공유된 정치권력을 옹호하는 이들도 비웃는다.[64] "위대한 국가의 대내외 정책이 동료애를 기반으로 지속적으로 강하게 시행될 순 없다. (……) 심지어 '프롤레타리아 독재'조차도 대중의 신뢰를 얻는 개별 독재자가 필요하다."[65] 베버에게 정치의 본질은 조직된 지배의 목적을 위해 쓰일 권력이다. 이런 권력은 '생혈'이 곧 사적 권력을 위한 투쟁인 지도자 단 한 명의 손에서만 통합되고 행사될 수 있다.

그렇다면 권력을 휘두르는 이들은 권력 유지에 필요한 적법성을 어떻게 획득할 수 있을까? 베버가 적법성에 대한 위대한 이

남성됨과 정치

론가로 알려진 덕에, 그가 주장하는 적법성과 이를 지지하는 권력 사이에 실제로 존재하는 최소한의 관계는 별다른 주목을 받지 못했다. 그에게 적법성은 사회적·주관적 현상이며, 베버의 용어로 말하자면 '경험적 지배 구조'의 결과가 권력 형성 과정에 유일하게 실질적으로 영향을 미친다.[66] 귄터 로트<sup>Günther Roth</sup>와 클라우스 비티히<sup>Claus Wittich</sup>는 문제를 이렇게 설정한다.

> 베버는 주인과 그가 지닌 장치를 통한 통치의 맥락으로 지배를 정의하고 나서야 이 정의의 유효성을 위한 궁극의 기반을 더한다. 그는 적법성에 내재하는 역사적 중요성, 즉 권력·부·명예를 가진 이들이 자신의 행운을 정당화할 필요 때문에 적법성에 의지한다.[67]

베버에게 적법성은 충성, 준수, 복종 따위를 얻는 것과 관련된다. 그것이 지배 구조를 '올바르게' 보이도록 만들지만, 실제로 지배 구조가 그런지 여부와는 아무런 관계가 없다. 적법성은 힘 있는 이들에게 도구로 필요하고, 힘없는 이들에게만 가치의 차원에서 소중히 여겨진다. 베버의 사회학 연구에서 적법성은 실제 사회사에서 큰 의미가 있기 때문에 중요할 뿐이다. 일반 대중도 그렇겠지만, 힘 있는 이들이 자기 뜻대로 무언가를 하려면 항상 신경 써야 하는 것이기에 적법성은 정치적으로 중요한 것이다.

지금까지 우리는 베버가 정식화한 정치가 경제적·사회적 삶에서의 자율성과 완전한 권력 집착에 뿌리박고 있음을 살펴보았다. 이렇게 정치를 개념화하면 정치 조직의 적절한 배치나 안녕 같은 실질적 사안은 정치와 결부되지 않는다. 사회주의든 단순히 사회정책이든 정치의 자율성과 권력 목적을 희석하거나 부식하려고 위협하는 것이라면 그 어떤 것에도 베버는 반기를 든다. 정치적 삶에 개입하려면 사회경제적 질서의 정점 근처라는 위치와 권력을 향한 압도적 관심을 확보해야만 한다. 정치의 본질과 파토스는 폭력이고, 정치 공동체의 본질과 파토스는 국가를 위해 목숨을 내놓겠다는 자발성이다. 정체政體는 적절하게 정치적일 능력이 없으며 고작 해 봐야 정치가, 즉 최고의 관심사가 자신의 권력과 국가의 명망인 인간을 위한 도구나 수단일 뿐이다. 따라서 남성의 집의 자율적 조직과 폭력적 목적에서 보이는 정치의 기원 그리고 가정 내 가장의 조직된 지배에서 보이는 정치의 기원이 근대의 정치적 지배와 연합에 스며든다. 심지어 합리적·법적 적법성조차 고질적으로 실천되는 노골적인 지배에 대한 근대의 허울이다.

이런 상황을 가늠하면서, 정치에 '의지해' 살아가기보다 정치를 '위해' 살아가는 진정한 정치가는 "자기 삶이 **대의**에 복무하는 **의미**가 있다는 자각"을 위해 산다는 베버의 주장이 어떤 의미인지 다시금 생각해 볼 수 있다.[68] 마키아벨리와 마찬가지로 베버는 인간이 정치에서 기독교 윤리나 '절대 목적의 윤리'를 유지할 수

남성됨과 정치

없지만, 정치가 개인적 영광을 위한 최고의 잠재력을 구현한다고 진술한다. 그렇다면 비물질적이고 비필연적이고 비윤리적이고 비사회적이지만 희망을 주며 영광스러운 명분이란 무엇인가? 아리스토텔레스와 마키아벨리의 경우처럼 베버의 사상은 애초에 오직 소수의 매우 일반적이지 않은 인간들만이 진정으로 소환되는 이 고상한 영역이 궁극적으로 공허하거나 부자연스럽거나 순전히 미학적 본성만 있다고 암시하지 않는가? 남성됨과 정치는 '그저 인간적'일 뿐인 모든 것 위에 그리고 너머에 있는 자신의 특수성과 중요성을 주장하기 위해, 아무에게도 점유되지 않은 공간을 다시 찾고 있는가? 이런 물음에 대한 답을 찾기 위해 이제 근대 정치 공간, 즉 국가에 대한 베버의 분석을 살펴보자.


Ⅳ


베버는 방법론에 대한 한 편의 글에서 이렇게 주장한다.

> 국가는 그 자체만의 **고유한** 가치가 없고 순전히 다른 가치의 실현을 위한 기술적 도구이며, 이렇게 부수적일 뿐인 지위를 넘지 않는 선에서 가치가 유지된다고 주장할 수 있다. 그러나 한편으로는 장애물을 없애기 위해 국가 권력을 키워야 한다는 견해도 상당히 유의미하게 지지할 수 있다.[69]

베버는 사물에 가치를 귀속하는 것과 그 사물 내에서 '객관적' 가치를 파악하는 것을 구별하려고 노력하는 와중에 이런 발언을 했다. 특히 그는 자신의 작업과 정치에서 가장 골치 아픈 주제를 다룬 한 사례를 골라 낸다. 왜냐하면 그는 국가가 '기술적 도구' 일 뿐임을 강조하는 데 개의치 않았지만, 실제로 국가에 대한 가치 부여를 거부하는 것은 그의 정치적 관심과 맞지 않았기 때문이다. 베버가 국가의 권력-지위에 대한 신념을 '궁극의 최종 가치'로 표현한 1909년 연설에서 이런 점이 분명히 밝혔기에, 앞서 인용한 고백문이 어떤 맥락에서 국가의 내재적 가치 결핍을 언급한 것인지는 상당히 명백하다. 이 선언 직전에 그는 세속적 신으로서의 인간이 헌신하게 되는 국가의 모든 특성을 제시했다.

다양한 연합 가운데 [국가만이] 유일하게 삶, 죽음, 자유 위에 적법한 권력을 부여받았다. 그 기관은 전시에 외부의 적, 전시와 평화 시에는 내부의 저항 세력에 맞서 이 권력을 행사한다. 평화 시에 국가는 경제적 삶에서 최고의 사업가고, 시민들의 헌사를 모으는 가장 강력한 수집가다. 전시에 국가는 가용한 모든 경제 상품에 대해 제한 없는 권력을 행사한다. 근대적이며 합리화된 국가의 조직 형식은 어떤 사회조직도 아우르지 못한 여러 영역에서 성취를 가능케 했다. 국가가 (특히 정치적 영역에서) '궁극의' 가치를 표상하며 모든 사회적 행위가 그 자체와 국가의 이해관계를 기준으로 평가되어야 한다고 국민들

남성됨과 정치

이 결론 내리는 것은 거의 필연적이다.[70]

"모든 사회적 행위가 그 자체와 국가의 이해관계를 기준으로 평가되어야 한다"라는 대중의 시각은 물론 베버 자신이 내린 결론이며, 그는 다른 이들에게 이 결론을 자주 강요했다.[71] 그러나 이 궁극적 가치는 내재적 가치가 없고 그저 수단일 뿐이며 도구로서의 지위를 뛰어넘을 때 그 가치를 잃는다는 베버의 말을 받아들인다면, 그가 역설적으로 국가를 왜 그리 높이 평가했는지에 대해 좀 더 면밀히 살펴봐야 한다.

우리는 '민족'과 '국가'의 관계에 대한 베버의 정식화를 검토하면서 이 문제에 접근해 볼 수 있다. 베버에게 개별 실체인 이 두 개념은 상호 의존적인데도 저마다 목적이 따로 있다. 베버는 민족이라는 개념을 제한하기 어렵다는 것을 알고 있었고, '집단적 명망'·'집단적 명예'·'문화'의 구현이 한 민족의 필수 요소라고 정리한다. "'민족'은 보통 그 집단의 특성을 배양해야만 보존하고 발전시킬 수 있는 문화 가치의 우월성 또는 적어도 대체 불가능성 때문에 중요하다."[72] 따라서 베버는 정치권력이 있는 이들이 '민족 관념'을 고취하는 한편 문화 지도자(지식인)들은 반드시 '민족 관념'을 환기하고 고취해야 한다고 이어 말한다.[73]

그렇다면 민족과 국가는 어떤 관계인가? "우리는 '민족' 개념이 우리를 정치권력으로 이끌고 있다는 것을 되풀이해서 알게 된다."[74] 베버는 헝가리인·체코인·그리스인이 정치권력을 위해 분투했기 때문에, 즉 민족국가로 존재하려고 했기 때문에 민족으로 응집할 수 있었다고 주장한다. 국가다움을 향한 열망이 있기 전에 이 각각의 실체는 민족이 아니라 그저 '언어 집단'이었다.[75] 따라서 민족은 개념상 국가와 별개지만, 계보상으로는 완전히 국가에 묶여 있는 것이다. "더 많은 권력을 강조할수록 민족과 국가의 관계는 더 가까워 보인다."[76] 베버가 아무 일이 없었다면 '무정형의 사회적 행위'였을 것에 '목표'를 제공하는 행위라고 보았던 정치적 지배를 떠올려 보자. 집단·인종·부족 등이 조직된 명망 높은 정치권력에 속할 때까지 그들은 민족이 아니며 어떤 존재 이유도 없다는 베버의 주장을 생각해 보자.[77] 예컨대 베버의 표현을 따르면 '문화 없는' 존재였던 아프리카인들은 적법하게 식민화될 수 있었지만, 폴란드 같은 민족국가들은 문화적·정치적 자율성을 향한 그들의 분투에 마땅히 지원을 해야 했다.[78] 국가라는 형태로 조직된 지배에 귀속되어야만 어떤 인민의 '목표'는 물론이고 그 가치 또한 확립된다.

국가를 독특하면서 자율적이게 만드는 것은 그 국가의 권력에 대한 전면적 개입 그리고 권력을 추구하는 이들의 점유다. 힘 있는 이들의 관점에서 볼 때 민족은 그 밖의 모든 것, 즉 기껏해야 권력에 간접적으로 관심을 보이는 행동과 사람을 포괄한다. 그러나 민족과 국가는 상호 의존적이다. 국가는 민족문화의 '명망'을 보호하고 증진하며, 민족은 국가의 위업을 위한 근본적 토대가 된다.[79] 민족의 연대 없이 국가는 움직이지 못한다. 다시 말해 국가가 민족에 대해 품은 도구적 관계를 상당히 명확하게 알 수 있다. 심지어 민족의 보호와 향상이 국가의 추구를 '정당화'하거나 적법화한다고 해도, 국가권력을 행사하는 이들의 목적은 이 정당화를 통해 구성되지 않는다. 베버가 아주 명확하게 말했듯이 비록 이들에게 민족이나 '문화'에 대한 강한 충성심이 있더라도, 정치에서 이런 헌신이란 국가라는 신념에 대한 것이지 민족이나 '문화'에 대한 것이 아니다. 결국 정치가로서 그들은 자신과 국가를 위한 권력 추구에 관심이 있다는 것이다. 베버는 정치가과 지식인을 명확히 가른 것처럼 국가 정치적이며 민족적인 문제와 문화 정치적 문제를 나눠 볼 것을 주장했다. 그리고 이중 어느 쪽이 중요한지에 대해 아무런 의심도 남기지 않았다.

> 국가이성: 이 구호와 함께 우리가 독일 경제정책의 문제에서 국가가 경제생활에 개입해야 하는지, 해야 한다면 얼마나 해야 하는지와 같은 질문을 하고 싶다. (……) 이 마지막 결정적 투표는 우리 민족과 그 계승자인 독일 민족국가의 정치적·경제적 권력 이익을 기준으로 정해져야 할 것이다.[80]

독일이라는 국가의 권력 이익이 정치에서 가장 중요한 관심사라고 확신하면서도, 베버는 여전히 이 국가권력의 궁극적 지점을 명확히 하지 않았다. 왜 국가의 가치는 그렇게 높은가? 베버는 이 질문에 대해 결코 실질적이고 비도구적인 단어로 대답하지 않는다. 그는 『경제와 사회』에서 "위신을 위한 분투는 모든 (……) 정치 구조에 존재"한다고,[81] 다른 정치 관련 글에서 독일의 국가적 위신과 명예가 상당히 특징적이라고 언급한다.[82] 그는 "권력의 위신이란 실제로 다른 공동체로 넘어서는 권력의 영광을 뜻하고, 이것은 권력의 **확장**을 뜻한다"라는 점도 인정한다.[83] 따라서 권력의 위신을 추구하는 것은 전쟁의 주요 명분이다. "권력-위신은 언제나 모든 다른 위신의 계승자와 벌이는 경쟁에 이의를 제기하고, 그 경쟁을 불러일으킨다."[84]

다시 한 번 우리는 영광, 명성, 우월성을 끊임없이 추구하던 아리스토텔레스와 아렌트의 거들먹거리던 젊은 남자들을 만나게 된다. 그러나 이번에는 대립과 경쟁을 통해 자기 몫의 영광과 불멸성을 찾던 개별 그리스의 영웅이나 도시가 아니라 민족국가다. 국가권력의 진정한 가치는 집단 생존, 번영, 자유, 정의 등의 가치에 따라 베버가 확립하는 것이 아니다. 그것은 오직 위신과 영광에 기대어 확립된다. 그리고 베버는 내재적 가치가 없는 이 실체를 궁극의 가치로 만드는 데 들어간 막대한 비용을 스스로 똑바로 마주한다. 그는 조직된 지배라는 근대의 특화된 형식, 즉 합리적·합법적 관료주의적 지배를 인간 존재에서 소중히 여길 가치가 있는 거의 모든 것의 종말을 알리는 전조로 파악했다. 그가 위험과 피해를 그렇게 날카롭게 인식하고도 이렇게 지배로 제도화되어 표현된 남성됨에 신세 진 채로 있었던 이유는 다음 장에서 살펴볼 것이다.

남성됨과 정치

# 베버: 정치적 합리성과 정치제도

근대국가에 대한 베버의 발견 가운데 국가의 막대한 권력이 구조화된 소외에 뿌리내리고 있다고 한 지적은 상당히 예리하다.

사회학에 기초해 말하면, 국가는 정확히 공장과 같은 '기업'이다. 이 점이 국가의 역사적 특이성이다. 국가와 공장은 권력 관계의 뿌리가 동일하며 (……) 다음의 사실은 매우 중요하다. 생산, 파괴, 관리, 학술 연구, 재정 등에 대한 모든 물질적 수단에서 노동자를 '분리'하는 것이 정치, 문화, 군사 영역과 사적 자본주의 경제에서 근대국가의 공통 기반이다.[1]

베버가 제도적 권력의 강화를 소외에 의존한다고 보는 이유와 이 현상에 대해 그가 내리는 이중적 평가를 이해하려면 근대 세계의 제도적 합리성과 '합리화'에 대한 그의 정식화를 살펴봐야 한다. 나는 동시대 도구적 합리성의 함양과 그것의 합리화를 향한 발전에 대한 베버의 설명이 특히 '남성적' 충동 속에 자리하고 있다고 주장할 것이다. 이에 앞서, 우리가 지금까지 역사에 지속되는 에토스라고 본 남성됨이 어떻게 베버가 합리성과 합리화의 관계를 설정하는 뿌리가 되었는지 고찰할 생각이다. 도구 합리적 행동은 그 자체로는 '젠더 중립적'인 반면, 근대 정치와 경제 제도에 대한 베버의 분석에서 도구적 이성은 남성됨이라는 기획에 특화되어 활용된다. 그 남성됨이란 아리스토텔레스, 마키아벨리 그리고 이미 살펴본 베버의 논의에서 포착된 바 있다. 남성됨이라는 기획에는 구속에서의 해방이라고 정의되는 자유 추구와 지배로 정의되는 권력 추구가 포함된다. 이런 것들이 도구적 합리성의 활용을 부추길 때, 그 결과 대규모의 합리화 작업이 진행된다.

도구 합리적 행위가 권력과 자유의 남성적 정식화에 묶여 버릴 때, 인간을 해방하고 인간에게 힘을 주려고 설계한 바로 그 제도 때문에 인간 지배에 이르는 소외의 역학이 발생한다. 이 소외는 도구 합리적 행위의 독특한 수단-목표 관계에 처음부터 들어 있다. 또한 수단과 목표를 분리하는 행위의 제도화와 그에 따른 목표의 역전(합리화)에는 지배가 깃들어 있다. 베버는 이런 식으로 자본주의 경제와 관료제 국가의 제도를 분석했다.

남성됨과 정치

간단히 말해 베버는 합리화와 그에 따르는 지배와 소외의 형식을 '세계의 각성'과 도구적 합리성의 출현에 따른 불가피한 결과라고 보았다. 하지만 나는 이 '불가피한' 발전이 사실은 서구의 남성됨을 특징으로 하는 권력과 자유의 건설에 뿌리내리고 있다는 것을 보여 주려고 한다.


I


베버는 합리적 행동과 감정적·전통적 행동을 구분하며, 더 나아가 합리적 행동을 가치 합리적인 것과 도구 합리적인 것으로 나눈다.[2] 가치 합리적 행동은 어떤 가치에 대한 끊임없는 책무를 통해 형성된다. 반면에 도구 합리적 행동은 선택적 목적만 추구하기 때문에 행위자의 목적과 분리된 모든 대상·문제·가치 등은 그저 도구나 장애물일 뿐이다. 도구 합리적 행동은 가치 합리적 행동에 수단으로 도움이 될 순 있지만, 제한된 방식인 경우에만 그러하다. 그러나 도구 합리적 기술은 목표와 수단 모두를 예측하는 데 활용할 수 있다.[3]

베버에 따르면, 도구적 합리성은 목적에 이르는 수단적 효율성이 가장 높다. 따라서 목적을 이루는 데 필요한 최대의 **권력**을 만들어 낸다. 도구 합리적 행동은 "**외적** 제약이나 저항할 수 없는 **정서**에 영향받지 않고, 행위자 자신의 **숙고**에 좀 더 널리 기반

을 두고 있어서" 다른 행동보다 **더 자유**롭기도 하다.[4] 도구 합리
적 행동은 관습, 종교, 전통, 도덕성에서 해방되었다는 의미에서
또한 '자유'롭다. "명료한 자의식이 있으면서 주관적 가책에서
자유로운 도구적 합리성은 의식적으로 가치라고 받아들인 규범
에 헌신하는 태도에 대한 안티테제일 뿐만 아니라 습관적인 방
식으로 이루어진 모든 경솔한 묵인에 대한 안티테제다."[5]

베버는 자유를 전면적으로 긍정하는 정식화를 내놓은 적이 없
다. 하지만 그는 합리성을 끌어안는 방향으로 가는 역사적 움직
임(과학의 부상, 신의 죽음)이 자유에 대한 추구와 강력하게 연결
되었다는 점을 분명히 알고 있었다. 카를 뢰비트Karl Löwith는 베버
의 합리성과 자유 개념화 사이 고리를 이렇게 묘사한다.

> 자유로운 사람으로 행동한다는 것은 (······) 논리적으로 또는
> '그에 따라' 행동하는 만큼 (······) 목적에 따라 행동한다는 뜻
> 이다. 인간 행동의 자유는 합리적인 목표 지향 행동에 활용할
> 수 있는 수단에 들어 있는 전망과 결과를 측정하고 평가하는
> 합리성과 맺는 관계를 통해 입증된다. 인간이 무언가(목적)에
> 필요한 수단을 자유롭게 고려하고 평가할수록 그는 더욱 합리
> 적 목표를 지향하면서 행동하고, 따라서 더욱 이해하기 쉽게
> 행동한다.[6]

이는 베버가 개념화한 자유가 도구 합리적 행동의 추구에 국

남성됨과 정치

한되었다고 말하는 게 아니다. 그가 합리성과 자유의 이런 관계를 받아들였으며, 도구적 합리성을 근대 세계에서 우위를 차지하려고 하는 매력과 권력 모두의 원천으로 다루었다고 말하려는 것이다. 도구적 합리성은 어떤 목표든 그리로 가는 가장 명확한 길을 보여 주고, 그 목표로 가는 길에 있는 모든 대상의 활용이나 지배를 수반하며, 자연·습관·종교·전통 등에서 풀려나게 하는 최고의 해방자다. 따라서 도구 합리적 행동의 자유는 특정 목표를 이루기 위한 권력의 외적 제약에서의 자유다.

심지어 베버는 합리성을 정의하는 단계에서부터 '합리화' 개념을 소개하기 시작한다.

> [행동의 합리화는] 여러 방향으로 진행될 수 있다. 긍정적으로는 궁극의 가치를 신중하게 정식화하는 쪽이 있고, 부정적으로는 관습뿐만 아니라 감정적 가치까지 모두 버리는 쪽이 있을 것이다. 마지막으로 절대 가치에 대한 모든 믿음을 희생한, 도덕적 측면에서 회의적인 합리성이 있다.[7]

물론 베버가 근대 세계에서 창궐해 모든 행위를 위협한다고, 결국 인류마저 절대적 무의미로 위협한다고 본 것은 마지막 가능성이다. 그러나 베버는 이 지점에 다다르기도 전에 도구적 합리성이 도구적 수단에 압도되거나 전복되어 종말을 맞을 수도 있다고 말한다. 도덕적 회의주의가 커지면 그와 동시에 도구 합리적 행동의 활용을 키울 길이 열리고, 그런 행동을 가치 합리적 목표에 이르는 수단이라는 종속적 위치에 붙잡아 둘 가능성은 줄어든다.

> 본래 (가치 있는 목적을 위한) 수단일 뿐이던 것이 목표, 즉 그 자체로 중요한 것이 되며, 수단으로 의도된 행동은 목표 지향적이라기보다는 독립적인 것이 된다. 정확히 이런 이유로 그 본래 '의미'나 목적을, 즉 인간과 인간의 욕구에 기초한 목표 종결적 합리성을 잃게 된다.[8]

수단과 목표의 관계 역전과 수단의 소멸은 모두 세계 전반에 걸친 '합리화' 과정의 양면이고, 이를 통해 베버는 '강철 우리'에 갇힌 근대 인간의 모습을 발견하는 데 이른다. 그러나 도구적 합리성의 일반적인 확산과 그것이 목표에 미치는 영향 자체는 근대 인간을 구속하는 원천이나 이유가 되지 않는다. 베버는 합리화 **형식**을 묘사하면서 특정한 내용도 제시한다. 그가 근대 세계 합리화의 원인이자 결과로 본 두 가지 근대 '체계'는 자본주의와 관료제 국가다.

경제·사회 조직의 한 양상인 자본주의에는 상호 연관된 두 가지 차원의 합리화가 뒤따른다. 하나는 생산자를 생산수단에서 분리하는 것이고, 다른 하나는 생산수단을 생산 목표에서 분리하는 것이다.[9] 베버의 시각으로 볼 때 자본주의는 바로 이 분리

남성됨과 정치

덕분에 **가장** 효율적인 생산양식이다. 이윤을 극대화하는 합리적 활동에는 수단을 이윤에 맞춰 합리화하는 작업이 필요하다. 그러려면 노동자는 생산수단을 통제할 수 없어야만 한다. 공장이나 기계류나 기타 생산수단은 합리적으로 조직되고, 노동자는 기계류의 지배를 받는 방식으로 (수단의 일부로) 쓰인다. 노동자가 수단(노동력)으로 환원되고, 그들의 노동은 그들이 일하는 기계류를 통해 조직되기 때문에 노동자의 노동도 그렇게 합리화된다.[10]

노동자가 생산수단에서 분리되고 그들 자신이 생산수단이 되어 감에 따라 생산의 목표와 수단은 사회에서 구별되는 두 부류로 나뉜다. 기술적 차원에서 자본주의의 합리화는 생산양식의 합리화와 노동자를 그들의 생존 수단에서 분리하는 작업을 수반한다. **사회적** 차원에서 자본주의의 합리화는 대중을 이윤 추구를 위한 수단으로 바꾸는 작업을 통해 이윤 추구가 합리화됨으로써 발생한다. 대중은 그렇게 수단이 되면서, 순전히 도구 합리적인 행동을 하도록 강제된다. 이는 첫째, 그들이 '징발'을 통해 자기 생존의 독립적 수단을 모조리 박탈당했고 둘째, 대중이 수단을 통해 지향하는 목적이 그들과는 완전히 다른 계급으로 넘어가 버렸기 때문이다.

베버에 따르면 기업가의 본래 목표는 부 자체를 획득하는 것이 아니라 하느님을 섬기며 소명을 실천하는 것이었다.[11] 그러나 자본주의의 생산 합리화에 따른 수단과 목표의 분리 때문에 자본주의의 목표가 그렇게 합리화된다. 그리고 이윤 극대화의 규정은 교환이라는 자본주의 영역을 비록 함축적이기는 해도 불가침의 규칙으로 명령하고 위축시킨다. 따라서 기업가의 '소명'에 있던 가치는 자유기업 세계에서 생존에 필요한 조건으로 대체된다. 이제 개인이 아닌 체계가 경제생활의 목표와 수단을 결정하게 되었다. 본래의 목표가 사라지자, 합리화된 생산과 교환의 구조는 모두에게 체계의 동인動因이 아닌 하인으로서 자본주의에 동참하길 요구했다. **삶의 조건**을 지배하기 위해 설계된 생산 조직이 그렇게 **삶 자체**를 지배하는 조직이 되었다.

사회적 삶을 '자동적으로' 조직하는 자본주의의 능력은 앞 세대의 마르크스와 마찬가지로 베버에게서도 자본주의에 대한 개탄과 감탄을 동시에 끌어냈다. 그러나 마르크스와 달리 베버의 감탄은 이내 사그라들었다. 베버는 체계의 목표가 수단의 논리에 따라 새로운 목표로, 즉 국민국가의 힘으로 포괄되는 체계를 활용하려고 했다. 만일 자본주의가 그 자체의 목표나 개인의 목표에 봉사하지 않는다면, 그것의 합리화된 탈인간화 권력이 '궁극의 가치'인 국가권력에 봉사하게 된다. 이런 이유로 베버는 이미 자본주의에 포괄된 층위들에 별도의 수단과 목표가 있는 층위, 즉 전체로서의 국민을 더한다. 자본주의 생산양식에 대한 국민의 개입과 지배 등이 국가권력의 수단 또는 도구가 된다. 근대 세계에서 자유와 지배의 문제가 어떤 영향을 미쳤는지 살펴보기 전에, 베버가 분석한 다른 '체계', 즉 관료제 국가 제도에서 합리화 과정이 어떻게 작동하는지부터 살펴보자.

근대국가는 행정 수단에서 국가 관료들을 완전히 분리해 낸다. 베버가 보기에는 이것이 국가 개념의 본질이고, '역사적 특이성'이고, 놀라운 권력의 토대다.[12] 관료제는 이런 분리의 도구이자 구체적인 표현이다.

> 순수하게 관료주의적인 행정조직 유형은 (……) 전적으로 기술적인 관점에서 최고 수준의 효율성을 확보할 수 있고, 그런 의미에서 인간에게 권위를 행사한다고 알려진 수단 가운데 공식적으로 가장 합리적이다. 이것은 정확성, 안정성, 규율의 엄정성, 신뢰도 등에서 그 어떤 양식보다 우월하다. 따라서 매우 높은 수준으로 결과를 예측할 수 있다.[13]

자본주의 생산양식에 수반된 다른 분리처럼 행정 수단(실제 국가권력)에서 관료를 분리해 낸 것은 가장 합리적이고 효율적이고 안정적이고 정확하고 믿을 수 있으며, 따라서 가장 강력한 조직 형태다. 행정이 완벽하게 관료주의화된 곳에서 지배의 결과로 만들어진 체계는 사실상 파괴할 수가 없다.[14]

국가와 자본주의 권력을 구조화하는 일반적 합리성에 더해, 이 두 영역의 도구와 목표 분리에서 돌아오는 **결과**의 유사성이 있다. 하나의 수단으로 떨어져 나간 관료제는 국가의 성격을 빚는 데다 국가권력으로서 우위를 차지하게 된다. 국민과 관료가 관료제 기관에 예속될 뿐만 아니라, 관료제가 봉사하게 되어 있는 이(국가 지도자나 정치가)들이 관료제 조직 때문에 권력을 잃게 된다. "근대국가에서 실질적 통치자는 필연적으로 불가피하게 관료제가 된다."[15] 그러나 베버는 또한 "합리적으로 조직하는 권력관계의 도구로서 관료제는 그것의 장치를 통제하는 이들에게 최고의 권력 도구였고 지금도 그러하다"라고 주장한다.[16] 여기에서 우리는 관료제의 지배를 폄하하는 베버의 정치 저작과 관료제를 정치권력의 우월한 **도구**로 묘사하는 그의 과학 저작 사이에 존재하는 흥미로운 차이를 마주하게 된다. 베버는 정치 저작에서 관료제의 헤게모니에 따른 정치가의 '무기력'을 애석해한다. 하지만 과학 저작에서 그가 충격적으로 세밀하게 묘사하는 것은 관료의 '우리'다.

관료는 자신이 줄곧 매여 있던 기구 바깥으로 나가지 못한다. 명예직의 임무나 부업으로서의 행정 업무를 '눈에 띄게' 처리하는 것과 대조적으로, 직업 관료의 경제적·이데올로기적 존재는 전부 그의 활동에 얽매인다. 거의 모든 경우에 관료는 끊임없이 움직이는 기구 속 작은 톱니일 뿐이고, 그 기구 속에서 근본적으로 고정된 진행 경로만이 관료에게 주어진다. 관료는 특화된 업무를 맡으며, 기구를 움직이거나 멈출 순 없다. 그것은 오직 최상층부만 할 수 있다. 개별 관료는 기구의 영속화 및 합리적으로 조직된 지배의 지속 과정에서 모두의 이익을 우선시하게 된다.[17]

남성됨과 정치

관료주의에 대한 베버의 정치학적 논의와 과학적 논의에서 나타나는 이러한 차이와 대비되는 의미는 이 장의 뒷부분에서 생각해 볼 것이다. 지금은 양쪽 설명에 모두 나타나는 관료주의식 과잉의 이유, 즉 지식의 관료주의적 전문화에 주목하는 게 중요하다. "관료주의적 행정은 근본적으로 지식을 통한 지배를 뜻한다."[18] 관료는 자신의 권력을 위해 '공무상 정보'를 숨기고, 이를 '공무상 비밀'로 독점한다. 이런 맥락에서 베버는 이 '공식 정보'에 이르는 단순 전문 지식[19]에 있는 '자연적' 힘을 바탕으로 한 지배 형식을 연대기순으로 기록한다.[20] 따라서 관료주의는 특화된 훈련과 특권적인 정보 접근 양쪽 모두에 내재하는 권력을 키워 낸다. 그리고 이 함양의 목적은 관료주의 자체의 권력을 개발하는 것이다.

근대국가에서 관료주의가 **어떻게** 지배력을 얻게 되는지를 묻는 것보다 이 과정이 정치권력의 합리화를 구현한다는 사실이 더 중요하다. 국가의 지배 도구가 국가의 목표를 찬탈한 것이다. 관료주의적 지배 양식의 극단적 합리성이 바로 그 지배 도구를 그리고 지배 도구의 '정확성, 속도, 명료함, 연속성, 신중함, 통일성, 엄격한 복종, 불화의 감소, 물질적·개인적 비용 절감' 등을 한층 강력하게 만든다.[21] 이와 동시에 관료주의를 '탈출 불능'으로 만들고, "기술적으로 우월한 행정이 인간사의 배치에서 궁극적이고 유일한 가치가 [될]" 가능성을 상정하게 한다.[22] 이 가능성은 관료 자신은 물론이고 관료제 사회에서 살아가는 사람 모두를 수용하는 '속박의 껍데기'다.

자본주의와 근대국가의 바닥에 무엇이 숨어 있는지 보려면 베버의 통찰력 있는 설명에서 한 걸음 물러설 필요가 있다. 합리화를 논하는 베버의 거침없는 행진의 표현을 보다 보면 이 행진을 가능케 한 원칙이 무엇이었는지 떠올려 보지 않은 채 휩쓸려 들어가기 십상이기 때문이다. 베버의 설명에서 자본주의와 관료주의화된 국가의 발전, 이 둘의 추진력은 도구 합리적 행동이 제시한 잠재 권력과 자유에 담겨 있다. 헤르베르트 마르쿠제Herbert Marcuse가 지적했듯이, 기술적 합리성조차 지배보다는 인간 해방을 위해 쓰일 수 있다.[23] 하지만 베버는 이를 상상하지 못했으며 합리성을 오로지 지배와 연결했다. 그래서 근대국가와 자본주의 경제의 억압적 측면을 합리성 자체, 즉 합리화를 낳는 합리성의 내재적 경향이라고 보았다. 이런 (도구적 합리성을 활용하여 구현된) 특정 권력과 자유에 대한 추구는 베버가 모든 경제적·사회적 활동의 뿌리라고 한 '생존경쟁'에 속박되어 있지 않다.[24] 이 추구는 삶 자체를 위한 투쟁에서 자율적이며, 자본주의와 관료제 국가야말로 오히려 생존경쟁을 강화해 왔다. 이들 두 개념 모두 다른 개인, 집단, 민족에 대해 우위를 차지하려는 끝없는 다툼에서 자신을 위해 개인적·가정적·국제적 권력과 부를 추구하는 투쟁 양식을 한데 겹쳐 놓는다. 결국 자본주의와 관료제 국가는 베버가 이들의 발생 조건이라고 주장한 것에서 벗어나려는 투쟁을 강화한다. 즉 자유를 향한 투쟁이다.

남성됨과 정치

도구적 합리성과 자유의 관계에 대해서는 이 장 첫머리에서 간략히 살펴보았다. 이제 우리는 이 자유 추구를 전복하는 원리와, 그것이 관료제 국가와 자본주의 지배 기계를 통해 대규모 예속화로 변환되는 원리를 이해해야 한다. 도구 합리적 행위와 가치 합리적 행위, 양쪽 모두에서 잠재적인 자유는 통치 능력과 연결된다. 심지어 베버는 인간 존엄에 꼭 필요한 자유에 대해 남긴 가장 감동적인 표현(가치 선택의 자유)에도 이런 함축을 담아 놓았다.

> 선악과에는 (……) 자연에서 개별 사건으로 받아들여지지 않은 채 끊임없이 지도를 받게 되면, 모든 중요한 행동 하나하나와 궁극적으로는 총체적 삶이 영혼의 최종적 결정이 된다는 통찰이 담겨 있다. 이때 영혼은 (플라톤의 경우처럼) 자신의 운명, 즉 자기 행동과 존재의 의미를 택하게 된다.[25]

이론적 차원에서 본다면, 자유에 대한 이런 개념화 그리고 베버가 "고대의 관습을 경솔하게 수용하는 것"과 "자기 이익의 측면에서 신중하게 상황에 적응하는 것"에서의 해방을 도구 합리적 행위라고 표현한 것 사이에는 겨우 한끝 차이가 있을 뿐이다.[26] 베버가 도구적 이성에 귀속한 "자의식의 절대 명료성"은 자유의 이런 철학적 개념화에 한층 가깝다.[27] 수단 선택의 절대 자유와 가치 선택의 절대 자유는 다른 것이다. 하지만 누군가 자신의 삶을 결정하고 지배한다는 뜻에서 자유를 극대화하고 싶어 한다면 이 두 가지 절대 자유는 함께 그늘을 만들어 준다.

따라서 베버의 설명에서 자유 추구의 여정은 인간 삶의 조건을 지배하려는 탐구 작업과 연결된다. 이런 탐구는 일반적인 방식으로 통제를 확보하는 데 더해 모든 상황에서 **예언 가능성·계산 가능성**의 전망을 극대화하고, 이 목표에 따라 반드시 정치적·사회적·경제적 삶을 **관례화**한다. 베버는 예언 가능성, 계산 가능성, 관례화라는 세 가지 요소를 통해 국가와 자본주의의 권력 및 생산수단이 개인을 분리한다고 기술했다. 이 요소들은 모두 권력 및 생산수단의 전면적 합리화와 그에 따라 생긴 현상인 '조직의 규율'에 근거를 둔다.[28] 그리고 균일한 복종에 따라 조직의 규율에서 발생하는 계산 가능성이 결정된다. "규율에서 중요한 것은 여러 인간의 합리적으로 균일한 복종이다."[29] 권력과 생산수단의 전면적 합리화는 권력과 생산 목표의 합리화도 수반한다. 국가와 자본주의 실세의 행동은 수단 합리화의 영향을 받고, 그들의 행동도 합리적으로 균일해진다.

이제 자유 추구는 한 바퀴를 돌아 제자리다. 통제 추구로 시작하지만, 통제 극대화의 길이 막히는 것으로 끝난다. 누군가의 욕망을 손에 넣을 권력이 예언 가능성과 계산 가능성을 얻기 위해 고안된 체계화·관례화를 통해 확장되면 자유는 줄어든다.

생명 없는 기계는 대상화된 정신이다. 오직 이것만이 인간을 봉사하게 하고, 실제 공장에서처럼 인간의 노동하는 일상을 완벽하게 지배할 수 있는 힘을 제공한다. 대상화된 지성은 훈련된 기술의 전문화, 그 자체의 사법 분과, 규율, 위계적 권력관계를 갖춘 기운찬 기계이자 관료제 조직이기도 하다. 생명 없는 기계와 함께 이것은 언젠가 인간이 고대 이집트의 농부처럼 무력하게 강제로 들어가서 살게 될지도 모를 속박의 껍데기를 만드느라 분주하다.[30]

목표와 수단을 모두 결정한다는 의미에서 합리화는 자유를 완전히 전복한다. 전면적으로 합리화된 사회에서 인간의 내릴 수 있는 선택은 얼마 안 되며 놀라울 만큼 균일하다.[31] 합리화된 세계가 인간 내면에 미치는 영향은 "영혼 없는 전문가, 심장 없는 감각주의자"라는 그의 유명한 탄식에 포착되어 있을뿐더러 잘 알려지지 않은 다른 글에도 묘사된다.[32]

그것은 (……) 마치 우리가 다 알면서도 기꺼이 '질서'가 필요하고 그 밖에 다른 것은 필요 없는 사람이 될 것이라고, 만일 질서가 잠시라도 흔들리면 불안해지고 비겁해지고 질서에 대한 배타적 적응 상황에서 떨어져 나갈 때 무력해질 것이라고 말하는 듯하다. 세계가 그런 질서의 인간만을 안다는 것에서 (……) 핵심 질문은 어떻게 그것을 더 심화하고 가속할 것인가 보다는 이런 영혼의 분절로부터, 관료주의적 삶의 이상에 관한 배타적 규율로부터 남아 있는 인간성을 지키기 위해 기계에 **맞**

서 무엇을 내세울 것인가다.[33]

인간의 영적 삶의 죽음은 합리화가 가져온 자유 소멸의 과정에서 최후의 일격이 된다. '플라톤의 경우에서처럼' 자유가 만들어지는 것은 영혼이 함께하기 때문이다. 합리화는 본성상 영혼 없는 행동, 규율에서 비롯한 복종, 체계 제약적 선택지에서 계산을 거쳐 도출된 결정 등을 수반한다.


Ⅱ


여기에서 베버가 그 전후의 많은 사상가들과 마찬가지로, **여성**에게 깊이 있는 내적 삶을 향한 더 강한 성향이 있다고 보았음을 떠올리는 것이 중요하다. 이와 대조되는 인간의 소명은 삶의 외적 차원, 즉 외향 세계 및 권력 세계에 대한 것이다.[34] 이는 베버가 인간에게 내적 삶이 전혀 없다고 여겼다는 뜻이 아니다. 그는 내적 삶을 '여성적' 차원, 즉 선천적 힘은 없지만 모든 인간적 의미가 유래하는 차원으로 보았다. 그렇다면 베버가 앞에서 묘사한 것은 '여성적인' 것이 점차 '남성적인' 기술에 질식당하다가 결국 전멸하는 정치·사회 질서다.

우리는 합리성을 합리화로 명료하게 이끈 것이 지배로서의 권력 추구임을 확인했다. 베버도 인정했듯이 '합리성의 탄생'

은 "새로운 가치의 신중한 정식화 과정으로 나아갈" 수도 있었다.[35] 그러나 도구적 합리성은 그렇게 하지 않았고, "관습은 물론이고 감성적 가치와 결국 (……) 절대 가치에 대한 모든 믿음을 희생시킨 뒤" 가치 합리성에 대한 지배권을 얻었다.[36] 이런 상황이 되려면 지배로서의 권력이 가장 위대한 목표여야만 한다. 왜냐하면 이런 권력만이 순수한 도구적 합리성을 도입해서 획득할 수 있기 때문이다. 권력은 외적 형태의 **가치**로서 도구적 합리성과 양립할 수 있고, 어느 쪽이든 수단을 목표에 종속시키거나 양쪽을 일치시킨다. 도구 합리적 행동은 도구적 목표를 위해서만 적절히 활용할 수 있으며, 권력은 그저 목표일 뿐이다. 목표에 어떤 내적·궁극적 가치가 있다면, 도구적 수단이 이 가치를 오염하거나 파괴할 것이다. 이 문제를 다른 식으로 표현하면, 도구적 수단을 활용할 때 내면세계의 가치는 온전히 남아 있을 수 없게 된다. 사람은 사랑, 배움, 종교, 공동체, 예술을 추구할 때 이런 가치를 따르면서 도구적으로 합리적일 순 없다. 누군가 이런 가치에 도구적으로 접근한다면, 그 가치는 다른 무언가를 위한 목표로 변질된다. 그야말로 그것의 본성과 가치가 변형되는 것이다.

하지만 도구 합리적 행동이 '신념'을 실행하는 데 쓰일 수 없다고 말하는 것은 아니다. 사실 그것은 가장 흔한 정당화 방법이다. '절대 목표의 윤리'에 이바지하던 인간은 그 목표를 이루는 데 도구적 수단을 쓰기 쉽기 때문에, 베버는 정치에 이런 인간이 개입하는 것을 통렬히 비난하고 그 대신 '책임 윤리'를 추구하는 이를 호출한다.[37] 널리 퍼져 있는 도구적 합리화는 '절대 목표의 윤리'를 (마키아벨리가 시사하듯) 단순히 정치와 무관하게 만드는 것이 아니라 분명히 위험하게 만든다.[38] 핵심은 국가권력이 '궁극적 가치'라는 신념을 갖는 것은 베버가 내적 삶이라고 부른 무언가를 갖는 것과 같지 않다는 데 있다. '오로지 질서'만을 받드는 인간은 분명 그 확신의 목록과 나날의 활동으로 확신을 실현하는 방법에 대한 일장 연설까지 암송할 수 있을 것이다.

베버가 인간에게 속한다고 한 특정 목표, 즉 통제와 지배의 의미에서 자유라는 목표는 도구적 합리성을 가장 바람직한 연장으로 만든다. 권력과 통제는 도구적 합리성을 통해 특히 경제와 국가의 영역에서 극대화된다. 그러나 도구적 합리성에는 목표와 수단이 잠재적으로 불일치하기 때문에, 이런 행동에서 목표 자체는 상대적으로 약해진다. 도구 합리적 행동과 함께 수단은 목표의 본성이 아니라 목표 획득이라는 의도에서 비롯한다. 목표의 내적 의미나 가치는 대체로 그것을 획득하기 위해 쓰는 수단의 유형과 무관하다. 다른 사회적 행동의 유형, 예컨대 가치 합리적 행동에서는 목표의 본성이 수단을 결정한다. 이때 목표의 본성은 주요한 것으로 남는다. 도구 이성적 행동은 다른 것들과 달리 목표와 수단의 관계가 뒤바뀔 수 있기 때문에, 목표의 내적 가치가 상대적으로 약해질 뿐만 아니라 아예 사라질 수도 있다.

목표에 대해 도구적 합리성이 보인 이런 특징과 도구적 합리성에 개입한 이들에게 그것이 미치는 효과 사이에 평행선을 그

남성됨과 정치

을 수 있을 것이다. 베버는 누군가가 전통적·정서적(감정적)이거나 가치 합리적인 행위 유형에 휩쓸리지 않는다면, 그는 오직 도구적으로 합리적일 수 있다고 말한다.[39] 이와 반대로 누군가 그런 행위 유형 가운데 하나에 갇혀 있다면, 그는 수단과 관련해 '그다지 자유롭지 못'할 것이다. 왜냐하면 목표를 추구하는 데 효율적이지 않을 것이고, 그렇다면 강력하지 않기 때문이다.[40] 따라서 권력을 손에 넣으려면 그것을 손에 넣기 위한 선택의 범위 밖에 있는 것에 대해서는 마음을 비워야 한다. 예외가 있다면 애초에 목표 추구를 밀어붙이는 '열정'이나 '습관'의 자리로 마련해 둔 자그마한 구석 공간이다.[41] 내적 삶의 함양에 대해서는 여기에서 깊게 다루지 않겠다.

합리화 과정에 나타나는 지배 의지, 이것이 정점에 이르면 마침내 '여성적인 것'이 무너져 내리는 **무게**가 된다. 이때 베버가 개념화한 여성적인 것을 위협하는 것이 바로 도구적 합리성의 출현이라는 **기술**이다. 훈련된 복종과 순응을 특징으로 하는 합리화된 정치적·경제적 삶이 완벽하게 실현되면, 완전히 조절되는 로봇처럼 행동을 계산하고 예측할 수 있는 행동주의 분석 모델 같은 인간이 만들어진다. 이 마지막 전환을 거치면서 합리화의 조건하에서 여성적인 것만 위태로워진 게 아니다. 사실 베버에 따르면, '남성성의 외적 세계'를 구현하는 자유·통제·지배·권력에의 의지는 자본주의와 관료제 국가라는 총체적 지배 체계를 만들었다. 하지만 그것이 완전히 실현되려는 찰나에 남성됨 자체가 통째로 으스러져 버린다. 철저히 창조와 요구의 지배를 받는 남성됨은 무의미한 부의 축적이나 본질적으로 무가치한 국가를 위한 권력 추구 등 왜곡된 형태가 아니고는 어디서도 표현될 수 없다. 게다가 이런 것들에 대한 남성의 기여조차 자신에 대한 지배를 키울 뿐이다. 의식적으로 의미와 가치를 결정하는 정신 생활을 하는 존재로서 남성의 가치 그리고 그의 외적 권력과 자유와 자율성 추구, 이들은 모두 남성적 야심에서 비롯한 지배 체계를 통해 파괴된다.

이 모든 주제는 베버의 **마하슈타트**Machstaat(권력 국가), 즉 고유한 가치는 없지만 그가 최상의 정치적 가치라고 이름 붙인 도구에 대한 헌신으로 귀결된다. 마하슈타트는 남성주의적인 도구적 합리성의 징후가 되고 목표 합리화 작업의 완벽한 예가 되는 제도다. 한때 베버는 위대한 권력 국가와 (노르웨이, 네덜란드같이) 작은 나라를 비교하면서 '남성적인' 것과 '여성적인' 것에 대한 자신의 논의와 거의 비슷한 내용을 담았다.

그 수가 적거나 권력이 작은 국민이 세계사라는 광장에서 상대적으로 '귀중'하거나 중요하지 않다고 생각한다면 순진한 것이다. 저마다 다른 과업이 있고, 따라서 문화적 가능성이 다를 뿐이다. (……) 작은 국가가 위대한 권력국가보다 순전한 시민의 미덕이 있고 진정한 민주주의의 가능성도 더 큰지 따위를 묻는 게 아니다. 이런 국가는 더 친밀한 데다 영원한 사적

남성됨과 정치

가치가 정치권력을 내세우지 않는 공동체라는 토양에서만 번성할 수 있다.[42]

(베버가 보기에 인간을 구별하게 해 주는 모든 것인) 친밀한 사적 가치는 다른 이를 지배하는 권력을 열망하지 않는 정치 공동체에서만 번성할 수 있는데, 베버는 이런 가치를 파괴해 버릴 국가 권력에 대한 절대적 충성(사실상의 헌신)을 강요한다.

Ⅲ

베버가 스스로 개탄하던 체계와 권력에 힘을 실어 주는 데 공모하게 된 것은 그의 작업과 인생에서 가장 큰 역설이다. 볼프강 몸젠Wolfgang Mommsen은 "기본적으로 세계사의 설정은 개성에 적대적인데, 그 가운데서 개성의 가치를 주장한 것이 베버 사상의 핵심이었다"라고 말한다.[43] 그러나 이 말은 과학과 국가권력 모두에 대해 베버가 얼마나 많이 헌신했는지의 문제를 피해 간다. 실제로 베버는 이 보루를 구축하는 데 도움될 만한 방법론·정치학·연구 대상에 집착했다. 세계사의 설정이 이토록 개성의 가치를 파괴하며 나아가지 않았더라도, 우리는 고뇌에 찬 자학으로 세계에 맞서며 흘린 그의 애처로운 눈물을 읽을 수 있다.

저항할 수 없는 관료주의화의 전진이라는 기본적인 사실을
고려할 때 (……) 과연 어떤 의미에서라도 '개인주의적' 자유의
자투리를 구해 낼 방법이 있을까? (……) 이 계층의 막대한 영
향을 살피고 효과적으로 통제할 만한 어떤 권력이 남아 있을
수 있을까? (……) 근대사회를 '기계적 석화작용'에서 어떻게
지켜 낼 수 있을까?[44]

이런 질문은 베버가 심각하게 품고 있던 우려를 담은 것으로,
그는 이 질문들을 정치 저작과 활동 속에서 쉴 새 없이 열정적
으로 제기했다.[45] 그러나 베버의 작업과 헌신의 다른 측면은 거
의 다 이런 질문에 내재한 가치와 정면충돌하면서 그 파괴에 기
여했다. 그는 정치에서 다른 모든 것 위로 국민국가의 권력을 끌
어올렸으며, 민주주의, 평화, 사회적·경제적 정의를 유지하려는
시도를 강하게 비판했다. 분명 그는 사회주의에 반감을 가질 충
분한 이유가 있었고, 근대 국민국가의 시기에 대중적 정부에 별
다른 관심을 갖지 않을 이유도 있었다. 그는 양쪽 모두가 완전히
합리화된 사회라는 성장 일로의 야수에게 자양분이 된다고 주장
했다. 베버는 평화주의에 대해서는 다른 이유로 개탄하는데, 그
것은 기껏해야 정치와 무관하며 권력에 대한 관심에 있어서도
치명적이라고 보았으며 평화주의의 설파를 '청춘의 타락'으로
여겼다.[46]

그러나 정치적 '사실주의'와 '책임 윤리'에 베버가 헌신했을지

남성됨과 정치

라도 그것이 국가권력에, 국제정치에서 패권을 얻기 위한 권력 행사에, 자본주의 생산성에, 자본주의를 추동하는 무자비한 기업가 정신에 그가 전념한 것을 정당화해 주지는 않는다. 그는 이런 제도와 실천이 사회와 개인에게 무엇을 하는지 아주 잘 알고 있었다. 그리고 이런 것들이 목적이 되어 버린 수단임을 통찰력 있게 인식하고도 그런 제도와 실천을 옹호하고 변호했다.[47]

하지만 가장 깊은 역설은 베버의 방법론에 있다. 왜냐하면 베버는 이 방법론을 통해 인간 존재, 문화, 연합, 행동에 대한 연구를 합리화했기 때문이다. 자신의 가치를 연구에서 분리하려는 시도 그리고 인간의 행동을 '이념형' 범주라는 이성의 적용으로 분석하려는 시도를 통해 베버는 거대하고 기괴한 합리화의 행사를 치른다. 과학 자체는 결코 목표가 될 수 없으며 목표를 지니지 않는다. 과학은 명문화하고 명료화하고 탈신비화하는 데 필요할 뿐이다.[48] 이렇게 인지된 과학은 합리화를 표현하는 도구일 뿐만 아니라 합리화 자체의 도구일 수밖에 없다. "과학의 작업은 진보의 전개에 묶여" 있고, "누구나 원칙상 계산을 통해 모든 사물을 지배할 수 있다(……)는 지식이나 신념"을 토대로 한다.[49] 게다가 베버가 개발하고 지지한 방법론은 바로 그 주제를 합리화하는 문제를 수반했다. "합리적 행동의 목적론적 도식을 작성할 수 있는 것은 오직 '수단'과 '목표'라는 범주의 사용에서 경험적 실재의 합리화가 필요하기 때문이다."[50] 마음과 정신, 내적 삶과 가치의 항목들은 수단-목표의 분류를 거부하는 한 과학

조사의 주제에서 제거되어야만 했다.

따라서 과학자 자신의 마음과 정신도 연구와 작별을 고해야만 한다. 베버는 저서에서 반복적으로 이렇게 속삭인다. "하지만 나는 이곳에 발 디딜 수 없다. 그러면 과학의 범주 너머로 우리를 데려갈 것이기 때문이다."[51] 따라서 과학자의 분석 역량도 과학이라는 목표, 즉 의미 없는 목표와 탈신비화된 세계에서 더 큰 무의미를 초래하는 목표에 대한 '수단'으로서 자신의 나머지 존재로부터 나뉜다. 베버는 관료주의식 이상의 통치에서 그렇게도 폄하한 '영혼의 분할'을 그 자신에게 요구한 것이다. 그는 자신의 작업을 합리화의 행사로 만드는 데 만족하지 않았다. 지식의 추구나 보급에 나설 때 책무, 염려, 신념, 욕망 등을 뒤에 두라고 다른 이들에게까지 요구한다. 의식적으로 선택하고 합의한 가치를 지니지 않은 전문 지식은 관료주의적 지배의 필수 재료다. 하지만 동료 교수와 연구자 들은 자기 연구에 열중하며 베버가 가치 없다고 말한 자기 가치를 제공한다.[52] 그리고 베버가 그릇된 방향으로 이끌렸다고 말한 학생들은 '실용적'이거나 '정치적'이거나 가치 충만한 지식을 간절히 바란다.[53] 그 자신과 다른 이들이 "자신의 힘과 한계를 깨닫도록 악마와 만나게" 하는 것으로 만족하지 못한 베버는 고집스레 과학, 관료주의적 합리성, 합리화라는 악마를 구현하고 전도했다.[54] 그는 '정신생활' 때문에 자신이 무력해질 정도로 괴로워하면서도 무엇보다 인간이 되려고 했다.

남성됨과 정치

IV

역설은 끈질기게 이어진다. 베버가 사상·삶·연구의 합리화에 얼마나 많이 공모했든, 그는 **정치**의 특정한 합리화에 강력히 반 대했다. 관료들이 정치 분야와 최고 형태로 표현된 리더십을 줄 곧 침범했다는 것이 베버에게는 합리화에 내재한 도구-목표 관 계의 가장 비통한 형태였다. 최강의 지배 수단으로 만들어진 관 료주의가 수단으로서의 가치를 벗어나 지배의 원천이 되었다. 관료주의가 정치 지도자의 권력과 범위를 제한했다는 것이 베 버로서는 훨씬 더 불편했다. 그는 이 과정에 맞서고 정치 행위의 미덕, 영광, 가능성을 되살릴 정치 '영웅들'을 호출했다. 동시대 의 제도화된 남자다움의 결과물과 싸우기 위해 그는 고대 남성 됨의 모델을 들여다본 것이다.

베버가 호출한 영웅 정치가의 본성을 탐색하기에 앞서 우리는 이 인물들이 무엇에 맞섰는지, 즉 관료화된 합리화가 베버가 '여 성적인 것'과 '남성적인 것'이라고 가정한 것들뿐만 아니라 남 성됨의 최고 무대인 정치 자체에 얼마나 치명타를 날렸는지 충 분히 이해할 필요가 있다. 우선 행정 수단 가운데 하나인 관료제 에는 그 영역을 넘어서는 경향이 있다. 이런 경향의 원인이 되는 관료제의 측면들을 떠올려 보자. 도구적 합리성이 제도적으로 가장 완벽하게 구현된 관료제를 두고 베버는 인간에게 알려진 가장 정확하고, 기술적으로 가장 효율적인 조직 형태라고 선언한다. 관료제의 힘은 고도로 전문화된 지식 조직에도 있다. 그렇게 축적된 지식을 통해, 관료제의 부하는 언제나 그 '주인'을 지배할 수 있다.[55] 베버가 개탄한 정치의 관료화의 두 번째 측면은 근대 정치가들이 힘을 얻는 관료제의 구조, 즉 정치 정당의 관료화와 관련 있다. 베버가 「소명으로서의 정치 Politics as a Vocation」에서 지적했듯이 오늘날 정치권력 관계자들을 선별하고 준비시키고 임용하는 곳은 '정당 조직'이다.[56] "본래 정당은 월급을 받는 관료 집단을 발전"시키고, 그 관료 집단은 정치 후원자와 정치 질서를 구조화하는 다른 요소들을 통제한다.[57] 따라서 관료주의는 정치권력으로 떠올라 이를 행사하는 것에 대해 어디서나 그 조건을 정하고 제약을 가한다. 이에 대한 베버의 반대는 이중적이다. 첫째, 본래 받은 훈련과 정신 구조가 정치에 적합지 않은 관료주의 임원이 정치에 개입하게 된다는 것이다. 둘째, '권력 충동이 강한' 진정한 정치가가 권력 행사를 제약하는 관료주의 때문에 정치에 진입할 뜻을 접는다는 것이다.

정치에서 '관료'라는 존재에 대해 베버가 내비치는 반감은 강하면서도 모호하다. 한편으로 베버는 의무와 공적인 일, 주인을 향한 아첨, 한 무더기 규율에 대한 복종 외에는 아무것도 하지 못하는 존재로 관료를 묘사한다. 다른 한편으로 소관료가 관료제 기구를 통해 쉴 새 없이 권력을 움켜쥔다고 고발한다. 하지만 더욱 혼란스러운 것은 이런 반대가 관료주의의 정치적 삶에 대한 침탈에 대항하는 베버의 장황한 설명 속에서 서로 융합되는

남성됨과 정치

경향이 있다는 점이다. 베버의 근본적인 문제는 이러한 점이다. "오늘날 정치적 목표를 성취하는 데 꼭 필요한 기술적 수단의 지식을 얻으려면 반드시 전문화된 훈련이 필요하다. (······) **정책-생산은 기술적 사안이 아니고,** 따라서 전문 공복의 업무가 아니다."[58] 그는 「관료제의 정치적 한계」The Political Limitations of the Bureaucracy」라는 글에서 이렇게 상세히 설명한다.

> '지시하는 사람'과 '움직이는 사람'. 전자는 기업가, 후자는 정치가와 관련되며 이 둘은 관료의 공민적 봉사라는 정신 구조와는 철저히 다르다. (······) 만일 지시하는 위치에 있는 어떤 인간이 업무 처리 명목상 '관료'라면 그의 자격이 얼마나 충분하든, 즉 규칙과 지시에 따라 의무를 다하며 명예롭게 일하는 사람이라도 사기업의 책임을 지우기에 무능한 만큼 국가의 책임을 지우기에도 무능하다. (······) 이 차이는 부분적으로 그가 보여 줄 것으로 기대한 성과의 종류에 뿌리내리고 있다. (······) 실제 차이는 (······) 책임의 종류에 있고, 사실 이것이 두 가지 직책에 맡겨진 서로 다른 요구를 결정한다. '정당 너머로 존재하기'(실은 권력투쟁의 영역 바깥에 남아 있기)는 관료가 할 일이다. 이런 사적 권력투쟁과 그에 따른 사적 책임은 기업가는 물론이고 정치가의 생혈이기도 하다.[59]

"우리 관료 집단은 전문성 있는 명확히 정식화된 공적 업무를 마주해 의무감, 중립성, 조직 문제에 능통함을 증명해야만 하는 곳이라면 어디서든 뛰어난 모습을 보여 왔다." 베버는 오토 폰 비스마르크Otto von Bismarck 이후의 독일에 대한 논의에서 이렇게 선언한다. 그러나 "그 관료제가 정치 문제를 처리해 줄 것으로 기대할 때는 언제나 모조리 실패했다."[60]

관료화가 진정한 정치를 위협하는 두 번째 방식은 정치가의 범위와 기능을 죄는 것이다. 관료제의 지식 헤게모니는 정치 지도자가 자신의 직원과 정당에 더욱 의존하게 하고, 제한된 자율성만을 갖도록 강제한다. 그뿐만 아니라 관료제는 애당초 정치가가 리더십을 열망하는 '권력-본능'을 실현할 가능성을 떨어트린다. 베버는 관료제가 독일 의회를 약화하는 효과에 대한 토론에서 이렇게 묻는다.

> 도대체 왜 지도자의 자질이 있는 사람들이 기껏해야 유권자들의 이해관계에 맞춰 몇몇 예산 항목을 바꾸고, 거물급 부하에게 몇몇 혜택을 추가해 주는 정도의 일을 하는 정당에 끌려다녀야만 하는가? 정당이 정치 지도자에게 어떤 기회를 줄 수 있는가?[61]

베버는 자신의 질문에 대해 똑같이 냉소적인 어투로 답한다.

> 강한 권력 충동과 그에 어울리는 자질을 갖춘 사람은 자신의

남성됨과 정치

재능과 활력이 거대 기업, 카르텔, 은행, 도매 기업 등으로 이루어진 분야에 통하는 한 (……) 이 비참한 상호 분노의 그물로 나아가는 바보여야 할 것이다. (……) 모든 단어를 빼앗긴 우리의 군주 정부는 중요한 재능을 모조리 자본주의의 이해관계를 위한 봉사에 돌리는 역도태 외에는 다른 길을 찾을 수 없다.[62]

관료화는 정치 행동의 영역을 숨 막히게 하듯이 진정한 정치가의 등장과 발전도 막아선다. 관료화된 정당의 통제와 국가의 관료화 사이에는 진정 그 일에 끌리는 사람들이 권력으로 일어서서 권력을 찾고 권력을 행사할 공간이 점점 더 사라지게 되는 것이다. 그러나 베버는 명분을 포기하면 안 된다고 주장한다. "정치가는 관료제 지배에 맞서 대항하는 힘이어야 한다."[63] 구원자가 필요하다. 이제 우리는 이 구원자가 어떤 생명체인지 살펴봐야겠다.

Ⅴ

베버가 '단어의 뜻 그대로 진지한 의미에서' 카리스마적 영웅인 정치가를 요청한 것은 잘 알려져 있기 때문에, 「소명으로서의 정치」 후반부에 있는 주장을 길게 반복하지는 않을 생각이다. 내가 검토하고 싶은 것은 앞 장들에서 정리한 정치의 일반 특성과 탈신비화되고 합리화된 시대라는 맥락에서 보는 이런 유형 지도자의 **본성**이다. 베버가 고안해 낸 정치 영웅은 근대 정치적 삶의 특정한 실패 지점과 맞서 싸우면서 합리화와 탈신비화의 시대에 가능한 그 어떤 위대함으로 국민들을 이끌어야만 한다. 그러나 이 영웅은 궁극적으로 괴물과 같다. 그는 고전적 남성됨의 망토를 두른 채 근대 남성됨의 피조물, 즉 막강한 국민국가의 힘을 행사한다. 게다가 이 영웅이 자기 권력을 주장할 때는 관료제 국가와 자본주의 경제에 반대하지 않고 그 너머로, 그것들을 통과해야만 한다. 이 영웅은 남성의 통제와 지배 추구에서 비롯한 합리화된 정치적·경제적 삶이라는 기구를 해체하지 않는다. 오히려 자신의 정치적 목표에 따라 그것을 동원하려고 한다.

진정한 정치가라면 카리스마적 인물이어야 한다는 베버의 요구에서 시작해 보자. 카리스마에 대한 호소는 베버가 정식화한 참된 정치 가운데 '필요 너머의' 측면, 특히 반물질적 측면을 불러일으킨다. 카리스마적 지도자에게 반유물론은 두 가지 측면이 있다. 첫째, 지도자 자신은 반드시 물질적 문제나 물질적 사안 '너머로' 분리되어야 한다. 둘째, 지도자의 카리스마적 상태를 구성하는 정신과 관심사는 반드시 '비범'해야 한다. 전자와 관련해 베버는 이렇게 말한다.

순수한 카리스마는 특히 경제적 사안에 이질적이다. (……) 선출된 지도자나 정당의 카리스마적 지도자에게는 권력의 물

남성됨과 정치

질적 수단이 필요하고 (……) 그의 문화적 명망을 강화할 권위를 눈부시게 드러내 보여야 한다. 전통 또는 합리적 일상의 경제화 과정이라는 목표에 끊임없이 헌신하는 활동으로 정기적 수익을 얻는 이들은 (……) 경멸의 대상이 된다.[64]

그리스의 정식화에서처럼 정치권력에는 물적 토대가 필요하지만, 그것은 오직 카리스마라는 특성을 오염하지 않기 위해 상위 목적에 이르는 **수단**으로만 다뤄야 한다. 정치, 특히 정치 리더십은 삶이나 생존이나 지속 따위에 대한 것이 아니다.

베버는 카리스마의 반물질적 본성의 두 번째 요소에 대해 똑같이 직설적으로 표현한다. "관료제와 가부장제는 (……) 둘 다 계속되는 일상의 요구를 채울 필요에 뿌리내리고 있는 일상적 삶의 구조다. 모든 특별한 필요는 (……) 언제나 카리스마적 토대에서 충족된다."[65] 외적 조건 때문에 카리스마적 리더십에 대한 관심을 일상으로 돌려야 할 때, 카리스마는 '일상화'되고 그럼으로써 전복된다.[66] 따라서 카리스마는 단순히 일상의 정치와 구별되는 것이 아니다. 카리스마의 존재는 평범함에 대한 요구와 명백하게 적대한다.

카리스마는 예언적이거나 확장적인 정치 운동의 초기에 전형적으로 나타나는 현상이다. 그러나 지배가 자리 잡는 순간, 무엇보다 대규모 군중에 대한 통제권을 얻자마자 카리스마는 하루하루의 일상적 힘에 길을 내준다."[67]

카리스마적 인물이 사회적·경제적 삶과 맺는 관계에 대한 이런 언급을 보면 베버가 참된 정치가에 대해 논하며 내건 조건을 알 수 있다. 그가 말하는 참된 정치가는 정치에 '의지'하기보다는 정치를 '위해' 살고, 경제에 대한 사적 염려에서 자유로우며, '계급적 이해 너머' 일상의 진부한 걱정 너머에 있는 정치를 추구한다. 그가 「소명으로서의 정치」에서 주장하듯 참된 정치가는 "사물과 인간 모두와 거리를 둬야 한다."[68] 그러나 앞에 인용한 구절은 카리스마적 리더십의 두 번째 특성, 즉 지배의 행사를 불러일으킨다. 베버의 설명에 따르면, 카리스마적 리더십은 지극히 강력한 지배 양식이다. 이는 단순한 경고가 아니라 추종자들의 외적 협조는 물론이고 그 '영혼' 사로잡기를 통해 충성, 헌신, 복종을 명령하기 때문이다. 그래서 베버는 카리스마적 리더십을 "명확하게 말하자면, 역사의 창조적 변혁의 힘"이라고 부른다.[69]

관료제적 합리화는 (……) 모든 경제 개편이 '외부에서' 혁신을 일으키듯 (……) **기술적 수단**과 함께 혁신을 일으킨다. 처음에는 물질과 사회질서를 바꾸고, 이를 통해 사람을 바꾼다. (……) 그 반면 카리스마의 힘에는 계시와 영웅에 대한 믿음에 있다. (……) 이것은 금욕적이거나 군사적이거나 사법적이거나 마법 같은 일종의 '영웅주의'에 기댄다. 카리스마적 믿음은 인

남성됨과 정치

간을 '내부로부터' 개혁하고, 그 개혁 의지에 따라 물질적·사회적 조건의 형태를 갖춘다. (……) 합리화가 그러한 사상이나 '작품'을 **창조한 사람**이나 그의 내적 경험에 내재하지 않는다는 점, 이것이 '합리화'의 의미를 이해하는 데 중요한 결정적 차이다. 그런 차이는 오히려 지배받고 이끌려 온 이들이 이런 사상을 경험하고 내면화하는 방식에 뿌리를 둔다. (……) 합리화는 끌려들어 온 이들로 구성된 폭넓은 대중이 그들의 이익에 실질적으로 영향을 미치는 외부의 기술적 결과를 수용하거나 그에 적응하는 방식으로 진행된다. 반면에 창조자의 사상적 본질은 그들과 무관한 것으로 남는다. 한편 카리스마는 그것이 어떤 효과라도 있다면 혁명적 힘을 내부로부터, 추종자들의 중심적 태도 **변화**로부터 드러내 보인다.[70]

베버가 대중민주주의에 카리스마적 리더십을 호출할 때 반드시 '추종자의 영혼 없음과 지적 프롤레타리아화'가 뒤따르는 것은 아니다.[71] 사람들의 영혼과 지적 능력을 '프롤레타리아화'하는 것은 합리적·법적 국가의 카리스마적 지도자다. 그 이유는 이렇다. 첫째, 사람들은 지도자의 권력에 도구일 뿐이라서 행동의 목적이 자신의 필요 및 욕구와 무관하고 지도자는 그런 것에 대한 염려를 삼가는 한 카리스마 있게 남기 때문이다. 둘째, 사람들은 전적으로 의존하는 권력에 완전히 지배된다. 셋째, 사람들은 순수한 합리적·법적 지배하에서는 가능한 권력마저 갖지

8장 | 베버: 정치적 합리성과 정치제도

못한다. 왜냐하면 이들은 정신적이고 비합리적인 방식으로 카리스마적 권력에 결속되고, 따라서 가치 합리적이거나 도구 합리적인 행동 가운데 어느 쪽으로도 지배를 '이용'할 수 없기 때문이다. 카리스마적 지도자를 추종하는 이들은 자신의 정신, 영혼, 노동을 모두 지도자에게 바친다. 완전히 비합리적으로 지도자의 권력에 좌우되는 것이다. 따라서 위대한 지도자의 개성, 즉 카리스마의 표현은 그에 상응하는 추종자의 개성과 자유의 억압을 수반한다.

카리스마적 리더십이 물질적이거나 일상적 삶이 아닌 '뛰어난 것'에만 관련되는 한 카리스마적 지도자가 움켜쥔 권력은 정체政體의 구조, 조직, 집행을 뒤바꾸지 않을 것이다. 카리스마적 지도자가 있다 한들 근대국가의 자본주의와 관료제 국가는 **전혀 영향을 받지 않으면서** 개인적 삶을 지배할 것이고, 이 지배 방식에 세 번째 지배 방식인 카리스마적 지도자 자신의 지배 방식이 추가된다는 뜻이다. 따라서 카리스마적 리더십은 완전히 합리화된 국가와 사회에서 그 거주민을 자유롭게 하거나 관료제 지배의 부담을 줄이기 위해서가 아니라 정체의 최종적이며 완벽한 예속화로서 발생한다. 자본주의와 관료제가 인민의 신체와 외적 삶을 통제하는 한편 카리스마적 지도자는 인민의 영혼과 지적 능력을 '프롤레타리아화'한다.

베버가 소환한 국민투표에 따른 지도자-민주주의는 '문화적 명망'이나 국민적 영광의 차원에서만 국민의 삶에 무엇이나

　　　　　　　　　　　　　　　남성됨과 정치

마 제공한다. 그러나 그것이 제공하는 것은 참여와 자유라는 유의미한 차원의 민주주의가 아니라, 개인이 위대한 사람에 이끌려 가는 위대한 나라의 일부라는 집합적 지식에 그친다. 국민투표에 따른 민주주의의 민주적인 면이 베버에게는 정치적 삶을 재활성화할 수단이다. 사실 국민투표에 따른 지도자-민주주의의 가치에는 정확히 판에 박힌 사회적·경제적 욕구를 집행하는 '일상의' 지배 구조를 한데 묶음으로써 카리스마적 리더십의 생명을 연장할 잠재력에 있는 듯하다(모든 카리스마는 경제적 합리성 따위는 모르는 격정적 삶에서부터 물질적 이해관계의 무게 아래 질식해 더디게 진행되는 죽음에 이르는 길 위에 있다. 그것은 존재하는 모든 시간 동안 이런 결말에 다가선다).[72] 진정한 리더십이 지배적일 때 관료제적 지배는 정치 영역에 대한 잠식을 멈추고 사회적 삶만 지배할 것이다. 비범한 영역으로서의 정치는 총체적 합리화의 운명으로부터 보존될 테지만, 인간 행위의 나머지는 총체적 조직화라는 숨 막히는 형식 아래 계속될 것이다. 몸젠이 언급하듯 베버의 국민투표에 따른 지도자-민주주의는 진정 합리적·형식적·법적 입헌주의하의 카리스마적 지배다.[73] 조금 더 나아가면, 이는 두 형식을 결합하며 그전보다 더욱 위중하고 철저하게 지배한다.

「소명으로서의 정치」에서 베버는 정치가가 "국민, 인본주의, 사회, 윤리, 문화, 세속 또는 종교의 목표"를 수행할 수 있다고 선언한다. 심지어 '일상적 삶의 외적 목표'를 수행하고 싶어 할 수도 있다는 것이다.[74] 그러나 베버가 절대 목표의 윤리를 수행하는 이들에 대해 말한 것과 정치가가 국가의 권력-이익에 헌신하는 것을 두고 보여 준 고집은 이 선언의 포괄적인 어조를 깎아내린다. 베버는 여러 저작에서 참된 정치가를 국가권력의 확장 능력에 따라 구분한다.[75] 그는 정치적 리더십의 핵심이 '인민의 종복'이 되는 것이라는 관념을 맹비난하며 지도자는 자기 자신과 국민국가의 권력을 개발해야 한다고 강력히 주장한다.[76] "우리가 좇는 정책은 평안과 편의의 정책이 아니라 국민적 위대함의 정책이다."[77] 베버는 정치와 정치가에 대한 자신의 주요 메시지를 셀 수 없을 만큼 여러 방식으로 반복한다. "사적 권력투쟁은 (……) 정치가의 생혈이다."[78]

그런데 베버는 이런 사적 권력의 충동이 어떤 식으로든 '명분'에 대한 헌신과 조화를 이뤄야 한다고 주장한다. 이는 어떤 명분이 정치가의 권력 추구보다 윤리적으로 우월해서가 아니라, 아무런 연계 없는 권력-충동은 정치가 자신을 향하기 때문이다.

> 정치가의 소명이라는 고결한 정신에 맞서는 죄악은 (……) 권력을 위한 분투가 독점적으로 '명분'에 대한 복무로 접어들지 않은 채 객관적이길 멈추고 순전히 사적 자아도취가 되는 지점에서 시작한다. 정치의 장에는 오로지 두 가지 대죄만이 있다. 그것은 객관성의 결핍과 (자주이긴 해도 항상 이와 동일하지는 않은) 무책임이다.[79]

따라서 정치가는 권력을 원해야 하지만, 그것이 자기만을 위한 것이어선 안 된다. 정치권력에 관심 있는 인간이 국가에 애착을 가지면서 개인으로서 정치적 리더십을 열망하는 이유는 이제 사회적 이유와 완벽하게 들어맞는다. 참된 정치가는 정치를 소명으로 추구한다. "그는 그가 행사하는 권력의 소유 자체를 즐기거나 자기 삶이 '명분'을 섬기는 데 의미가 있다고 의식하며 이를 내적 균형과 자기감정의 자양분으로 삼는다."[80] 이것이 정치가의 개인적인 측면이다. 그 반면 대중사회를 위대함으로 이끌기 위해 필요한 것을 설명할 때 베버는 강력한 권력 충동이 있고, 권력의 근대적 도구를 다룰 줄 알고, 마음속에 국가의 권력이익을 품고 있는 사람들을 요청한다.[81] 이것이 사회적인 또는 '객관적인' 측면이다.

그러나 일반적 안녕이나 물질적 욕구나 심지어 시민의 정신적 복지에 대해서도 정치 지도자에게는 아무런 책임이 없으므로, 그를 자신과 국가를 위한 권력 추구로 이끄는 것은 그 자신의 확신뿐이다. 베버는 진정한 정치가의 특징이 자신의 가치와 행동에 대한 책임감이라고 쉴 새 없이 반복한다.

선출직 공무원은 전적으로 그의 주인인 유권자의 위임을 받은 대표로서 스스로 행동하는 반면, 지도자는 자신을 자신의 행동에 대한 책임을 유일하게 안고 가는 이로 볼 것이다. 이는 지도자가 성공적으로 유권자의 신뢰를 얻는 한 자기 확신에 따라 행동하고, 관료로서 유권자들이 표현하거나 그러하리라고 추정되는 의지에 따라 행동하지 않을 것이라는 뜻이다.[82]

베버는 근대국가에서 정치와 정치가를 옥죄는 모든 것들을 없애고 싶어 했다. 계급 이익과 특정 욕구가 있는 '인민', 거대한 관료제 기구인 '정당', 전문 지식과 출세 제일주의 관료를 독점하고 있는 국가 관료제 등에서 정치가를 해방하는 데 몰두한 것이다. 베버는 정치 지도자의 행동에 대한 모든 속박을 극복하기 위해 카리스마적 정치 지도자를 고안한다. 그는 여러 가지를 포기하면서도 개인적 남성됨의 회복, 사적 권력의 추구와 집단적 남성됨의 회복, 광활한 국민국가의 영광 추구에 대한 작은 희망의 조각은 여전히 붙들고 있다. 그러나 그가 기대는 희망은 낙관주의라고 보기 힘들다. 왜냐하면 그는 대부분의 경우 관료제 국가와 특히 정당 기구가 "카리스마의 발흥을 **거세**"하리라고 확신했기 때문이다.[83]


VI


정치적 삶의 부활과 진정한 정치가의 발전에 대한 베버의 염려와 관심이 중요하지 않은 것은 아니며, 진정성이 없는 것도 아니다. 합리화의 시대에 진정한 정치가를 그려 본 그의 노력에 코

남성됨과 정치

웃음 칠 수는 없을 것이다. 합리화의 힘이 결국 이기고 말 것이라는 그의 음울한 전망에 대해서도 마찬가지다. 그러나 베버가 밝히듯, 그의 정치 영웅은 사회적·경제적 삶은 물론이고 근대의 정치적 삶에 있는 문제를 해결하려고 하지 않는 존재다. 그가 생각하는 이상적 정치가는 제도화된 남성됨의 힘, 즉 관료제 국가를 휘두르는 남성 전사다. 그는 앞에 있는 장들에서 살펴본 모든 남성적 정치 가치, 즉 사적 권력, 영웅주의, 폭력, 지배, '뛰어난 것'에 대한 헌신, 일상적 존재를 비롯해 이 모든 것이 한데 녹아든 도구적 합리성에 대한 반감 등을 한데 구현한다. 베버는 진정한 정치가라면 반드시 '책임 윤리'에 복종해야 한다고 고집하는데, 도구적 합리성만으로도 그가 좇는 수준의 정치권력을 휘두를 수 있다. 그리고 도구적 합리성은 책임 윤리와 전혀 공존할 수 없다. 근대 미국 대통령 직을 주기적으로 병들게 한 정치 '추문'은 이 경우에 대한 최고의 증거다.

베버의 지도자 개념 그리고 정치 자체에 대한 개념은 권력 수단에 대한 도구적 관계에 기초한다. 예를 들어 인민과 권력의 물질적 필요조건을 그들에게 공급하는 것과 같은 관계다. 인민, 경제, 관료제는 모두 베버의 정치가에게 필요한 도구이자 수단이다. 그는 자기 행동에 대해 깊은 책임감을 느끼면서 이 도구와 수단에 접근하거나, 자신이 봉사하기로 한 상위 목적에 따라 자신의 행동을 정당화한다. 결국 정치가가 국가에 바치는 헌신은 목적이 된 도구에 대한 헌신이다. 그리고 이는 합리화된 도구적 합리성의 가장 진전된 징후다.

베버는 정치가 남성의 집에서 행하는 '약탈적 습격'에서 기원한다고 설명하는데, 힘 있는 개인과 관료제 기구를 국가에 행하는 더욱 '문명화된' 습격으로 보는 베버의 낙관적 시각에서 이런 설명은 정점에 도달한다. 베버가 그려 내고 옹호한 남성적으로 정식화된 정치는 인간의 어떤 욕구에도 구속받지 않는 권력에 대한 욕망이고, 이 욕망의 목적은 개인적·국민적 권력과 명망의 실현을 빼면 아무것도 아니다. 이는 전사 계급과 가부장의 지배에서 태어나 뚜렷하게 인간적이며 최고의 소명, 가장 위대한 명분, 합리화된 존재의 낮은 질서로부터의 구원 등으로 나타나는 동안 국면마다 삶을 위협하고 질식시켰다. 이것이 수세기에 걸쳐 개입한 남성됨이 우리에게 남겨 준 정치와 정치적 삶의 구상이자 실천이다.

남성됨과 정치

# 남성적 정치학, 그 이후를 향하여

## 9장

# 무엇을 극복할 것인가: 지배의 정치

앞서 살펴본 역사적·이론적 특수성이 남성됨과 정치의 관계를 추적하는 데 필수적이었다면, 이번 장에서는 지금까지 해 온 논의를 기반으로 정치 이론들 사이에 공통적인 동시대의 주제가 무엇인지 살펴볼 것이다. 또한 남성됨과 정치가 함께 태어나고 자라난 역사에서 우리가 물려받은 정치는 무엇인지 질문해 보려고 한다. 여기에서는 이 복잡한 역사 가운데 가장 극적이면서도 지극히 지속적인 면을 동시대의 정치사에 비춰 보려고 한다. 그리고 앞으로 나아갈 길을 찾기 위해, 이 역사에서 얻은 관점을 좀 더 세밀하게 탐구할 것이다.

I

**정치는 (……) 결코 삶을 위한 것이 아니다. (……) 누구든 정치 영역에 들어갔다면 목숨을 걸 준비부터 해야만 했다. 생명에 대한 지나치게 큰 사랑은 자유를 가로막는, 노예성의 확실한 표시다.**[1]

아리스토텔레스, 마키아벨리, 베버는 아렌트의 이 대담한 주장의 변이를 저마다 절묘하게 보여 주었다. 이들은 모두 삶이 정치의 바깥에 있거나 무관한 것이 아니며 정치 영역과 남성됨을 위협하고 저하한다고 생각한 것으로 알려져 있다. 이것이 아리스토텔레스가 인간의 필요와 관련한 모든 이들을 **폴리스**의 시민에서 배제한 이유다. 노예, 여성, 기타 노동자는 '삶'의 문제로 정치를 오염한다. 이것이 아렌트가 '단순한 생존'의 영역과 '좋은 삶'의 영역을 물리적으로 분리해야 한다고 주장한 이유다. 베버도 하루하루 삶의 걱정이 제거된, "사물과 인간 모두와 거리를 둔" 정치가를 역설했다. 그는 '주정주의'와 '사소한 걱정'에 정치가 감염되는 모습에 절망했다. 다른 모든 활동에서 자율성을 주조하고, 사회적인 것이나 경제적인 것과 같은 삶에 매인 걱정을 정화해 관료화된 세계에 정치를 다시금 내세우려고 했다. 이런 것들이 아렌트가 경멸을 담아 '집단적 가정 관리'라고 이름 붙인 정치를 생산하며 공론장에 침입한다고 믿은 문제다.[2]

사방이 벽으로 둘러쳐져 보호받을 수 있는 안전을 뒤로한 채 공론장에 진입하는 것만으로도 용기가 필요하다. 그것은 우리를 기다릴지 모르는 특정 위험 때문이 아니라, 삶에 대한 염려가 유효성을 잃어버린 영역에 다다르는 것이기 때문이다. 용기는 세계의 평화를 위해 삶에 대한 걱정에서 인간을 해방한다.[3]

남성됨은 삶, 단순한 생존, 필멸성, 일상, 리듬, 자연과 필요의 개입 등을 초월함으로써 실현된다. 또한 끈질긴 불멸 추구를 통해, 특히 삶과 비교되거나 대조되는 이상과 제도의 건설을 통해 손에 넣을 수 있다. 인간은 자신의 육체·욕구·필멸성을 초월하기 위해 분투하고 이런 것들 너머의 행동 범위에서, 즉 이런 것들이 사라지는 영역에서 비로소 깨달음을 얻는다. 때로는 소란스럽고 때로는 미묘한 이 노력의 잔향은 자신을 위해 고안한 기획과 그 자신이 거부하고 억압하고 탄압한 '삶', 이 모두에 들어 있다. 이 '삶'이 저열함만으로 환원되는 사이, 이 기획은 '삶의 저열함'에서 멀어진다.

Ⅱ

인간이 사유라는 것을 발견한 이래로 인간을 괴롭혀 온 주제, 즉 삶의 원천인 육체라는 주제로 돌아가 보자. 서구의 정치적 인간은 육체에 덫, 무기, 도구, 기반, 정신에 대한 저주 등 다양한 이미지를 거의 동시에 덧씌운 뒤 그것을 인식해 왔다. 그리고 육체에 대한 이 가치 평가를 자신이 건설하는 정치로 가져다가 제도화한다. 인간의 개별 육체, 육체의 관리 영역, 정체政體 등은 모두 잘 해 봐야 도구나 기반일 뿐이며, 보통 인간과 인간의 정치 기획에 짐이 되는 것, 자극물, 위협으로 여겨졌다.

**그리스인이 노예제 때문에 멸망한 것이 사실이라면, 우리가 노예제의 부재 때문에 멸망하리라는 것은 훨씬 더 분명한 사실이다.[4]**

정치적 자유는 육체, 자연적 욕구와 욕망, 정체가 가져오는 속박의 반대편에 뿌리내리고 있다. 그리스인에게는 육체적 필요로부터의 자유가 정치적 삶에서 자유의 전제 조건이었다. 계약을 맺고서 타인의 육체를 이용할 자유를 '자유기업'의 본질이라고 본 베버는 이를 근대국가의 정치적 삶에서 '일부'가 아닌 하나의 '조건'으로 상정했다. 필멸성과 필멸의 욕구는 적절히 구성된 정치 영역, 즉 개인·**폴리스**·국가가 불멸성을 추구하는 격전장의 문턱에 남겨졌다.

인간의 마음, 정치 조직의 머리는 육체와 도구적·지배적 관계를 맺는다. 이것이 머리가 누리는 자유와 존귀의 핵심이다. 정체(영토적 인구)는 정치적 삶과 머리의 상위 목적을 위해 존재한다. 정치는 물리력이 촘촘하게 규율된 도구만을 육체에게 허락할

남성됨과 정치

뿐이다. 이 도구는 머리의 의지와 열망을 수행한다. 머리의 합리성은 머리가 마주하는 가장 즉각적인 환경, 즉 그 육체와 맺는 관계에 따라 형성된다. 머리가 합리성이라고 인식하는 것은 그 육체와 맺는 소외되고 도구화된 관계에서 발현된 특정 합리성이다.

**최고의 악은 최고의 합리성에 고착된다. (……) 정치 조직이 상대적으로 자율적이기 때문에 정치적 소외가 존재하는 것이다.[5]**

육체에서 떨어져 나온 머리는 위험하다. 이런 머리는 자신이 모든 생명에 대해 형상 수여자라고 선언한 뒤 생명에 전쟁을 선포한다. 이것이 서구 남성됨의 심장이다. 머리는 형상을 공급하고 투사하며 질료에 형상을 부여한다. 자기 육체를 거부한 머리는 모든 생명을 형상 없는 것으로 보면서, 자기 삶에 목적이나 기능을 부여해야 한다고 생각한다. "지배는 (……) 무정형의 사회적 행동에 목표를 제공한다."[6] 머리는 육체가 '부분'이거나 '조건'이 되는 '전체'라고 선언한다(이 얼마나 인상적인 도치인가? 오직 형이상학적으로 잘려 나간 머리만이 이런 결의를 할 수 있다!). 인간은 형상 부여자를 통해 자기 정체성을 상정하고, 형상 부여를 통해 정치를 구축하고, 정치를 인간의 목적이라고 부르며, 살아 있는 모든 것에 형상을 부여할 권리를 타고났다고 상상한다. 형상을 부여하면서 점점 더 큰 삶의 공간을 통제하고 지휘하고 정복하는 힘이 인간의 존재 이유이며 남성됨 정치의 국가적 이유다.

지배를 목적으로 질료에 형상을 찍어 내려면 한 가지 목적에 집중하면서 흔들림 없이 기회와 전략에 관심을 기울여야 한다. 어떤 인간이 자기 형상을 찍어 내는 '질료'로 특정한 사람과 상황을 대할 때, 질료로 쓰인 사람이나 상황의 내적 본능이나 구조나 영혼은 이 인간을 피해 달아날지도 모른다. 그러나 마키아벨리가 말하듯, 용감하고 대담하고 잔인하고 당신이 이해하지 못하는 것에 단호해야 한다. 서구의 인간은 이 행성을 멸종으로 몰아 넣을 만큼 잔인하게 다뤘다. 낯선 신에게 기도하는 사람들 그리고 핵가족으로 살기보다 부족 단위로 사는 사람들을 없애고, 자기 이미지에 따라 민족 전체를 개조하려고 했다. 그런데 알 수 없는 존재를 구타하고 강간해서 복종시키는 전략이 가끔은 실패한다. 베트남에서 28년 동안 이어진 폭력이 베트남을 식민 지배 또는 제국주의 지배로 되돌리지 못했다. 자유 자본주의의 '형상'을 라티푼디움(고대 로마의 대토지 소유 제도—옮긴이)의 폭정에서 벗어난 (그저 이런 형상이 적당하지 않은) 국가에 부여하려는 노력이 비슷한 결과를 맞을 것인가?

**정치 공동체의 본질은 집단 이익을 위해 죽음의 위험을 무릅쓰는 자발적 마음가짐이다. 이런 태도가 정치 공동체에 특유의 파토스를 제공한다.[7]**

남성됨과 정치

죽음의 위험을 무릅쓰는 자발적 마음가짐은 근본 가치로서 삶이 폐기되었다는 증거다. 무언가를 위해 죽겠다는 마음가짐은 무엇을 위하거나 무엇을 통해 **살겠다는** 마음가짐보다 더욱 영광스러운 것으로 여겨진다. "용기는 세계 평화를 위해 삶에 대한 걱정에서 인간을 해방한다."[8] 정치적 용기는 생명과 다투거나 생명을 옹호하기보다는 생명을 걸고, 자부심을 걸고, 욕망을 거는 것으로 이해된다. 진정한 인간은 자기 목숨을 거는 사람이다. 무엇을 위해 죽음의 위험을 무릅쓰는가? 명예를 위해, 영광을 위해, 생명보다 더 위대한 가치를 위해, 생명에 예속화되는 것에서 벗어날 자유를 위해, 불멸을 위해, 국가라는 '궁극의 가치'를 위해서다.

### 국가의 근본적 특성은 폭력이다.[9]

정치는 (조직적 약탈, 노략질, 강간 등) '무의미한 폭력', 즉 육체와 육체노동의 열매를 전유하고 철저히 파괴하려는 남성적 유대에서 나온다. 이런 의미 없는 폭력은 자신을 인간 존재의 목적으로 해석하길 멈추고, 내적 지배와 외적 공격의 제도로 발전해 나아간다. "강한 자는 자신이 할 수 있는 것을 하고, 약한 자는 자신이 해야만 하는 것에 고통받는다."[10] 아테네인들은 철학자들이 그들의 말과 행동을 목적론과 위계질서에 담아 변조하기전에 진실을 말하는 것을 선택했다. 약한 자는 자신이 해야만 하는 것을 한다. 베버의 주장에 따르면, 가정에서조차 "남성의 물리적·지적 에너지가 정상적으로 우월하기 때문에 여성은 의존적이다. 아이도 의존적인데, 이는 객관적 무력함 때문이다."[11] 그래서 베버는 이렇게 결론 내린다. "어리석은 태도, 이는 인간의 관점에서 너무 쾌활하고 존경할 만하기까지 한데 (……) 정치적인 것을 **윤리적** 이상으로 바꿀 수 있으리라고 보"는 태도에서 우리를 구해 준다.[12] 최초의 정치꾼은 약탈적 습격에 참여한 부족의 전사였다. 오늘날 람보와 로널드 레이건Ronald Reagan은 '우주전함 미국호'의 레이저광선을 겨누고, 그사이 CIA와 국가안전보장회의는 세계 전역에서 총기와 돈이 개입하는 초정밀 약탈 습격을 계획한다. 심지어 남성들 사이에도 저항하는 목소리가 있었다. 모든 남성이 무의미한 폭력으로 대표되는 남성은 아니다.


Ⅲ


살아 있는 것이 삶을 추방할 때, 새로운 기획이 필요하다. 인간은 더 높고 더 나은 목표를 세우고 내면화하고 정당화해야 한다. 그렇다면 이 상위의 목표는 무엇일까? 아리스토텔레스는 '인간의 완성'이라고 답했다. '인간의 완성'이란 무엇일까? "생명보다 더 위대한 목적이 있는 자기 본성의 실현이다." 이후 마키아벨리가 도움을 줄 것이다. 정치가 왜 가장 위대한 영광의 장소일까?

남성됨과 정치

"거기에서 인간은 자신의 비르투를 표현하기 때문에, 명성을 얻고 영광을 추구한다. 또한 질료에 형상을 부여하면서 최고의 시험을 치른다." 그러나 자아 실현 이상으로 이 모든 것이 성취하는 것은 무엇일까? "아마도 이탈리아의 통일 또는 적어도 피렌체의 위대함이다." 피렌체는 그 위대함으로 무엇을 하고, 어떤 존재가 되는가? "피렌체는 피렌체 거주민들을 자랑스럽고 영광되게 만들 것이고, 그 거주민들이 고르는 누구라도 지배하거나 약탈할 수 있게 할 것이다." 베버의 경우를 생각해 보자. 정치가 왜 그토록 고귀한 소명일까? "왜냐하면 거기에서 인간이 역사의 신경 가닥을 쥐고 있다는 만족감을 느낄 수 있기 때문이다." 이 만족감은 어디에서 오는가? "권력 본능이다." 그를 따르는 이, 그에게 지배받는 이, 그가 위에서 권력을 행사하는 이 들이 얻는 것은 무엇일까? "위대함이라는 사회적 명망이다."

정치와 남성됨은 일상적 삶과 관심사, 정례적인 요구, 인간적 필요 등의 영역 너머 '특별한' 것의 영역에서 번성한다. 이와 같은 정치의 근본 요소이면서 정치적으로 생성된 필요는 권력을 향한 분투의 결과이며, 다른 인간이나 국가가 같은 것을 노리고 움직이는 맥락에서 그 경계 너머로 자기 자신이나 국가를 투사하는 행위의 결과다.

마키아벨리와 그리스인에게 정치의 '특별한' 본성은 비르투와 아레테로 상징되는 정치 영웅의 특성으로 구현된다. 베버도 진정한 정치가를 영웅이라고 부르지만, 베버식 정치의 특별한 차원은 그가 진정한 정치가와 카리스마적 지도자 사이에 구축한 정체성에서 좀 더 선명하게 나타난다. 카리스마는 '평범함을 넘어선' 차원에서만 번성하고, 일상적이고 삶에 묶이는 일이 요구될 때는 빠르게 썩어 문드러지기 때문이다.

Ⅳ

기본적으로 베버에 공감하는 비평가들은 '하지만'이라고 외친다. 그럼에도 베버의 카리스마적 영웅은 시대착오적이다. 오늘날 우리에게 거대 정치는 사라졌으며, 이익의 정치와 육체적·사회적 존재의 정치만 남아 있을 뿐이다. 우리의 정치는 시시하고 하찮고 썩었다. 근대 자유주의 국가는 우리의 개별적 목표를 위한 수단으로 구성된다. 이때 국가는 '단순한 생존'을 보호하고 집행하기 위해 존재한다. 개인이 사적·사회적 영역에서 자유와 행복을 추구할 수 있게 하기 위해서다. 복지국가는 육체와 물질적 삶을 보살피면서 합법화된다. 사회, 경제, 사사로운 이익은 정치적인 것을 전복하며 완전한 승리를 거뒀다. 이에 대해 아렌트는 주장한다. "불멸에 대한 정통적 관심의 거의 완벽한 상실, 공론장의 상실에 대한 이보다 더 분명한 증거는 없을 것이다."[13] 진정한 정치와 진정한 남성됨은 빈사 상태다. '삶'의 정치, '집단적 가정 관리'의 정치는 근대 복지국가의 보잘것없는

남성됨과 정치

제물일 뿐이다.

그렇지만 남성됨, 정치, 그들의 관계 중 어느 하나도 끝나지 않았다. 자유주의 국가와 자본주의 경제가 점차 얽혀 들어가는 것은 삶의 정치나 삶을 위한 정치가 되지 않는다. 그렇다. 국가의 관료주의화는 남성스러운 영광 추구, 자율적 정치 영역에서의 불멸성을 방해한다. 그러나 우리는 베버 덕분에 남성됨이 관료제를 통한 이런 방해를 자신에게 자행했다는 것을 알게 되었다. 합리화된 근대 정치제도에도 남성됨-정치의 관계는 지속적으로 남아 있다.[14] 이렇게 덫에 걸려 위기에 지배당하는 남성됨은 그 '건강한' 선임자에 비해 훨씬 더 위험하다.

자유주의 국가의 형식상 정치권력은 '국익', 즉 시민의 특정 이익 및 일반적 안녕과 병치되는 '명분'을 주장할 때 표현된다. 국익이라는 개념은 삶보다 국가에 대한 큰 관심을 주장하고 추구하기 위해 삶에 품은 관심을 버리게 한다. 국가가 외국에 대한 군사 개입에 청춘을 희생시키고, 제3세계의 우익 쿠데타를 조장하고, 국내외 반대파의 목소리를 전복하기 위해 큰돈을 쓰고, 핵무기를 만들어 내는 것은 '국가 안보'나 '국가의 명예' 때문이다. 국가가 방위비를 늘리면서도 질주하는 경제를 제어하기 위해 불황을 관리하고, 농부들에게 돈을 주면서 농작물을 수확하기보다는 묻어버리고, 물가하락과 환경 파괴를 승인하고, 발암물질을 내놓는 산업 공정을 감내하고, 복지 프로그램을 대폭 축소하는 것은 '국가의 번영'을 위해서다. 생존을 위한 삶이 침략 전쟁의 도구로 쓰일 때, 이 삶이 정신와 육체의 건강을 위협하는 노동조건에 놓일 때, 국민이 생존을 위해 숨을 들이쉬고 물을 마시고 음식을 먹어야 하는 것보다 국가의 번영이 더 중요시될 때, '단순한 생존'을 향한 복지국가의 보호적 태도는 거의 없다시피 한다. 우리의 국가는 영웅적 행위와 명예 추구를 함양하는 정치 조직은 아닐지 모르지만, 삶을 소중하게 여기는 정치 조직도 아니다. 레바논의 해병이든, 또 하나의 '변방', 즉 지구라는 행성 너머 우주 공간의 지배 계획에 올라탄 학교 선생이든, 공인들이 여전히 영웅주의의 언어를 들먹일 만큼 국가는 보통 텅 빈 명분을 위한 삶의 희생을 합리화하고 찬양한다.

현대에도 거의 비슷하게 행동하는 사람들이 있다. 이들은 고전주의 시대의 남성됨과 정치의 특질을 들먹이면서 '진정한 정치'를 소생시키려고 한다. 베버의 영웅적 정치가, 아렌트의 용감한 정치 행위자, 니체의 초인, 노먼 메일러Norman Mailer의 '진짜 사나이', 좀 더 악명 높은 블랙팬서당의 몇몇 지도자, 캐리 맥윌리엄스Carey McWiliams의 '시민 전사', 총알을 피하고 카리브해 섬들을 약탈하며 남자다움을 과시하던 대통령을 생각해 보자.[15] 무기력하게 자라난 남성됨은 정복의 활력을 지녔던 젊은 시절로 돌아가려고 한다. 위험하지 않다고 해도, 그것은 한심하거나 우습다.

남성됨과 정치

V

인류와 정치에 속할 자격을 얻기 위해 고군분투하는 여성들은 남성됨을 숭배하며 형성된 인간 종과 정치에 대한 정의를 대체로 받아들인다. 진 커크패트릭Jeanne Kirkpatrick, 골다 메이어Golda Meir, 인디라 간디Indira Gandhi, 마거릿 대처Margaret Thatcher 같은 인물은 거의 비르투의 현대적 패러디라고 할 수 있다. 용감하고 선의로 가득 차 있었지만 웨더 언더그라운드Weather Underground의 여성 구성원들은 남자다움을 과시하는 혁명가의 슬픈 모사였다.[16] 현대 여성운동의 철학적 설립자들 가운데 몇몇은 좀 더 편치 않다. 여성 종속의 기원에 대한 시몬 드 보부아르의 신인류학적 설명은 다음과 같다.

> 전사는 자기 무리의 명망을 끌어올리기 위해 목숨을 위험에 내몬다. 전사는 이렇게 목숨을 내놓음으로써 삶은 인간에게 최고의 가치가 아니고 삶보다 더 중요한 목표를 섬겨야 한다는 것을 극적으로 증명했다. 여성에게 내린 최악의 저주는 여성이 이런 전쟁 같은 돌격에서 배제되어야만 한다는 것이다. 왜냐하면 (……) 남성은 생명을 거는 위험을 불사한다는 점에서 동물보다 우위다. 이것이 인류에게 주어진 우월성이 생명을 낳는 성이 아니라, 생명을 빼앗는 성에 주어진 이유다.[17]

『제2의 성*The Second Sex*』에서 보부아르는 남성됨이라는 드라마 전체를 기꺼이 받아들면서 여성들이 그 일부를 차지하게 하려고 했다. 남성은 늘 인간과 동의어였지만 여성은 타자, 인간 이하의 존재, 비인간이었다는 점을 지적하며 보부아르는 글을 시작한다. 논의는 이렇게 이어진다. 인간이 되기에는 여성에게 내재적 문제가 있다. 우리의 넌더리 나는 육체가 우리를 놓아주지 않는다. "모든 것의 중심에 있는 흠 없는 보석처럼 순수한 정신이 되는 대신 나는 육체를 택했다. 그것은 우아함에서의 고통스러운 추락이었다."[18] 그러나 여성에게도 정신이 있기 때문에 육체를 초월하려고 노력하거나 수동적으로 세계에 맞추기보다는 직접 세계를 만들어 가며 인간이라는 존재가 되는 데 가까이 다가갈 수 있다. "우리 행동 절반의 주인은 포르투나지만 (……) 나머지 절반은 우리 자신의 통제에 달려 있다."[19] 보부아르는 이렇게 촉구했다. "여성은 형상 수여자가 되어야 하고, 목표를 진전시켜야 하고, 육체에 예속된 상태를 혐오하고, 다른 이를 타자로 만들고, 자연에 폭군처럼 군다. 임신중절수술과 약은 여성에게 유용한 좋은 기술이며, 편재하고 성장하는 모든 것에 대한 적대는 필수적이고, 철학 훈련이 문제의 결말을 가져올 것이다."

마르크스주의 페미니즘은 개략적으로는 이와 유사하게 출발했다. 엥겔스가 여성들에게 부르주아 질서를 무너뜨리고 해방을 모색하라고 촉구한 지 30년,[20] 아우구스트 베벨August Bebel은 이렇게 덧붙인다.

남성됨과 정치

모든 생산수단이 사회의 자산이 되는 순간, 생산과정의 온갖 기술적·과학적 장점과 지원이 적용되어 집단 노동이 최고의 비옥함에 도달할 때 (……) **여성은 생산적이고 유용한 사회의 일원으로서 남성과 같이 될 것이다.**[21]

마르크스주의 페미니즘에 다음으로 큰 영감을 준 인물은 블라디미르 레닌Vladimir Lenin이다. 그는 여성이 혁명적 프롤레타리아의 주요 원천임을 인지하고 있었다. 실제 수치상으로 여성은 러시아혁명 이전 시기에 전체 인구의 절반, 산업 노동력의 3분의 1을 차지했다.[22] 그러나 여성의 조직화를 경험하면서 레닌주의 최고의 여성 집단은 마르크스나 엥겔스가 상상한 것보다 '여성 문제'가 훨씬 더 복잡하고 이론적으로나 정치적으로 흥미진진하다는 것을 알게 된다. 클라라 체트킨Clara Zetkin은 여성의 경험과 걱정거리를 진지하게 여성의 표현으로 담으려고 노력했고, 알렉산드라 콜론타이Alexandra Kollontai는 이 문제에 대한 새로운 정치적 이해를 구축하려고 했다.[23] 체트킨은 레닌의 설교를 들은 뒤 페미니즘 노선을 철회했고, 이에 대해 나중에 애정을 담아 자세히 기록한다. 콜론타이는 페미니즘적·민주주의적 정치관 때문에 공식적으로 고발당한다. 그녀는 결국 자기 생각을 철회하고, 활발한 정치적 삶에서 물러난다.[24]

50년이 흘러 슐라미스 파이어스톤Shulamith Firestone은 베벨의 시각을 일단 받아들이지만, 그의 여성 억압 분석이 얄팍하다고 생각했다. 파이어스톤의 이론적 탐구에서 마르크스주의 페미니즘의 혁명 요구 제1호가 등장한다.

> 필요한 그 어떤, 모든 수단을 동원해 생물학적 폭압에서 여성을 해방하기.[25]

여성이 시험관 아기를 통해 해방될 수 있고, 그렇게 되어야만 한다는 파이어스톤의 신념은 철저히 서구적이며 남성적이다. 여기에서 자유는 육체에서의 자유를 뜻하고, 그 자유를 통해 성취된다. 자연은 우리 모두를 노예로 만들면서 여성을 가장 맹렬하게 억압했기 때문에 여성해방에 제약이 되었다. 하지만 이제 마침내 여성이 같은 무기, 같은 자유를 보유하게 되었다. 여성도 자연과 필요를 정복해서 아레테, 비르투, 생명을 걸 용기, 자유를 얻을 수 있게 된 것이다.[26] 하지만 이런 전망은 적절치 않다.

'모성적 에토스'를 보존하고 연장하고 정치화하는 것도 답이 아니다.[27] 어머니는 성인도, 시민도 아니다. 어머니는 무력함과 불평등이 일반적 특징인 영역에, 대체로 생색 안 나는 특정 목적을 위해 구축된 여성이다. 이 형상은 문화와 계급에 따라 극심하게 다르다(어머니를 칭송하는 문학에서는 거의 문제를 찾아볼 수 없다). 어머니는 세계에 대한 자신의 특정 태도보다는 자신의 일에 대한 공통적 평가절하로 훨씬 더 두드러지게 식별된다. 어머니는 어디서든 억압받지만, 어디서든 상대편 남성보다 타인을 보

남성됨과 정치

호하려고 하고 공감과 양육에 능하며 평화주의적이고 공동의 것을 지향한다. 게다가 그들이 동일시되는 것과 그들을 책임감 있게 만든 것의 분할, 즉 젠더 분화는 양쪽 활동 영역과 양성 모두에 심각한 손상을 주고 이들을 제한했다. 억압받은 이들에게는 진실이나 덕이나 올바른 감정에 대한 독점권이 없다.


VI


이것이 정치와 영웅주의, 분투와 영광, 남성 등 모든 것의 죽음을 부르는 나팔 소리인가? 그렇지 않다. 우리는 남성을 지키고, 병리적 측면을 줄이고, 남성이 배제하고 거부하고 탄압하고 부정한 것을 다시 가져와 그들을 통합해야 한다. 남성성이 아니라 제도화된 남성됨이라는 이상이 문제다. 정치 자체가 아니라 소외된 남성의 정치가 공포다. 권력 자체가 아니라 생명에 대항하는, 텅 빈 목적을 좇는 권력이 적이다. 삶 너머로 연장된 삶과 인간에 대한 기획은 반드시 다시 통합해야 한다. 육체와 머리는 서로에게 돌아가야만 한다. 이는 이상적이거나 이름 붙일 수 없거나 수동적이거나 자연주의적인 정치가 아니다. 반정치反政治 또는 삶을 결코 위험에 빠트리지 않는 정치다. 관습으로 구성된 남성됨과 결별하는 정치다.

# 무엇을 해야만 하는가: 남성적 정치학을 넘어서

> 만일 육체가 족쇄로 머문다면, 정신은 쇠사슬로 남으리.
> 그렇게 너는 운명에 묶여
> 그곳에서 모든 선량한 영혼이 도륙당하리라.[1]
>
> –페론Ferron

급진적 전망을 내는 데는 언제나 어느 정도의 위험이 따른다. 그리고 남성주의 이후의 정치를 생각할 때 휩싸일 만한 어리석은 궤변은 도처에 널려 있다. 기존 정치 구조에 대한 대안을 기획할 때는 어떤 방향을 피할지 잠시나마 숙고해 봐야 한다. 그 모두를 피할 순 없겠지만, 우리는 여전히 계속 말할 것이다. 그러다 보면 적어도 제이콥슨의 말처럼 "자기가 신은 구두끈을 잡아당겨서 자기 몸을 들어 올리는 식으로 형이상학적 끈을 스스로 끌어올려서 자신을 일으켜 세우겠다는 매우 부조리한 시도 가운데 일부" 정도는 피할 수 있을 것이다.[2]

남성과 여성, 사적인 것과 공적인 것, 이들 모두는 충돌하는 구성의 결과로 조야하게 제한된 방식으로 발전해 왔기 때문에 그 어느 쪽도 대안 정치의 모델이 될 수 없다. 공적 영역에서 남성적 가치를 '여성적 가치'로 교체하는 것과 같은 단순 역전은 해방된 정치적 사고와 실천에 적용할 수 없으며 부적절하다. 하지만 이 전략은 꽤 다양한 계열의 사상가들이 의도적으로 또는 무심코 택한 노선이기도 하다. 이 길에 있는 페미니스트로는 친가족주의 페미니스트 진 엘시테인, 자칭 마녀이자 에코페미니스트 스타호크Starhawk, 영성적 급진 페미니스트 메리 데일리Mary Daly, 무정부주의 페미니스트 캐시 퍼거슨Kathy Ferguson 등이 있다.[3] 아이러니하게도 이 문제는 밝혀낸 것은 퍼거슨이다. '여성적 가치'는 공적 목적이나 자유의 조건을 통해 형성되지 않으며, 오히려 억압의 조건 가운데서 전개되어 사적 영역에서 권력에 봉사하는 쪽으로 움직여 왔다.[4] 더군다나 여성적 가치는 남성적 가치와 마찬가지로 우리의 인간됨 전체를 품지 않는다. 역사적으로 전개된 여성의 특질 가운데 일부를 남성의 특질보다 더 매력적으로 느낄 순 있다. 하지만 역사는 인간 존재와 행위를 거의 모든 차원에서 남녀로 나눠 왔기에 여성을 더욱 '충실하게 인간적인' 젠더라고 볼 순 없다. 남녀의 구축 과정 모두 편파적이며, 편파적인 내부에서 **인간**의 경험은 모두 젠더화된다. 오직 남녀의 경험만이 있을 뿐이다.

역사적으로 여성이 전개해 온 가치로 남성주의의 가치를 대신하고, 그렇게 해서 정치적 삶을 바꾸려고 할 때 두 번째 문제가 대두된다. 그 문제는 '여성적 가치'의 전통이 남성적 가치와 마찬가지로 거의 '본질적으로 여성적'이지 않다는 데 있다. 젠더의 문화적 구성은 분명 생리학과 관련된다. 그러나 인간은 자신의 생리학적 성별 이상의 그리고 성별 이외의 존재이기도 하다. 그렇지 않다면 젠더와 문화는 논할 가치가 없을 것이다. '여성적 가치'를 찬미하면서, 공적 삶에 그 가치를 불어넣어야 한다는 이들이 있다. 그 가운데 몇몇은 (돌봄, 자기희생, 다른 이들과의 연결을 통해 발전된 정체성 등) '본질적인' 여성적 가치를 가끔은 유쾌하지 않은 문화적 표현(과잉보호, 마조히즘, 자율성에 대한 두려움 등)에서 따로 떼어 추출할 수 있다고 주장하지만, 그게 가능할지는 미지수다.[5] "페미니즘 담론은 (……) 여성성과 여성됨이 교차하는 지점에서 후자의 가치를 지지하고, 전자의 전략에 반대하며 서 있다"라는 주장에는 교묘한 생물학주의와 본질주의 또는 은밀한 헤겔주의적 변증법이 동력으로 작동한다.[6] 만일 인간의 존재와 가치에 명확하게 표현할 수 있는 본질이 있다면, 신은 죽지 않은 것이고 플라톤도 그렇다. 여성이 역사적으로 할당받은 기능을 좇아 발전시킨 감성 가운데 일부를 좋아한다는 사실은, 이런 감성의 정치적 잠재성을 탐구하기에 좋은 이유가 된다. 하지만 그 감성을 그것이 형성된 맥락에서 추출한 뒤 이상화되고 유동적인 가치 **체계**로 발전시키면서, 다른 한편으로 사랑스럽지 못한 면은 피할 수 있다는 뜻은 아니다. 이와 비슷하게 어머니와 감정적 삶의 관리자로서 여성의 전통적 노동 역시 정치적 관계를 재사유하는 데 풍부한 자료가 될 순 있지만, 이런 경험으로

남성됨과 정치

정치적 관계를 쉽게 대체할 수는 없다.

　결국 확연히 여성적이거나 여성스러운 가치 그리고 특히 혁명적인 가치라는 발상은 인종, 계급, 문화, 종교 같은 차이를 고려하는 순간 유지하기가 상당히 어려워진다. 사실 대부분의 여성은 같은 의식을 품고 있고, 같은 가치와 연관되어 있고, 같은 조건 아래서 또는 같은 사회관계 속에서 어머니 구실을 한다. 하지만 그 방식이 모두 같지는 않다. 미국 뉴욕에 사는 젊은 학구파 백인 어머니와 페루 리마에 사는 인디오 어머니를 견주어 보자. 이들에게는 공통점이 있겠지만, 이들은 기본 가치, 정체성, 공동체에 대한 이해 등에 있어서 남성 상대 항과 공유하는 지점이 더 많을 것이다. 살짝 다르게 말하자면, 여성은 어디서든 '제2의 성'이지만 지배적인 남성 가치의 반대편에 있는 어떤 가치 체계를 최종적으로 반드시 발전시키지는 않는다. 지배 담론에 대응해 늘 예속된 담론을 생산할 수도 있는데, 그런 담론이 반드시 대항적이거나 전복적이지는 않은 것과 마찬가지다.[7] 게다가 페미니스트의 수가 적지 않은데도 우리는 여성을 남성이 말하는 것과 똑같은 존재라고 믿기도 한다. 이는 우리가 우리 자신에게 저지를 수 있는 가장 위험한 일이다. 예를 들어 여성은 모성을 타고난다거나 자연에 가까운 존재라거나 하는 담론을 여성 존재의 특성으로 믿어 버리는 것이다. 그리고 이 고정관념에 대해 따져 묻지 않은 채 대안 정치를 전개하는 것이다. 남성은 자연을 여성으로, 여성을 자연으로 다룰 수 있다. 그렇다고 해서 여성이 이데올로기적으로 주어진 자연과 가깝다는 것을 실제로 경험하는 것은 아니다.

우리는 오래된 위계질서를 뒤집기 위해 이론적 책략을 궁리하거나 역사적 반대파와 화해를 시도하기도 한다. 하지만 '여성스러운' 것이 여성은 아니고 여성이 '모든 선한 것'도 아니며 역사적·문화적 상수도 아니라면, 가정에서 겪은 여성의 역사적 경험이 다시금 정식화한 정치학에 도입되어 자리 잡을 만큼 충분치도 않다면, 이론적 책략이나 반대파들과의 화해를 피해야만 한다. 대립한다는 것만으로도 우리는 상상과 행동의 길을 잃곤 한다. 남녀에게 생리적·문화적 차이가 있다고 해서 이 둘이 이분법적 관계라는 뜻은 아니다. 미국이 소련의 반대가 아닌 것처럼, 기술이 자연의 반대가 아닌 것처럼, 달이 태양의 반대가 아닌 것처럼, 남성은 여성의 반대가 아니다. 이분법은 차이를 제시하고 조직하는 데 가장 단순하고 환원적이며 흥미가 떨어지는 방식이다. 사회적 이원론은 (항상 한쪽 가치가 정해지고, 양쪽 모두 언제나 그 구조에 좌지우지된다는 의미에서) 늘 억압적일 뿐만 아니라 지루하다. 어떤 생명체가 능동-수동, 지배-복종, 공세-수세, 폭력-평화 따위의 단어로 자신의 복잡성이나 다른 이들과 자신의 관계를 정확히 제시할 수 있겠는가? 우리는 단순한 역전이나 통합을 추구하기보다 잘못 갈린 판에 놓인 반대 항 사이에서 벌어진 전쟁을 피해 떠나야 한다. 그러고 나서 새롭게 변형된 인간과 정치 조직의 기반을 찾아야 한다.

남성됨과 정치

그러나 새로운 기반에 다가갈 때 곧바로 피해야 할 또 다른 함정을 만나게 될 것이다. 정치적 변형은 개념적·언어적·이데올로기적 개조를 통해 구축되지 않는다. 오히려 새로운 정치는 역사 **내부에** 자리해야 하고, 미래라는 확고한 구조물을 향해 그 방향을 잡아야 한다. 따라서 우리는 대안적 세계 건설을 목표로 삼으면서, 추상적인 태도로 새로운 '정치 담론' 또는 유토피아 페미니즘 정치 조직을 건설하려는 경향에 맞서 대비해야만 한다. 비록 그 추상적인 태도와 정치 조직 건설의 노력이 비판을 위한 수단이나 관점으로서 가치가 크더라도 말이다. 우리는 실제하며 역사적으로 형성된 인간 존재 및 정치 조직에서 비롯한 가치, 윤리, 목적을 정식화하면서 출발해야 한다. 이 책의 몸통을 이루는 비판적 작업이 우리 시대의 정치 기획에 어떤 의미라도 있다면, 그것은 우리가 누구이며 어디에 있는지 대면하고 이런 지식에서 정치적 변형의 가능성에 대한 우리의 이해를 뿌리내리게 하는 데 있다.

I

인간 종의 특징 중 하나는 단순히 생존하기보다 생각하고 행동하는 능력, 고심하고 행위하는 능력이 있다는 것이다. 그저 살아가기만 하는 생명체와 달리 우리는 세계를 **만들고**, 그 세계에 의미를 채워 나간다. 우리는 외부 자연의 힘에서 영향을 받아 형성되지만, 우리에게는 우리가 사는 세상을 창조하고 변형할 수 있는 정신·충동·도구가 있다. 이를 통해 우리는 우리 자신을 창조하고 변형하는 것이다. 인간의 이런 측면은 서양사의 여러 중요한 사상 저작에서 협소하게 다루어졌다. 아리스토텔레스의 사상에서 가장 명징하게 드러난바, 이 책에서 검토한 여러 이론가들은 서구 이론사에서 생존과 일상적 삶을 유지하고 지속하게 하는 행동 그리고 역사와 의미를 창조하는 행동을 이데올로기적·실천적으로 구분했다. 이는 이들이 구조화된 사상으로 감추려고 했지만 폭로된 사실이다. 이때 여성은 삶의 유지와 지속의 책임을 지고, 남성은 역사와 의미 창조의 명망을 차지하게 된다. 그리고 그 결과는 거의 전 인류에게 억압적이다. 게다가 스스로 형상 부여자이자 의미 생산자라고 칭한 이들은 나머지 인류를 자기 삶에서 소외시킨다. 이 분할에는 거대한 이데올로기적 혼돈도 들어 있다.

우리가 마르크스를 통해 잘 알게 되었듯, 인간을 유지하고 지속할 수 있게 하는 행위는 인간 존재에게 비창조적이거나 '순전히 자연적'이지 않다.[8] 인간은 생식을 할 때마저 뚜렷한 역사적 형상을 남긴다. 특정한 인간 문화에서 생식에 대한 준비, 실행, 가치 평가의 방법은 특정 양식, 관습, 구조, 의미 가운데서 만들어진다. 또한 마르크스에게 배웠듯이, '세계 창조' 활동을 하면서 생존과 일상적 삶을 관리하고 지속하게 만드는 행위에서 '자유'

남성됨과 정치

로워졌다고 믿지만 실제로는 그렇지 않은 사람들이 있다. 그들은 자신의 삶이 독립적이고 해방되었다고 믿을지 모르지만, 생존과 지속의 영역은 그들의 삶을 강력하게 결정한다.[9]

그런데 생식과 창조 사이 그리고 생명에 연료를 보급하고 유지하는 것과 세계를 개발하는 것 사이에는 차이가 있다. 이 차이가 절대적이라고 보진 않는다. 나는 이들의 유사 지점과 연결 지점들을 파악하고, 우리가 지금껏 익숙해진 것보다 높은 수위로 이들을 실천에 통합해 넣을 수 있다고 주장하려고 한다. 그러나 이 주장을 전개하기에 앞서 차이를 먼저 살펴보자. 이 차이를 통해서 우리는 다시 정식화한 정치 속에서 새로운 집을 얻은 인간 존재의 여러 차원을 알게 될 것이다. 그러고 나서 개인으로서 우리 안에, 사회에서 우리 사이에 이 차이를 어떻게 품을 수 있을지 가늠해 보자.

인간에게는 누구나 적어도 다음 세 가지 활동에 참여할 능력이 있다. 첫 번째는 존재 자체를 가능케 하는 재생산 능력, 두 번째는 존재를 지속하게 하는 생산 능력, 세 번째는 직접적으로 존재의 생명 유지를 위한 생산이나 존재 자체의 재생산과는 무관하지만 개인적이거나 집단적인 지적·예술적·물리적 노력이다. 마르크스는 인간사에서 두 번째 활동의 중요성을 탁월하게 인식했다. 그 의미가 사회 이론에 너무나 크게 받아들여져서, 마르크스 자신과 그의 추종자들이 나머지 두 활동의 중요성과 그것에 신경 써야 할 필요를 잊을 정도였다. 마르크스 이후의 20세기 정치 이론 가운데 상당 부분은 명징하게 생산적이진 않지만 활동적이거나 창조적인 인간 활동의 적절한 지위 그리고 그런 활동과 생산 활동의 관계를 논하는 데 바쳐졌다.[10] 그리고 마르크스가 등한시한 다른 주요 활동, 즉 지금까지 역사적으로 눈에 띄지 않던 재생산 노동에 얽혀 있는 활동의 의미를 주장한 최신 페미니즘 이론의 기획이 있다.[11] 다양한 이론가들이 우리의 '본질적 인간됨'이 무엇으로 구성되는지, 사회적 구성의 적절한 토대와 중심이 무엇인지를 두고서 어떤 활동이 다른 활동에 비해 우월하다고 주장해 왔다. 그러나 어떤 활동을 다른 활동의 관점으로 살펴보거나, 세 가지 활동을 모두 자유로운 조건하에 인식하면서 가치를 평가하고 적절한 사회질서로 정식화하려는 작업은 거의 시도되지 않았다.[12] 이는 근본적으로 자유라는 문제를 다루는 데 실패한 것과 깊은 관련이 있다.

Ⅱ

자유에 대한 생각 및 실천과 관련해서 우리가 물려받은 유산은 근본적으로 문제투성이다. 자유의 정식화는 우리 문명의 시초부터 지극히 매력적인 주제였는데, 그것은 이 책에서 주장한 것처럼 신체와 신체의 요구**에서의** 자유, 필요 일반**에서의** 자유에 뿌리를 둔다. 마르크스는 집단 소유 그리고 필요의 영역에서 생

남성됨과 정치

산수단의 통제만이 진정한 자유를 가져올 것임을 알았지만, 자유의 정식화 측면에서는 다른 사상가들과 별반 차이가 없다. 그는 생산수단 통제의 조건을 마련하여 필요를 지배할 때만 자유를 얻을 수 있고, 기술적 가능성을 통해 이런 지배를 할 수 있다고 보았다. 마르크스가 자유를 정식화할 때, 전면적 통제가 개입한다는 것은 논쟁거리도 되지 않는 사실이다. 이러한 통제는 사실 자연과 인간의 필요에 대한 정복에 가깝다. 게다가 적지 않은 페미니스트들이 지적한 것처럼, 자유를 정식화하면서 마르크스는 지배하기에는 기술적 문제가 있고 집단이 소유·통제하기에도 쉽지 않은 재생산 노동을 혹독할 정도로 무시했다.[13]

자유가 신체 너머, 필요 너머에 놓일 때 삶에 대한 염려는 자유에 짐이 된다. 인간이 삶에 대한 염려를 초월할 때나 아렌트의 설명처럼 이 염려를 떨쳐 버릴 때 비로소 자유가 시작된다면, 필멸성과 필멸의 욕구는 반드시 정치적 영역이나 자유를 추구하는 곳이 어디든 그 공간의 문턱에 남겨 둬야 한다. 용기는 기꺼이 목숨을 걸 마음이 되고, 영웅주의는 목숨을 거는 행위를 그 본질로 삼으며, 고귀한 추구는 삶보다 높거나 삶을 무심하게 여기는 명분이 있는 이들의 행동이다. 자유가 신체에서의 자유를 뜻하면 욕구와 필요는 궁극적으로 불가능할뿐더러 본질적으로 억압적이 된다. 살아 있는 것은 단순히 그 자신을, 즉 그 삶의 사실을 초월하거나 극복할 수 없게 된다. 이런 식으로 자유를 구축하면 삶에 반대하는 정치가 양산되고, 필요에 대한 행위와 사람을 지배하게 되며, 삶을 자유의 명분이 아닌 도구로 만들게 된다. 베버는 자유에 대해 이렇게 접근하는 태도가 아예 파탄에 이르렀음을 드러냈다. 근대의 권력 체계에서 필요의 통제로서 자유를 추구하는 행위는 스스로 전복되었고, 인간은 스스로 만든 지배 기구의 톱니 사이에 갇혀 지배받는 존재로 등장한다.

결국 필요의 반대편에 있는 자유는 다른 이의 식민화를 전제로 하는 자유의 실천이고, 여성은 그 편파성의 가장 심각한 피해자가 된다. 남성이 자기 자유를 찾기 위해 육체와 필요를 극복하느라 바쁜 사이, 실천적인 면은 물론이고 이데올로기적인 면에서도 남성이 스스로 부정하려던 인간 존재의 일면을 무언가가 흡수해야만 했다. 여성은 누가 보든 이를 담을 수 있는 확실한 그릇이었다. 사실 서구 문명의 지배 담론 대부분에서 여성과 육체가 거의 동의어라는 것은 이제 널리 알려져 있다.[14] 예속적이며 더럽혀지기 쉬운 여성의 지위는 여성이 육체와 동일시되는 과정과 철저히 얽혀 있고, 이때 여성의 육체는 개인과 사회를 육체와 정신과 가치 평가하는 **또 다른 정신**으로 가르는 사회 구조물 내부에 자리한다. 남성은 무엇이든 될 수 있지만, 여성은 생리학에 묶인 존재로서 역사적으로 너무 자주 성적인 측면과 재생산 관련 측면으로 환원되었다.[15] 여성이 자연과 동일시된 것은 우연이 아니다. 여성의 일상 존재가 생명과 생명에 대한 관심, 즉 출산과 돌봄에 묶이게 된 것도 우연이 아니다. 이런 조합이라면 여성을 정치에 투입하기에 가장 부적절하고 불순한 존재

남성됨과 정치

로 보는 것은 그다지 놀랍지 않다. 여성은 육체, 섹슈얼리티, 생명 관리를 대표하도록 만들어졌다. 이런 이유에서 여성을 금지된 물품처럼 정치를 오염하는 것으로 보는 한, 여성은 정치 영역에서 두려움의 대상이다. 사실 정치 영역에서 아리스토파네스Aristophanes와 아리스토텔레스를 거쳐 니체와 메일러에 이르는 거의 모든 정치사상가들이 여성을 매도해 왔다. 그 가운데 가장 간결한 표현은 17세기 영국의 사상가 존 녹스John Knox의 "괴물 같은" 현상일 것이다.[16]

아렌트는 "남성의 자유가 늘 필요에서 벗어나려는 결코 완전하게 성공적이지 못한 시도 속에서 이뤄진다"라고 주장한다.[17] 나는 이런 시도가 여성을 예속시켰을 뿐만 아니라 남성의 자유 추구도 전복했다는 것, 즉 아렌트의 주장에 대한 반례를 제시하려고 한다. "폭력은 세계의 자유를 위해 삶의 필요에서 자신을 해방하는 전정치적 행위"라는 말에서 드러나듯 가부장제의 역사에서 자유와 지배는 늘 상호 보완적 짝으로 여겨졌다.[18] 그리고 이때의 자유와 지배는 마르크스가 감지한 것보다 훨씬 더 극적인 의미에서 불협화음을 낸다. 우리는 우리와 연관된 것을 지배할 수 없고, 그 지배를 통해 우리의 자유를 찾을 수 없다. 우리의 일부는 늘 지배 대상에 갇혀 있고, 지배되는 와중에 잃어버리거나 멀어지게 된다. 정신이 육체를 완전히 지배하려는 시도는 육체를 구축하고 경험하는 과정에서 이뤄지는데, 이때의 육체는 이질적이고 화를 잘 내고 어린애같이 성가신 괴물이다. 남성이 여성에게 속한 모든 활동과 특성을 자신에게서 떼어 내 소외하는 한, 남성의 여성 지배는 남성의 범위와 가능성을 제한한다. 고대 그리스에서든 현대 자본주의에서든 계급 지배는 삶의 발전과 지속에 수반하는 모든 것에서 지배계급을 떼어 낸다. 환경 지배는 자연계의 생물체인 우리의 자유를 제한한다. 다시 말해 환경을 지배하려면 유기적 생물로서 우리 자신을 거부해야 하고 우리 스스로 살아갈 수 있는 능력을 제한해야 하는 것이다.

진정한 자유, 즉 개별적이고 집단적인 우리 존재를 위한 지속적이고 다양한 발명을 가능케 하는 자유는 우리라는 존재, 우리가 생존을 위해 해야만 하는 것, 필요의 길에서 우리가 대면하는 것을 거부하거나 정복하기를 그칠 때 비로소 얻게 될 것이다. 이 과정에서 집단적이고 탈중심화된 생산의 소유권과 통제라는 기본적 민주사회주의 계율과 재생산 노동의 집단 책임이라는 기본적 급진 페미니즘의 계율이 실현될 것이다. 이와 함께 훨씬 많은 것들이 뒤따를 것이다. 우리는 우리 존재의 질료에 형상을 부여하기보다 그 가능성을 끌어내는 방식으로 질료들과 관계 맺는 방법을 배워야 한다. 자연, 육체적 생물로서의 우리 자신, 다른 이들과 도구적이기보다 재생적인 방법으로 관계 맺는 방법을 배워야 한다.[19] 몇몇 페미니스트들은 이런 주장을 하면서도 자연을 인간의 거처로 제시하거나 자연이나 육체를 조화로운 기쁨의 정원으로 찬미하는 데까지는 나아가지 않는다. 자연은 재구성되지 않는다면 생산하고, 도구를 쓰고, 의미를 만드는 동물의 전문 분야가 될 수 없다. 게다가 자연은 섬세하게 꽃이 수놓인 초원과 계절의 영원한 변화는 물론이고 해일과 찬바람과 불필요한 종種 간 폭력까지 가져온다. 인간의 육체도 이런 스펙트럼에 유비해 볼 수 있다. 인간의 육체는 쾌락적이고 시적인 움직임은 물론이고 고통, 폭력, 질병까지 한데 가지고 있다. 그렇기에 단순히 자연과 육체에 투항하자는 페미니스트들의 주장은 지나치게 단순하고 부적절하다. 다시 말하지만 우리는 자연과 테크네(기술) 또는 자유와 필요 사이에 있는 가치의 위계질서를 단순히 뒤집는 것을 바라는 게 아니다. 우리는 자연과 필요를 극복하려고 분투하기보다 필요와 관련된 자유로운 조건을 만들고 필요와 맺는 관계를 통해, 그 관계 속에서 우리 자유를 찾길 바란다. 이는 삶의 생산과 재생산 외의 것에 관심을 두지 말아야 한다거나 그런 것을 얻으려는 분투를 멈춰야 한다는 말이 아니다. 이런 염려를 정리하고 처리하는 방법을 익힐 순 있겠지만 말이다. 이 배움을 통해 우리는 개별적으로 분할된 생명체가 아니게 되고, 삶을 지탱하는 이들과 삶을 초월해 '자유롭게' 사는 이들로 굳이 종을 나누지 않아도 될 것이다.

자유와 필요의 적대적 이원론을 거부한다고 해서 자유에 대한 우리의 기대를 '하향 조정'해야 하는 것은 아니다. 이럴 때 오히려 인간 활동의 전체 영역, 즉 인간의 정신 또는 인간 가운데 남성만이 아닌 **인간이라는 동물**을 포괄하는 자유의 이론과 실천이 뒤따른다. 우리는 우리라는 존재, 우리를 낳고 지탱하는 것에서 자유로워지는 것이 아니라 우리 자신으로서 자유로워질 방법을 찾아야 한다. 이를 위해서는 무엇보다도 **육체가 짐이라는 서구 정치 이론의 한결같은 주장 대신 그것이 우리 자유의 중심이고 매개물이자 기원임을** 인식해야 한다. 다른 동물들이 물리적으로 포획되거나 의존적이 되기 전에는 자유롭다는 것을 우리는 안다. 우리도 동물임을 깨닫는 것이 왜 이리도 어려운 것일까?[20] 우리 육체는 우리를 지탱하고 있으며 우리 육체가 곧 우리다. 자유가 어떻게 정신의 문제일 수 있는가? 모든 형이상학의 곡예사 가운데 가장 위대한 헤겔은 다시 이번에는 우리를 우리 머리 위에 세워 놓는다. 육체에 대한 거부와 부인은 육체를 동물과 같은 것으로 보는 태도에서 비롯되는데, 고대부터 있었으며 문제시된 적이 없다. 이렇게 육체를 부인하는 태도는 인간의 경험 가운데 가장 육체적인 면을 정신의 문제로 보고, 따라서 정신을 통해 해결할 수 있다고 생각하는 부조리에 이르러 극에 달한다. 인간의 자유는 동물의 '자유'와 달리 복잡하다. 하지만 양쪽 모두 자유의 매개체가 되는 것은 육체이며, 문제를 달리 표현하자면 육체는 노예제에 반드시 필요한 목표다. 심지어 아렌트는 자유가 우리의 행동 역량에 담겨 있다고 인식한다. 그녀는 육체가 행동의 중심이나 매개체고, 따라서 자유의 중심이나 매개체이기도 하다는 것을 인정할 수 없는 것이다. 이런 결론을 거부한 아렌트에게 행동이란 결국 희박하면서도 실행 불가능한 이상이 될 수밖에 없었다.[21]

남성됨과 정치

정신이 식민화될 수 없다고 말하려는 게 아니다. 정신은 식민화될 수 있으며 식민화되어 있다. 이는 우리 문화와 시대에 관료제, 가부장제, 자유주의적 자본주의 담론이 매일 벌이는 일이다. 그런데 담론의 힘은 해방적인 것이 아니라 합법화하거나 강압적인 것이다. 정신의 식민화는 육체 너머의 권력을 발동하거나 지탱하거나 합법화한다. 대항 담론이 비판적 기능만을 수행한다면, 사실 그것은 우리를 자유롭게 할 수 없다. 우리가 벽돌로 지어진 담벼락과 이야기 나누거나 그 담을 통과해 나아갈 수 없듯이, 말하거나 생각하는 것만으로는 자유를 향해 나아갈 수 없다. 담론의 힘은 우리에게서 자유를 빼앗고 우리의 자유 없는 상태를 폭로할 순 있지만, 담론만으로 우리에게 자유를 불어넣거나 선해 줄 수는 없다. 자유는 육체에 뿌리내리고 육체에 입각해 있으며 결국 육체를 통해 **경험된다.**

구체적으로 말하자면, 우리가 육체를 통해 자유을 얻으려 할 때 우리의 '자연적' 또는 필요 지향적 측면을 받아들여야 한다. 그리고 창의적·집단적 방식으로, 우리 **스스로** 자유로워지려 하기보다 지금 우리**가** 어떤 방식으로 조직되었는지에 주의를 기울여야 한다. 이는 또한 우리가 욕망, 특히 성적 욕망에 대해 그리고 다른 종류의 갈망과 충동에 대해서도 자세히 들여다봐야 한다는 뜻이다. 왜냐하면 육체가 자유와 불화하는 것으로 내던져질 때, 필요가 경멸받고 억압받는 것들 가운데 일부라면 욕망은 달리 변형되기 때문이다. 플라톤이 욕망과 폭군을 동일시한 것,

아리스토텔레스가 미덕을 성욕 억제와 연결한 것, 마키아벨리가 자율성과 비르투를 자기 절제와 연결한 것, 베버가 철저히 합리적인 행동을 최고의 자유를 지닌 행동 양식이라고 한 것 등이 모두 위험한 단어를 써 가며 욕망을 대하는 태도를 증언한 셈이다. 역사적으로 필요와 욕망은 모두 자유에 해를 가하는 것으로, 즉 지배까지는 아니라도 심각한 손상을 주는 것으로 여겨졌다. 그에 따라 이 두 항목은 제도화된 성차별과 여성 혐오의 근본과 같은 방식으로 조직되었다. '육체'라는 딱지가 붙은 여성은 서구 문명에서 필요와 섹슈얼리티 양쪽 항목을 주로 담당했다. 그 결과, 서구 문명 속 여성은 자기 일에서는 비하되고 고립되고 억압당했고, 성적으로는 대상화되고 침해받았다.[22]

만일 우리가 예속이 필요한 맹종적이고 결정론적인 충동이 아니라, 창의적 가능성의 터전으로 필요와 욕망을 조직하고 경험한다면 어떻게 될까? 사실 필요와 욕망은 모두 창의적 가능성의 장일 수 있으며, 그 어느 쪽도 태생적으로 우리를 결정짓거나 노예화하지 않는다. 가령 우리가 성욕을 자세히 들여다본다면, 그 욕망이 형성되고, 다른 방식으로 관계 맺고, 전달되고, 괴롭힘당하고, 전개되고, 무수히 많은 목적을 위해 결집하고 연기되는 과정에 매우 많은 여지가 있음을 알게 될 것이다. 그러나 우리는 우리 자신을 위해 먹을거리를 공급하거나 다음 세대를 키워 내는 데 따르는 창의적 가능성에 무지했던 만큼이나 욕망에 대해서도 무지했다. 우리는 결정론적 충동 대 의식적 열의, 열정 대

남성됨과 정치

이성, 본능 대 사고 등 우리 존재의 이데올로기적 분할을 받아들인다. 하지만 만약 인간이 진정 처음부터 끝까지 **구성된다면** 이런 충돌을 일으키는 반쪽들은 모두 불발에 그칠 것이다. 인간의 열정은 고정되어 있지 않고, 미지의 영역이며, 주요 영역은 미개척 상태로 남아 있다. 게다가 인간의 열정은 소위 말하는 '생각'과 분리되지 않는다. 이런 생각은 존재를 통해 구체화되고 미뤄지면서도 튼튼해지고 사고의 반대편에 놓이게 된다.

우리는 프로이트를 통해 머리가 욕망 및 육체와 무관하게 독립적으로 움직이지 않는다는 것을 알게 되었다(이를 확인하는 데 '머리 전문 의사'인 프로이트가 필요하다는 것은 역설적이지만 말이다). 머리는 신경증적이고 흉포한 방식까지 포함해서 무수히 많은 방식으로 육체의 욕망, 욕구, 고통에 반응한다. 또한 우리는 프로이트를 통해 지금껏 머리가 지니고 있던 역량의 한계, 즉 육체적 존재에서 독립된 합리적 사고 역량의 한계에 대해서도 알게 되었다. 서구 이성의 형식에서 합리성은 육체 통제를 위한 마지막 시도다. 순수이성은 마침내 육체를 벗어 버리자고 주장하지만, 이는 결국 비참하고 궁핍한 농담에 지나지 않는 말이다. 가장 크게 상처받고 분노한 이들이 흔히 세계에서 가장 열렬한 논리학자가 되는 현상, 역사상 가장 섬뜩한 사건에 순결한 합리성의 서명이 남아 있는 현상에 놀라지 않을 사람이 있겠는가?

물론 프로이트를 따라가다 보면 욕망을 (푸코가 폭로하려고 공을 많이 들인) 본질주의적·비역사적으로 규정하는 부분, 욕망을 가소성과 가능성이 제한적인 것이자 상대적으로 융통성 없고 조야한 것으로 서술하는 부분에서 어리둥절해진다.[23] 프로이트는 욕망이 인간의 제도, 특히 가족을 통해 형성된다는 것을 알았다. 하지만 '가족'이란 특정한 역사적 힘에 따라 형성되며, 변형하거나 버려야 할 대상이 될 수도 있다는 생각까지는 하지 못했다. 프로이트와 마찬가지로 우리는 욕망을 이미 주어진 어떤 강력한 것으로 받아들이곤 한다. 하지만 욕망이 그렇게 나타나는 것은 우리가 바로 그 욕망을 추방했기 때문이다. 우리는 욕망을 두려워하고 거부한다. 예컨대 우리는 생각을 파악한 뒤 이를 바꾸기도 하지만, 욕망에 대해서는 이를 파악하고 나서도 바꿔 보려는 꿈을 절대 꾸지 않는다. 우리는 우리 생각이 고정된 것이 아니라 시간에 따라 유동적으로 변한다고 본다. 우리는 우리 사고가 부분적으로 우리 내면의 닿지 않는 곳에서 시작되었더라도 그것이 이미 결정되었다거나 결정 중에 있다고는 생각지 않는다. 우리는 사고를 재촉하고 발전시키고 다른 사람 및 세계와 접촉하는 과정을 거쳐 연장하고 바꿀 수 있다. 욕망처럼 아예 추방된 것이 아니라서, 생각은 이런 식으로 경험된다. 생각에 가능성의 여지가 있다는 점은 우리에게 상당히 익숙한데, 이처럼 생각에 우리를 위한 자유가 깃들어 있기 때문에 우리는 생각을 두려워하지 않는다. 우리가 무엇을 추방한다면, 우리가 무엇에 무지하다면, 그 무엇이 우리를 지배할 것이다. 그렇기 때문에 철학에서 에로스를 피하던 플라톤이 거기에 폭군이라는 이름을 붙였고, 에로

남성됨과 정치

스를 적극적으로 다루고 탐구한 소크라테스는 이를 현명함이라고 생각했을 것이다.[24]

물론 욕망에는 기쁨뿐만 아니라 매우 무례하고 저속하고 반사회적인 면이 있다. 역사적으로 구성되었고 가소성 있으며 확장할 수 있는 욕망의 특성을 설명할 때도, 우리는 아마 욕망의 지시문 밑에서 권력, 소유, 방종, 파괴 그리고 정치 이론가와 심리학자 들이 수천 년간 분류하고 매도한 모든 것과 연관된 개인적 충동을 마주하게 될 것이다. 욕망의 해방을 요구하면서, (니체라면 그랬을 것 같은데) 내가 이 모든 요소를 정치적 삶 속에 무분별하게 들여보내라고 요청하는 것이 아니다. 나는 단순히 (그런 비문명 요소를 담아 두는, 프로이트가 제시한 비역사적 개념의 그릇인) '이드'가 사회석 삶에 자리 삽노녹 내버려 누지도 않을 것이다. 그저 내가 하고 싶은 말은, 후기남성주의 정치가 욕망의 창조적 범위와 가능성을 탐사하기 위해 육체에서 분리된 격렬한 합리주의를 포기하리라는 점이다. 그리고 개인적 삶은 물론이고 공적 삶에서도 욕망을 어두운 구석에 몰아넣는 대신 빛이 잘 드는 운동장에 두리라는 점이다. 다시 말하지만, 우리 주변을 맴돌면서 우리를 속이는 것은 어둠 속에서 웅크리고 있는 무언가이다. 깊이 추궁해 본 적 없는 우리의 공포가 우리를 보수적으로 만들고, 따져 물어본 적 없는 우리의 욕구가 우리를 배고프고 잔인하게 만든다. 또한 따져 물어본 적 없는 우리의 갈망이 우리를 만족시키지 않는 대상과 관계에 집착하게 한다.

# Ⅲ

페미니즘 정치가 필요와 육체의 지배에 뿌리를 두는 자유의 구조물과 결별해야 한다는 주장은 이제까지 대체로 추상적 언어로 제시되었다. 이런 주장에는 그리려는 윤곽을 지나치게 단순화할 위험이 있는데, 나는 지금까지 개괄한 자유와 권력에 대한 대안적 접근의 명확한 사례 두 가지를 소개하려고 한다. 어느 쪽 사례도 정치적 삶을 분명한 주제로 삼고 있진 않지만, 양쪽 모두 대안 정치의 특징을 분명히 보여 준다.

우리 존재를 위한 먹을거리 생산과 관련해 이 행성의 자연 자원을 가늠해 보는 일련의 접근법이 있을 것이다. 그 가운데 한편에는 보충과 재생, 다른 한편에는 영구적 피해로 이어지는 착취가 있다. 우리의 요구와 환경의 균형 및 재생이라는 전제 조건을 세심하게 조율한 뒤 곡물과 재배법을 선택한다면, 이는 보충과 재생의 접근법을 받아들인 드문 예가 될 것이다. 반면에 남북전쟁 이전 남부의 목화와 담배 생산, 현재 캘리포니아 중부의 기업농, 남반부 광대한 지역의 삼림 벌채는 착취의 예로 자주 거론된다. 이는 외부에 있는 자연이 음식과 의복에 대한 우리의 욕구를 채우는 특정 방식을 **좌지우지한다는** 뜻일까? 전혀 그렇지 않다. 우리는 테크네의 생명체다. 즉 필요를 처리하고 자연과 상호작용하기 위해 끝없이 혁신할 수 있는 생명체다. 유일하게 우리의 혁신을 가로막는 제약은 우리가 다루는 **살아 있는** 질료의 특

남성됨과 정치

성뿐이며, 이마저도 가능성이 무한해서 대단한 '제약'은 아니다. 우리의 자유는 우리가 필요를 다루면서 가능성을 창조하고 열어 젖히는 우리의 **힘**에서 나온다. 그러나 끊임없이 태어날 새로운 가능성을 위해, 그런 의미에서 지속될 질료에 우리의 욕구를 더한 뒤 창조적으로 일할 자유를 위해, 우리는 그 질료를 경작하고 소비하는 한편 되살려 내는 식으로 다뤄야 할 것이다. 우리가 자연과 우리 자신의 욕구를 적게 다룰수록, 필요를 충족하면서 자유를 누리는 경우가 더더욱 줄어들 것이다. 질료에 형상을 찍어내는 것과 같은 자연에 대한 원초적 착취는 그 힘과 가능성을 제한한다. 황폐한 토양에서는 경작할 만한 것이 매우 적고, 오염된 강이나 만에서는 먹을거리를 조금밖에 못 구한다. 이런 상황에서 욕구를 채우려면, 멀리 떨어져 있는 토지와 고도로 전문화된 기술이 필요하며 우리의 자유, 창조성, 선택이 제약된다. 일단 시작하면, 우리는 지배의 과정과 결과에 예속된다.

우리가 외부 자연을 지배하려고 할 때, 즉 자연을 장악하면서 우리의 욕망을 위해 이를 착취하려고 할 때, 우리는 자연을 상대하면서 자연과 우리의 힘 모두를 동시에 제한하게 된다. 앞서 마키아벨리를 검토하며 자세히 살펴본 이 한계는 살아 있는 무엇, 즉 한 사람이나 무리를 이룬 사람들이나 외부 자연의 단편 등이 형상-질료 패러다임에서 '질료'로 변환될 때마다 등장한다. '질료'는 힘을 빼앗기고, 자신을 재건하고 지휘할 역량을 박탈당한다. 그리고 형상 수여자는 힘을 빼앗긴 만큼 줄어든 질료의 가능성 때문에 제한받는다. 따라서 지배의 형태로 정복과 통제의 외연이 늘어나면 힘과 자유가 줄어든다. 이런 논리를 천착하진 못했지만 우리에게 가르쳐 준 이가 바로 마키아벨리다.

이제 이 주제를 탐구해 볼 다른 영역, 어쩌면 좀 더 낯선 친밀성의 영역을 살펴보자. 그리고 거기에서 필요를 통해 자유를 찾는다는 것이 어떤 의미인지 질문해 보자. 최근 들어 친밀한 관계에 욕구와 호혜성 개념을 끌어들이는 것이 유행인데, 보통 친밀한 관계는 자유의 지형에 두고 생각하지 않는다. 친밀성을 자유의 울타리 바깥에 있는 것으로, 심지어 자유와 정반대의 것으로 보는 게 일반적이다. 이럴 때 해방적이거나 권한을 강화하는 방식으로 다른 이들과 친밀하게 관계를 맺을 가능성이 막혀 버린다. 우리의 가장 내밀한 감정적 욕구 영역을 통제하려고 하면서, 지배와 권한 박탈이라는 그 정반대의 일이 부상할 수도 있다.

어떤 관계를 지배로 몰아 넣는 방법은 셀 수 없이 많다. 가장 명확한 방법은, 한 사람이 다른 사람에게 제도적으로나 물리적으로 권력을 행사하고 이를 통해 의존-종속 관계를 만드는 것이다. 그러나 개인적 삶에는 좀 더 미묘하고 흥미로운 지배 형식이 있다. 베버는 권력과 관료주의적 조직의 효율성에 대해 몇 가지 중요한 점을 발견했다. 그중 하나가 행동 규칙의 고수와 영토 내좁은 영역의 견제, 즉 형식화가 사회관계에서 지배와 속박의 토대라는 점이다. 결혼이라는 제도화는 오늘날 친밀한 관계의 영역에 접근하는 가장 일반적인 방법이다. 따라서 우리는 다른 어느 곳보다도 (제도화를 선택하는) '개인적 영역'에서 더 자유를 겁내는 것처럼 보일 수 있다.[25] 현대의 놀랄 만한 이혼율과 높은 결혼율을 견주어 볼 때 이 공포는 한층 더 두드러져 보인다. 사회 질서의 다른 분야에서 인정 및 안정성을 확보할 전망이 잘 보이지 않는다는 점을 고려하면, 자유에 대한 이런 공포는 새삼스럽진 않지만 골치 아픈 문제다.

누군가가 나를 원했으면 좋겠다거나 누군가에게 내가 인정받거나 보살핌을 받으려는 욕구가 있을 때, (예컨대 규칙, 규율, 반복적 일상을 통해) 그 누군가를 통제해 욕구를 채우려 한다면 이런 경험은 자유와 아예 멀어진다. 한편으로 다른 이를 계약과 의무로 묶어 둘 때, 사랑받고 인정받으려는 우리의 욕망은 그 권력에 빠져들고 얽매이면서 이를 통제하는 모습으로 드러난다. 다른 한편으로 이런 욕망 추구의 양상을 제도화하면, 욕망을 발전시키거나 변형할 가능성이 줄어든다. 욕구 충족이라는 의도를 통제함으로써 우리는 필요에 그리고 통제 과정과 변수에 속박된다. 우리에게 반드시 필요하다고 확신한 것에만 집중하면서 그 전망을 제도화할 때, 우리는 다른 이의 현재 존재와 잠재적 존재를 제한하게 된다.

'감정적 필요'를 해결하기 위해 주어야 하는 것을 통제하거나 제도화하는 방식으로 그 필요를 다루면, 친밀성과 자유를 정반대에 놓게 되고 권력과 욕구를 상호 배제의 지평에 올려놓으면서 자율성과 연관성도 대척하는 것으로 대하게 된다. 그리스인이 필요의 영역을 억압적으로 조직한 뒤 노예제를 시행하면서 그 영역을 선천적으로 억압적이고 맹종하는 것으로 보았던 것을 떠올려 보자. 일반적인 노동 행위는 자유를 저해하고 위협하는 것처럼 보인다. 이는 그 행위가 고대 그리스에서 지배의 조건하에 이뤄졌고, 자유의 반대편 영역으로 격하되었기 때문이다. 나는 노동뿐만 아니라 친밀성도 같은 상황이라고 본다. 우리는 욕구를 억누르거나 피해 가거나 통제하는 방식으로만 줄곧 자유를 생각해 왔다. 사상과 실천 면에서 관계-자유, 권력-욕구, 자율성-연관성을 서로 대립하는 것으로 설정한다면, 다른 이들과 관계를 맺는 선택은 오직 불행한 거래로만 경험될 것이다. 따라서 우리가 마주하는 것은 고독이라는 비참한 자유나 극단적인 감정 억압이 가져올 무감각 또는 '결혼이라는 안정' 속에 흔히 자리하는 약해지는 의존과 필요에 따른 통제 같은 현상이다. 각 선택은 동일한 문화적 병리학에서 비롯한다. 이 선택은 자유와 필요, 자율성과 연관성, 권력과 의존의 전통적 대립 관계를 구현한다.

사랑과 인정, 이 둘의 관계를 제도화하거나 관례화하지 않고, 통제하려 하지 않고, 의지하고 빠져들 수도 있는 갖가지 전통을 휘감지 않으면서 이에 대한 욕망을 불러올 수 있다고 상상해 보라. 이런 상황에서 우리는 특히 취약해진다. 사실 이렇게 살아가고 사랑하는 데는 많은 용기와 결의가 필요하다. 그러나 우리는 단순히 욕구에 굴복하기보다 욕구에 접속하고 욕구를 바꾸는 방식으로 수많은 욕구 충족의 방법을 매우 자유롭게 개발할 수도

남성됨과 정치

있다. 이런 조건에서 우리가 연결을 통해 경험하는 것은 의존보다는 힘이다. 우리는 순응하고 얌전하게 굴기보다 자유롭게 행동하기 때문이다. 어떤 관계가 우리를 만들고 구속하게 놔두기보다 우리가 의식적으로 그 관계를 만들어 갈 수 있다. 이때 우리 '욕구'의 지위가 바뀌는데, 우리가 관계라는 제도화된 형식에 얼어붙기보다는 또 다른 자율적 존재와 관계 맺으면서 욕구를 발전시키고 변화시키기 때문이다. 관계의 '질료'가 되는 우리는 관계의 가변적 형상인 발전과 변화의 역학을 생산한다. 이런 관계에서는 형상이 없는 게 아니라 형상과 질료의 구분이 무의미해진다. 관계에 형상을 부여한다는 것은 그 관계 내부에 자유라는 목표를 주는 것이다. 즉 그 관계와 우리 자신을 창조하고 형태를 바꿀 자유라는 목표가 부여된다.

앞서 제시한 관계에는 필요 안에 그리고 필요를 통해 자리 잡은 자유가 있다. 그리고 그 관계를 볼 수 있는 두 가지 층위가 있다. 첫째, 우리는 인정·보호·위안·사랑·동료애·성관계에 대한 욕구를 처리하며 자유를 경험한다. 이런 욕구는 어떤 기관을 통해 엄격하게 해결되거나 처리되지 않으며, 특정 타자와 접촉하면서 자유롭게 개발되고 변형된다. 둘째, 우리가 소유하고 통제하지 않는 타인의 힘을 접할 때 우리는 자율적이고 유동적인 존재와 인사하는 것이다. 우리는 통제하거나 예측할 수 없는 것, 우리의 자유를 희생하고서야 지배하거나 예측할 수 있는 것과 깊이 관계 맺을 필요를 맞이한다. 이때 우리는 행동과 혁신을 통해 그리고 가능성을 끌어내는 역량을 통해 자유를 경험한다.

이런 감성과 실천은 분명 어렵고 위험하고 연약하게 들린다. 실제로도 그러하다. 우리에게 익숙한 삶 대신 이런 삶을 살려면 위기에 맞서기 위해 더 많은 용기와 결의를 품어야 한다. 어떤 삶의 형태를 만들어 내며 책임을 지기보다 통제된 조건하에서 살아가는 편이 쉽다. 그것은 마치 스스로 권력을 취하거나 강해지기보다 권력 밑에서 살아가기가 더 쉬운 것과 마찬가지다. 그러나 안락함과 편안함은 자유가 약속하는 보상이 아니다.


IV


우리는 삶의 창조와 지속 그리고 욕구 충족 외에 무엇을 추구할 수 있을까? 어떤 충동이 세계를 만들고 변화시키는 데로 우리를 이끄는가? 우리보다 더 오래 남아 있을 세계에 개인적·집단적 차원에서 우리 존재의 지워지지 않을 표지를 남기려는 충동은 어떤가? 자연과 필요에 뿌리를 둔 자유에 대한 이해와 화합할 수 있는 또는 그런 이해에 통합되는 '불멸'에 대한 욕망은 어떤가? 역사적으로 본다면 인간은 다른 행동에 비해 이런 충동에 더 높거나 고귀하거나 완전히 인간적인 지위를 부여해 왔다. 어떻게 하면 이런 경향을 답습하지 않으면서 인간의 욕망을 나머지 행동과 통합할 수 있을까? 이런 질문들을 탐구하기 전에,

남성됨과 정치

가부장적인 과거에는 인간 존재의 이런 차원을 다루면서 어떤 부분이 가장 골치 아팠는지 떠올려 보자.

그리스인들은 불멸이라는 역사적 문제에 대해 가장 딱딱한 그림을 내놓았다. 아렌트에 따르면, 그리스의 불멸 추구는 필멸의 생명체가 되지 않기 위한 것이 아니라 "그들이 창조한 신처럼 불멸하려는" 고귀한 열망을 표현한 것이었다.[26] 앞선 장에서 우리는 이 열망이 삶 자체 그리고 생명과 행동을 만들고 지탱하는 데 개입한 사람들에 대한 경멸을 낳는다는 것을 보았다. 다른 이들을 무너뜨림으로써 얻은 개인적 명성에 기대 누군가를 불멸의 존재로 만들었으며, 그 성취는 동료의 인정을 통해 실현되었다. 그리스의 영웅은 (특히 전쟁에서) 자기 자신이나 다른 이의 목숨을 걸고 특별한 위기를 이겨 내거나 경기에서 경쟁자를 물리쳤다. 이렇게 손에 넣은 인정은 부서지기 쉽고 불안한 것이었다. 다른 사람이 영웅적 행동을 목격하거나 기억해야만 전적으로 인정받을 수 있었다. 이런 인정은 신화화 작업이기도 하다. 행위자는 역사의 기억 속 행위가 되고, 그 이름은 옛날 옛적에 행해진 위대한 행동을 상징하게 된다.

한편으로 이제 그것만 보고 살아가기에는 모든 것이 매우 이상해 보인다. 다른 한편으로 그리스의 영웅주의와 불멸에 대한 집착에는 칭찬할 만한 면이 최소한 몇 가지는 있다. 독특한 또는 지속적인 가치가 있는 것을 창조하거나 성취하고 이를 인정받으려는 갈망은 절대 비웃음거리가 아니다. 사람들은 대부분 그저 살아가는 것 이상을 원한다. 단순히 오래 살기보다 세상과 창의적·적극적으로 마주하며 살기를, 심지어 세계가 움직이는 항로 가운데 어떤 것을 결정지으며 살기를 원한다. '전업주부'가 삶의 물리적·감정적 자양분과 관련된 일을 매일 하고 있음에도 삶이 공허하고 그늘지고 의미 없다고 느끼는 광범위한 경험, 베티 프리단Betty Friedan이 20년 전에 '이름 없는 문제'라고 이름 붙인 중산층 페미니즘 운동을 어떻게 달리 설명할 수 있겠는가?[27] 그것은 그저 '살아갈 가치가 없는 반성하지 않는 삶'이 아니라 창조적이지 못한 삶이다. 즉 과거와 외부 조건에 따라 모든 것이 결정되어서 충만한 의미를 경험할 수 없는 삶이다. 소크라테스는 주체적으로 장악하면서 이끌어내지 못하는 삶을 반성하지 않는 삶이라고 보았는데, 아마도 이런 상황을 말하려 했던 것 같다.

그렇다면 우리 삶과 역사의 항로를 만들려는 충동은 필연적으로 '불멸 추구'로 이어지는가? 무엇이라고 이름 붙일지는 중요하지 않을 수 있다. 다만 인간에게는 인생 항로에서 **창조성, 인정, 연속성**에 대한 욕망, 무명의 노동자 이상이 되고 싶은 욕망, '하루살이' 같은 찰나의 주인공 이상이 되고 싶은 욕망 등이 상당히 깊게 있는 듯하다. 그렇다고 우리가 영원히 지속하고 싶은 열망 혹은 죽음을 극복하거나 필멸과 관련된 것을 초월하려는 열망을 타고난다는 뜻은 아니다. 그런데 가부장제의 역사 가운데서는 창조성과 연속성에 대한 욕구가 이런 말들로 표현되었

남성됨과 정치

고, 삶에 대한 걱정이 창조성과 연속성의 방해물로 해석되었다. 삶의 재생산과 관리가 억압적으로 조직되며 모욕적이라고 여겨질 때, 삶의 초월이 인정·연속성·창조성에 이르는 유일한 길이라는 듯 대두된다. 이런 것들을 추구하는 특별한 방식은 억압적인 필멸의 삶을 구축하면서 그 틀을 잡아 나간다.

그렇다면 그리스인들이 보인 위태롭고 극단적인 면, 즉 베버가 등 돌린 그릇된 국가적 영광을 반복하거나 마키아벨리식 비르투를 지닌 남성이 추구하는 형상을 질료에 찍는 행위를 반복하지 않고서 연속성과 창조성에 대한 욕구를 해결하려면 어떻게 해야 할까? 재생산 노동이라는 놀라운 무대를 살펴보면 언뜻 가능성이 보일지 모르겠다(사실 재생산은 인간을 불멸의 존재로 만드는 수단으로 종종 언급되었고, 심지어 플라톤과 아리스토텔레스도 그렇게 말했다).[28] 재생산 노동이 우리가 삶에서 행하는 모든 것의 모델은 결코 아니다. 하지만 거기에는 창조성, 연속성, 인정의 경험과 관련해 대안적 양상을 탐구하게 하는 요소들의 복잡한 조합이 포함되어 있다.

메리 오브라이언Mary O'Brien은 서구 정치학의 기반에 연속성에 대한 남성의 불안이 자리하고 있으며, 그 연속성은 오직 새 생명을 이 세상에 태어나게 하는 여성만이 경험한다고 주장했다.[29] 오브라이언의 정치학 계보 기저에 흐르는 생물학주의는 매우 의심스럽지만, 출산 노동이 역사적으로 여성의 연속성 욕망을 부분적으로 채워 왔다는 확신은 주목할 만하다. 또한 새 생명을 잉태하는 자연적 과정에서 어머니에게는 통제권이 거의 없지만, 그녀가 아이와 맺는 관계는 상당 부분 창조적일 수 있다. 이상적인 최선의 상황에서, 아이를 성숙해질 때까지 보살피는 행위에는 양육 과정 자체를 있는 그대로 배우고 존중하며 작은 존재의 잠재력을 계발하고 보호하고 지도하는 일이 따른다. 이는 결코 누군가 질료에 형상을 부여하는 단순한 작업이 아니다. 이와 비슷하게 아이 양육의 '사회화' 측면에서, 최고의 사회화에는 아이를 사회에 소개하고 사회를 아이에게 소개하는 과정이 들어 있다. 다시 말해 형상-질료 패러다임은 이 과정을 설명하는 데 아예 부적절한 모델이다. 사회화에는 한 존재를 역사와 사회에 소개하면서 그 존재에게 새로운 무언가를 소개하는 것은 물론이고 역사, 사회, 새로운 무언가의 형태를 잡아 나가는 일이 포함된다. 이 사회화 작업의 정점은 **놓아주는** 순간이다. 그럼으로써 자신이 한 부분을 맡았던 창조물이 세계에서 자기 삶을 살아갈 수 있게 해준다. 양육을 하면서 여성이 겪게 되는 연속성이란 또 하나의 살아 있는 존재 안에서 구현된다. 하지만 이 과정에는 이름이 남지 않고, '설립자'의 일방적인 각인도 새겨지지 않는다. 여성이 자기 아이를 통해 '불멸'하지 않지만, **게다가** 아이도 필멸할 운명이지만, 그녀의 존재는 그렇게 이어진다.

(가부장제의 역사에서 아버지는 아이를 통해 불멸을 얻는다고 말해지는데, 이야말로 이 모든 것에 들어 있는 역설이다. 사실 이는 남녀가 시대를 거치면서 저마다 다른 방식으로 연속성의 욕구를 채워 나가는

남성됨과 정치

데 대한 많은 것을 보여 주는 현상이다. 아이는 아버지의 이름과 어머니의 돌봄을 품는다. 아버지는 행동, 즉 성교를 통해 불멸화하는 반면 어머니는 일생에 걸친 작업을 통해 연속성을 경험한다. 아버지는 소유권을 통해 인정을 받고, 어머니는 아이가 성장하도록 양육하면서 인정이 아닌 연속성을 경험한다.)[30]

재생산 노동의 문화적 가치와 조직이 무엇이든, 아이 양육은 창조적 작업·인정·세계와 관계 맺고 싶은 욕망을 완전히 해결해 주지 못할 것이라고 서둘러 지적해 두고 싶다. 아이 양육은 지나치게 자연에 가깝고, 너무 많은 부분이 결정된 채 주어진다. 또한 욕망을 실현하기에는 불평등과 보호의 관계가 넘쳐 난다. 창조적 역량도, 권력을 행사하고 자신을 돋보이게 하는 충동도 충분히 활용할 수 없다. 역사 만들기로 이어질 순 있으나, 그 자체가 역사 만들기는 아니다. 아이 양육은 결국 세계에서 가장 흔한 노동이고, 피할 수 없이 단조롭고 반복적인 측면이 상당히 많다. 이것이 재생산 노동을 재조직하고 재평가하려는 웅대한 페미니즘적 기획이 근본적이기는 해도 부족한 이유다. 따라서 어머니가 된다는 것은 얼마나 자유롭게 조율되든, 얼마나 높이 평가받든 충분치 못하다.

그러나 아이 양육은 연속성과 세계의 창조적 변화를 동시에 경험하는 창조적 작업이고, 거기에서 무언가를 배울 수 있다. 아이를 만드는 데 이바지한 어머니가 궁극적으로는 완성된 '상품'을 세상에, 자라난 아이의 뜻에 따라 풀어 줘야 한다. 어머니가

10장 | 무엇을 해야만 하는가: 남성적 정치학을 넘어서

세상에 하는 공헌은 그녀보다 더 오래 남고, 그녀의 일부가 실려 역사 속에서 움직인다. 하지만 어머니는 자기 이름을 붙이지 않은 채, 자기 창조물을 갖거나 소유권을 주장하지 않은 채, 자기 작품을 보는 데 만족해야 한다. 그것은 부분적으로는 그녀의 존재지만, 그녀의 것은 아니다. 아이를 기르는 데는 가능성을 끌어내고 아이라는 존재의 형태를 만들어 가고 길을 안내하는 작업이 포함되지만, 외부의 형상을 존재에 찍어 내는 작업은 포함되지 않는다.

양육 노동의 이런 측면을 공적인 생활에서 여성의 수고에 적용하는 것이 불가능하진 않을 것이다. 우리는 환경과 육체를 형상 부여를 기다리는 수동적 질료보다는 유기적이고 지각 있는 존재로 보면서 관계를 맺을 수 있다. 쿠데타를 연출하거나 물리력·충동·성폭행을 통해 역사를 가로채는 방법이 아니라, 역사적으로 주어진 양상에서 삶의 새로운 양상을 개발하는 방법을 익힐 수 있다. 연속성이란 어떤 사람이 선보인 딱 한 번뿐인 행위에서 찾을 수 있는 게 아니다. 이는 진정 우리 자신을 쏟아붓고, 그렇게 표상한 사랑이라는 긴 노동 가운데서 찾을 수 있다. 우리는 돌봄을 통해 자신을 증명하고 돋보이게 할 수 있다. 그것은 우리의 가장 내밀한 애착을 위태롭게 하는 행동을 통해서도, 동료들이 목격한 우리의 활약만이 우리가 '실재'한다는 확실성이 되는 근본적으로 불필요한 공간에서도 이뤄지지 않는다. 우리가 얻을 수 있는 것은 노동에 대한 소유권이 아닌 인정이고,

남성됨과 정치

그 인정은 대담성뿐만 아니라 헌신에 대한 인정이며, 담대함뿐만 아니라 독창성이나 상상력에 대한 인정이다.

창조적이고 가치 있는 시도를 가늠할 대안적 시금석을 마련해야 한다는 것은 남성주의 이후의 정치가 용감하거나 충동적이거나 단호하거나 대담한 행동의 장소를 거부해야 한다는 주장이 아니다. 오히려 그런 정치에는 기존의 것과 동기와 척도가 다른 대담함과 영웅주의를 품은 다른 행동이 필요하다. 나는 정치에서 용기의 중요성과 삶의 다른 차원들을 깎아내리려는 게 아니다. 개인적·정치적 삶에 건설적 변형을 불러오려면, 인간과 정치적 존재에게 가장 중요하며 영감을 주는 요소라고 할 수 있는 용기와 그 형제자매 격인 대담함 및 집요함이 더해진 조합이 반드시 있어야만 한다. 우리에게는 우리를 완전히 주눅 들게 하는 것 앞에서 경계를 지워버리고 견해·관계·노력을 밀어붙일 용기가 필요하다. 자족적으로든 도구적으로든 목표에 닿으려는 마음이 생길 때 우리는 자연이나 다른 사람과 관계 맺을 용기가 필요하다. 용기는 신뢰의 전제 조건이며, 공적 상황이나 친밀한 상황에서 개인에 대한 통제권을 신중하게 의식적으로 넘기려 할 때 있어야 할 전제 조건이다. 용기는 또한 누군가의 인간적 힘을 시험하거나 주장하려는 의지의 한가운데 있으며, 인간 존재와 관계망의 허약함을 인식하고 행동하려는 의지다.

역사적으로 용기는 남자다움과 공생하면서 그 의미와 내용이 비교적 좁은 범주로 국한되었다. 남성됨의 전통에서 용기는 추상적 목표를 위해 죽음의 위기를 기꺼이 무릅쓰는 의지였고, 육체를 위험에 밀어 넣고 필멸을 부정하려는 노력이었다. 남자다움의 관점에서 용기는 육체의 두려움과 삶에 대한 염려를 극복하는 것이다. 이와 대조적으로 삶을 **지탱하기** 위해 삶의 담당자로서, 가능성의 담당자로서 자유를 위해 싸우려면 우리에게 용기가 필요하다고 말하고 싶다. 용기 있는 행동은 새로운 가능성을 가져오기 위해 정체성과 안정성을 위기에 넣는 것이다. 경계를 바꾸기 위해서는 단순히 경계를 부정하면서 부수는 것뿐만 아니라 정치적 용기가 필요하다, 하지만 불멸의 영광을 얻기 위한 삶의 희생은 그 어떤 경계도 바꾸지 않는다. 이런 맥락에서 목숨을 걸어야 하는 행위로 고전적 정식화가 된 용기는 내가 지금 제시하는 용기에 비해 매우 조야하며 단순한 것으로 보인다. 추상적 이상을 위해 누군가의 삶을 의도적으로 위험에 처하게 한다는 것은 동물적 생존 본능에 대한 무시다. 인간은 생존을 위태롭게 함으로써 생존이 중요하지 않다는 것을 '증명'한다. 바로 그 순간 인간이 가장 고귀하다는 말은 실은 인간이 얼마큼 동물적인가라는 문제며, 이는 동물적 본능을 단순하게 (그리고 설득력 없게) 부정하고 있다는 증거다. 진정한 인간의 용기는 분명 지적이고 감정적인 삶, 집단적 존립 구축, 새로운 가능성 발명, 지평의 확장 등 두드러지게 인간적인 것들에 자리해야 한다.

남성됨과 정치

V

마지막으로 권력에 대해 생각해 보자. 남성주의 이후 정치권력의 정식화에는 어떤 것들이 뒤따를까? 이 어려운 질문에 내가 답하려는 것은 아니다. 다만 이 영역의 특징을 밝혀 보고 싶다. 이 문제를 다루려고 한 페미니스트 이론가들이 있다. 엘시테인은 이 주제에 대해 사려 깊지만 목적을 이루는 데는 결국 실패한 글을 썼다. 여성과 권력에 대한 그녀의 숙고는 결국 다른 페미니스트에 대한 공격으로 옮아갔고, 더 고민해 보라는 요구를 받았다.[31] 낸시 하트삭Nancy Hartsock의 글은 상당 부분을 유물론에 할애했지만, 역설적으로 권력을 실천보다 개념의 문제로 분석하며 마무리한다. 이 글은 젠더화된 권력의 '이데아'에 대한 우리의 이해를 전진시켰지만, 실제 권력이 어떻게 작동하는지에 대해서는 거의 아무런 점검도 하지 않는다.[32] 하트삭은 퍼거슨을 비롯해 여러 학자와 함께 페미니즘적 권력 접근의 방식으로 '권한 부여empowering'라는 개념을 제시한다. 이 개념은 지배를 동반한 권력의 일반 등식을 깨뜨리는 데 유용하지만, 딱 거기까지다.[33] 에이드리언 리치Adrienne Rich와 메릴린 프라이Marilyn Frye는 '접근' 측면에서 권력은 물론이고 남성의 '명명' 권력의 중요성에 대해 통찰력 있는 작업을 선보였다. 그러나 유용한 개념을 제시했음에도 이 작업이 정치권력에 대한 포괄적 이론에 근접했다고 보기는 어렵다.[34] 그리고 지금껏 가장 흥미롭고 논쟁적인 페미니스트 권력 이론가 캐서린 매키넌Catherine MacKinnon은 남성이 여성 너머로 보유하는 권력 기제 가운데 일부에 대해 눈부실 만큼 매력적인 설명을 제시한다. 하지만 권력의 대안적 양상과 가능성을 탐구하지 않은 채, 다른 페미니스트들처럼 남성 권력을 비난하는 데 가세할 뿐이다.[35]

페미니즘의 시도는 여러 이유에서 한계가 있으며, 그것이 성공하는 데는 훨씬 더 한계가 많다. 지적으로 말해 보면, 권력은 정면충돌하거나 다른 주제들에서 고립된 채 접근할 수 없는 것 가운데 하나다. 권력은 너무나도 다양해서 그 작동 방식과 가치를 일반화할 수 없다. 에스키모가 다양한 눈을 구별해 내는 것처럼 권력의 양상도 구분이 필요하다. 하지만 기존의 언어와 권력에 대한 생각이 대부분 그런 구분에 도움이 되지 않는다.[36] 이는 권력이 인간 존재의 가장 결정적이며 포착하기 힘든 요소라는 주목할 만한 역설을 보여준다. 권력은 어디에나 있고 대체로 비가시적이다. 그것은 어떤 사물이 아니라 관계적인 요소다. 평등처럼 권력은 그 행위자와 대상 사이에만 존재하고, 행위자와 대상 안에 담기지 않는다. 그런데도 우리는 종종 누군가에게는 권력이 **있고**, 또 다른 누군가에게는 권력이 없거나 그것을 잃었다고 말한다.

권력은 포착하기 어려운 인간관계의 중심 역학이다. 인간이 서로 행동, 협동, 연합, 경쟁하는 곳이라면 그리고 조직이나 협의가 있는 곳이라면 어디서든 권력이 싹튼다. 적어도 인간은 성

남성됨과 정치

적 권력, 경제 권력, 정치 권력, 담론 권력, 지적 권력, 물리적 권력 등을 생성하고 담당한다. 여성이 이 영역의 거의 모든 부분에서 상대적으로 권력 없이 묘사된다는 점이 중요하다. 또한 우리가 만들어 낸 권력은 우리로부터 전유되어 우리 너머로 우리에 대항해 사용되었다(성적·경제적 측면). 또는 권력에 접속하지 못하고 격리된 채(정치적·경제적·지적 측면), 우리 목소리는 침묵 당하거나 무시되었다(담론적 측면). 여성은 거의 모든 제도적 측면에서 이런 권력과 단절되었는데, 이는 여성 억압에서 상처, 착취, 차별 등이 아니라 **의존**이 두드러지는 이유기도 하다.

대부분의 권력에서 여성이 배제된 역사가 가져온 또 다른 결과가 있다. 많은 페미니즘 이론가들이 지적했듯, 수많은 여성들은 권력을 두려워하며 권력이 주어질 상황이 낯낯연하게 전개될 때 이를 상당히 경계한다.[37] 따라서 최근까지도 급진적 페미니스트들은 대개 권력에 맞서 저항했고, 권력을 얻기 위해 애쓰거나 권력이 현재 정식화되고 쓰이고 배치되는 특정 방식에 대한 대안을 상상하기보다 권력 없는 세상에 대한 전망을 표출했다.[38] 물론 페미니스트만이 권력을 기피하는 정치를 확립하려고 했던 건 아니다. 푸코가 주장했다시피, 현대인은 일반적으로 권력을 순수하게 부정적 의미에서 전적으로 억압하거나 탄압하는 것이라고 본다.[39] 그러나 페미니즘과 같은 규모의 정치 운동 가운데 근본적으로 권력을 경계하고 권력 문제에 이론적으로나 실천적으로 개입하기를 꺼리는 경우는 거의 없다. 메릴린 프렌치

Marilyn French의 역작 『권력을 넘어*Beyond Power*』에는 그 제목에서부터 페미니즘의 권력에 대한 적대감과 권력 없는 페미니즘적 미래를 그리려는 경향이 보인다.[40] 한 선도적인 '에코페미니즘' 사상가는 (나쁘고 '남성적'이며 극복될) '통제와 억압의 힘'과 (좋고 '여성적'이며 변형적인) '내적 권력의 힘'을 구분한 뒤 좀 더 미묘하게 권력에 반대한다.[41] 어머니 숭배 계열의 페미니즘이나 여러 이름으로 불리는 문화적·영적 페미니즘은, 권력을 거부하지 말라고 주장하진 않지만 페미니즘 권력의 이상향을 다음과 같이 제시한다.

> 생명을 보호할 때의 양육, 생성, 변화 그리고 너그러움. 자연계와 관계를 맺을 때 그리고 다른 이들의 평등 가운데서 자신의 평등을 주장할 때의 조화로움. 이런 것들이 무엇보다도 유익한 힘으로 '지배에 대한 의지는 조금도 없이 (……) 여러 생을 살며 끝나지 않는 형식들만을 소중히 여기는 활동적인 온화함'을 가능케 한다. 사랑의 페미니즘적 형태처럼 이 힘은 어머니와 아이의 유대에서 시작한다.[42]

이러한 정식화는 모성을 이상화하고 감상적으로 다루는 데다 그 범위가 극단적으로 제한되어 있다. 또한 돌봄만을 강조하기 때문에 정치권력의 대안적 양상 구축이라는 임무에 적합지 않다. 서구의 정치 조직에서는 분명 돌봄을 지나치게 경시했는데,

남성됨과 정치

이는 앞 장들의 논의에서 다뤘으며 정치에는 상이한 요소들도 있다. 예컨대 자원 배분에서 기본적 가치에 이르는 모든 것에 대한 숙고와 충돌이 있지만, 권력의 돌봄 양상은 이들과 근본적으로 아무 상관이 없다. 권력과 욕구의 집합체를 상대하는 행위에서 정치의 흥분과 좌절이 만들어지는데, 개인의 권력 의지가 담긴 다양한 얼굴은 절대 조용한 탁아소 같은 따뜻한 분위기나 시끄러운 탁아소에 대한 수요와 같은 식으로 알아챌 수 없다.

앞서 살펴본 페미니스트의 성찰은, 페미니즘적으로 특화된 정치권력 이론을 개발하려는 기획에 인내가 필요하다는 점을 보여준다. 여성은 정치권력의 매개체와 희생자가 아니고서는 정치권력에 대한 경험이 거의 없다시피 하다. 그렇다면 그 모든 것에 앞서 우리는 적이 아닌 무언가로 권력을 파악해야 하고, 권력을 단순한 지배가 아닌 잠재력으로, 위험하기만 한 것이 아니라 흥미진진한 것으로, 단순히 탄압적이거나 상처 입히는 것이 아니라 생산적인 것으로 인식해야 한다. 이때 이 책의 앞부분에서 검토한 마키아벨리의 통찰을 활용해 볼 수 있겠다. 군주가 신민을 의존적이고 무력한 존재로 만든 탓에 신민이 군주에게 충분한 힘을 줄 수 없고, 정작 군주가 정체政體를 지배하려고 분투할 때 자기 권력의 한계 때문에 고통받는 것을 떠올려 보자. 이와 정반대로, 국가의 머리들이 고대 로마 시절처럼 창조성을 풀어내며 정체에 활력을 불어넣고 힘을 북돋우려 한다면, 여기서 힘을 부여받은 정체는 위에서 자신에게 부여한 형상의 경계를 부수기가 쉽다. 강력해진다는 것은 삶의 조건을 바꿀 능력을 의미하고, 그래서 로마의 평민들에게는 극심한 한계가 부가되었다. 로마의 문제는 인민의 창조적 활력이 다른 목적 없이 밖에서 부가된 형상 안에 갇혀 있었다는 데서 비롯되었다. 물론 이 형상에 도전하면서 '로마의 소요'가 일어난 것 역시 일견 사실이다. 그러나 평민들의 도전은 결코 형태를 바꾸는 대규모의 노력이 되지 못했다. 그리고 궁극적으로 로마 공화국이라는 형상은, 버티도록 설계된 한계를 넘어서까지 확장되다가 붕괴했다.

여기에서 암시하는 것은 마키아벨리가 만들어 놓은 자유, 권력, 창조성, 투쟁의 관계다. 자유는 인민에게 물려주는 것이 아니다. 그것은 행동을 통해 필요와 관계를 맺으면서 실현된다. 마키아벨리가 묘사하는 자유에는 인간이 자신을 **권력 있는 존재로** 경험하며 권력 있는 다른 존재들과 그 존재들을 통해 그 존재들에 대항하며 가능성을 열어젖히는 능력이 있다. 이런 자유 개념의 핵심에는 투쟁과 충돌이 있지만, 이는 필요를 지배하거나 통제하려는 투쟁이 아니다. 오히려 필요에서 가능성을 활용하려는 투쟁이고, 그렇게 투쟁하며 필요와 우리 자신을 모두 변형할 수 있다. 우리 자신을 힘 있는 존재로 경험한다는 것은 다른 이들과 벌이는 투쟁과 충돌 속으로 들어가는 것이다. 이와 비슷하게 평등에 대한 우리의 경험은 다른 이들의 힘을 만나는 과정에서 얻는다. 자유와 마찬가지로 평등도 위에서 우리에게 내려 줄 수 없고, 추상적인 법률 차원에서 '동등한 입장'으로 즐길 수도 없다.

남성됨과 정치

우리는 오직 우리의 권력이 다른 존재, 즉 우리에게 꼭 적대적이지는 않은 자율적이고 힘을 부여받은 존재의 권력을 충족시킬 때 평등할 수 있다. 마키아벨리는 우리를 강하고 힘 있고 자유롭게 만드는 것이 바로 이런 충돌이고 투쟁임을 알았다. 충돌과 투쟁은 새로운 기회와 가능성을 연다. 그 기회와 가능성 덕분에 우리는 행위자로서 권력을 발견하고, 필요를 채우기 위한 새로운 방법의 창안자로서 자유를 발견하게 된다. 그러나 마키아벨리가 로마의 소요에서 끌어낸 교훈은 국가, 제정, 계급, 젠더 지배 따위에 대한 헌신보다 인간의 삶, 진정한 자유, 평등의 실천에 적용되어야 할 것이다.

## VI

이렇게 대안 정치의 변수를 그려 보았지만, 완벽에 이르기에는 턱없이 부족하다. 특정 이론과 실천의 장에서 새로운 가능성을 개발하려는 기획은 지금 연구보다 훨씬 더 배타적인 양상으로만 채워질 수 있을 것이다. 내 관심은 서구의 정치사상과 실천이 남성됨이라는 전통 구조에 매여 있고, 그에 대한 결별의 수순이 왔음을 주장하는 것이었다. 이 결별을 실행하고 그 뒤를 잇는 창조의 가능성은 실천적 작업이다. 이런 작업이 실제로 진행되어야만 우리는 이를 지적으로 이론화할 수 있을 것이다.

10장 | 무엇을 해야만 하는가: 남성적 정치학을 넘어서

아리스토파네스의 말처럼 태초에 네 발과 네 팔이 달린 생명체, 즉 남녀가 한 몸에 있는 진정한 자웅동체가 있었다.[43] 이 생명체는 강하고 활기 넘치고 행복했다. 완전히 자족적이었으며 지구와 다투지도 않았다. 그러나 이들의 다소 지나친 열정이 **오만**이 되어, 어느 날 하늘의 무게를 재려 하고 신들을 습격했다. 결국 제우스는 많은 미덕에도 불구하고 딱 하나의 악덕을 가진 이들을 파괴하지 않으면서 약화할 방법을 찾아보기로 했다. 그래서 이들을 반으로 갈라 상처에 붕대를 감고는 지구에 다시 풀어 주었다. 이 새로운 생명체, 즉 여자와 남자라는 생명체는 처음에는 비참해하며 자신의 잃어버린 반쪽을 찾아 뛰어다니다가 상대의 목덜미에 자기 팔을 두르고 제발 다시 하나로 합쳐지길 빌면서 하루하루를 보냈다. 제우스는 이들을 달래기 위해, 이들이 때때로 짧게나마 하나라고 느낄 수 있도록 이들의 육체를 달리 바꿔 주었다. 그러나 이들에게 전체성과 이들이 한때 알던 힘을 돌려주지는 않았다.

수천 년 동안 이 반쪽 생명체는 자신의 조건에 익숙해졌다. 그리고 이 이야기를 전하는 아리스토파네스마저 인간의 위대한 미덕과 남성들의 유대가 사랑의 최고 형상이라면서, 여성의 미덕을 넘어서는 남성의 미덕을 극찬한다. 다른 남성들과 '전체성'을 찾는 남성은 '대담성, 불굴의 정신, 남성성'을 보여 준다. 이들은 "우리 국가 청년들의 가장 희망적인 모습이다. 이들의 육체가 가장 남성미 넘치는 육체이기 때문이다."[44]

남성됨과 정치

아리스토파네스는 남성미 넘치는 체질이 어떤 비율로 성장하는지, 남성적 연대가 어떻게 완벽하며 제도화되는지 생전에 보지 못했다. 오늘날 이렇게 연대한 남성들이 다시금 하늘의 무게를 재고 신들을 급습하기 위해 애쓰고 있다. 이들이 품은 권력에 대한 열망은 한계를 모르고, 이 경기의 판돈은 이제 최고조에 이르렀다. 그러나 이들이 그러할지라도 우리는 제우스에게 이미 반쪽으로 나뉜 생명체를 또다시 나눠 달라고 청할 수 없다. 아리스토파네스처럼 제우스도 오래전에 사멸했다. 그렇다고 전체성이나 자웅동체나 양성구유의 신화를 전망으로 되살릴 수도 없다. 이것들도 당연히 신들의 방식처럼 사라졌다. 인간은 복잡하고 긴장이 가득하며 조화를 이루지 못하는 생명체고, 젠더는 결코 단순하거나 사소한 생물학적 '사실'이 되지 못할 것이다. 그렇게 되리라고 바랄 이유도 없다. 그러나 우리는 우리의 복잡성을 끌어안고 한층 더 정의와 공존할 수 있는 방식으로, 삶과 공존할 수 있는 방식으로, 무엇보다 인간의 풍부한 가능성과 공존할 수 있는 방식으로 젠더와 정치를 모두 확립할 수 있을 것이다.

　각오하기는 했지만 웬디 브라운의 『남성됨과 정치: 서구 정치 이론에 대한 페미니즘적 독해』를 한국어로 옮긴다는 것은 번역자에게 크나큰 도전이었다. 이 책이 인용하고 분석한 아렌트, 아리스토텔레스, 마키아벨리, 베버의 저작은 그 범위가 넓을 뿐 아니라 국내에서도 다수의 연구자가 탐구해 온 말 그대로 정치학의 '정전'이다. 그 때문에 혹시라도 번역이 책과 인용된 글에 누를 끼칠까, 인용된 글의 영어 번역서와 국내 번역서 들과 씨름하며 한 해의 봄과 여름을 보냈다.

　무엇보다 생각을 거듭하며 골몰했던 것은 manhood, manly(manliness), masculinity(masculine)의 한국어 번역이었다. 번역의 문제를 신비화·추상화해서 언어의 오묘함을 말하려는 것도, 의미의 본질적 번역의 불가능성을 말하려는 것도 아니다. 그보다는, 이 번역어들을 찾는 과정은 인간 혹은 남성과 여성이 본질적이고 추상화된 범주가 아니라 문화적·맥락적으로 구성된 범주라는 포스트구조주의적이고 비교 연구적인 사고 훈련과 관련한 문제였다. 그해 여름, 사람을 만날 때마다 'manhood'의 적절한 한국어 번역을 질문했는데, 기꺼이 함께 고민해 준 지인들에게 고마운 마음을 전한다.

이 책을 집중해서 번역하던 때, 한국 영화사가 100주년을 맞이해 여기저기에서 큰 행사가 진행되면서 '여성'과 관련한 한 자리씩이 주어지고 있었다. 페미니스트의 관점으로 젠더화된 영화사에 질문을 던지는 작업을 주로 하는 영화 연구자로서, 책을 번역하며 가장 크게 감화한 것은 기존의 역사와 담론적 구성물에 접근하는 웬디 브라운의 페미니스트적 방법론이었다. 이 책은 제2의 물결 페미니즘 이후 페미니즘 비평의 강조점에 있어 두 번의 중요한 전환을 목도했다고 밝히고 있다. 첫 번째는 여성의 잘못된 묘사나 여성의 삭제를 '고발'하는 것에서부터 중요하게 다루어지지 않은 여성사를 복원하는 것으로의 전환이라면, 두 번째는 페미니스트의 관점에서 세계를 비판적으로 따져 보는 것으로의 이동, 즉 기존 담론·규율·제도·실천의 내재화된 젠더적 특질에 대한 비평을 발전시키는 것으로의 전환이다.

한국 영화사에 대입해 본다면, 첫 번째 전환 작업은 알려지지 않았던 한국 여성 영화인을 발굴하고 여성 감독의 계보를 그리면서 영화 산업에서 여성이 해 온 역할을 탐색해 보는 일일 것이다. 그런데 기존 영화사에 페미니즘을 '반영'하겠다고 한국 영화 100선 같은 리스트 선정 위원에 여성을 몇 명 더 끼워 넣거나, 성폭력 사건에 휘말린 남성 감독을 제외하거나, 여성 감독의 영화를 몇 편 이상 선정하자거나 하는 제안들보다 더 중요하게 고려해야 하는 근본적인 질문들이 있다. 이는 웬디 브라운이 두 번째 전환이라고 말한 문제의식과 맞닿아 있다. 한국 영화사가 어떻게 구조화되어 있는지 그 역사 내러티브 및 개별 작가와 작품의 젠더화된 구조적 특질에 대한 질문, 한국 영화사를 축조해 온 영화 비평에 대한 젠더적 질문, 대표적 정전들을 정전으로 만든 젠더화된 구조에 대한 비판적 질문 등이 바로 그것이다.

한국 영화의 정전들이 여전히 정전으로 안전히 보호된 채 그것의 번외편 혹은 '소수자 배려' 정책으로 페미니스트의 추천 몇 개를 정전으로 구성된 리스트에 끼워 넣거나, 여성 감독의 영화 혹은 (그 자체로 여성 혐오적 표현인) 독특하고 '일반적이지 않은' 여성 캐릭터가 등장하는 영화를 몇 편 지목해 '예외적인 것으로' 찬양하는 것은 페미니스트 영화사 쓰기에 불충분할 뿐 아니라 때때로 해롭거나 길을 잃게 만들 수도 있다. 영화사뿐 아니라 기존 분과화된 학문의 전통과 정전화된 남성 사상가들의 '참고 문헌' 사이에서 불충분함과 답답함을 느끼는 누구에게라도 이 책은 '사이다'이자 근본적 전환의 사고를 열어 줄 길잡이가 될 것이다.

남성됨과 정치

이 책을 소개하는 '메두사의 시선' 시리즈를 기획하고 번역 기회를 주신 정희진 선생님과 임윤희 나무연필 대표님에게 감사의 말을 전한다. 이 번역은 두 분에게 한없이 많은 빚을 지며 완료되었다. 곧 책을 만날 독자들의 반응이 궁금하다.

## 주석

## 서문

**1** Evelyn Fox Keller, *Reflections on Gender and Science*, New Haven: Yale University Press, 1985, p. 3. [한국어판] 이블린 폭스 켈러, 『과학과 젠더』, 민경숙·이현주 옮김, 동문선, 1996.

**2** [옮긴이] 원서에는 남성과 관련한 다양한 형용사(male, masculine, manly)와 명사(men, male, masculinity, manliness, manhood)가 쓰였는데, 다음과 같이 번역어를 선택했다. 형용사의 경우, 'male'은 성별을 규정하지만 문화와 가치 판단이 개입되지 않은 개념이므로 '남성의'로 옮겼다. 이와 달리 'masculine', 'manly'에는 문화와 가치 판단이 개입된다. 따라서 'masculine'은 남성 젠더의 특성을 한정하는 뜻에서 '남성적'으로, 'manly'는 특히 문화적 가치 판단이 많이 개입되었다고 보고 '남자다운'으로 옮겼다. 이와 같은 맥락에서 명사도 'men'은 '남성들'·'남성'·'인간'으로, 'male'은 '남성'으로, 'masculinity'는 '남성성'으로, 'manliness'는 '남자다움'으로 옮겼다. 또한 이 책의 원제에 쓰인 'manhood'는 접미사 '~hood'가 어떤 상태·성격·특성·본성을 뜻한다는 점을 고려해 '남성됨'으로 옮겼다. 다만 한국어의 문맥을 살펴 이를 기계적으로 대입하기보다는 다소 융통성 있게 번역했다.

**3** [옮긴이] 1972년에 통과된 미국 교육법 수정안의 일부. 미국 연방정부의 재정 지원을 받는 모든 교육과정과 활동에서 성별을 이유로 배제와 차별을 하지 않을 것을 보장한다는 내용이 골자다.

남성됨과 정치

**4** Allan Bloom, *The Closing of the American Mind*, New York: Simon and Schuster, 1987. [한국어판] 앨런 블룸, 『미국 정신의 종말』, 이원희 옮김, 범양사, 1989.

**5** [옮긴이] 카를 마르크스, 「포이어바흐 테제」, 『독일 이데올로기』, 이병창 옮김, 먼빛으로, 2019, 29쪽.


## 한국어판 서문

**1** [옮긴이] 포르투나는 로마신화에 등장하는 운명의 여신으로 풍요를 상징했다. 그러다가 마키아벨리가 활동한 르네상스 시기에는 변덕스러운 여성, 순환을 뜻하는 수레바퀴 등을 가리키게 되었으며, 인간이 통제할 수 없는 가변적 세계를 나타냈다. 마키아벨리는 이런 운명에 맞서 어려움을 극복하고 목적을 이루는 인간의 역량을 비르투라고 했고, '탁월함' 또는 '능력'의 다른 표현으로 이 말을 사용한다.

**2** [옮긴이] 베버는 서구 자본주의 사회가 구축되는 과정에서 형성된 관료제에 주목한다. 관료제는 합리적 질서에 따라 운영되므로 매우 효율적이지만, 엄격하게 조직을 통제함으로써 개인의 자유를 억압할 수 있다. '강철 우리'는 이러한 통제의 특성을 설명하기 위해 베버가 고안해 낸 개념이다.


## 해제

**1** Charlotte Hooper, *Manly States: Masculinities, International Relations, and Gender Politics*, Columbia University Press, 2001 참조

**2** 이 책에 등장하는 사상가 중 특히 니체나 아렌트는 논쟁과 재해석의

여지가 많은 인물로 유명하다. 독자들은 이를 감안하기 바란다. 브라운이 이 책을 서술할 당시인 1980년대 이후, 아렌트는 많은 페미니스트에 의해 상당한 재해석이 이루어졌다. 예를 들어 메리 G. 디츠(Mary G. Dietz)의 「한나 아렌트와 페미니즘 정치학」(『페미니즘 정치사상사』, 이후, 2004) 같은 글을 참조할 수 있을 것이다.

## 1장 서론: 정치, 남성됨 그리고 정치 이론

1  특권층이 아닌 한, 여성은 늘 가정 안팎에서 생산노동에 참여해 왔다. 그러나 지배 이데올로기는 여성의 본성, 적성, 적합한 활동과 관련해 여성의 노동을 인정하지 않았다.

2  미국에서 노예제 폐지 운동이 벌어졌을 때 여성 참정권 운동이 일어난 것도 같은 식으로 생각해 볼 수 있다. 울스턴크래프트의 남성 동료들이 여성의 곤경은 무시하면서 재산 없는 남성의 권리를 요구했듯이, 노예제 폐지를 주장한 수많은 백인 남성들도 여성 참정권이라는 문제에 대해 거리를 두고 남성 노예들이 시민권을 얻는 데 만족했지만 말이다.

3  카를 마르크스가 「유대인 문제에 대하여(On the Jewish Question)」에서 제기한 논의를 내가 여성의 경우에 적용해 상세하게 발전시킨 것은 다음 글을 참고하라. "Reproductive Freedom and the 'Right to Privacy': A Paradox for Feminists," *Families, Politics and Public Policy: A Feminist Dialogue on Women and the State*, ed. Irene Diamond, New York: Longman, 1983.

4  사실 시장은 젠더 관계가 가장 덜 각인된 곳일지도 모른다. 여성은 어디서든 경제적으로 게토화되고 불리한 위치에 놓이지만, 그럼에도 시장이야말로 가장 젠더 중립적인 활동 영역이라 할 만하다. 물론 경

제 영역의 에토스는 경쟁적이고, 이 영역을 소유하고 통제하는 것은 남성이다. 그러나 경제 영역은 상당히 현실적이면서 이런 특성과 결합한 소외적 측면 때문에 정치적이거나 개인적인 삶보다 덜 '젠더화' 되어 있다. 최근 여성들이 경제 영역에 대거 진입하면서 이러한 사실을 명확히 보여주기도 했다. 경제 영역은 현실적이면서 소외적이기 때문에 다른 영역보다는 인간의 내면 및 감성과 덜 연관된다. 다음의 두 질문은 남녀을 분할하는 성별주의가 경제 영역에 가장 덜 침투해 있으면서 가장 우발적인 요소라는 점을 이해하는 데 유용한 참조가 되어줄 것이다. 첫째, 본질적으로 경제적 차별 여부를 중시하는 자유주의 페미니즘이 성별주의에 대해서는 왜 그렇게 개념적으로 빈약한가. 둘째, 본질적으로 성별주의를 경제 문제로 설명하기 위해 애쓰는 마르크스주의 페미니즘의 노력은 왜 실패하는가.

5   [옮긴이] 카를 마르크스, 『루이 보나파르트의 브뤼메르 18일』, 최형익 옮김, 비르투, 2012, 11쪽.

6   [옮긴이] 지그문트 프로이트, 『종교의 기원』, 이윤기 옮김, 열린책들, 2003, 100쪽.

7   전쟁은 이런 주장에 대한 경고일 수 있다. 전쟁과 정치의 관계는 이어지는 장에서 자주 언급된다.

8   이 사상가들이 '실제' 역사를 재현한다고 할 때 나타나는 문제들에 대해서는 61~71쪽을 참고하라.

9   "The Greek State," *The Complete Works of Frederich Nietzsche*, ed. O. Levy, Edinburg: Darien Press, 1914, Volume II, p. 11. [한국어판] 프리드리히 니체, "그리스 국가", 『유고: 1870년~1873년』, 이진우 옮김, 책세상, 2001.

10   예컨대 다음 글들을 참고하라. Eva Figes, *Patriarchal Attitudes*, Greenwich, Conn., Fawcett, 1970; Mary Mahowald, *Philosophy of Women: Classical to Current Concepts*, Indianapolis: Hacket, 1978;

Dorothea Wender, "Plato: Misogynist, Paedophile and Feminist," *Arethusa*, Volume 6, no. 1, 1973; Kate Millett, *Sexual Politics*, Garden City, N. Y.: Doubleday, 1970; Julia Annas, "Mill and the Subjection of Women," *Philosophy* 52, 1977; Carole Pateman and Teresa Brennan, "Mere Auxilliaries to the Commonwealth: Women and the Origins of Liberalism," *Political Studies*, Volume 27, no. 2, 1979; Victor Wexler, "Made for Man's Delight: Rousseau as Antifeminst," *American Historical Review* 81, 1976; Louise Marcil-Lacoste, "The Consistency of Hume's Position Concerning Women," *Dialogue* 15, 1976.

**11** 3장 91~92쪽을 참고하라.

**12** R. Agonito, *History of Ideas on Women*, New York: Putnam, 1972, pp. 130~137; G. W. F. Hegel, *Philosophy of Right*, trans. T. M. Knox, Oxford: Clarendon, 1952, Paragraphs 161~165, additions 105, 107.

**13** Jean-Jacques Rousseau, "Discourse on Inequality," *The First and Second Discourses*, trans. R. and J. Masters, New York: St. Martins, 1964; *Emile*, trans. A. Bloom, New York: Basic Books, 1979.

**14** Karl Marx, "The German Ideology," *Marx-Engels Reader*, Second Edition, ed. R. C. Tucker, New York: Norton, 1978, esp. p. 150. 마르크스의 이런 지점은 부분적으로 마르크스주의와 페미니즘이 통합될 수 있는가라는 문제의 핵심에 놓여 있다. 그러하기에 이에 대해 페미니스트들은 방대한 논의를 해왔다. 그 가운데 일부는 다음과 같다. Lydia Sargent, ed., Women and Revolution: *A Discussion of the Unhappy Marriage of Marxism and Feminism*, Boston: South End, 1981; Michele Barrett, *Women's Oppression Today: Problems in Marxist Feminist Analysis*, London: NLB, 1980; Zillah Eisenstein, ed., *Capitalist Patriarchy and the Case for Socialist Feminism*, New York: Monthly Review, 1979; Sheila Rowbatham et al., *Beyond the*

*Fragments: Feminism and the Making of Socialism*, Boston: Alyson, 1979; Mary O'Brien, "Reproducing Marxist Man" in L. Lange, L. Clark, eds. *The Sexism of Social and Political Theory: Women and Reproduction from Plato to Nietzsche*, Toronto: University of Toronto Press, 1979. 가사과 자본의 관계를 다룬 (주로 영국의) 긴 토론에 대해서는 다음을 보라. Mariaosa Dalla Costa and Selma James, *The Power of Women and the Subversion of the Community*, Bristol: Falling Wall Press, 1973. 이 분야의 참고 자료들은 다음 책에서 찾아볼 수 있다. *Women and Revolution*, pp. 34~35.

**15** 이 장의 12~14번 주석과 다음 책을 참고하라. Jean-Paul Sartre, *Being and Nothingness*, trans. H. E. Barnes, New York: Washington Square Press, 1966, pp. 776~782. [한국어판] 장 폴 사르트르, 『존재와 무』, 정소성 옮김, 동서문화사, 2009.

**16** [옮긴이] 안토니오 그람시(Antonio Gramsci), 죄르지 루카치(György Lukács) 같은 이론가로 시작해 20세기 전반에 걸쳐 진행된 마르크스주의의 새로운 경향을 통칭한다.

**17** 다음을 참고하라. "Introduction," Clark and Lange, *The Sexism of Social and Political Theory*, pp. vii~xvii.

**18** C. B. MacPherson, *The Political Theory of Possessive Individualism*, Oxford: Oxford University Press, 1962. [한국어판] C. B. 맥퍼슨, 『사회철학: 소유적 개인주의의 정치 이론』, 황경식 옮김, 집영사, 2010.

**19** Clark and Lange, eds., *The Sexism of Social and Political Theory*, Lynda Lange, "Reproduction in Democratic Theory," *Contemporary Issues in Political Philosophy*, eds. Shea and King-Farlowe, New York: Science History Publications, 1976; Susan Okin, *Women in Western Political Thought*, Princeton: Princeton University Press, 1979; Carole Pateman, "Women and Consent," *Political Theory*, Volume 8, No. 2, May 1980.

**20** 최근 몇 년간 오킨을 비롯한 페미니스트 정치 이론가들이 페미니즘의 관심과 롤스의 정의론이 어떤 관계에 있는지를 연구했다.

**21** 분명 이 두 범주를 거부하는 페미니즘 정치 이론 연구 작업이 있고, 다행스럽게도 이런 거부가 증가하는 추세다. 젠더에 대한 독창적 논의를 펼치는 한편 다수의 정치 이론가들을 탐색하는 작업으로 다음을 참고하라. Jean-Bethke Elshtain, *Public Man, Private Woman*, Princeton: Princeton University Press, 1981; Arlene Saxonhouse, *Women in the History of Political Thought*, New York: Praeger, 1985. [한국어판] 아를린 색슨하우스, 『정치 사상과 여성』, 박의경 옮김, 전남대학교출판부, 2015; Mary O'Brien, *The Politics of Reproduction*, Boston: Routledge and Kegan Paul, 1981. 마르크스와 로크에 대해서는 다음을 참고하라. Linda Nicholson, *Gender and History*, New York: Columbia University Press, 1986. 그리스인에 대해서는 다음을 참고하라. Nancy Hartsock, *Money, Sex, and Power: Toward a Feminist Historical Materialism*, Boston: Northeastern University Press, 1985. 그리고 마르크스에 관해서는 다음을 참고하라. Catherine MacKinnon, "Marxism, Feminism, Method and the State," Parts I and II, *Signs* 7, no. 3 and *Signs* 8, no. 4.

**22** [옮긴이] 발견적 장치는 사회과학자들이 가설을 만든 뒤 현상을 분석하는 데 쓰는 개념적 도구를 말한다. 가령 베버는 '이념형'이라는 개념을 역사적 사례를 분석하는 데 유용한 발견적 장치라고 보았다.

**23** Norman Jacobson, *Pride and Solace*, Berkeley: University of California, 1978, p. xiii.

**24** "Contribution to the Critique of Hegel's Philosophy of Right" in R. Tucker, ed., *Marx-Engels Reader*, pp. 59~60.

# 고대 그리스: 아렌트와 아리스토텔레스

## 2장 아렌트: 정치의 취약성

1   Hannah Arendt, *The Human Condition*, Chicago: University of Chicago, 1958, pp. 36~37. [한국어판] 한나 아렌트, 『인간의 조건』, 이진우 옮김, 한길사, 2017. 강조는 원문에 있다.

2   Ibid., pp. 35~45, 60~62.

3   Ibid., p. 51.

4   Ibid., pp. 18~19; "The Concept of History" in *Between Past and Future*, New York: Viking Press, 1954, pp. 41~44. [한국어판] 한나 아렌트, 『과거와 미래 사이』, 서유경 옮김, 푸른숲, 2005.

5   *The Human Condition*, p. 19; Hannah Arendt, "What is Freedom?," *Between Past and Future*, pp. 154~155.

6   *The Human Condition*, p. 19.

7   Ibid., p. 22.

8   Ibid., p. 35.
    [옮긴이] 그리스어 '이디온'은 자기 자신을 뜻하는데, 자기 자신에게만 관심 있는 사람은 멍청하다는 생각에서 '백치'도 가리키게 되었다.

9   Ibid., p. 53.

10   Ibid., p. 58.

11   노예와 '미개인'도 분명 고립되어 살지는 않는다. 두 존재에게 모두 공동체 같은 것이 있으며, 노예는 자유를 억압당해 고통받지만 '미개인'은 그렇지 않다.

12   고대 아테네에서 시민이 아닌 사람들의 '비인간적' 지위에 대한 시각은 유사하면서 거의 동일하게 낙관적이다. 이에 대해서는 다음을 참고하라. J. Peter Euben, "Political Equality and the Greek Polis" in

*Liberalism and the Modern Polity*, ed. Michael McGrath, New York: Marcel Dekker, 1987. "그 본성, 상황, 기능에 따라 [외국인, 여성, 어린이, 노예는] 주인, 지배자, 영구적 도덕 후견인이 필요했다. 이들은 모두 남성을 동료로 두면서 이들과 동등한 지위에 있는 정치적 장소와 어울리지 않았다. (……) 본성이나 상황 면에서 공적인 삶에 맞지 않는 이들 또는 개인적인 삶을 선택한 이들은 온전히 인간이 될 기회를 박탈당했다." 아렌트와 유사하게, 유번은 그 자신을 구별('생명 서술')할 능력이 있는 이를 인간, 필요('생명 작용')에 예속된 이를 비인간이라고 불렀다. "[정치적 삶]만이 그들에게 생명 작용은 물론이고 생명을 서술할 기회를 부여하며 평등하고 자유롭게 법의 지배만 받으며 살아가도록 허락한다." p. 214.

13  *The Human Condition*, p. 37.

14  물질적 필요를 해결하는 것이 인간과 동물의 공통점이라는 아렌트의 주장은, (생산을 통해) 물질적 필요를 해결하는 방식이야말로 인간을 하나의 종으로 구별한다는 마르크스의 주장과 정확히 대치된다. 『독일 이데올로기』에서 마르크스는 간략히 기술했다. "인간은 의식, 종교, 그 밖에 자신이 마음에 드는 그 무엇을 통해 동물과 구별된다. 인간은 생존 수단을 생산하는 순간 동물과 자기 자신을 구별하기 시작한다." *Marx-Engels Reader*, p. 150. 아렌트의 마르크스 비판은 『인간의 조건』 3장을 참고하라.

15  *The Human Condition*, p. 37. 다음 글도 참고하라. Euben, "Political Equality and the Greek Polis," op. cit., p. 214. "그리스인에게 가정은 (……) 종의 물리적 생존, 즉 재생산과 생명 유지 등 아리스토텔레스가 '단순한 생존'이라고 부른 것과 관련되었다. 이런 필요는 인간과 모든 종이 공유하기 때문에 인간의 결정적 특성일 수 없고, 따라서 다른 특성에 비해 열등한 것이어야 했다. 정치적인 것은 인간의 삶에 결정적인 것이어야만 했다."

16 아렌트가 그리스인들, 그중에서도 가장 고전적인 학자들이 생각한 정치와 전쟁의 밀접한 관련성을 부정하면서 전쟁(그리고 폭력 일반)을 두고 '전정치적(前政治的)'이라고 말한 점은 의미심장하다. 이는 시민-전사라는 그리스의 일반적인 그림과 잘 맞아떨어지지 않으며, 정치 자체를 인간과 동물을 구별하는 것으로 파악하려는 아렌트의 입장에서 비롯한 주장으로 보인다. 물론 전쟁 중에 이런 구별을 유지하기는 매우 힘들어질 수 있다. 다음 책을 참고하라. *The Human Condition*, p. 31; Hannah Arendt, *On Violence*, New York: Harcourt Brace, 1969. [한국어판] 한나 아렌트, 『폭력의 세기』, 김정한 옮김, 이후, 1999.

17 아렌트는 그리스 폴리스에서 "자기 몸으로 삶의 육체적 필요에 봉사하는(아리스토텔레스, 『정치학』) 노동자와 자기 몸으로 종의 생존을 이어가는 여성은 눈에 띄지 않게 감춰진다. (……) 근대가 노동계급과 여성을 역사적으로 거의 같은 순간에 해방했다는 사실은, 더는 육체적 기능과 물질적 관심을 감출 필요가 없다고 보는 시대의 특성 속에서 생각해야 할 것"이라고 말했다. *The Human Condition*, pp. 72~73.

18 Interview of Arendt in Melvyn Hill, ed. *Hannah Arendt: The Recovery of the Public World*, New York: St. Martin's Press, 1979, p. 305. 아렌트가 플라톤의 육체론을 이렇게 정리한 데는 일면의 진실이 있다. 하지만 이는 플라톤이 때로는 지극히 힘들어하면서도 해결하려고 했던 육체 문제를 지나치게 단순화한 것이기도 하다. 육체에 대한 플라톤과 소크라테스의 상세한 논의는 내가 쓴 다음 글을 참고하라. "'Supposing Truth Were a Woman?': Plato's Subversion of Masculine Discourse," *Political Theory*, Volume. 16, Number. 4, 1998. 다음 책도 참고하라. Arlene Saxonhouse, *Women in the History of Political Thought*, Westport: Praeger, 1985, Chapter 3.

19 *Phaedo* 65, 81, trans. H. Tredennick, in E. Hamilton and H. Cairns,

eds., *The Collected Dialogues of Plato*, Princeton: Princeton University Press, 1961; *Phaedrus* 258e, trans. R. Hackforth in *Collected Dialogues of Plato*. 앞으로 이 책들은 *Phaedo*와 *Phaedrus*로 표기한다.

20  *The Human Condition*, p. 199.

21  Ibid.

22  Jose Ortega y Gasset, "Man the Technician" in *History as a System and Other Essays toward a Philosophy of History*, trans. H. Wegl, New York: Norton, 1962, p. 108.

23  물론 아리스토텔레스는 자연 질서 속 인간의 위치와 인간의 '본성'을 화합시키려고 한다. 3장 91~92쪽을 참고하라.

24  다음 예를 살펴보라. "Melian Conference" in Thucydides, *The Peloponnesian War*, trans. J. H. Finley, New York: Modern Library, 1951, pp. 330~337. [한국어판] 투키디데스, 『펠로폰네소스 전쟁사』, 천병희 옮김, 숲, 2011. 간혹 전투에서 급습의 배경이 되는 비열한 모티브와 그 급습에 이은 개인적·정치적 비극에 대한 지극히 자의식적인 논의를 살펴보려면 아이스킬로스의 『오레스테이아』를 참고하라.

25  "What is Freedom?," p. 151.

26  Ibid., p. 152.

27  *The Human Condition*, p. 47.

28  Hannah Arendt, *On Revolution*, New York: Viking Press, 1963, p. 53. [한국어판] 한나 아렌트, 『혁명론』, 홍원표 옮김, 한길사, 2004.

29  Ibid., p. 54. 아렌트는 삶의 과정·자연의 필연성·육체에 삼켜져 버릴 것이라는 공포를 지나치게 과장하고 있다. '제2의 물결' 페미니즘 전에 여성 지식인이 된 경험이 이러한 공포를 가늠하는 데 상당한 영향을 미쳤으리라고 추측된다. 같은 주제가 시몬 드 보부아르의 운동 이전 페미니즘 논문과 다른 방식으로 슐라미스 파이어스톤(Shulamith

Firestone)의 초기 여성해방 선언에 아주 비중 있게 강조되어 있기 때문에 이를 무시할 수는 없어 보인다. 어떠한 여성도 육체와 여성의 가부장적 동일시를 피할 수 없고, 육체로부터의 탈출과 자유의 동일시를 피할 수 없다. 만일 이 동일시를 신문하기보다 수용한다면, '육체적 영역'으로부터 어떻게든 자신을 떼어 낸 여성이 이 영역의 교정 능력에 대해 그녀의 남성 상대 항보다 훨씬 더 두려움을 느낄 것이다.

30  *The Human Condition*, p. 55.


## 3장 아리스토텔레스: 인간을 위한 지고의 선

1  *Politics* I. ii. 9, trans. Ernest Barker, Oxford: Oxford University Press, 1946. [한국어판] 아리스토텔레스, 『정치학』, 김재홍 옮김, 길, 2017.

2  *The Human Condition*, p. 37.

3  *Politics* I. ii. 8. 강조는 필자가 더했다.

4  Ibid., I. ii. 8.

5  Ibid., I. ii. 8.

6  Ibid., I. ii. 7.

7  아리스토텔레스에게 자족성[그리스어로 아우타르케이아(autarkeia)]은 물질적 조건만큼이나 윤리적 조건도 함축한다. 자족성을 가장 주요하게 탐구한 『니코마코스 윤리학』(*The Nicomachean Ethics* I. vii, trans. J. A. K. Thomson, Middlesex, England: Penguin, 1955. [한국어판] 아리스토텔레스, 『니코마코스 윤리학』, 천병희 옮김, 도서출판 숲, 2013. 앞으로 이 책은 *Ethics*로 표기한다)에서 그는 '최종 선'이 자족적일 것이라고 설명한다. "이제 자족적이라는 말은 고독하게 살아가는 어떤 이에게 충분하다는 뜻이 아니라, 그의 부모·자식·아내에게까지도 그리고 일반적으

로 그의 친구와 동료 시민에게까지도 충분하다는 뜻이다. (……) 이제 우리는 자족적이라는 말을, 고립된 삶을 바람직한 것으로, 그리고 아무것도 결핍하지 않은 상태로 만드는 것이라고 정의한다. 행복이란 그런 것이라고 생각한다." 어니스트 바커(Ernest Barker)가 『정치학』에서 지적했듯이 자족성은 "외적 도움, 질료, 도덕 등에 의존하지 않고 충만한 인간 계발을 가능케 하는 물질적 자원이나 도덕적 보상이 존재한다는 뜻으로 이해할 수 있다." *Politics*, note B, p. 8.

8   *Politics* I. ii. 7.

9   Ibid., I. ii. 9.

10  R. D. Collingwood, *The Idea of Nature*, Oxford: Oxford University Press, 1960, 1st edition, 1945, pp. 44~45.

11  Ibid., p. 3.

12  "모든 실체는 생명이 있든 없든 그 전체에 스며 있는 생명력이나 합리성의 특수한 지역적 조직을 표상한다. 그래서 동식물은 (……) 세상 '육체'의 물리적 조직에 물질적으로 참여하는 것 못지않게 저마다 다르게 이 세상 '영혼'의 생명 작용에 정신적으로, '정신' 활동에 지적으로 참여한다." Ibid., p. 4.

13  심지어 후기행태주의 시대에도 인간의 문제를 자연과학의 원칙으로 환원하려고 애쓴 사회과학자들이 많았다. 그러나 그 반대는 거의 없다. 자기 영역에 한계가 없다고 본 현대의 자연과학자가 드물기 때문이다.

14  Ernest Barker, *Politics*, note 2, p. 5.

15  Ibid., note B, pp. 7~8.

16  *Politics* I. i. 3.

17  Ibid., I. ii. 12~14.

18  Ibid., I, ii. 9.

19  *Ethics* I. iii. 7.

**20** *Politics* VII. viii. 1.

**21** Ibid., III. v. 2.

**22** Ibid., I. iv. 1.

**23** 노예제 문제에 대한 아리스토텔레스의 '인본주의'는 바커의 다음 글을 참고하라. *Politics*, pp. lvii~lviii. 그리고 다음 책도 참고하라. S. R. L. Clark, *Aristotle's Man: Speculations Upon Aristotelian Anthropology*, Oxford: Clarendon Press, 1975, pp. 106~107, 211.

**24** *The Human Condition*, pp. 31, 37.

**25** *Politics* I. v. 3; Ibid., VII. xiv. 9; Ibid., I. v. 6; *Ethics* I. xiii.

**26** *Politics* VII. xiv. 10.

**27** 아리스토텔레스에게 남성의 여성 지배는 그저 남성의 우월한 정신적 능력에서 비롯하는 것이 아니라, 여성이 재생산 활동에 개입하는 한 추상적인 의미에서도 자신의 육체적 존재를 떨쳐 낼 수 없다는 데서 비롯한다. 여성은 '육체의 생물'로서 이렇게 자기 몸 때문에 노예처럼 되어 버린다. 따라서 정신을 자신의 일반적 특성으로 삼는 이들에 비해 선천적으로 열등하다. 아렌트는 여성을 상당히 분명하게 육체의 생물로 환원한다. 그녀는 고대 그리스에 대해 이렇게 주장한다. "자신의 육체로 삶의 육체적 필요에 봉사하는 노동자들과 자신의 육체로 종의 생존을 보장하는 여성들은 눈에 띄지 않게 감추어진다. (……) 근대가 노동계급과 여성을 거의 같은 역사적 순간에 해방시켰다는 사실은 더는 육체의 기능과 물질에 대한 관심을 감출 필요가 없다고 여기는 시대의 특성들 가운데 생각해야만 할 것이다." *The Human Condition*, pp. 72~73. 그런데 이런 흐름을 만드는 이들은 반페미니스트나 남성주의 사상가가 아니다. 보부아르의 『제2의 성』과 파이어스톤의 『성의 변증법』, 두 책은 모두 여성이 재생산을 통해 태생적으로 자기 몸에 예속한다고 보았으며 자연 재생산의 기피나 제거가 여성해방에 절대적 필요조건이라고 했다.

28  *Politics* I. ii. 2.

29  Ibid., I. v. 7.

30  Ibid., IV. iv. 14.

31  Ibid., I. v. 10.

32  Ibid., I. v. 6~8.

33  Ibid., I. iv. 6.

34  Ibid., I. v. 8.

35  *Generation of Animals* I. xx, trans. A. L. Peck, Loeb Classical Edition, London: Heinemann, 1942. 앞으로 이 책은 *Generation of Animals*로 표기한다.

36  *Politics* I. v. 8.

37  Ibid., I. v. 7.

38  Ibid., I. v. 2~3.

39  Ibid., VII. ix. 3.

40  *Generation of Animals* II. i. 강조는 필자가 더했다.

41  *Politics* VII. viii. 1~9.

42  Ibid., I. vii. 1.

43  Ibid., I. v. 1.

44  *The Human Condition*, p. 31.

45  *Politics* I. xi. 5~6.

46  Ibid., I. ii. 15.

47  Ibid., VII. i. 1.

48  Ibid., VII. i. 11.

49  Ibid., VII. ii. 17.

50  [옮긴이] 그리스어로 '좋은(영혼)'을 뜻하는 '에우(eu)'와 '신성(神性)'을 뜻하는 '다이몬(daimon)'을 합친 말이다. 인간의 영혼과 신성이 결합해 최고의 좋음으로 나아가는 삶, 즉 행복한 삶을 뜻한다.

**51** Ibid., Ⅶ. ii. 5~8.

**52** Ernest Barker, *Politics*, note 2, p. 284.

**53** *Politics* Ⅶ. ii. 17.

**54** Ibid., Ⅶ. iii. 1.

**55** Ibid., Ⅶ. iii. 7.

**56** Ibid., Ⅶ. iii. 7~8.

**57** Ibid., Ⅶ. iii. 8~9.

**58** Ibid., Ⅶ. iii. 9~10.

**59** Ibid., Ⅶ. xv. 8.

**60** Ibid., Ⅵ. xiii~ix.

**61** '여가'로 옮길 수 있는 스콜레는 활동이 아니라 직업, 휴식과 대비되는 개념이다. 이는 (직업이나 휴식과 달리) 그 자체를 목표로 추구하며 합리적 원칙, 특히 추론이라는 차원이 있는 영혼의 부분에 개입하는 한 활동의 최고 형태다. 여가 활동은 (그리스어로 '시간 소비', '정신의 휴식' 정도를 뜻하는—옮긴이) 디아고게(diagoge)나 '마음의 배양'이다. 여가는 디아고게에서 쓰이고(*Politics* Ⅷ. iii. 6), 디아고게는 여가 활동 중에 수행된다(Ⅷ. ii. 8). Ernest Barker, op. cit. note GGG, pp. 323~324.

**62** Ibid., Ⅶ. xiv. 12~13.

**63** *Ethics* X. vii. 6~7.

**64** *The Human Condition*, pp. 73~78.

**65** Ibid., p. 176.

**66** Ibid., p. 177.

**67** Ibid., p. 176.

**68** Ibid., p. 188.

**69** Ibid., p. 190.

**70** "What is Freedom?," p. 151.

**71** *The Human Condition*, p. 208.

**72** Ibid., p. 176.


## 4장 그리스의 육체: 너무나도 인간적인 그리고 초인적인


**1** *Generation of Animals* II. iv.

**2** "The Greek State," *The Complete Works of Friedrich Nietzsche*, p. 4.

**3** Ibid., p. 5.

**4** 아리스토텔레스의 『니코마코스 윤리학』 2~3장을 보라.

**5** *Ethics* III. x; VII. iv, xi, xiv; 다음을 참고하라. K. J. Dover, "Classical Greek Attitudes to Sexual Behavior," *Arethusa* 6, no. 1, pp. 64~65.

**6** 예컨대 플라톤의 『파이돈』 65a~d와 아리스토텔레스의 『니코마코스 윤리학』 7권 14장을 보라. 플라톤과 소크라테스의 에로스와 철학의 관계를 좀 더 깊이 살펴보고 싶다면 내가 쓴 다음 논문도 참고하라. "'Supposing Truth Were a Woman?': Plato's Subversion of Masculine Discourse".

**7** *Republic* 328C~329C, trans. A. Bloom, New York: Basic Books, 1968. 앞으로 이 책은 *Republic*으로 표기한다.

**8** *Phaedo* 64~67.

**9** *Ethics* VII.

**10** *Republic* 457~462; *Symposium* 209, trans. M. Joyce, in *The Collected Dialogues of Plato*. 앞으로 이 책은 *Symposium*으로 표기한다.

**11** 다음 글에서 재인용했다. K. J. Dover, "Classical Greek Attitudes to Sexual Behavior," p. 64.

**12** *Cratylus*, 400c.

**13** Eric R. Dodds, *The Greeks and the Irrational*, Berkeley: University of

California Press, 1951, p. 152. [한국어판] 에릭 R. 도즈, 『그리스인들과 비이성적인 것』, 주은영·양호영 옮김, 까치, 2002.

**14** *Apology* 40d~41c, trans. H. Tredennick, in *The Collected Dialogues of Plato.* 앞으로 이 책은 *Apology*로 표기한다. 『파이돈』의 전체 논의, 그 가운데 특히 66~68c를 참고하라.

**15** Eric R. Dodds, *The Greeks and the Irrational*, p. 152.

**16** *Phaedo* 81d.

**17** *The Human Condition*, p. 71.

**18** *Ethics* IX. xi; *Phaedo* 60a~b.

**19** K. J. Dover, "Classical Greek Attitudes," p. 64; K. J. Dover, *Greek Popular Morality*, Oxford: Oxford University Press, 1974.

**20** K. J. Dover, "Classical Greek Attitudes," p. 65; K. J. Dover, *Greek Homosexuality*, Cambridge: Harvard University Press, 1978.

**21** *Ethics* VII. v; VII. vii.

**22** Alvin Gouldner, *Enter Plato*, New York: Basic Books, 1965, p. 37.

**23** 재생산 과정(임신과 수유)에서 여성이 맡는 독특한 기능이 이데올로기적으로 재생산 작업 전체를 아우르는 것으로 확장되었고, 이 때문에 유아 및 어린이와 관련된 모든 노동을 여성이 책임지게 되었다는 사실은 이런 점을 더욱 악화시켰다. 따라서 여성이 자기 육체에 '갇힌' 듯 보인 데는 생물학적 이유뿐만 아니라 임신의 결과가 통째로 여성에게 부가되고, 그에 따라 재생산 작업이 여성의 정체성이 되었다는 이유도 있다. 이 현상을 본격적으로 분석한 자료로 다음을 참고하라. Clark and Lange, *The Sexism of Social and Political Theory*; Wendy Brown, "Reproductive Freedom and the 'Right to Privacy': A Paradox for Feminists".

**24** *Politics* I. xiii. 11; *The Peloponnesian War* II. vi. p. 109.

**25** 밸러리 하투니의 작업에 이끌려, 침묵 명령이 여성과 동물성의 관계

를 확립하는 방식에 관심을 기울이게 되었다.

**26** 다음 두 책을 참고하라. C. M. Bowra, *The Greek Experience*, New York: Mentor, 1957, pp. 38~39; H. D. F. Kitto, *The Greeks*, Edinburgh: Penguin, 1951, pp. 219~236. 그리스 문화와 정치를 다루는 이 두 대중 입문서에는 그리스 여성의 상황에 대해 매우 놀라운 설명과 해명이 등장한다. 이 책들에서 논의를 여는 문구는 뒤따를 수사학의 수준과 질을 보여 준다. 키토(H. D. F. Kitto)는 거드름과 여성 혐오를 불쾌하게 섞어 이야기를 시작한다. "대개 남성은 여성에게 관심을 두고, 여성은 자기 자신에게 관심을 둔다. 그렇게 아테네 여성의 위치를 생각해 보자."(p. 219) 바우러(C. M. Bowra)의 경우, 접근 방법은 덜 진부하지만 좀 더 어둡다. "영웅적 이상을 (……) 소중히 여기는 사회는 여성을 다룰 때 항상 쉽거나 행복하지는 않다."(p. 38) 로마의 영광을 연구하는 학자들의 여성 혐오와 해명에 치우친 연구 전통에 다행스럽게도 최근 몇몇 예외가 생겼다. Sarah Pomeroy, *Goddesses, Whores, Wives and Slaves: Women in Classical Antiquity*, New York: Schocken, 1975. 이 책을 비롯해서 최근 페미니스트들의 작업뿐만 아니라 『치명적인 영웅』(Seth L. Schein, *The Mortal Hero*, Berkeley: University of California, 1984)처럼 여성에 대해 지적으로 분석하면서도 여성에게만 초점을 맞추지는 않는 연구도 있다.

**27** *De Anima* II. iii, trans. R. D. Hicks, Cambridge: Cambridge University Press, 1907. 앞으로 이 책은 *De Anima*로 표기한다.

**28** Ibid., IV. vi; V. i.

**29** *Generation of Animals* II. i.

**30** *Republic* 533d.

**31** 소크라테스는 『국가』에서 그림자가 진짜 형체로 오해받고, 생성과 현상이 모든 곳에 있고, 존재란 어디에서도 찾을 수 없는 진흙투성이 늪에서 벗어나 영혼을 들어 올리는 것이 변증법이라고 말한다.

*Republic* 532a~d.

32 [옮긴이] 기원전 7세기에 활동한 사모 섬 출신 시인. 여성에 대한 풍자적 설명이 담긴 시의 일부가 전하며, 고대 그리스의 여성 혐오를 논할 때 흔히 소환된다.

33 다음 글에서 재인용했다. Marilyn Arthur, "Liberated Women: The Classical Era" in Bridenthal and Koonz, eds., *Becoming Visible: Women in European History*, Boston: Houghton Mifflin, 1977, p. 65.

34 메리 레프코위츠(Mary Lefkowitz)가 짧지만 흥미롭게 세모니데스를 해석한 것은 다음을 보라. *Heroines and Hysterics*, New York: St. Martin's Press, 1981, pp. 71~73.

35 Phillip Slater, *The Glory of Hera*, Boston: Beacon Press, 1968, pp. 81~82.

36 Neitzsche, "The Greek State," p. 6.

37 다음에서 재인용했다. Arthur, "Liberated Women," p. 73.

38 예컨대 아리스토텔레스의 『정치학』1권, 『니코마코스 윤리학』7권, 플라톤의『국가』6권 등을 참고하라.

39 『동물발생론』2권 4장에서 아리스토텔레스는 이렇게 서술한다. "여성은 언제나 질료를 제공하고, 남성은 질료가 형상이 되는 방법을 제공한다. 이는 각 성의 독특한 특성이다. 즉 남성이 된다는 것의 의미 또는 여성이 된다는 것의 의미다." 물론 질료에 대한 아리스토텔레스의 이런 사고 중 상당 부분은 젠더 관련 이론가인 히포크라테스(Hippocrates)에게서 나왔다. 히포크라테스는 남성이 여성과 관련해 본성부터 성행위 시 오르가슴의 지속에 이르는 모든 것에 형상과 기능을 부여하는 것으로 묘사한다. 특히 다음을 참고하라. *Hippocratic Writings*, ed., G. E. R. Lloyd, Harmondsworth, England: Penguin, 1978, pp. 317~320.

40 *Paideia: The Ideals of Greek Culture*, trans. Gilbert Highet, Oxford:

Oxford University Press, 1974; 1st edition, 1939, Vol. I, p. 7.

41 C. M. Bowra, *The Greek Experience*, p. 33. 강조는 원문에 있다.

42 M. I. Finley, *The World of Odysseus*, New York: Viking, 1954, p. 73.

43 Phillip Slater, *The Glory of Hera*, p. 36. 강조는 필자가 더했다.

44 *Politics* Ⅶ. iii.

45 Alvin Gouldner, *Enter Plato*, pp. 12~13.

46 Werner Jaeger, *Paideia*, pp. 6~7.

47 *The Human Condition*, p. 176.

48 "Justice: On Relating Public and Private," paper presented to the 1979 Conference for the Study of Political Thought, pp. 35~36. 이 논문의 축약본은 다음을 참고하라. *Political Theory*, Vol. 9, No. 3, 1981.

49 *Ethics* I. v.

50 Ibid., I. x.

51 *The Human Condition*, pp. 207~208.

52 Werner Jaeger, *Paideia*, Volume I, p. 9.

53 Ibid., p. 9.

54 *The Human Condition*, pp. 207.

55 [옮긴이] 기원전 5세기, 그리스의 합창 시인. 올림피아 같은 스포츠 제전의 우승자를 기리는 찬가를 지은 것으로 유명하다.

56 다음에서 재인용했다. Kitto, *The Greeks*, p. 174.

57 *The Peloponnesian War* I. iii., p. 70.

58 Ibid., Ⅱ. vii., p. 60. 강조는 필자가 더했다.

59 N. O. Brown, *Love's Body*, New York: Vintage, 1966, p. 162.

60 [옮긴이] 정치체제를 신체에 비유해 사고하는 태도를 말한다. 아리스토텔레스 이래로 유기성·총체성·항상성 같은 문제는 국가 공동체 유지의 중심에 놓였고, 이에 대한 도전과 위기가 있을 때 흔히 신체적 질환을 은유로 사용했다.

# 르네상스 이탈리아: 마키아벨리

## 5장 마키아벨리: 남자에서 남성됨으로

1  마키아벨리 저작의 인용문은 모두 다음 선집에서 가져왔으며 제목과
   쪽수를 밝혀 두었다. *Machiavelli: The Chief Works and Others*, trans. A.
   Gilbert, Durham, N. C.: Duke University Press, 1965. 앞으로 이 책
   은 다음과 같이 표기한다. *Discourses* III-21, p. 478. [한국어판] 니콜
   로 마키아벨리, 『로마사 논고』, 강정인·김경희 옮김, 한길사, 2019.

2  *Prince* 6, p. 26.

3  *Discourses* III-21, p. 477.

4  Ibid., I-58, p. 315; Ibid., I-11, p. 226; Ibid., III-43, p. 521.

5  *Prince* 18, p. 64.

6  *Discourses* I-16, p. 235.

7  이 시의 제목과 상상 구조는 루키우스 아풀레이우스(Lucius Apuleius)
   의 동명 고전에서 가져왔지만, 마키아벨리는 명백히 자신만의 교육
   적·희극적 목적을 위해 이 작품을 썼다. 마키아벨리의 시에는 아풀
   레이우스의 이야기와 유사한 점이 거의 없다.

8  [옮긴이] 프랑스어로 작은 포도를 뜻하며, 짧은 운문을 가리킨다.

9  이 이야기의 화자는 작가 자신이지만 아풀레이우스의 알레고리 구
   조를 따라 당나귀로 변신한다. 마키아벨리의 시는 이 변신이 어떻게
   일어나는지에 관한 이야기라서, 화자는 아직 인간의 형상이었을 때
   자신에게 닥친 경험을 말하는 당나귀다.

10 *The Golden Ass*, p. 754.

11 따라서 동물을 치는 여성은 마키아벨리에게 다양한 맹수를 소개하
   며 말한다. "입구에 있는 사자에게는 (……) 날카로운 이빨과 갈고리
   같이 생긴 발톱이 있는데 (……) 도량이 넓고 마음이 고귀한 이들은

(……) 저 야수로 변하지만, 당신 도시 출신은 거의 없습니다. (……) 무례하고 거칠게 살아 울분과 분노가 넘치는 이들은 두 번째 집에 있는 곰들 가운데서 지내게 되고 (……) 난롯가에서 볼 때 활기에 차서 즐거워하며 잠자리에 들던 이들은 다섯 번째 무리의 양들과 있습니다." Ibid., p. 765.

12  Ibid., pp. 767~769.

13  Ibid., p. 771.

14  Ibid., p. 771.

15  Ibid., p. 772.

16  Ibid., p. 772.

17  Ibid., p. 772.

18  Ibid., p. 771.

19  Ibid., p. 770.

20  Ibid., p. 770.

21  "Tercets on Ambition," p. 735.

22  Ibid., p. 736.

23  Ibid., pp. 735~736.

24  Ibid., p. 736.

25  Ibid., p. 735.

26  *Discourses* I-37, p. 272.

27  Ibid., p. 272.

28  Joseph Mazzeo, "The Poetry of Power," *Review of National Literatures: Italy, Machiavelli 500* Volume. I, Number. 1, p. 40.

29  "Tercets on Ambition," p. 737.

30  *Discourses* I-46, p. 290. 강조는 필자가 더했다.

31  *Prince* 3, p. 18.

32  "Tercets on Ambition," p. 737.

33 *Discourses* III-28, p. 493.

34 Ibid., II-Preface, p. 323.

35 "인간은 야심이 너무 커서, 현재의 욕망을 채울 수 있을 때 짧은 시일 안에 그 욕망이 초래할 해악에 대해서는 상상하지 않는다." Ibid., II-20, p. 383.

36 Martin Fleischer, "A Passion for Politics: The Vital Core of the World of Machiavelli," *Machiavelli and the Nature of Political Thought*, Martin Fleischer, ed., New York: Atheneum, 1972, p. 132.

37 *Prince* 3, p. 54.

38 이것이 포르투나의 존재를 뒷받침하는 유일한 원천은 아니다. 하지만 이것은 매우 중요하고, 특히 정치적 삶에서 포르투나가 얼마나 중요한지를 설명해준다.

39 *Letters*, pp. 896~897.

40 Ibid., p. 896.

41 Ibid., p. 897.

42 "Tercets on Ambition," p. 736.

43 *Prince* 25, p. 91.

44 *The Golden Ass*, p. 762.

45 "Tercets on Ambition," p. 736.

46 프랑스 군대는 그렇게 대단한 열정을 품고도 비르투가 없던 탓에, 마키아벨리의 표현으로는 결국 "여성들보다 못하"게 되었다. 규율, 계획, 방법론이 없는 열정 때문에 쓸모없는 것만도 못한 존재가 된다. *Discourses* III-36, p. 510.

47 Ibid., III-21, p. 478.

48 Ibid., pp. 478~479.

49 다음 책을 참고하라. Friedrich Meinecke, *Machiavellism: The Doctrine of Raison d'Etat and its Place in Modern History*, trans. D. Scott, London:

Routledge, 1957. 존 플라메나츠(John Plamenatz)는 비르투를 구성하는 요소 가운데 야심의 자리가 없다고 주장했지만, 그마저 이 두 가지 특성의 관계를 살펴보는 데 그친다. 이에 관해서는 다음을 참고하라. "In Search of Machiavellian Virtù," *The Political Calculus: Essays on Machiavelli's Philosophy*, A. Parel, ed., Toronto: Toronto University Press, 1972.

50  "A Pastoral: The Ideal Ruler," p. 98. 마키아벨리의 사상과 르네상스 문화에서는 명성과 영광이 고대 그리스에서와 같은 자리를 차지하지 않는다. 그리스인은 르네상스 시대 사람들의 명성을 불멸 가능성과 연결했다. 「피렌체 정부 개조론(Discourse on Remodeling the Government of Florence)」에서 마키아벨리는 정치적 기반, 질료, 명성, 영광, 불멸에 형상을 공급하는 행위를 연결한다. "법과 제도를 통해 공화국과 왕국을 개조해 낸 이들은 그 어떤 인간보다, 그가 한 어떤 행동보다 칭송받아 마땅하다. (……) 그렇다면 하늘이 인간에게 줄 수 있는 가장 위대한 선물은 권력과 불멸로 이끄는 재료를 주고 이렇게 그 조상의 영광을 뛰어넘게 하는 것이다." p. 114.

51  "소데리니 추기경에게 이런 말을 들은 기억이 있다. 누구나 교황과 공작을 부를 수 있게 허용한 것을 칭송한 데는 여러 이유가 있는데, 가장 큰 이유는 그들이 알맞은 때를 인식하고 그 인식을 매우 잘 활용할 줄 아는 사람들이라는 것이다." "On the Method of Dealing with the Rebellious Peoples of the Valadichiana," p. 162.

52  그래서 마키아벨리는 (절대 용병이 아니라) 상비군을 찾았고, "군주는 전쟁 공부에서 마음이 떠나면 안 된다. 군주는 평화 시대에 전시보다 더 전쟁을 생각해야만 한다. (……) 이것이 명령권자로서는 유일하게 활용할 수 있는 기술이고, 어마어마한 비르투다"라고 말한다. 다음을 참고하라. *Prince* 14, p. 55; *Discourses* I-40, p. 284.

53  "군주가 진정 세계에서의 영광을 추구한다면, 부패한 도시일지언정

손아귀에 쥐려 해야 한다. 카이사르처럼 모든 걸 무너뜨리는 게 아니라 로물루스처럼 개혁을 해야 한다. 실로 하늘은 더 나은 영광의 기회를 주기 어려우며, 인간 또한 더 큰 것을 바랄 수 없다." *Discourses* I-10, p. 223; I-11, p. 225.

54  *Prince* 24, p. 88.

55  *Prince* 25, p. 92.

56  *Discourses* 6, p. 26.

57  Jerrold Seigel, "Virtù in and Since the Renaissance," *Dictionary of the History of Ideas*, ed. Philip Wiener, New York: Scribners, 1973~1974, Vol. 4, p. 482.

58  『황금 당나귀』에서 마키아벨리가 이성을 공격하는 부분을 떠올려 보라. 펠릭스 길버트(Felix Gilbert)도 이렇게 말했다. "마키아벨리에게 동물은, 이성 때문에 인간의 내면에서는 약해진 순결한 진실성을 띤 존재다." *Machiavelli and Guicciardini*, Princeton: Princeton University Press, 1965, p. 197.

59  Federico Chabod, *Machiavelli and the Renaissance*, trans. David Moore, New York: Harper and Row, 1965, p. 128.

60  Felix Gilbert, *Machiavelli and Guicciardini*, p. 197.

61  *Prince* 3, p. 17.

62  *Prince* 18, p. 66.

63  *Prince* 25, p. 92.

64  *Discourses* III-26, pp. 488~489.

65  *Mandragola*, pp. 778~780. [한국어판] 니콜로 마키아벨리, 『군주론·만드라골라·카스트루초 카스트라카니의 생애』, 이종인 옮김, 연암서가, 2017.

66  *Clizia*, pp. 835~836.

67  Ibid., p. 836.

**68** Ibid., p. 847.

**69** "Balfagor: The Devil Who Married," pp. 869~877.

**70** 이에 관해 마키아벨리는 후일 등장하는 일부 르네상스 역사가들보다 훨씬 정직하다. 예컨대 야코프 부르크하르트(Jacob Burckhardt)는 이 시기 남성과 여성의 관계가 "완벽히 평등했다"라고 주장하며 "페미니즘 시기"라는 르네상스의 미신을 퍼뜨리는 데 기여했다. 그는 르네상스 시대에 여성들이 매우 멀리까지 나아가서 페미니즘이 필요 없었고, 따라서 그들은 "페미니즘을 초월"해 있었다고 말한다. Jacob Burckhardt, *The Civilization of the Renaissance in Italy*, trans. S. G. C. Middlemore, Vienna: Phaidon Press, 1890, pp. 203~206. 조앤 켈리가돌(Joan Kelly-Gadol)은 다음 글에서 이런 태도를 문제시한다. "Did Women Have a Renaissance?," R. Bridenthal and C. Koonz, eds., *Becoming Visible: Women in European History*, Boston: Houghton Mifflin, 1977.

**71** 다음을 참고하라. Leonardo Olschki: "Fortuna is the passive and virtù the active forces of political action," *Machiavelli the Scientist*, Berkeley: University of California Press, 1945, p. 38. 그리고 레오나르도 올슈키(Leonardo Olschki)의 의견에 동의한 앤서니 패럴(Anthony Parel)의 다음 글도 참고하라. "Machiavelli's Method and His Interpreters," *The Political Calculus*, p. 10.

**72** 포르투나의 여성 상징과 마키아벨리의 젠더 관련 문헌들을 가지고 내가 지나친 해석을 하는 것처럼 보일지 모르겠다. 여기에서 마키아벨리의 이야기를 직접 들어 보자. "확실히 연인과 군인이 똑같다고 한 사람은 진실을 말한 것이다. 장군은 자기 병사들이 젊어지길 원한다. 그리고 여성은 자기 연인이 노쇠하지 않길 바란다. (……) 병사는 지휘관의 분노를 두려워하고, 연인은 여성의 분노를 그만큼 두려워한다. (……) 병사는 적을 죽음에 이르기까지 쫓고, 연인은 자기 경

남성됨과 정치

쟁자를 그렇게 쫓는다. (……) 사랑과 전쟁은 비밀 유지, 신의, 용기가 필요하다는 점에서 똑같다. 똑같이 위험하고, 결과도 대개 비슷하다." *Clizia*, p. 829.

**73**  *Mandragola*, pp. 780, 784.

**74**  이런 힘의 투사는 두 가지 차원에서 일어난다. 첫째, 앞서 말했듯이 남성들은 불발에 그친 행동의 결과를 포르투나의 외피를 쓴 것으로 구체화하려는 경향이 있다. 둘째, 여성성은 '남자다운' 남성들이 삼가는 [감성, 예민함, 감수성, 돌봄 등] 인간의 몇 가지 힘을 담고 있다. 마키아벨리가 여성의 힘을 설명하는 두 가지 차원에 대해서는 6장에서 더 자세히 살펴본다.

**75**  *Prince* 24, p. 89; *Discourses* II-30, p. 412.

**76**  이와 비슷한 방식으로 마키아벨리는 여성에게 패배하거나 지배받는 남성을 노예나 겁쟁이로 묘사한다. 『만드라골라』의 니치아, 『클리치아』의 니코마코, 『벨파고르: 결혼한 악마』의 벨파고르 등이 그런 경우다.

**77**  *Discourses* I-7, pp. 210~211; *Prince* 19. "변덕이 심하고 시시하고 여성화되고 겁쟁이 같거나 우유부단하다고 여겨지는 군주는 경멸의 대상이 된다. 군주는 배를 모는 이가 암초를 피해 가듯 이런 모습을 피해야 하며, 자기 행동이 위대함, 용기, 진지한 목적과 힘을 보일 수 있어야 한다. (……) 그는 결정이 번복되지 않도록 단언한다." *Prince*, p. 68.

**78**  *Prince* 6, pp. 25, 26 and 10, p. 42; *Discourses* III-31, p. 498.

**79**  Robert Orr, "The Time Motif in Machiavelli," *A Passion for Politics*, p. 204.

**80**  닐 우드(Neal Wood)의 관점으로는 마키아벨리의 저작에서 "비르투가 자유의 원칙을 표상"한다. "Machiavelli's Humanism of Action," *The Political Calculus*, p. 46.

**81**  John Plamenatz, "In Search of Machiavellian Virtù," p. 176.

**82** *Prince* 20, p. 79.

**83** 그러나 닐 우드는 이것이 '인간성'과 '남성됨'을 지키기 위해 지나치게 비싼 대가를 치르는 것은 아니라고 말한다. "누구든 행동을 그치면 (……) 통제되지 않는 충동의 생명체로 전락할 뿐만 아니라 폭압적으로 권력을 좇는 이들의 조종 때문에 쉽게 노예가 될 것이다. 포르투나의 장난에 빠져든 이들은 자유를 잃게 되고, 매우 의미심장한 방식으로 그들의 남성성과 인간성을 위태롭게 한다." "Machiavelli's Humanism of Action," pp. 46~47.

## 6장 마키아벨리: 남성됨과 정치 세계

**1** *Discourses* I-1, pp. 193~195.

**2** Ibid., pp. 193~194.

**3** Ibid., p. 192.

**4** Ibid., p. 194.

**5** Ibid., p. 194.

**6** *Discourses* I-3, p. 202.

**7** *Discourses* III-12, p. 462.

**8** *Discourses* I-7, pp. 210~211.

**9** Ibid., p. 459.

**10** *Discourses* II-12, p. 355.

**11** Jerrold Seigel, "Virtù in and Since the Renaissance," p. 482.

**12** *Discourses* I-4, p. 202.

**13** *The Golden Ass*, p. 763.

**14** K. R. Minogue, "Theatricality and Politics: Machiavelli's Concept of Fantasia," *The Morality of Politics*, p. 153.

15  *Discourses* III-12, p. 460.

16  Ibid., p. 462.

17  Ibid., p. 462.

18  *Discourses* III-44, p. 523.

19  *Discourses* I-53, p. 303.

20  *History of Florence* I-19, p. 1057.

21  *Prince* 21, p. 84; *Discourses* I-6, p. 210.

22  오늘날 이런 것들은 '국가 안보', '국익'이라고 말한다.

23  Norman Jacobson, *Pride and Solace*, pp. 35~36.
    [옮긴이] 데모스테네스는 기원전 4세기 아테네에서 활동한 정치가
    이자 웅변가다.

24  Ibid., pp. 27~28.

25  Maurice Merleau-Ponty. "A Note on Machiavelli," *Signs*, trans. R. C.
    McCleary, Evanston, Ill.: Northwestern University Press, 1963, p. 212.

26  Norman Jacobson, *Pride and Solace*, p. 35.

27  *Prince* 18, pp. 66~67.

28  K. R. Minogue, "Theatricality and Politics," p. 156.

29  *The Human Condition*, p. 50.

30  N. O. Brown, *Love's Body*, p. 235.

31  다음을 참고하라. "Advice to Raffaelo Girolami" pp. 116~119. 마키아
    벨리는 이 두 가지 기술 획득에 대해 네 쪽에 걸쳐 자세히 기술한다.

32  *Discourses* I-53, p. 303; *History of Florence* IV-27, p. 1219, 1220 and
    IV-31, p. 1227.

33  *History of Florence* IV-26, p. 1218 and IV-31, p. 1227.

34  "Remodeling Florentine Government," p. 110, 112; *Discourses* I-25, p.
    253.

35  *Prince* 18, p. 82.

**36** *Discourses* I-15, pp. 233~234 and I-14, pp. 231~233.

**37** *Prince* 19, p. 68.

**38** 『피렌체사』에서 마키아벨리는 싸움 중에 그리고 싸움 전후에 양쪽 어느 누구에게도 알려지지 않았던, 그들이 실제로 지원하지 않은 상태에서 치른 모든 전쟁에 대해 설명한다. 다음을 참고하라. *History of Florence* V-17, pp. 1255~1256, V-18, p. 1257.

**39** K. R. Minogue, *The Morality of Politics*, p. 152.

**40** Robert Johnson, "Machiavelli and Gramsci," unpublished manuscript, p. 23.

**41** N. O. Brown, *Love's Body*, p. 235.

**42** *Discourses* II-11, p. 352.

**43** *Prince* 18, p. 66.

**44** Plato, *Gorgias* 482~527 [칼리클레스(Callicles)와 나눈 대화]; *Republic* 336~351 [트라시마코스(Thrasymachus)와 나눈 대화].

**45** Thucydides, *The Peloponnesian War* p. 331.

**46** *History of Florence* III-13, pp. 1160~1161.

**47** *History of Florence* V-1, p. 1232; *Art of War* II, pp. 614, 619~620.

**48** *Prince* 3, pp. 14, 16; *Discourses* II-19, p. 378.

**49** *Art of War* I, p. 585; *Legations* II-53, pp. 136~137; *Discourses* I-21, p. 246; *Prince* 6, pp. 24~25 and 12~13, pp. 46~55.

**50** *Prince* 21, pp. 83~84; "Words to Be Spoken on the Law for Appropriating Money, After Giving a Little Introduction and Excuse," p. 1440.

**51** *Discourses* I-9, p. 219.

**52** *Prince* 6, p. 25; 17, p. 64; 24, pp. 88~89; *Discourses* III-11, p. 458.

**53** *Prince* 3, p. 20.

**54** *Prince* 7, p. 28.

**55** *Prince* 9, p. 42.

**56** 마키아벨리에 따르면, 이는 로마 같은 국가만이 아니라 적들 사이에서 스스로 유지해 나갈 수 있는 국가를 원할 때도 적용된다.

**57** *Prince* 6, p. 25.

**58** *Discourses* II-19, pp. 217~219; *Prince* 5, p. 23. 이는 아리스토텔레스가 여성을 '형상이 필요한 질료'라고 묘사하는 부분 그리고 생식 과정 중 남성이 '씨앗'이나 '원칙'을 공급하기 때문에 여성의 기여를 '질료'나 '재료'라고 묘사하는 부분과 공명한다. 따라서 어머니가 아이를 낳는 것은 이데올로기적으로 어머니로부터 전유되고, 남성들은 폴리스의 '전체'가 '부분들'에 의미와 통일성을 공급한다고 여기듯 그것을 자신의 행위인 양 다룬다. 부분들은 (아리스토텔레스식으로 말해) 정치적 인간이 형상을 공급하는 질료거나 (마키아벨리식으로 말해) 비르투가 있는 인간을 구하지 못해 절뚝거리며 아무 쓸모 없이 놓여 있는 소재(인민)다.

**59** *Discourses* III-9, p. 453.
[옮긴이] 이 인용의 목적이 남성, 여성 대명사를 나눠 쓴다는 것을 보여 주는 데 있기 때문에, 번역도 이 책 전반에 쓰인 번역어에 맞추기보다 원서에 나오는 성별을 그대로 두었다.

**60** *Discourses* I-34, p. 268; I-59, p. 319; II-15, pp. 360~362.

**61** 질료와 어머니의 어원에 대한 논의는 1537189쪽을 참고하라.

**62** *Prince* 5, p. 23.

**63** Ibid., p. 31.

**64** '고마움'은 마키아벨리의 정치사상에서 작지 않은 주제고, 이제 그 이유가 명백하게 보일 듯하다. 고마움은 권력 구조와 연결되며, 이 구조는 권력의 뿌리가 다른 이의 목적에 자신을 기꺼이 내주면서 형성된다. 다음을 참고하라. *Prince* 17, p. 62; *Discourses* I-28-30, pp. 255~261 and I-59, p. 318; "Tercets on Gratitude or Envy," pp. 740~744.

**65** *Prince* 7, p. 31.

**66** *Prince* 9, p. 39.

**67** *Mandragola* III-9, p. 800.

**68** [옮긴이] 기원전 2~3세기에 활동한 그리스 역사가. 그는 시간의 흐름 가운데 일어나는 정치적 사건들을 개별 사건이 아닌 역사적 순환의 단계로 보았다. 마키아벨리의 『로마사 논고』 역시 앞으로 펼쳐질 사건을 대비하기 위해 과거의 역사적 사건을 기술한다는 점에서 폴리비오스의 순환 역사관을 보인다고 할 수 있다.

**69** *History of Florence* V-1, p. 1232.

**70** *Discourses* I-2, pp. 197~199. 다음 부분도 확인하라. III-1, p. 319.

**71** *Discourses* II-24, pp. 392~394.

**72** 많은 연구자들은 마키아벨리의 포르투나 개념의 원천을 논하기 위해 상당한 잉크를 썼다. 예컨대 다음을 보라. Thomas Flanagan, "The Concept of Fortuna in Machiavelli," *The Political Calculus*, Vincenzo Ciofarri "The Function of Fortune in Dante, Boccacio and Machiavelli," *Italica* 24, 1947; Burleigh Wilkins, "Machiavelli on History and Fortune," *Bucknell Review* 8, 1959; J. G. A. Pocock, *The Machiavellian Moment: Florentine Political Thought and the Atlantic Republican Tradition*, Princeton: Princeton University Press, 1975; H. R. Patch, "The Tradition of the Goddess Fortuna in Medieval Philosophy and Literature," *Smith College Studies in Modern Languages*, Vol. III, no. 4. 마키아벨리 시대의 시인, 정치가, 문인 사이에서 이 이교의 여신에 대한 관심은 현재적이었으며, 고대와 중세 사람들 사이에서도 분명 일반적이었다. 비록 토마스 아퀴나스(Thomas Aquinas)나 아리스토텔레스보다 단테나 알베르티(Leone Battista Alberti)를 택하는 편이 안전해 보이지만, 마키아벨리가 포르투나 이미지를 그려 낼 때 다양한 묘사 가운데 어느 쪽의 영향을 가장 받았는지는 명확지 않다. 그보다 마키아벨리는 충분히 혁신적이고 상상력이 풍부한 사상가로, 자신만의 포르투나를 구성했

다는 점이 더 중요하다. 결국 마키아벨리에게 포르투나가 어떤 존재
이며 그녀가 무엇을 표상하길 바랐는지 이해하려면 그의 저작을 찾
아보는 것이 가장 좋다.

**73** "Tercets on Fortune," pp. 745~746.

**74** *Life of Castruccio Castracani of Lucca*," p. 552.

**75** *History of Florence* I-6, pp. 1041, 1042.

**76** *History of Florence* III-23, p. 1177.

**77** *Prince* "Dedication," p. 11.

**78** *Letters*, p. 964.

**79** *Prince* 25, p. 90.

**80** "Tercets on Fortune," p. 747.

**81** Ibid., p. 746.

**82** Ibid., p. 747.

**83** Ibid., p. 747.

**84** Neal Wood, "Machiavelli's Concept of Virtù," p. 171.

**85** 마키아벨리는 『피렌체사』를 비롯한 여러 저작에서 정치라고 부르기
에는 너무나도 미미한, 서로를 죽이는 행위가 무르익은 시대와 장소
를 언급한다.

**86** *History of Florence* V-1.

**87** "공화국이 정체되어 있을 때 성공은 불가능하다. (……) 한 공화국이
다른 나라를 괴롭히지 않는다면 괴로움을 당할 수밖에 없고, 괴로움
을 당할 때 희망과 확장의 필요가 제기되기 때문이다. 그리고 공화국
바깥에 적이 없을 경우, 그 적은 모든 위대한 국가에서 필연적으로
그러했듯 내부에서 발견된다." *Discourses* II-19, p. 379.

**88** *History of Florence* V-1, p. 1233. 다음 부분도 참고하라. I-39, p.
1079; VI-1, pp. 1284~1285.

**89** *History of Florence* VIII-27, pp. 1420~1421.

**90** 마키아벨리는 1471년 피렌체의 평화를 이렇게 말했다. "보통 평화 시에 생겨나는 폐해가 도시에 나타났다. 젊은이들은 평소보다 무절제하게 옷, 술자리, 이와 비슷한 사치품을 소비했다. 일자리를 찾지 않고 시간과 재산을 도박과 창녀에게 낭비했다. 그들은 화려한 차림새에 간결하고 영리한 말투를 쓰는 사람으로 자신을 내보일 야심을 품었다. 다른 사람을 가장 재주 좋게 꺾은 이가 가장 멋지고 가장 높다고 여겨졌다." *History of Florence* VII-28, p. 1372.

**91** Neal Wood, "Machiavelli's Concept of Virtù," p. 170.

**92** Ibid., p. 170.

**93** Ibid., p. 170.

**94** 다음을 참고하라. John Geerken, "Homer's Image of the Hero in Machiavelli: A Comparison of Arete and Virtù," *Italian Quarterly* 14, no. 53, 1970, pp. 45~90.

**95** *History of Florence* I-19, p. 1057.

**96** 『만드라골라』(루크레치아), 『클리치아』(클리치아), 「뱀 부리는 사람(The Snake Charmer)」을 참고하라.

**97** 『클리치아』(소프로니아)와 『벨파고르: 결혼한 악마』를 참고하라.

**98** 마키아벨리는 여성의 지위가 성적 대상으로서 파괴적이지 않은 한 여성에 대해 거의 언급하지 않는다. 본문에 나오는 희곡들과 『피렌체사』의 다음 내용을 참고하라. *History of Florence* I-9, p. 1044; I-20, p. 1058; I-37, 38, p. 1076~1077; II-3, pp. 1084~1085.

**99** 다시 『클리치아』(가운데 남편에게 무언가를 얻어 내려는 것이 아니라 권력을 얻기 위해 남편을 통제하려고 하는 소프로니아)를 참고하라.

**100** 오르테가 이 가세트는 다른 방식으로 연계되는 어원적 연결 고리가 있다고 주장한다. 예를 들어 처음에 강간(rape)이 있었으며 그다음에 환희(rapture)가 등장한다는 것이다. "The Sportive Origins of the State," *History as a System*, p. 31.

# 근대성: 베버

## 7장 베버: 정치의 본성과 목적

1  다음을 참고하라. Arthur Mitzman, *The Iron Cage: An Historical Interpretation of Max Weber*, New York: Knopf, 1970; Marianne Weber, *Max Weber: A Biography*, trans. H. Zohn, New York: Wiley, 1975; Martin Green, *The Von Richtofen Sisters*, New York: Basic Books, 1974.

2  프로이트에 대한 베버의 일반적 견해는 바로 앞 주석에 소개한 마리안 베버(Marianne Weber)의 베버 전기에서 엿볼 수 있다(372~380쪽). 프로이트의 이론이 과학이자 세계관이라는 주장에 대한 베버의 반박은 에드가 야페(Edgar Jaffe)에게 보낸 편지에 있다. *Selections in Translation*, ed. W. G. Runciman, Cambridge: Cambridge University Press, 1977, pp. 383~388.

3  마리안 베버에게 자신들의 약혼 문제를 다루며 보낸 편지에서 발췌했으며, 다음 책에서 재인용했다. Arthur Mitzman, *The Iron Cage*, p. 93. 강조는 원문에 있다.

4  바움가르트너에게 보낸 편지. 강조는 원문에 있으며, 다음 책에서 재인용했다. Ibid., p. 59.

5  Karl Jaspers, *Three Essays: Leonardo, Descartes, Max Weber*, trans. Manheim, New York: Scribners, 1953, p. 194.

6  *Economy and Society*, eds. G. Roth and C. Wittich, Berkeley: University of California Press, 1978. [한국어판] 막스 베버, 『경제와 사회: 공동체들』, 볼프강 J. 몸젠·미하엘 마이어 엮음, 박성환 옮김, 나남출판, 2009. 앞으로 이 책은 *ES*로 표기한다. *ES*, Volume II, III-1, p. 359.

7  Ibid., pp. 358, 359.

**8** Ibid., p. 357.

**9** Ibid.

**10** Ibid.

**11** Ibid.

**12** Ibid. 강조는 원문에 있다.

**13** *ES* (II) IX-2, pp. 904~910.

**14** Ibid., p. 905.

**15** Ibid.

**16** Ibid., p. 906. 강조는 원문에 있다.

**17** N. O. Brown, *Love's Body*, p. 13. 오르테가 이 가세트의 '국가의 스포츠 기원'에서 영감을 받아 브라운은 이렇게 말한다. "위대한 정치 과정을 처음 시작한 사람은 노동자, 지식인, 수사 (……) 또는 사업가가 아니다. 여자에게 정신이 팔려 싸워 대는 젊은 남성, 즉 연인·전사·운동선수다." *History as a System*, p. 32. 오르테가 이 가세트가 말하는 남성 연맹의 기원에 대해서는 26~32쪽을 확인하라.

**18** "'만인 평등 전사단(Warriors, all equal)'은 형제애 조직이다." N. O. Brown, *Love's Body*, p. 12.

**19** *ES* (II) XI-2, p. 907.

**20** Ibid.

**21** Ibid., p. 907.

**22** *ES* (II) III-1, p. 35.

**23** Ibid., p. 359.

**24** Ibid., p. 359.

**25** *ES* (II) IX-2, p. 906.

**26** [옮긴이] 영토와 국민을 군주의 소유물로 보며, 국가의 재정과 군주의 재정 사이에 구별이 없는 제도를 가리킨다.

**27** *ES* (II) XII-1, p. 1007.

**28** Ibid., pp. 906~907.

**29** 이 문제를 구별하기 위해 마키아벨리가 쓴 단어가 '기반'이다. 6장 219쪽을 확인하라.

**30** *ES* (II) XI-2, p. 908.

**31** *ES* (II) XIII-14, p. 1107.

**32** *ES* (II) III-1, p. 359.

**33** *Verhandlungen des 5. Evangelisch-sozialen Kongresses*, 1894, pp. 80~81. 다음 책에서 재인용했다. David Beetham, *Max Weber and the Theory of Modern Politics*, London: Allen and Unwin, 1974, p. 42.

**34** "Politics as a Vocation," *From Max Weber: Essays in Sociology*, eds. H. Gerth and C. Wright Mills, New York: Oxford University Press, 1946, p. 77. [한국어판] 막스 베버, 『소명으로서의 정치』, 최장집 엮음, 박상훈 옮김, 후마니타스, 2013.

**35** "Freiburg Inaugural Address," *Selections in Translation*, p. 267.

**36** 베버가 사회주의를 기술적 또는 '과학적'으로 반박한 내용은 「사회주의(Socialism)」라는 제목의 단편에 있다. *Selections in Translation*, pp. 251~262. 사회주의에 대한 다른 분석은 대개 번역되지 않았지만, 그 분석에 대한 포괄적인 논의는 다음 책에 실려 있다. David Beetham, *Max Weber and the Theory of Modern Politics*, pp. 82~89.

**37** "현 체제에 반대하는 사회주의는 긍정적 의미로 어디에 이르는가? 단어의 뜻 그대로 밀어붙일 때 '집단적 경제'라고 부르는 것은 무엇인가? 첫째, 그것은 이윤 없는 경제로 민간 기업가들이 자신의 능력을 투여하고 위험을 감수하면서 생산을 지시하는 행위가 없는 경제다. 그 대신 이 경제는 공기업 관료의 손에 맡겨지고 (……) 둘째, 그 결과로 생산의 무정부주의 상태에 이르러 기업가들 간의 경쟁이 끝나 버린다." *Selections in Translation*, p. 253.

**38** 다음 책에서 재인용했다. David Beetham, *Max Weber and the Theory* *of Modern Politics*, p. 83.

39 "Freiburg Inaugural Address," p. 267. 강조는 원문에 있다.

40 Ibid. 강조는 원문에 있다.

41 Ibid.

42 다음 책에서 재인용했다. David Beetham, *Max Weber and the Theory of Modern Politics*, p. 83.

43 "Politics as a Vocation," p. 84.

44 Ibid., p. 106.

45 Ibid., pp. 85, 86.

46 Ibid., p. 86.

47 Ibid.

48 다음 책에서 재인용했다. David Beetham, *Max Weber and the Theory of Modern Politics*, p. 244.

49 베버의 시각에서는 프티부르주아의 삶이 그렇기 때문에 그 계급의 구성원은 국정에 적합지 않다. 베버는 독일 프티부르주아의 정치 관련 사고방식을 "위대한 국력 본능의 부재, 물질적 목적을 위한 정치 목표의 제한 또는 적어도 자기 세대의 이해관계를 위한 정치적 목표의 제한, 미래를 향한 책임감의 절대 결핍" 등으로 묘사했다. 다음 책에서 재인용했다. Ibid., p. 145.

50 다른 데서 베버는 이 계층을 "자기 위아래 계층에서 경제적으로 독립한 이들"이라고 부른다. Appendix Ⅱ, *ES*, p. 1447.

51 *ES* (Ⅱ) Ⅸ-1, p. 902.

52 *ES* (Ⅰ) Ⅰ-17, p. 55. 강조는 필자가 더했다. 베버는 이 정식화를 『소명으로서의 정치』에서 반복한다. p. 77.

53 *ES* (Ⅱ) Ⅸ-1, p. 902.

54 Ibid., p. 903.

55 Ibid., p. 901.

**56** *ES* (Ⅱ) X-1, p. 941.

**57** 니체가 말한 '권력에의 의지'와 베버가 정리한 '권력 본능' 사이에 눈에 띄는 유사성이 있다고 해석한 두 사람이 있다. Eugene Fleischman, "De Weber à Nietzsche," *Archives Europeenes de Sociologies*, vol. 5, 1964, pp. 190~238; Raymond Aron, "Max Weber and Power Politics," *Max Weber and Sociology Today*, ed. O. Stammer, Oxford: Blackwell, 1971, pp. 83~100. Blackwell, 1971, pp. 83~100.

**58** 다음 책에서 재인용했다. David Beetham, *Max Weber and the Theory of Modern Politics*, p. 76.

**59** 베버가 대중의 여러 잠재력 가운데 정치적인 면은 말할 것도 없고 사회·문화적인 면의 잠재력을 얼마나 낮게 잡았든, 그는 대중을 '양(sheep)'으로 본 니체의 시각에도, 위대한 지도자는 대중에게 아무런 책임도 없다는 니체식 결론에도 공명하지 않는다. 대중은 경멸받을 만했을지도 모르지만, 그렇다고 그들에게 국가에 대한 윤리적·사회적 요구가 전혀 없는 것은 아니다. 다음 책을 보라. Wolfgang Mommsen, "Max Weber's Sociology and his Philosophy of World History," *Max Weber*, ed. D. Wrong, Englewood Cliffs, N. J.: Prentice-Hall, 1970, pp. 184~185.

**60** 베버가 말하는 '대중'은 자산 없는 가난한 집단만을 가리키지 않는다. 그에게 대중은 계급적 특성으로 결정되는 것이라기보다 문화적 개념이다.

**61** "Parliamentary Government and Democratization," p. 1459.

**62** *ES* XI-8, p. 985.

**63** "Parliamentary Government and Democratization," p. 1457.

**64** Ibid., p. 1414.

**65** *ES* (Ⅰ) Ⅲ-ⅷ-15, p. 278.

**66** *ES* (Ⅱ) X-3, p. 953.

**67** Roth and Wittich, "Introduction," *ES*, p. xc.

**68** "Politics as a Vocation," p. 84.

**69** "The Meaning of Ethical Neutrality," *The Methodology of the Social Sciences*, trans. E. Shils and H. Finch, New York: Free Press, 1940, p. 47. 강조는 원문에 있으며, 앞으로 이 책은 *MSS*로 표기한다.

**70** Ibid., p. 46.

**71** "Freiburg Inaugural Address," and "Socialism," *Selections in Translation*.

**72** *ES* (II) IX-5, p. 925.

**73** Ibid., p. 926.

**74** *ES* (II) V-4, pp. 397~398.

**75** Ibid., p. 398. 아테네인들이 그리스인이 아닌 사람들이 폴리스라는 정치 조직을 갖지 못했다는 이유로 그들을 '야만인'이라고 부른 것을 생각해 보자.

**76** Ibid., p. 398.

**77** "겨우 15년 전만 해도 극동 지역에 대해 알던 사람들은 중국인들이 한 '민족'으로 불릴 자격이 있다는 것을 여전히 거부했다. 그들은 중국인을 오직 한 '인종'으로 묶어 두었다. 그러나 오늘날 (……) 같은 관찰자들이 내리는 판단은 매우 다를 것이다." *ES* (II) IX-5, p. 924.

**78** 다음 책에서 재인용했다. David Beetham, *Max Weber and the Theory of Modern Politics*, p. 28.

**79** "문화적 명망과 권력-명망은 밀접히 연관되어 있다." *ES* (II) IX-5, p. 926.

**80** 다음 책에서 재인용했다. Arthur Mitzman, *The Iron Cage*, p. 82.

**81** *ES* (II) IX-3, p. 911.

**82** *Selections in Translation*, p. 266, 268; David Beetham, *Max Weber and the Theory of Modern Politics*, p. 39.

**83** *ES* (II) IX-3, p. 911.

**84** Ibid., pp. 910~911.

1  "Bureaucracy and Political Leadership," Appendix II-ii, *ES*, p. 1394.

2  *ES* (I) I-2, pp. 24~26.

3  "목표, 수단, 부수 결과를 다 고려하고 그 경중을 따지는 행동은 도구 합리적이다. 여기에는 목표를 위한 대안적 수단, 목표와 부수 결과의 관계, 마지막으로 다른 목표의 상대적 중요성 각각에 대한 합리적 고려가 뒤따른다. (……) 가치 체계에 대한 합리적 지향이라는 맥락에서 [행위자는] 대안적이고 충돌하는 목표들 사이에서 어떤 결정을 하는 대신 그 목표들을 단순히 주관적 결핍이라는 조건으로 받아들이고, 의식적으로 가늠해 본 상대적 시급성에 맞춰 목표를 조정한다. 이런 조정 뒤에 행위자는 '한계효용'의 법칙으로 정식화된 것처럼 가능한 한 질서 있게 또는 급격하게 목표를 이루는 방식으로, 조정된 정도에 맞춰 자기 행동의 방향을 결정할 수 있다. [이런] 관점에서 (……) 가치 합리성은 늘 불합리하다." Ibid., p. 26.

4  "Knies and the Problem of Irrationality," *Roscher and Knies: The Logical Problems of Historical Economics*, trans. G. Oakes, New York: Free Press, 1975, p. 191. 앞으로 이 책은 *Roscher and Knies*로 표기한다.

5  *ES* (I) I-4, p. 30. 베버는 이렇게 덧붙인다. "행동의 '합리화' 과정에서 가장 중요한 면은 고대 관습의 무모한 수용을 자기 이익의 관점에 따라 상황에 신중하게 적용하는 것으로 대체하는 것이다."

6  Karl Loewith, "Weber's Interpretation of the Bourgeois-Capitalist World in Terms of the Guiding Principle of Rationalization" in Wrong, *Max Weber*, p. 112.

7  *ES* (I) I-4, p. 30.

8  Karl Loewith, "Weber's interpretation of the Bourgeois-Capitalist World," p. 114.

9   자본주의의 합리성과 합리화의 관계에 대한 베버의 분석을 논하면서,『프로테스탄트 윤리와 자본주의 정신』에 등장하는 베버의 자본주의 근원에 대한 연구에 대해서는 지엽적인 관심만 기울이려고 한다. 그의 가장 유명한 저작과 내 책의 관련은 그 결론 정도뿐이다. 이 대목에서 베버는 프로테스탄트 기업가의 종교적 '소명'이 자본주의 조직의 지배 자체를 통해 구조화된 행동 양식으로 합리화되었다고 주장한다. "왜냐하면 금욕주의가 수도원의 방에서 일상의 삶으로 옮겨지고 세속적 도덕을 지배하기 시작하면서 근대 경제 질서라는 엄청난 우주를 건설하는 데 일조했기 때문이다. 이 질서는 이제 경제적 획득과 직접 관련된 사람뿐만 아니라 거부할 수 없는 힘으로 이 구조 속에 태어난 모든 개인의 삶을 결정하는 기계 생산의 기술과 경제 조건에 묶이게 되었다. (……) 승리를 거둔 자본주의는 기계적 토대 위에 있으므로 [종교적인 금욕주의의 지원이] 더는 필요치 않다." *The Protestant Ethic and the Spirit of Capitalism*, trans. T. Parsons, London: Unwin University Books, 1930, pp. 181~182. [한국어판]『프로테스탄트 윤리와 자본주의 정신』, 박문재 옮김, 현대지성, 2018. 앞으로 이 책은 *Protestant Ethic*으로 표기한다.

10  베버는 자본주의 생산양식의 이런 특성을 여러 군데서 논하는데, 가장 직설적으로 열변을 토한 것은 사회주의에 반대할 때다. 예컨대 다음 글을 참고하라. "Socialism," *Selections in Translation*, pp. 252~253.

11  특히 다음 내용을 참고하라. *Protestant Ethic*, pp. 155~170.

12  "Politics as a Vocation," p. 82; "Bureaucracy and Political Leadership," p. 1394.

13  *ES* (II) III-ii-5, p. 223.

14  Ibid.

15  "Bureacracy and Political Leadership," p. 1393.

16  *ES* (II) XI-9, p. 987.

17   Ibid., p. 988.

18   *ES* (II) III-ii-5, p. 255.

19   "정치의 '대가'는 전문가를 대하는 아마추어의 자세로, 늘 훈련된 관료와 자기 자신을 비교해 본다." *ES* (II) XI-11, p. 991; IX-11-C, pp. 993~996.

20   "The Right of Parliamentary Inquiry and the Recruitment of Political Leaders," Appendix II-iii, *ES*, pp. 1417~1418.

21   *ES* (II) XI-6, p. 973; "Bureaucracy and the Naiveté of the Literati," p. 1401.

22   "Bureaucracy and the Naiveté of the Literati," p. 1402.

23   Herbert Marcuse, "Industrialization and Capitalism" in Stammer, ed., *Max Weber and Sociology Today*, Oxford: Blackwell, 1971, p. 149.

24   "Objectivity in the Social Sciences," *MSS*, pp. 63~64.

25   "The Meaning of Ethical Neutrality," *MSS*, p  18

26   *ES* (I) I-4, p. 30.

27   Ibid., p. 30.

28   *ES* (II) XIV-III, p. 1156. "조직의 규율에는 (……) 완벽하게 합리적인 기반이 있다. 알맞은 측정 수단의 도움을 받으면 개인의 최적 이윤율이 물질적 생산수단의 이윤율처럼 계산된다."

29   Ibid., p. 1149.

30   "Bureaucracy and the Naiveté of the Literati," p. 1404.

31   *ES* (I) I-4, p. 30.

32   *Protestant Ethic*, p. 182.

33   *Gesammelte Aufsatze zur Soziologie und Sozialpolitik*. 다음의 책에서 재인용했다. Arthur Mitzman, *The Iron Cage*, p. 178. 강조는 원문에 있다.

34   이 책의 7장 249~252쪽을 참고하라.

35  *ES* (I) I-4, p. 30.

36  Ibid.

37  "Politics as a Vocation," pp. 120~126. '책임 윤리'의 한계에 대한 논의는 이 장의 312~315쪽을 참고하라.

38  Ibid., pp. 121~122.

39  *ES* (I) I-4, p. 30.

40  *Roscher and Knies*, pp. 191~192.

41  누군가의 힘이 이해할 수 없는 근거로 위협받는 상황을 다루는 데 필요한 '정신적 비르투' 같은 것에 해당하는 마키아벨리의 정식화를 보려면 이 책의 5장 180~184쪽을 참고하라.

42  다음 책에서 재인용했다. David Beetham, *Max Weber and the Theory of Modern Politics*, p. 127.

43  "Max Weber's Sociology," pp. 186~187.

44  "The Political Limitations of the Bureaucracy," p. 1403. 내가 이 장과 앞 장에서 보여 주려고 애썼듯이, 베버는 '과학' 저작에서도 이런 염려를 적잖이 표현했다.

45  사회주의에 대해서는 다음을 참고하라. "Socialism," "Prospects for Democracy in Tsarist Russia," *Selections in Translation*; "Bureaucratization and the Naiveté of the Literati," pp. 1393~1395, 1399~1403. 민주주의와 합리화에 대해서는 다음을 참고하라. *ES* (II) XI-6, p. 980; XI-8, pp. 984~985; IX-11, p. 991; Appendix II-v, pp. 1442~1459.

46  다음 책에 나오는 막스 베버의 편지에서 인용했다. Marianne Weber, *Max Weber: A Biography*, p. 412.

47  내 생각에 베버가 이런 제도의 부분이자 구획인 갈등, 전쟁, 희생 등에 도취되어서 "모든 가능한 악 가운데 최고"라고 방어조차 하지 않았다는 말은 과장이 아니다. 제2차 세계대전에 대한 베버의 반응이 어땠는지는 마리안 베버의 묘사를 보라. Ibid., pp. 617~678.

**48** "Science as a Vocation," pp. 138, 139, 143, 144.

**49** Ibid., pp. 137, 139.

**50** *Roscher and Knies*, p. 191.

**51** *Protestant Ethic*, p. 182; *ES* (II) IX-5, p. 926.

**52** "Objectivity in Social Science," *MSS*, pp. 49~62; "Freudianism," *Selections in Translation*.

**53** "Science as a Vocation," pp. 148~152.

**54** Ibid., p. 152.

**55** "Right of Parliamentary Inquiry and the Recruitment of Political Leaders" *ES*, Appendix II-iii, p. 1418; and *ES* (II) XI-11-C, pp. 993~ 998.

**56** "Politics as a Vocation," pp. 100~112; "Bureaucracy and Political Leadership," pp. 1395~1399.

**57** "Bureaucracy and Political Leadership," pp. 1396, 1398.

**58** "Right of Parliamentary Inquiry," p. 1419. 강조는 필자가 더했다.

**59** "Bureaucracy and Political Leadership," pp. 1403, 1404.

**60** "Right of Parliamentary Inquiry," p. 1417.

**61** "Bureaucracy and Political Leadership," p. 1414.

**62** Ibid., p. 1413.

**63** "Right of Parliamentary Inquiry," p. 1417.

**64** *ES* (II) III-iv, p. 244; XIV-i, p. 113.

**65** *ES* (II) XIV-i, pp. 1111, 1118. "카리스마의 혁명적 역할과 대조적으로 정치와 종교에서 전통적인 일상의 요구는 가부장적 구조로 충족된다."

**66** *ES* (II) III-v, pp. 252~254; XV-1-2, pp. 1158, 1162. 베버는 '일상화된 카리스마'는 작동하는 모든 적법한 질서 뒤에 있는 진실이고, 실제 카리스마적 요소의 현시와는 아무런 관계가 없다고 설명한다.

**67** *ES* (II) III-v, p. 252.

**68** "Politics as a Vocation," p. 115.

**69** *ES* (II) XIV-i, p. 1117.

**70** Ibid., pp. 1116~1117. 강조는 필자가 더했다.

**71** "Politics as a Vocation," p. 113.

**72** *ES* (II) XIV-i-6, p. 1120.

**73** "Max Weber's Sociology," p. 186.

**74** "Politics as a Vocation," p. 117.

**75** "Bureaucracy and Political Leadership," p. 1407.

**76** Ibid., p. 1407.

**77** *Verhandlungen des 8. Evangelisch-sozialen Kongresses*, 1897, pp. 108~ 109. 다음 책에서 재인용했다. David Beetham, *Max Weber and the Theory of Modern Politics*, p. 126.

**78** "Bureaucracy and Political Leadership," pp. 1404, 1413, 1411, 1414.

**79** "Politics as a Vocation," p. 116.

**80** Ibid., p. 84, 114~115. "이 직업이 주는 내적 즐거움은 무엇일까? (······) 정치라는 직업에는 권력감, 즉 사람들에게 영향을 주는 지식과 사람들에 대해 권력을 쥐게 하는 지식이 주어진다. 그리고 무엇보다 역사적으로 중요한 사건의 신경 가닥을 손에 쥐고 있다는 느낌은 직업 정치가가 공식적으로는 대단치 않은 자리에 있을 때마저 그를 일상 너머로 끌어올릴 수 있다."

**81** "Bureaucracy and Political Leadership," p. 1407.

**82** 다음 책에서 재인용했다. David Beetham, *Max Weber and the Theory of Modern Politics*, p. 231.

**83** Marianne Weber, *Biography*, p. 638. 강조는 필자가 더했다.

# 남성적 정치학, 그 이후를 향하여

## 9장 무엇을 극복할 것인가: 지배의 정치

1   *The Human Condition*, pp. 36~37. 강조는 필자가 더했다.

2   Ibid.

3   "What is Freedom?," p. 156. 강조는 필자가 더했다.

4   Friedrich Nietzsche, "The Greek State," pp. 8~9. 강조는 필자가 더했다.

5   Paul Ricoeur, *History and Truth*, trans. C. A. Kelbey, Evanston: Northwestern University Press, 1965, p. 249. [한국어판] 폴 리쾨르, 『역사와 진리』, 박건택 옮김, 솔로몬, 2002. 강조는 필자가 더했다.

6   *ES* (II) IX-1, p. 902.

7   *ES* (II) X-1, p. 941. 강조는 필자가 더했다.

8   "What is Freedom?," p. 156.

9   *ES* (I) I-17, p. 55. 강조는 필자가 더했다.

10  Thucydides, *The Peloponnesian War*, p. 331.

11  *ES* (II) XIII-1, p. 1007.

12  "Freiburg Inaugural Address," *Selections in Translation*, p. 267.

13  *The Human Condition*, p. 55.

14  다음을 참고하라. Kathy Ferguson, *The Feminist Case Against Bureaucracy*, Philadephia: Temple University Press, 1984. [한국어판] 캐시 퍼거슨, 『페미니즘과 관료제』, 강세영·김복규 옮김, 대영문화사, 2009.

15  다음 글을 빼면 모두 익숙한 개념일 것이다. Carey McWilliams: "Weapons and Virtues," *Democracy*, vol. 2, no. 3, July 1982. 특히 이 글의 103~105쪽을 참고하라.

16  다음 책을 참고하라. Susan Stern, *With the Weathermen*, Garden City, N. Y.: Doubleday, 1975.

[옮긴이] 웨더 언더그라운드는 1960년대 후반부터 10여 년간 미국에서 활동한 극좌 테러 조직이다.

17 Simone de Beauvoir, *The Second Sex*, trans. H. M. Parshley, New York: Vintage, 1974, p. 72. [한국어판] 시몬 드 보부아르, 『제2의 성』, 조흥식 옮김, 을유문화사, 2017.

18 Simone de Beauvoir, *Memoirs of a Dutiful Daughter*, trans. J. Kirkup, New York: Harper and Row, 1974, p. 113.

19 Machiavelli, *Prince* 25, p. 90.

20 Frederick Engels, *The Origins of the Family, Private Property and the State*, ed. E. B. Leacock, New York: International Publishers, 1972.

21 August Bebel, *Woman Under Socialism*. 다음 글에서 재인용했다. Lorenne Clark, "The Rights of Women: The Theory and Practice of the Ideology of Male Supremacy," p. 58. 강조는 필자가 더했다.

22 V. I. Lenin, *Selected Writings: The Emancipation of Women*, ed. N. K. Krupskaya, New York: International Publishers, 1934. 특히 66~72쪽을 참고하라. 현대식 레닌의 입장을 알고 싶다면 다음 책을 보라. Charnie Guetell, *Marxism and Feminism*, Toronto: Hunter Rose, 1974. 노동력 통계는 다음 책에서 가져왔다. Rose L. Glickman, *Russian Factory Women: Workplace and Society 1880~1914*, Berkeley: University of California, 1984, pp. 83, 86.

23 Clara Zetkin, "My Recollections of Lenin" in Lenin, *Emancipation of Women*, pp. 101~104; Alexandra Kollantai, *Selected Writings*, trans. and ed. Alix Holt, New York: Norton, 1977, pp. 127~141, 216~249, 276~292.

24 Zetkin, pp. 103, 123. 콜론타이의 이야기는 다음 선집 중 홀트(Holt)의 설명 부분에 실려 있다. *Selected Writings*, pp. 121~122, 214~215, 298~299. 다음 글도 참고하라. Beatrice Farnsworth, "Bolshevism, the

Woman Question and Alexandra Kollantai," *American Historical Review* vol. 81, no. 2; Jacqueline Heinen, "Kollantai and the History of Women's Oppression," *New Left Review* 110.

**25** Shulamith Firestone, *The Dialectic of Sex: The Case for Feminist Revolution*, revised edition, New York: Bantam, 1971, p. 206. [한국어판] 슐라미스 파이어스톤, 『성의 변증법』, 김민예숙·유숙열 옮김, 꾸리에, 2016.

**26** '기업 성공' 분야에는 특히 이 입장을 옹호하는 자료가 셀 수 없을 만큼 많다. 그 소소한 사례로 다음 자료들이 있다. Grace Lichtenstein, *Machisma: Women and Daring*, New York: Doubleday, 1981; Betty Harragan, *Games Mother Never Taught You: Corporate Gamesmanship for Women*, New York: Warner Books, 1977; Marilyn Kennedy, *Office Politics: Seizing Power, Wielding Clout*, New York: Warner Books, 1980.

**27** 온건 페미니스트와 급진 페미니스트 모두 이런 입장의 글을 내놓았다. 진 엘시테인은 세라 러딕(Sara Ruddick)의 '모성적 사고'(*Feminist Studies* 6, Summer 1980)를 이용해, 『공적 남성, 사적 여성 *Public Man, Private Woman*』과 「안티고네들의 딸들(Antigones' Daughters)」을 세상에 내놓았다. 메리 디에츠(Mary Dietz)는 엘시테인과 러딕을 신아렌트학파적으로 비판하며 「페미니스트의 얼굴을 한 시민: 모성적 사고의 문제(Citizenship with a Feminist Face: The Problem With Maternal Thinking)」(*Political Theory* 13, 1985)를 발표했다. 하투니는 엘시테인의 안티고네 해석을 명백히 페미니즘적으로 비판하면서 「안티고네의 딜레마: 정치적 멤버십의 문제(Antigone's Dilemma: A Problem in Political Membership)」(*Hypatia*, vol. 1, no. 1, Spring 1986)를 발표했다. 여성과 세계에 대한 여성의 공헌을 본질적으로 '삶의 긍정'으로 제시한 급진적 페미니스트로는 메리 데일리(Mary Daly, *GynlEcology: The*

*Metaethics of Radical Feminism,* Boston: Beacon, 1978)와 수전 그리핀(Susan Griffin, *Women and Nature,* New York: Harper and Row, 1978)이 있다. 그리고 영적 페미니즘과 에코페미니즘이라는 성장 중인 분파도 있다. 이 주제는 다음 장에서 좀 더 길게 다룬다.

## 10장 무엇을 해야만 하는가: 남성적 정치학을 넘어서

**1** Ferron, "It Won't Take Long," *Shadows on a Dime*, Nemesis Publishing, 1984.

**2** Norman Jacobson, *Pride and Solace*, p. xv.

**3** 9장 27번 주석과 함께 다음 자료도 참고하라. Starhawk, *Dreaming the Dark*, Boston: Beacon, 1982; Kathy Ferguson, *The Feminist Case Against Bureaucracy*, Philadelphia: Temple University, 1984; Mary Daly, *Gyn/Ecology: The Metaethics of Radical Feminism*, Boston: Beacon, 1978 and *Pure Lust*, Boston: Beacon, 1984.

**4** 이 진술은 『페미니즘과 관료제』 166~173쪽에서 퍼거슨이 제기한 다음 주장과 일치한다. "여성의 전통적인 경험은 그 자체로 왜곡되어 있고 부분적이다. 보살핌에 대한 헌신이 권력에 대한 봉사로 이어진다는 점에서 그 경험은 왜곡되어 있다." 소수와 친밀하고 불평등한 관계를 맺는 여성들은 경험이 편파적일 수밖에 없는데, 이는 보살핌 및 공적 세계에서의 제한된 경험과 관련 있다. 그러나 퍼거슨은 남성적 가치와 마찬가지로 여성적 가치 역시 '충만한 인간성'과는 거의 관계가 없다는 이후의 내 주장에 동의하지 않을 듯하다.

**5** 퍼거슨 역시 '본질적인' 여성적 가치 같은 것을 자신이 경험하는 동시대의 제한된 맥락에서 추출할 수 있다고 주장하는 페미니스트다. 비록 이 거친 본질주의에 대해서는 책임이 없지만 말이다. 어머니 노

롯이라는 여성의 초역사적(超歷史的) 경험에서 비롯한 '여성적 가치'에 대해서는 다음 글에서 더욱 명확하게 드러난다. Jean Elshtain, "Antigone's Daughters," Sara Ruddick, "Maternal Thinking" and "Preservative Love and Military Destruction: Some Reflections on Mothering and Peace" in Joyce Trebilcot, ed. *Mothering: Essays in Feminist Theory*, Totowa, NJ: Rowman and Allenheld, 1984. 같은 책에 실려 있는 다음 자료도 참고하라. Eleanor H. Kuykendall, "Toward an Ethic of Nurturance: Luce Irigaray on Mothering and Power".

**6**　Kathy Ferguson, *The Feminist Case Against Bureaucracy*, p. 174.

**7**　미셸 푸코(Michel Foucault)의 『권력/지식*Power/Knowledge*』에 있는 「두 편의 강의(Two Lectures)」를 참고하라. 푸코가 때때로 예속된 담론을 늘 반대하거나 전복적인 것처럼 다루듯 보이는 한 그는 특정 권력의 안티테제를 권력의 현전에 대한 자연적이며 불가피한 반응으로 본다는 점에서 결국 헤겔주의자다.

**8**　"The German Ideology," *The Marx-Engels Reader*, pp. 150~157. [한국어판] 『독일 이데올로기 1』, 이병창 옮김, 먼빛으로, 2019.

**9**　Ibid., pp. 159~163.

**10**　아렌트와 그 추종자들처럼 좀 더 명백해 보이는 경우는 물론이고 실존주의자와 초기 프랑크푸르트 학파 사람들, 오르테가 이 가세트, 발터 베냐민(Walter Benjamin), 모리스 메를로퐁티 등의 염려도 생각해보라.

**11**　예를 들어, 다음 글을 참고하라. Clark and Lange, eds. *The Sexism of Social and Political Theory* and Mary O'Brien, *The Politics of Reproduction*. 이 책의 2장 12번 주석에 나오는 인용문도 참고하라.

**12**　예컨대 아렌트는 아리스토텔레스를 편들면서 '완전한 인간성'이 정치적 행동을 통해서만 표현된다고 주장한다. 이 스펙트럼의 반대편 끝에서 로렌 클라크(Lorenne Clark)는 이렇게 주장한다. "재생산은

(……) 사회조직에 대한 모든 이론이 그것을 중심으로 공전해야 할 만큼 중요한 사실이다." "Rights of Women: The Theory and Practice of Male Supremacy," p. 54.

13 다음 글을 참고하라. Clark, "Rights of Women," and Wendy Brown, "Reproductive Freedom and the 'Right to Privacy'".

14 다음을 참고하라. Elizabeth Spelman, "Woman as Body: Ancient and Contemporary Views," *Feminist Studies* 8, Spring 1982.

15 정치 이론이 이런 여성을 만들어 내는 것에 대한 내 생각은 다음 글에 길게 발전, 분석되어 있다. "Where is the Sex in Political Theory?," *Women and Politics*, vol. 7, no. 1, January 1987.

16 다음 글에 인용되어 있다. Nannerl Keohane, "Female Citizenship: 'The Monstrous Regiment of Women'," Unpublished paper for Annual Meeting of the Conference for the Study of Political Thought, April 6~8, 1979, p. 29.

17 *The Human Condition*, p. 119.

18 Ibid., p. 31.

19 도나 해러웨이(Donna Haraway)는 상호성, 재탄생 등과 같은 낭만적 언어에 무너져 내리지 않으면서 회복과 복원을 말하기 위해 '재생'이라는 단어를 쓴다. 다음을 참고하라. "A Manifesto for Cyborgs: Science, Technology, and Socialist Feminism in the 1980s," *Socialist Review* no. 80, p. 101. [한국어판] 『해러웨이 선언문』, 황희선 옮김, 책세상, 2019.

20 마르크스를 제외하고 이 지점을 포착한 유일한 주요 정치 이론가가 루소다. 「불평등 담론(The Discourse on Inequality)」에 나오는 기원 이야기에서 루소는 미묘하고 우아하게 동물과 인간의 자유를 육체와 연결한다. 그러나 궁극적으로 그는 자유라는 이름의 통찰을 『사회계약론 *The Social Contract*』에서 '도덕적 자유' 개념으로 오염한다.

**21** "What is Freedom?" 특히 152~153쪽을 참고하라.

**22** 이 연결 관계에 대해 좀 더 상세한 탐구를 원한다면, 내가 쓴 다음 글을 참고하라. "Where Is the Sex in Political Theory?"

**23** 다음을 참고하라. Michel Foucault, *History of Sexuality*, vol. I, trans. R. Hurley, New York: Vintage, 1980.

**24** 『국가』573b에 있는 플라톤의 주장을 『향연』210~212에 있는 소크라테스의 말과 대조해보라. 나는 「'진실이 여성이라고 가정한다면?': 플라톤의 남성적 담론 전복('Supposing Truth Were a Woman?': Plato's Subversion of Masculine Discourse)」에서 두 입장을 취한 저자들 사이의 논쟁적 구별을 정당화하면서 에로스와 지식의 관계에 대해 더 충실히 상술했다.

**25** 엘런 윌리스(Ellen Willis)는 「가족: 사랑하거나 떠나거나(The Family: Love It or Leave It)」에서 이 점을 재치와 신랄함을 섞어 발전시킨다. *Beginning to See the Light: Pieces of a Decade*, New York: Knopf, 1981, pp. 156~157.

**26** *The Human Condition*, p. 18.

**27** Betty Friedan, *The Feminine Mystique*, New York: Norton, 1963. [한국어판] 베티 프리단, 『여성성의 신화』, 김현우 옮김, 갈라파고스, 2018.

**28** 예컨대 아리스토텔레스의 『정치학』1권 2장 1절과 플라톤의 『향연』207a~d를 참고하라.

**29** Mary O'Brien, "The Politics of Impotence," *Contemporary Issues in Political Philosophy*, eds. Shea and King-Farlowe, New York: Science History Publications, 1976.

**30** 나는 여성들이 아이 양육을 통해 연속성을 경험한다는 사실이 여성들이 스스로 수천 년 동안 억압된 자신의 몸과 화합하는 이유를 부분적으로 설명해 준다고 생각한다. 최근의 이런 억압에 대한 저항은 지난 세기 모성의 탈숙련화와 제한을 통해 일부 설명할 수 있다

고 본다. 학교, 여름 캠프, 텔레비전, 심리 치료, 쇼핑몰, 도시의 거리, 패스트푸드와 상업적 세계가 총체적으로 성숙 과정에 있는 어머니의 구실을 침해하고 빼앗아 가면서 아이 양육을 통한 어머니의 연속성 경험은 심각하게 약해졌다. 아이는 본질적으로 어머니의 창조물이 아니며, 성장하면서 어머니의 구실을 전유하고 간섭하거나 위반하는 모든 사회제도의 산물이 된다. 이런 발달의 단편을 기록한 연구자들 가운데 페미니스트 이론가에게 가장 흥미로운 주장을 제기한 연구자로 다음 세 명을 꼽을 수 있다. Sheila Rowbatham, *Woman's Consciousness, Man's World*, Middlesex, England: Penguin, 1973; Linda Nicholson, *Gender and History: The Limits of Social Theory in the Age of the Family*, New York: Columbia University Press, 1986; Ely Zaretsky, *Capitalism, the Family and Personal Life*, New York: Harper Colophon, 1976. [한국어판] 엘리 자레스키, 『자본주의와 가족 제도』, 김정희 옮김, 한마당, 1983.

31 Jean Bethke Elshtain, "Power Trips and Other Journeys," paper presented to the Annual Meeting of the American Political Science Association, 1979.

32 Nancy Hartsock, *Money, Sex and Power: Toward a Feminist Historical Materialism*, New York: Longman, 1983.

33 Kathy Ferguson, "Feminism and Political Science," Unpublished mss.

34 Adrienne Rich, "Compulsory Heterosexuality and The Lesbian Continuum," *Women, Sex and Sexuality*, eds. C. Stimpson and E. Person, Chicago: University of Chicago Press, 1980; Marilyn Frye, "A Note on Separatism and Power," *The Politics of Reality*, Trumansburg, NY: Crossing Press, 1983.

35 Catherine MacKinnon, "Feminism, Marxism, Method and the State: An Agenda for Theory," *Signs*, vol. 7, no. 3, Spring 1982.

**36** 권력에 대해 가장 흥미롭고 미묘하게 접근한 동시대 이론가로 어렵지 않게 꼽을 수 있을 푸코마저 종종 권력을 일반적이고 미분화된 방식으로 말한다. 다음을 참고하라. "Two Lectures," "Truth and Power," *Power/Knowledge*, ed. C. Gordon, New York: Pantheon, 1980.

**37** 최근 들어서 페미니즘 이론가들은 여성의 권력에 대한 두려움을 연구했다. 다음을 참고하라. Marilyn Frye, "A Note on Separatism and Power," p. 107; Helene Moglen, "Power and Empowerment," *Women's Studies International Forum*, vol. 6, no. 2, pp. 131~134.

**38** 다음은 더 단순한 권력에 대한 페미니즘적 반대를 보인 예다. Marilyn French, *Beyond Power: Women, Men and Morals*, New York: Summit Books, 1985. 그리고 다음 책에 많은 글이 실려 있다. R. Linden, et al., eds. *Against Sadomasochism: A Radical Feminist Analysis*, Palo Alto: Frog in the Well, 1982.

**39** Michel Foucault, *History of Sexuality*.

**40** Marilyn French, *Beyond Power*.

**41** Starhawk, *Dreaming the Dark*, pp. 4~18.

**42** Haunani-Kay Trask, *Eros and Power: The Promise of Feminist Theory*, Philadelphia: University of Pennsylvania, 1986, p. 147.

**43** Plato, *Symposium* 189~193.

**44** Plato, *Symposium* 192.

## 참고 문헌

- Adkins, A. W., *Merit and Responsibility: A Study in Greek Values*, Oxford: Clarendon Press, 1960.

- Agonito, R., *History of Ideas on Women*, New York: Putnam, 1972.

- Allen, D. C., "Renaissance Remedies for Fortune," *Studies in Philosophy* 38, 1941.

- Anglo, Sydney, *Machiavelli: A Dissection*, London: Gollancz, 1969.

- Annas, Julia, "Mill and the Subjection of Women," *Philosophy* 52, 1977.

- Apuleius, Lucius, *The Golden Ass*, trans. W. Adlington, ed. F. J. H. Darton, New York: Hogarth Press, 1924.

- Arendt, Hannah, *The Human Condition*, Chicago: Chicago University Press, 1958.

- _____, *Between Past and Future*, New York: Viking, 1961.

- _____, *On Revolution*, New York: Viking, 1963.

- _____, *Crises of the Republic*, New York: Harcourt Brace, 1969.

- _____, *On Violence*, New York: Harcourt Brace, 1969.

- Aristotle, *De Anima*, trans. R. D. Hicks, Cambridge: Cambridge University Press, 1907.

- _____, *Generation of Animals,* trans. A. L. Peck, Loeb Classical Edition, London: Heinemann, 1942.

- _____, *Politics*, trans. E. Barker, Oxford: Oxford University Press, 1946.

- _____, *Nicomachean Ethics*, trans. J. A. K. Thomson, Middlesex, England: Penguin, 1955.
- Arthur, Marilyn, "Early Greece: The Origins of the Western Attitude Towards Women," *Arethusa*, Vol. 6, No. 1, 1973.
- Barrett, Michele, *Women's Oppression Today: Problems in Marxist Feminist Analysis*, London: New Left Books, 1980.
- Baron, Hans, *The Crisis of the Early Italian Renaissance: Civic Humanism in an Age of Classicism and Tyranny*, Princeton: Princeton University Press, 1966.
- Beetham, David, *Max Weber and the Theory of Modern Politics*, London: Allen and Unwin, 1974.
- Bendix, Reinhard, *Max Weber: An Intellectual Portrait*, Garden City, N. Y.: Doubleday, 1962.
- Bonadeo, Alfredo, *Corruption, Conflict and Power in the Works and Times of Niccolo Machiavelli*, Berkeley: University of California Press, 1973.
- Bondanella, Peter, *Machiavelli and the Art of Renaissance History*, Detroit: Wayne State University Press, 1973.
- Bowra, C. M., *The Greek Experience*, New York: Mentor Books, 1957.
- Brown, Norman O., *Life Against Death*, Middletown, Conn.: Wesleyan University Press, 1959.
- _____, *Love's Body*, New York: Random House, 1966.
- Brown, Peter, *The World of Late Antiquity*, New York: Harcourt Brace, 1971.
- Brown, Wendy, "Reproductive Freedom and the 'Right to Privacy': A Paradox for Feminists," in Irene Diamond, ed. *Families, Politics, and Public Policy: A Feminist Dialogue on Women and the State*, New York:

Longman, 1983.

- _____, "'Supposing Truth Were a Woman?': Plato's Subversion of Masculine Discourse," in *Political Theory*, Vol. 16, No. 4, 1988.

- _____, "Where Is the Sex in Political Theory?," *Women and Politics*, Vol. 7, No. 1, 1987.

- Bruun, H. H., *Science, Values and Politics in Max Weber's Methodology*, Copenhagen: Munksgaard, 1972.

- Burckhardt, Jakob, *The Civilization of the Renaissance in Italy*, trans. S. G. C. Middlemore, Vienna: Phaidon Press, 1890.

- Butterfield, Herbert, *The Statecraft of Machiavelli*, New York: Collier-MacMillan, 1960.

- Camus, Albert, *The Myth of Sisyphus*, trans. J. O'Brien, Edinburgh: Penguin, 1975.

- Cassirer, Ernst, *The Myth of the State*, New Haven, Conn.: Yale University Press, 1946.

- Chabod, Federico, *Machiavelli and the Renaissance*, trans. David Moore, New York: Harper and Row, 1965.

- Cioffari, Vincenzo, "The Function of Fortune in Dante, Boccaccio, and Machiavelli," *Italica* 24, 1947.

- Clark, Lorenne M. G. and Lynda Lange, eds., *The Sexism of Social and Political Theory: Women and Reproduction from Plato to Nietzsche*, Toronto: University of Toronto Press, 1979.

- Clark, Stephen R. L., *Aristotle's Man*, Oxford: Clarendon Press, 1975.

- Cochrane, Eric W., "The End of the Renaissance in Florence," *Bibliotheque d'humanisme et renaissance* 27, 1965.

- Collingwood, Robin G., *The Idea of Nature*, ed. T. M. Knox., Oxford: Clarendon Press, 1965.

- Croce, Benedetto, *Politics and Morals*, trans. S. Castiglione, New York: Philosophical Library, 1945.

- Dalla Costa, Mariaosa and James, Selma, *The Power of Women and the Subversion of Community*, Bristol: Falling Wall Press, 1973.

- de Beauvoir, Simone, *The Second Sex*, trans. H. M. Parshley, New York: Random House, 1953.

- _____, *Memoirs of a Dutiful Daughter*, trans. J. Kirkup, New York: Harper and Row, 1974.

- Debus, A. G., *Man and Nature in the Renaissance*, Cambridge: Cambridge University Press, 1978.

- Dickason, Anne, "Anatomy and Destiny: The Role of Biology in Plato's Views of Women," in *Women and Philosophy*, eds. C. Gould and M. Wartofsky, New York: Putnam, 1976.

- Dietz, Mary, "Citizenship With a Feminist Face: The Problem With Maternal Thinking," *Political Theory* 13, 1985.

- Dodds, E. R., *The Greeks and the Irrational*, Berkeley: University of California Press, 1951.

- Dover, K. J., "Classical Greek Attitudes to Sexual Behavior," *Arethusa*, Vol. 6, No. 1, 1973.

- _____, *Greek Homosexuality*, Cambridge: Harvard University Press, 1974.

- _____, *Greek Popular Morality*, Oxford: Oxford University Press, 1974.

- Eisenstein, Zillah, *Capitalist Patriarchy and the Case for Socialist Feminism*, New York: Monthly Review, 1979.

- Elshtain, Jean Bethke, "Antigone's Daughters," *Democracy*, Vol. 2, No. 2, 1982.

- _____, *Public Man, Private Woman*, Princeton, N. J.: Princeton University Press, 1981.

- _____, "Power Trips and Other Journeys," Unpublished paper presented to Annual Meeting of 1979 American Political Science Association.

- Elliot, T. S., "Niccolo Machiavelli," *For Lancelot Andrewes: Essays on Style and Order*, London: Faber and Faber, 1928.

- Engels, Frederick, *The Origins of the Family, Private Property and the State*, ed. E. B. Leacock, New York: International Publishers, 1972.

- Ehrenberg, Victor, *The Greek State,* Oxford: Blackwell, 1960.

- Euben, J. Peter, "Political Equality and the Greek Polis," in *Liberalism and the Modern Polity*, ed. M. McGrath, New York: Marcel Dekker, 1978.

- Farnsworth, Beatrice, "Bolshevism, the Woman Question and Alexandra Kollontai," *American Historical Review*, Vol. 81, No. 2.

- Ferguson, Kathy, *The Feminist Case Against Bureaucracy*, Philadelphia: Temple University Press, 1984.

- _____, "Feminism and Political Science," Unpublished mss.

- Figes, Eva, *Patriarchal Attitudes*, Greenwich, Conn.: Fawcett, 1970.

- Firestone, Shulamith, *The Dialectic of Sex*, New York: Bantam, 1976.

- Finley, M. L., *The World of Odysseus*, New York: Viking, 1965.

- Fleisher, Martin, ed., *Machiavelli and the Nature of Political Thought*, New York: Atheneum, 1972.

- Fleishmann, Eugene, "De Weber a Nietzsche," *Archives Européenes de Sociologie*, Vol. 5, 1964.

- Forest, W. G. G., *The Emergence of Greek Democracy*, New York: McGraw-Hill, 1966.

- Foucault, Michel, *History of Sexuality*, Volume I, trans. R. Hurley, New York: Vintage, 1980.

- _____ , *Power/Knowledge*, ed. C. Gordon, New York: Pantheon, 1977.

- French, Marilyn, *Beyond Power: Women, Men and Morals*, New York: Summitt, 1985.

- Friedan, Betty, *The Feminine Mystique*, New York: Norton, 1963.

- Freud, Sigmund, *The Standard Edition of the Complete Psychological Works*, trans. and eds. J. Strachey and A. Freud, London: Hogarth, 1964.

- Frye, Marilyn, *The Politics of Reality: Essays in Feminist Theory*, Trumansburg, N.Y.: Crossing Press, 1983.

- Fustel de Coulanges, N.D., *The Ancient City*, trans. W. Small, Garden City, N.Y.: Doubleday, 1956.

- Giddens, Anthony, *Politics and Sociology in the Thought of Max Weber*, London: Macmillan, 1972.

- Gilbert, Alan, *Machiavelli's Prince and its Forerunners*, Durham, N.C: Duke University Press, 1968.

- Gilbert, Felix, "The Humanist Concept of the Prince and the Prince of Machiavelli," *Journal of Modern History* IX, 1939.

- _____ , "Machiavelli's Idea of Virtu," *Renaissance News* IV, 1951.

- _____ , "The Concept of Nationalism in Machiavelli's Prince," *Studies in the Renaissance* I, 1954.

- _____ , *Machiavelli and Guicciardini*, Princeton: Princeton University Press, 1965.

- Gilmore, Myron P., ed., *Studies on Machiavelli*, Florence: G. C. Sansoni, 1972.

- Glickman, Rose L., *Russian Factory Women: Workplace and Society 1880~1914*, Berkeley: University of California Press, 1984.

- Gould, J. P., "Law, Custom and Myth: Aspects of the Social Position of Women in Classical Athens," *The Journal of Hellenic Studies*, Vol. C, 1980.

- Gouldner, A. W., *Enter Plato*, New York: Basic Books, 1965.

- Green, Martin, *The von Richtohofen Sisters: The Triumphant and the Tragic Modes of Love*, London: Weidenfeld and Nicolson, 1974.

- Grene, David, *Greek Political Theory: The Image of Man in Thucydides and Plato*, Chicago: Chicago Univerisity Press, 1962.

- Griffin, Susan, *Woman and Nature: The Roaring Inside Her*, New York: Harper and Row, 1978.

- Guetell, Charnie, *Marxism and Feminism*, Toronto: Hunter Rose, 1974.

- Gurken, J. H., "Homer's Image of the Hero in Machiavelli: A Comparison of Arete and Virtu," *Italian Quarterly* 14, No. 53, 1970.

- Hale, Jonn R., *Machiavelli and Renaissance History*, New York: Macmillan, 1960.

- Hannaford, I., "Machiavelli's Concept of Virtu in the Prince and the Discourses Reconsidered," *Political Studies* 20, 1972.

- Haraway, Donna, "A Manifesto for Cyborgs: Science, Technology and Socialist Feminism in the 1980s," *Socialist Review* 80, 1985.

- Harragan, Betty, *Games Mother Never Taught You: Corporate Gamesmanship for Women*, New York: Warner Books, 1977.

- Hartouni, Valerie, "Antigone's Dilemma: A Problem in Political Membership," *Hypatia*, Vol. 1, No. 1.

- Hartsock, Nancy, *Money, Sex and Power: Toward a Feminist Historical Materialism*, Boston: Northeastern University Press, 1985.

- Hegel, G. W. F., *Philosophy of Right*, trans. T. M. Knox, Oxford: Clarendon Press, 1952.

- Heinen, Jacqueline, "Kollantai and the History of Women's Oppression," *New Left Review* 110.

- Hexter, J. H., *The Vision of Politics on the Eve of the Reformation: More, Machiavelli and Seyssel*, New York: Basic, 1973.

- Hippocrates, *Hippocratic Writings*, ed. G. E. R. Lloyd, Harmondsworth, England: Penguin, 1978.

- Hill, Melvyn, ed., *Hannah Arendt: Recovery of the Public World*, New York: St. Martin's, 1979.

- Hinton, R. W. K., "Husbands, Fathers and Conquerors," *Political Studies*, Vol. 15, No. 3, 1967 and Vol. 16, No. 1, 1968.

- Jacobson, Norman, *Pride and Solace*, Berkeley: University of California Press, 1977.

- Jaeger, Werner, *Aristotle*, New York: Oxford University Press, 1962.

- _____ , *Paideia: The Ideals of Greek Culture*, trans. G. Highet, 2nd edition, New York: Oxford University Press, 1965.

- Jaspers, Karl, *Three Essays: Leonardo, Descartes*, Max Weber, New York: Scribners, 1953.

- Johnson, Robert, "Machiavelli and Gramsci," Unpublished mss.

- Kelly-Godal, Joan, "Did Women Have a Renaissance?," *Becoming Visible: Women in European History*, R. Bridenthal and C. Koonz, eds., Boston: Houghton Mifflin, 1977.

- _____ , "Notes on Women in the Renaissance and Rennaisance Historiography," *Conceptual Frameworks in Women's History*, Bronxville, N.Y.: Sarah Lawrence Press, 1976.

- Kennedy, Marilyn, *Office Politics: Seizing Power, Wielding Clout*, New

York: Warner Books, 1980.

- Keohane, Nannerl O., "Female Citizenship: 'The Monstrous Regiment of Women'," Paper presented to the Annual Meeting of the Conference for the Study of Political Thought, New York, April 1979.
- Kitto, H. D. F., *The Greeks*, Edinburgh, England: Penguin, 1957.
- Kollantai, Alexandra, *Selected Writings*, trans. A. Holt, New York: Norton, 1977.
- Kristeller, P.O.,*Renaissance Thought: The Classic, Scholastic and Humanistic Strains*, New York: Harper, 1955.
- Lacey, W. K., *The Family in Classical Greece*, London: Thames and Hudson, 1968.
- Lachmann, L. M., *The Legacy of Max Weber*, London: Heinemann, 1970.
- Lange, Lynda, "Reproduction in Democratic Theory," Contemporary Issues in *Political Philosophy*, eds. Shea and King-Farlowe, New York: Science History, 1976.
- Lefkowitz, Mary, *Heroines and Hysterics*, New York: St. Marti's Press, 1981.
- LeFort, Claude., *Le travail de l'oeuvre: Machiavel*, Paris: Gallimard, 1972.
- Lenin, V. I., *Selected Writings: The Emancipation of Women*, N. K. Krupskaya, ed., New York: International Publishers, 1934.
- Lichtenstein, Grace, *Machisma: Women and Daring*, New York: Doubleday, 1981.
- Linden, R. et al. eds., *Against SadoMasochism: A Radical Feminist Analysis*, Palo Alto: Frog in the Well, 1982.
- Lucas, R. A., "A Specification of the Weber Thesis and Its Critics,"

*History and Theory* X, 1971.

- Machiavelli, Niccolo, *The Chief Works and Others*, trans. A. Gilbert. Durham, N.C.: Duke University Press, 1965.

- MacKinnon, Catherine, "Marxism, Feminism, Method and the State," Parts I and II, *Signs*, Vol. 7, No. 3, 1983 and Vol. 8, No. 4, 1984.

- MacPherson, C. B., *The Political Theory of Possessive Individualism*, Oxford: Oxford University Press, 1962.

- Mahowald, Mary, *Philosophy of Women: Classical to Current Concepts*, Indianapolis: Hacket, 1978.

- Mansfield, Harvey, *Machiavelli's New Modes and Orders: A Study of the Discourses on Livy*, Ithaca: Cornell University Press, 1979.

- Marcil-Lacoste, Louise, "The Consistency of Hume's Position Concerning Women," *Dialogue* 15, 1976.

- Marcuse, Herbert, *Eros and Civilization*, Boston: Beacon, 1955.

- _____, "Marxism and Feminism," *Women's Studies* 11, No. 5, 1974.

- Marx, Karl, *Marx-Engels Reader*, 2nd Edition, ed. R. C. Tucker, New York: Norton, 1978.

- Maulde, LaClaviere M. A. R., *The Women of the Renaissance: A Study of Feminism*, trans. G. H. Ely, New York: Putnam, 1901.

- Mayer, J. P., *Max Weber and German Politics: A Study in Political Sociology*, London: Faber and Faber, 1943.

- Mazzeo, Joseph, "The Poetry of Power," *Review of National Literatures*, Vol. 1, No. 1, 1976.

- McWilliams, Carey, "Weapons and Virtues," *democracy*, Vol. 2, No. 3, 1982.

- Meinecke, Friedrich, *Machiavellism: The Doctrine of Raison d'Etat and its Place in Modern History*, trans. D. Scott, London: Routledge, 1957.

- Merchant, Carolyn, *The Death of Nature: Women, Ecology and the Scientific Revolution*, New York: Harper and Row, 1980.

- Merleau-Ponty, Maurice, *Signs*, trans. R. McCleary, Evanston, Ill.: Northwestern University Press, 1964.

- Millett, Kate, *Sexual Politics*, Garden City, N.Y.: Doubleday, 1970.

- Mitchell, Juliet, *Psychoanalysis and Feminism*, New York: Pantheon, 1974.

- Mitzman, Arthur, *The Iron Cage*, New York: Knopf, 1970.

- Moglen, Helene, "Power and Empowerment," *Women's Studies International Forum*, Vol. 6, No. 2.

- Mommsen, W. J., "Max Weber's Political Sociology and His Philosophy of World History," *International Social Science Journal* 7, 1965.

- _____, *The Age of Bureaucracy: Perspectives on the Political Sociology of Max Weber*, Oxford: Blackwell, 1974.

- Nicholson, Linda, *Gender and History: The Limits of Social Theory in the Age of the Family*, New York: Columbia University Press, 1986.

- Nietzsche, Friedrich, *Early Greek Philosophy and Other Essays* (Volume II, *Complete Works*), ed. O. Levy, Edinburgh: Darien Press, 1914.

- O'Brien, Mary, "The Politics of Impotence," in *Contemporary Issues in Political Philosophy*, eds. Shea and King-Farlowe, New York: Science History, 1976.

- _____, *The Politics of Reproduction*, Boston: Routledge and Kegan Paul, 1981.

- Okin, Susan, *Women in Western Political Thought*, Princeton: Princeton University Press, 1979.

- Olschki, Leonardo, *Machiavelli, The Scientist*, Berkeley: University of

California Press, 1945.

- Osborne, Martha Lee., "Plato's Unchanging View of Women: A Denial that Anatomy Spells Destiny," *Philosophical Forum* 6, 1975.

- Ortega y Gasset, Jose, *History as a System and Other Essays Toward a Philosophy of History*, trans. H. Weyl, New York: Norton, 1962.

- Pateman, Carole, "Women and Consent," *Political Theory*, Vol. 8, No. 2, 1980.

- Pateman, Carole and Brennan, Teresa, "Mere Auxilliaries to the Commonwealth: Women and the Origins of Liberalism," *Political Studies*, Vol. 27, No. 2, 1979.

- Parekh, B. and Berki, R. N., eds., *The Morality of Politics*, New York: Crane, Russuk, 1972.

- Parel, Anthony, ed., *The Political Calculus: Essays on Machiavelli's Philosophy*, Toronto: Toronto University Press, 1972.

- Patch, H. R., *The Goddess Fortuna in Medieval Literature*, Cambridge: Harvard University Press, 1972.

- Pitkin, Hanna, "Justice: On Relating Public and Private," *Political Theory*, Vol. 9, No. 3, 1981.

- _____ , *Fortune Is a Woman*, Berkeley: University of California Press, 1984.

- Plamenatz, J. P., *Man and Society*, New York: McGraw-Hill, 1963.

- Plato, *Collected Dialogues*, eds. E. Hamilton and H. Cairns, Princeton: Princeton University Press, 1961.

- _____ , *Republic*, trans. A. Bloom, New York: Basic Books, 1968.

- Pocock, J. G. A., *The Machiavellian Moment: Florentine Political Thought and the Atlantic Republican Tradition*, Princeton: Princeton University Press, 1975.

- Pomeroy, Sarah, *Goddesses, Whores, Wives, and Slaves: Women in Classical Antiquity*, New York: Schocken, 1975.

- Price, Russell, "The Senses of Virtu in Machiavelli," *European Studies Review* 3, 1973.

- Rich, Adrienne, "Compulsory Heterosexuality and the Lesbian Continuum," *Women, Sex and Sexuality*, eds. C. Stimpson and E. Person, Chicago: Chicago University Press, 1980.

- Ricoeur, Paul, *History and Truth*, trans. C. A. Kelbley, Evanston, Ill.: Northwestern University Press, 1965.

- Rodolfi, Roberto, *Life of Niccolo Machiavelli*, trans. C. Grayson, London: Routledge, 1963.

- Rousseau, Jean-Jacques, *The First and Second Discourse*, trans. R. and J. Masters, New York: St. Martin's, 1964.

- _____, *Emile*, trans. A. Bloom, New York: Basic, 1979.

- Rowbatham, Sheila, *Woman's Consciousness, Man's World*, Harmondsworth, England: Penguin, 1973.

- _____, *Beyond the Fragments: Feminism and the Making of Socialism*, Boston: Alyson, 1979.

- Ruddick, Sara, "Maternal Thinking," *Feminist Studies* 6, 1980.

- _____, "Preservative Love and Military Destruction: Some Reflections on Mothering and Peace," in *Mothering: Essays in Feminist Theory*, J. Trebilcot, ed., Totowa, N. J.: Rowman and Allenheld, 1984.

- Runciman, W. G. A., *Critique of Max Weber's Philosophy of Social Science*, Cambridge: Cambridge University Press, 1972.

- Sachs, Hannelore, *The Renaissance Woman*, trans. M. Harzfeld, New York: McGraw-Hill, 1971.

- Sargent, Lydia, ed., *Women and Revolution: A Discussion of the Unhappy*

*Marriage of Marxism and Feminism*, Boston: South End Press, 1981.

- Sartre, Jean-Paul, *Being and Nothingness*, trans. H. E. Barnes, New York: Simon and Schuster, 1956.

- Saxonhouse, Arlene, "The Philosopher and the Female in the Political Thought of Plato," *Political Theory*, Vol. 4, No. 2, 1976.

- _____, *Women in the History of Political Thought: Ancient Greece to Machiavelli,* New York: Praeger, 1985.

- Schein, Seth L, *The Mortal Hero*, Berkeley: University of California Press, 1984.

- Schochet, Gordon J., *Patriarchalism in Political Thought*, New York: Basic, 1975.

- Schweitzer, Arthur, "Theory and Political Charisma," *Comparative Studies in Society and History* XVI, 1974.

- Seigel, Jerrold, "Virtu in and Since the Renaissance," *Dictionary of the History of Ideas*, ed. P. P. Wiener, Vol. 4, New York: Scribners, 1973~74.

- Shils, Edward A, "Charisma, Order and Status," *American Sociological Review* 30, 1965.

- Skinner, Quentin, *Machiavelli*, Oxford: Oxford University Press, 1981.

- Slater, Phillip, *The Glory of Hera: Greek Mythology and the Greek Family*, Boston: Beacon Press, 1968.

- Spelman, Elizabeth, "Woman as Body: Ancient and Contemporary Views," *Feminist Studies* 8, 1982.

- Stammer, Otto, ed., *Max Weber and Sociology Today*, Oxford: Blackwell, 1971.

- Starhawk, *Dreaming the Dark*, Boston: Beacon, 1982.

- Stern, Susan, *With the Weathermen*, Garden City, N.Y.: Doubleday, 1975.

- Tarlton, Charles D., "The Symbolism of Redemption and the Exorcism of Fortune in Machiavelli's Prince," *Review of Politics* 30, 1968.

- Thucydides, *The Peloponnesian War*, trans. J. H. Finley, New York: Modern Library, 1951.

- Trask, Haunani-Kay, *Eros and Power: The Promise of Feminist Theory*, Philadelphia: University of Pennsylvania, 1986.

- Trebilcot, Joyce, ed., *Mothering: Essays in Feminist Theory*, Totowa, N.J.: Rowman and Allenheld, 1983.

- Turner, Bryan S., *For Weber: Essays on the Sociology of Fate*, London: Routledge and Kegan Paul, 1981.

- Villari, Pasquale, *The Life and Times of Machiavelli*, trans. L. Villari, New York: Scribners, 1898.

- Weber, Marianne, *Max Weber: A Biography*, trans. H. Zohn, New York: Wiley, 1975.

- Weber, Max, *The Protestant Ethic and the Spirit of Capitalism*, trans. T. Parsons, London: Unwin University Books, 1930.

- _____, *From Max Weber: Essays in Sociology*, trans. and ed. H. H. Gerth and C. W. Mills, New York: Oxford University Press, 1946.

- _____, *The Methodology of the Social Sciences*, trans. E. Shils and H. Finch, New York: Free Press, 1949.

- _____, *Max Weber on Universities: The Power of the State and the Dignity of the Academic Calling in Imperial Germany*, trans. and ed. E. Shils, Chicago: Chicago University Press, 1974.

- _____, *Roscher and Knies: The Logical Problems of Historical Economics*, trans. G. Oakes, New York: Free Press, 1975.

- _____, *Economy and Society*, ed. G. Roth and C. Wittich, Berkeley: University of California, 1978.
- _____, *Selections in Translation*, ed. W. G. Runciman, Cambridge: Cambridge University Press, 1978.
- Wender, Dorothea, "Plato: Misogynist, Paedophile and Feminist," *Arethusa*, Vol. 6, No. 1, 1973.
- Wexler, Victor, "Made for Man's Delight: Rousseau as Anti-Feminist," *American Historical Review* 81 , 1976.
- Whitfield, J. H., "The Anatomy of Virtu," *Modern Language Review* X XVIII, 1943.
- _____, *Machiavelli*, Oxford: Blackwell, 1947.
- _____, *Discourses on Machiavelli*, Cambridge: Heffer, 1969.
- Wilkins, Burleigh T., "Machiavelli on History and Fortune," *Bucknell Review* 8, 1959.
- Willis, Ellen, *Beginning to See the Light: Pieces of a Decade*, New York: Knopf, 1981.
- Wolin, Sheldon S., *Politics and Vision*, Boston: Little, Brown, 1960.
- _____ , "Max Weber: Legitimation, Method and the Politics of Theory," *Political Theory*, Vol 9, No. 3, 1981.
- Wollstonecraft, Mary, *Vindication of the Rights of Women*, ed. M. Kramnick, Harmondsworth, England: Penguin, 1975.
- Wood, Ellen M. and Neal, *Class Ideology and Ancient Political Theory: Socrates, Plato and Aristotle in Social Context*, Oxford: Blackwell, 1978.
- Wood, Neal, "Machiavelli's Concept of Virtu Reconsidered," *Political Studies* 15, 1967.
- Wrong, Dennis, "Max Weber: The Scholar as Hero," *Columbia Forum*,

Vol. 5, No. 3, 1962.

- _____ , ed. *Max Weber*, Englewood Cliffs, N. J.: Prentice Hall, 1970.

- Zaretsky, Eli, *Capitalism, The Family and Personal Life*, New York: Harper and Row, 1976.

- Zimmern, A. E., *The Greek Commonwealth: Politics and Economics in Fifth Century Athens*, Oxford: Clarendon, 1922.

**찾아보기**

남성됨과 정치

남성됨과 정치

**메두사의 시선 02**

## 남성됨과 정치
서구 정치 이론에 대한 페미니즘적 독해

초판 1쇄 발행 | 2021년 4월 30일

지은이 | 웬디 브라운
기획·김수·해세 | 징희진
옮긴이 | 황미요조
펴낸이 | 임윤희
디자인 | 송윤형
제작 | 제이오

펴낸곳 | 도서출판 나무연필
출판등록 | 제2014-000070호(2014년 8월 8일)
주소 | 08613 서울 금천구 시흥대로73길 67 금천엠타워 1301호
전화 | 070-4128-8187
팩스 | 0303-3445-8187
이메일 | wood.pencil.official@gmail.com
페이스북·인스타그램 | @woodpencilbooks

ISBN | 979-11-87890-26-3  94300
       979-11-87890-18-8  94300 (세트)

시리즈 기획·감수·해제
**정희진**

여성학 연구자. 한국 현대사를 포스트 콜로리얼 관점에서 공부하는 데 관심을 가지고 있다. 젠더, 폭력, 언어에 관한 다수의 저서가 있다.


옮긴이
**황미요조**

여성주의 영화 연구자. 대한민국 서울, 인도 벵갈루루, 미국 뉴욕, 일본 도쿄에서 영화 이론, 문화 연구, 동아시아학, 비교문학을 공부했고, 서울국제여성영화제 프로그래머로 일했다. 한국을 비롯한 아시아 여러 지역 영화에서 관찰되는 재현과 관객 현상을 젠더적 관점으로 살피고, 모든 불안정한 순간들의 형상에 주목한다. 다수의 한국 영화 관련 글, 영화 자막을 영어로 번역하였다. 옮긴 책으로는 『성차별주의는 전쟁을 불러온다』가 있다.